KB069902

청소년학총서 ①

청소년활동론

(사)청소년과 미래 편

진은설 · 김도영 · 조영미 · 이혜경 공저

학지사

발간사

    청소년학총서 시리즈를 준비하기 위해 집필진이 다 함께 모여 오리엔테이션을 하던 때가 있었는데, 벌써 5년이란 시간이 흘러 다시 모이게 되었습니다. 서울과 지방에 흩어져 있는 집필진이 시간을 맞추기가 쉽지 않았지만 이 기회에 오랜만에 다시 모여 개정을 위한 집필을 논의하게 되었습니다.

    처음 책을 쓸 때에도 쉽지 않았고, 힘에 부칠 때도 있었는데, 처음뿐만 아니라 다시 쓰는 지금도 힘이 드는 건 어쩔 수 없는 것 같습니다. 책을 쓰고 독자들에게 선보이는 것은 큰 용기와 책임이 따르는 일이기 때문에 그렇다고 생각합니다. 개정을 할 때에는 좀 수월하지 않을까 하는 기대(착각이었으나)로 인해 어쩌면 첫 출간보다 더 어렵게 느껴지는 것 같기도 합니다. 처음 교재 집필을 준비할 때에는 나름 계획을 잘 세우고 찬찬히 한 것 같았으나 막상 출간할 때가 되니 너무 부끄럽고 걱정이 되었습니다. 이번 개정 역시 첫 출간 때보다 좀 더 촘촘하게 잘 써 내려가야지 하고 다짐하며 부족한 부분을 잘 보완해야겠다고 생각했는데, 막상 또 출간할 때가 되니 집필진 모두 스스로를 돌아보게 됩니다. 그러면서 또 글을 쓰고 책으로 나오는 과정이 왜 이렇게 어려운지 새삼 생각해 보기도 합니다.

    서두에 변명만 길게 늘어놓은 게 아닌지 모르겠습니다. 첫 출간 못지않게 개정도 그만큼 쉽지만은 않은 과정이었음을 이 책을 보고 있는 독자 여러분과 공유하고 싶었습니다.

    본 청소년학총서 시리즈의 개정은 첫 출간 이후 시간이 흐르면서 그간의 다양한 사회의 변화와 그에 따른 청소년 환경의 변화를 반영해야 하고, 또 첫 출간에서의 미진한 내용을 보완할 필요가 있어서 추진하게 되었습니다. 집필진 모두 청소년학총서 시리즈가 대학에서 사용하는 교재임과 동시에 청소년지도사 시험을 준비하기 위한 교재이기도 하니 최대한 독자들이 이해하기 쉽게 쓰고자 노력하였습니다.

특히 개정 작업에서는 시대적인 흐름을 반영하여 현행화하는 작업이 중요한데, 청소년학 역시 오늘날의 청소년 환경을 반영하여 변경된 각종 법, 제도, 정책 등을 반영하고, 각 장(chapter)별로도 최근 이슈가 되고 있는 주제를 추가하며, 내용 간 합치거나 생략하는 등의 작업을 과감하게 실행하였습니다.

본 청소년학총서 시리즈는 청소년지도사 2급 자격 검정을 위한 8개 과목, 즉 '청소년활동' '청소년문화' '청소년복지' '청소년문제와 보호' '청소년심리 및 상담' '청소년육성제도론' '청소년지도방법론' '청소년 프로그램 개발과 평가'의 시리즈 형식으로 구성되어 있습니다.

이 교재들은 청소년지도사 시험을 준비하는 분들뿐 아니라 현장에 계신 청소년지도사 분들도 필요할 때마다 수시로 참고할 수 있도록 쉽게 쓰여 있어 관심 있는 다양한 분들이 보서도 좋으리라 생각합니다.

책을 또 세상에 내놓으려고 하니 부족한 부분들이 보이고, 부끄럽기도 하지만 다시 한번 용기를 내 봅니다. 아무쪼록 예비 청소년지도사 및 청소년지도사 분들에게 조금이나마 도움이 되기를 바랍니다.

마지막으로, 본 청소년학총서 시리즈의 시작부터 지금까지 관심과 지원을 보내 주신 학지사 김진환 사장님과 편집부 직원분들께 감사의 인사를 전합니다.

2024년 5월 청소년의 달에
사단법인 청소년과 미래 대표 진은설

2판 머리말

저는 청소년활동 예찬론자입니다.

초등학교 4학년 때부터 청소년단체활동을 시작으로 고등학교 재학시절까지 청소년활동을 계속하면서 성장했고, 그래서인지 성인이 되어서는 청소년들을 지도하는 자원봉사자로, 이후에는 청소년지도사로서 청소년활동의 현장에서 청소년들을 위한 각종 프로그램 개발, 동아리 지도 등으로 청소년들을 만나는 일을 했습니다. 그러다가 청소년학에 대한 공부의 필요성을 느껴 박사과정에서 청소년을 전공하기에 이르렀습니다.

『청소년활동론』을 집필하다 보니 제 청소년기가 생각이 났고, 또 현장에서 청소년들을 지도했던 장면들도, 대학원에서 청소년학에 대해 토론하며 논문을 쓰던 때도 떠올랐습니다. 저는 이런 기억과 생각들이 바로 '청소년활동'의 효과가 아닌가 싶습니다. 어린 시절의 청소년활동을 통한 긍정적인 기억 또는 결과들이 나를 만들었고, 그래서 오늘에 이른 것이 아닌가 생각하게 됩니다.

처음 『청소년활동론』을 집필할 때에도 이 청소년활동의 효과가 잘 드러나도록 하는 것이 쉽지 않았는데, 개정하는 이 시점에도 청소년기에 경험한 청소년활동의 효과를 적절히 기술하는 것이 쉽지 않은 것 같습니다. 이 글을 보시는 독자 여러분은 갑자기 청소년활동의 효과를 언급하니 다소 어색하게 느껴지실 수 있겠습니다만, 청소년활동론을 학습하게 되면 청소년활동이 무엇인지, 그 결과인 효과가 어떻게 나타나는지, 그래서 어떻게 하면 우리 청소년들에게 청소년활동을 잘할 수 있도록 도와주어야 하는지 등을 말할 수 있어야 한다고 봅니다. 그래서 관련한 이론의 내용도 포함하지만 청소년활동의 효과가 곳곳에 적절하게 드러나야 하는데 집필을 완료한 시점에서 보니 잘 드러났는지 모르겠습니다.

　　이번 개정 작업에도 첫 집필에 참여한 집필진이 그대로 참여하였고, 첫 집필에서도 말씀드린 바와 같이 현장의 경험을 갖춘 분들이 참여하여 교재의 내용이 단지 이론에 제한된 것이 아니라 실제의 현장 상황도 일부 드러날 수 있도록 중간중간 포함하였습니다. 기존의 내용들은 첫 집필 후에 시간이 지남에 따라 여러 관련 상황과 내용들이 일부 수정되어 이 부분들을 반영하여 집필하였습니다.

　　주 내용을 살펴보면, 청소년활동의 이해와 변천 과정, 특성 및 영역, 지도자, 프로그램, 시설 및 단체 등의 주요 개념들은 전반부에 배치하였고, 후반부에는 청소년수련활동 인증제, 국제청소년성취포상제, 청소년어울림마당, 청소년방과후아카데미, 학교교육과 청소년활동, 청소년활동 안전 등 청소년활동 정책들을 배치하였습니다.

　　각 장은 제1장 진은설, 제2장 조영미, 제3장 김도영, 제4장 조영미, 제5장 김도영, 제6장 조영미, 제7장 김도영, 제8장 진은설, 제9장 김도영, 제10장 진은설, 제11장 진은설, 제12장 이혜경이 집필하였습니다.

　　마지막으로, 청소년지도사가 되기 위해 준비하시는 분들과 현장에서 청소년활동에 대한 지식과 정보를 얻기를 희망하는 청소년지도사 선생님들에게 이 책이 조금이나마 도움이 되기를 바랍니다.

분주한 청소년의 달 5월을 보내며
저자 대표 진은설

1판 머리말

저에게는 '청소년활동'에 대한 어린 시절의 추억이 하나 있습니다. 여름방학이면 전 학교의 친구들이 해수욕장 앞에 텐트를 일렬로 치고 2박 3일 야영을 했던 청소년단체활동이 바로 그것입니다. 그때는 청소년단체가 무엇이고 청소년활동이 무엇인지에 대한 개념을 아는 것과는 상관없이 그저 다양한 친구들과 자연과 함께 하나가 되는 것이 너무도 좋았던 것 같습니다. 이러한 청소년활동의 묘한 매력이 결국 청소년활동 연구자의 길로 이어지게 되었습니다.

청소년학 자체가 현장에 기반을 둔 학문이지만, 그중에서도 특히 청소년활동은 현장에서의 경험이 매우 중요하다고 생각합니다. 이는 현장에서 청소년활동을 지도해 본 경험이 있어야 청소년지도사 양성을 위한 교재의 내용에 있어서도 이론과 실제의 간극을 조금이나마 줄일 수 있을 것이며, 또한 이론과 현장이 너무 분리되어서는 안 된다는 생각에서 출발한 관점이기도 합니다.

이와 같은 생각에 기인하여 청소년학 전공자를 섭외하되 청소년활동의 현장 지도 경험이 있는 저자들로 집필진을 구성하게 되었습니다. 우선 공동저자인 '김도영 교수님'은 제주국제대학교의 사회복지학과에서 청소년교과목을 열정적으로 강의하고 계실 뿐 아니라 제주특별자치도청소년활동진흥센터와 청소년쉼터에서 오랫동안 실무자로서 청소년활동을 지도했던 베테랑 지도자이십니다. 그리고 '조영미 박사님'은 초등학교 때부터 청소년연맹, 걸스카우트, YWCA 등에서 청소년단체활동을 해 왔고, 한국YWCA연합회에서 전국의 청소년활동과 정책을 담당하는 실무활동가로서 그리고 한국청소년단체협의회의 실무위원으로서 국내외의 대규모 청소년활동을 직접 이끌고 지도하셨는데, 청소년들은 물론 전국에 있는 청소년지도자들과도 계속적인 소통을 해 왔던 전문가이십니

7

다. 또 '이혜경 박사님'은 김포시청소년육성재단에서 청소년활동 프로그램 및 동아리활동 등을 기획하고 운영하면서 청소년들을 직접 지도한 경험이 있으십니다. 이러한 경험을 바탕으로 청소년활동의 안전을 담당하는 수련활동 안전컨설턴트의 역할과 자세를 안내하는 매뉴얼(한국청소년활동진흥원)을 제작하기도 하였습니다. 마지막으로, 저자들을 대표해서 이 글을 쓰고 있는 저(진은설)는 제주시청소년수련관의 개관 멤버로서 청소년활동 프로그램 개발은 물론 동아리활동, 청소년운영위원회 등 청소년활동의 전반을 지도한 경험이 있으며, 지금은 제주에 있는 삼도1동청소년문화의집 관장으로 재직하고 있습니다.

저희 4명의 집필진은 이 책을 집필함에 있어서 예비 청소년지도사들이 조금이라도 쉽게 읽을 수 있도록 하는 데 주안점을 두었습니다. 전체적인 구성을 살펴보면, 우선 청소년활동이 무엇인지에 대한 기본적인 이해와 청소년활동이 어떻게 시작되었는지에 대한 변천 과정과 특성 및 영역을 초반부에 배치하였습니다. 다음으로는 청소년활동에서의 주요 개념인 지도자, 프로그램, 시설 및 단체를, 주요 정책인 수련활동 인증제, 국제청소년성취포상제(청소년자기도전포상제), 어울림마당, 방과후아카데미(방과후활동)에 교육부의 청소년활동 관련 정책들을 넣었습니다. 그리고 마지막에는 최근 이슈가 되고 있는 청소년활동 안전 영역을 다루었습니다.

각 장은 제1장 진은설, 제2장 조영미, 제3장 김도영, 제4장 조영미, 제5장 김도영, 제6장 조영미, 제7장 김도영, 제8장 진은설, 제9장 김도영, 제10장 진은설, 제11장 진은설, 제12장 이혜경이 집필하였습니다.

아무쪼록 청소년지도사가 되기 위해 첫발을 내딛는 대학생, 그리고 청소년지도사 자격 검정을 준비하는 많은 분에게 도움이 되는 교재이기를 간절히 바랍니다.

제주 해수욕장에서의 청소년단체활동을 추억하며
저자 대표 진은설

차례

 제1장 **청소년활동의 이해** • 13

 제2장 **청소년활동의 변천 과정** • 35

 제3장 **청소년활동의 특성과 영역** • 61

제 1 장

청소년활동의 이해

청소년활동은 청소년들의 조화로운 성장과 발달을 위해서 필요하다. 성인기로의 이행에 앞서 청소년들이 사회 구성원으로서 잘 성장할 수 있도록 다양한 청소년활동 프로그램을 공급하는 것이다. 오늘날과 같이 학교, 학원, 집을 반복적으로 오가는 우리나라 청소년들에게 청소년활동은 일상생활에서의 스트레스를 해소함은 물론 집단활동 속에서 또래 친구들과 어울릴 수 있는 기회가 되기도 한다.

청소년활동은 청소년의 균형 있는 성장을 위하여 필요한 활동으로 수련활동, 교류활동, 문화활동 등 다양한 형태의 활동을 말한다. 청소년의 균형 있는 성장을 위한다는 관점에서 보면 1990년대 이후에 새로운 관점으로 등장한 긍정적 청소년개발(positive youth development)과 그 맥을 같이한다. 긍정적 청소년개발은 청소년들이 다양한 체험, 경험, 활동 등을 통해 청소년기에 당면한 기본적인 욕구를 충족시키고, 성공적인 성인으로서의 삶을 위해 필요한 역량들, 즉 사회적 · 도덕적 · 정서적 · 신체적 · 인지적 · 직업적 측면에서의 역량들을 발달시켜 나가는 일련의 과정을 의미한다. 이러한 긍정적 청소년개발의 개념 및 관점은 청소년정책의 변화로 이어지기 때문에 의미가 있다.

이 장에서는 청소년활동이 왜 필요한지, 그리고 그 개념은 무엇이며, 1990년 이후의 새로운 관점인 긍정적 청소년개발과 어떤 관련이 있고 변화가 있는지 살펴보고자 한다.

01 청소년활동의 필요성

 오늘날 청소년들은 학교 안팎에서 다양한 청소년활동에 참여하고 있다. 학교 안에서는 창의적 체험활동, 자유학기제, 방과후학교 등으로, 학교 밖에서는 주로 청소년수련관이나 청소년문화의집과 같은 수련시설에서 운영하는 각종 청소년활동 프로그램 등을 중심으로 상시적으로 청소년활동에 참여하고 있다. 그에 따라 대체로 청소년활동의 참여기회가 많아지고 있는 추세라고 할 수 있다.

 청소년활동의 참여기회가 많아지고 있는 것은 그만큼 청소년활동이 필요하다고 인식하는 것이고, 이에 국가차원에서 지속적으로 관련 기관·단체·시설을 중심으로 운영하도록 하고 있는 것이다. 그렇다면 왜 청소년활동이 필요하다고 보는 것일까? 이와 관련하여 많은 전문가들은 크게 '체험활동으로의 특성'과 '학교교육의 한계봉착' 그리고 '시대적인 변화인식 및 그에 맞는 청소년욕구의 이해'와 같은 부분을 지적하고 있는데 구체적으로 살펴보면 다음과 같다.

 첫째, 청소년활동은 오감(五感)을 통하여 직접 체험하는 활동이라는 점이다. 정보매체가 발달한 오늘날과 같은 시대에는 직접 체험의 기회가 줄어들 수밖에 없지만 청소년활동은 직접 몸으로 보고, 듣고, 만지고, 맛보고, 말하는 체험(experience) 위주의 형태로 운영되는 것이 특징이다. 이와 같이 체험은 인터넷과 같은 간접 경험의 한계를 극복할 수 있게 해 주기 때문에 성인기로의 이행을 앞둔 청소년들에게는 청소년활동의 '체험'이 매우 의미 있는 교육이 된다.

 둘째, 청소년기의 중요한 과업은 학업과 관련된 지식의 습득이라기보다 사회 구성원으로서 잘 기능하기 위한 지식과 기술의 습득이라고 볼 수 있으며 이는 청소년활동을 통해 기를 수 있다. 청소년활동의 직접 체험은 현실에서 활용 가능한 지식을 습득하게 할 뿐 아니라 집단활동 속에서 다양하고 복잡한 인간관계 등을 스스로 체험하여 타인에 대한 이해와 배려를 향상시킬 수 있기 때문이다.

 셋째, 청소년활동은 청소년들의 조화로운 발달에 기여할 수 있다. 학교에서도 인성교육을 실시하고는 있으나 입시 위주의 교육환경에서는 인간성 함양을 우선적으로 교육할 수 없는 상황이다. 이러한 지식습득 위주의 교육은 청소년들이 밖에서 마음껏 뛰어놀기보다 실내에서 학업에 전념할 수밖에 없도록 하기 때문에 청소년들의 성장과 발달에 부정적인 영향을 미칠 수 있다. 그러므로 청소년활동을 통해 스트레스를 해소하고 청소년기의 다양한 욕구를 마음껏 발산할 수 있도록 해야 할 것이다.

넷째, 오늘날의 청소년들은 학업뿐만 아니라 다양한 여가활동을 병행하고 싶어 한다는 것이다. 과거와 같이 청소년들은 대부분 학생이니까 공부만 하면 된다는 식의 논리는 청소년들에게 수용되지 않는다. 이들에게 자신의 꿈과 재능을 마음껏 펼칠 수 있는 기회가 주어져야 하지만 학업위주의 생활은 청소년들의 다양한 재능을 무시하고 결국 스트레스 상황으로 몰아가서 청소년들을 문제 상황에 이르게 할 수도 있다. 이러한 상황은 청소년들의 성장과 발달에 부정적인 영향을 미칠 뿐 아니라 다양한 가치와 문화가 공존하는 세계화시대에 국가경쟁력 저하로까지 이어질 수 있다. 따라서 청소년들의 꿈과 재능을 펼칠 수 있도록 청소년활동의 참여기회가 제공되어야 할 것이다.

다섯째, 오늘날 청소년들에게 적절한 여가활용의 기회가 없다는 것이다. 학교, 학원, 집 등을 오가는 사이클로 인해 청소년들은 쉴 틈 없이 일상을 보내고 있으며 주말 및 휴일에 잠시 휴식이나 여가를 보내게 되는데 이때 적극적이고 능동적인 여가활동보다는 컴퓨터(인터넷), 스마트폰, TV 등에 몰두하는 일이 많다. 특히 인터넷, 스마트폰을 통해 검색, 게임, 동영상시청 등을 하면서 즐거워하는 청소년들이 대부분이다. 입시위주의 사회에서 살고 있는 우리나라 청소년들에게 여가시간이라고 불릴 만큼의 여유가 별로 없어서 여가시간을 계획하고 제대로 보내기가 쉽지 않은 게 현실이다. 이로 인해 잠깐의 여유시간 동안 할 수 있는 편리하고 수동적인 놀이거리에 익숙해 있다 보니 청소년들은 몸을 움직여서 땀을 흘리는 활동에 참여하거나 자신의 취미활동을 찾아서 하는 경우가 많지 않다. 일주일 내내 학교, 학원 등 실내에서의 생활에 익숙한 청소년들은 실외에서 몸을 많이 움직이는 일이 별로 없고, 학업 외에 다른 분야에 별달리 관심을 둘 여유조차 없어 청소년기의 조화로운 성장과 발달을 기대할 수 없는 실정이다. 따라서 학교, 청소년수련시설 등 지역사회에서 청소년들을 위한 다양한 청소년활동의 기회를 지속적으로 제공하여 청소년들이 청소년활동의 경험을 조금이라도 할 수 있도록 해야 할 것이다.

여섯째, 변화하는 시대에 적용 가능한 청소년 지도방법이 요구된다. 4차 산업혁명 시대를 살고 있는 오늘날도 여전히 기성세대들은 청소년을 훈계 및 규제의 대상으로 보는 경우가 많다. 과거에 비해 청소년의 존재감이 증가하고 있다고 할 수는 있으나 그럼에도 불구하고 기성세대들의 청소년에 대한 시각은 크게 변하지 않고 있음을 알 수 있다. 여전히 '청소년'이라는 용어보다 '학생'이라는 용어가 입에 붙어 있고, 그래서 공부해야 하는 대상이고, 만약 공부를 열심히 하지 않고 다른 분야에 몰두해 있는 모습이 보이기라도 하면 어김없이 지적하고 혼내기를 반복하는 어른들도 있다. 그러나 지금의 기성세대가 본인들이 경험한 과거의 청소년기와는 매우 다른 현대를 살고 있는 청소년들을 지도하기 위해서는 과거의 일방적인 훈계나 규제만으로는 안 된다. 청소년들을 이해하는 것이 우선이 되어야 할 뿐 아니라 이들과 파트너십을 가지고 소통해야 한다. 문제를 지적하기 위한 청소년 지도가 아닌 청소년들의 잠재능력을 펼칠 수 있도록 지원하고, 이에게 필요한 역량을 키울 수 있도록 다양한 청소년활동 프로그램을 통해 청소년과 소통하면서 목표를 달성하는 방식의 지도가 요구된다.

일곱째, 청소년활동은 청소년문제 예방에 효율적이다. 청소년활동의 궁극적인 목적이 청소년문제를 예방하기 위한 것은 아니다. 앞서 언급한 바와 같이 조화로운 성장과 발달을 위해서 청소년활동을 실시하는 것이다. 그러나 청소년활동에 참여하게 되면 활동의 과정에서 또래 친구들과 어울리면서 일상에서의 스트레스를 해소하고, 집단별 활동 시 집단의 미션을 해결하는 과정을 통해 성취감, 재미, 즐거움 등 긍정적인 정서를 느낄 수 있다. 이와 같은 경험을 자주 하게 되면 청소년들의 긍정적인 성장에 영향을 주게 되므로 청소년문제를 사전에 예방하는 데에도 도움을 주게 된다.

여덟째, 청소년뿐만 아니라 지역사회의 발전을 위해서도 청소년활동이 필요하다. 지역사회에서 청소년의 성장을 위해 활동 프로그램을 비롯한 다양한 영역에서 지원하는 것이 결국 지역사회의 발전을 도모하는 일로 직결된다. 베네수엘라의 빈민층 아이들을 위한 무상 음악교육 프로그램인 '엘 시스테마(El Sistema)'가 그 예이다. 정치 · 경제적으로 불안정한 베네수엘라의 상황에서 범죄의 유혹에 빠진 빈민 청소년들에게 지속적으로 악기연주를 위한 프로그램을 실시하였고, 그 결과 수많은 세계적인 음악가들을 배출하게 되었다. 이들은 다시 고향으로 돌아가 후배들의 연주를 지도하고 있다. 이들이 그렇게 할 수 있었던 것은 마약과 무기밀매상, 알코올중독자가 가득한 동네에서 자랐지만, 자신에게 변화를 선택할 기회를 준 곳이기 때문에 고향을 떠날 수 없다고 말한다.[1] 우리 청소년들에게도 지역사회 내에서 이들이 성장할 수 있도록 지속적으로 활동 프로그램 등을 지원한다면 성인이 되어서도 지역사회에 관심을 가질 수 있고, 직간접적으로 긍정적인 영향을 미치게 될 것이다.

02 청소년활동의 개념

청소년활동의 개념은 「청소년 기본법」에 명시되어 있으며 많은 연구자가 다양하게 정의를 해 왔다. 그럼에도 불구하고 아직까지도 청소년활동의 개념에 대한 논의가 계속되고 있다. 그동안 청소년활동 분야에서는 개념에 대한 연구 및 논의보다 주로 효과성에 관한 연구가 많이 이루어져 왔고 활동의 결과, 대부분의 연구들이 참여청소년들에게 긍정적인 영향을 주는 것으로 조사되었다. 그러나 아이러니하게도 청소년활동의 효과와는 별도로, 지금까지도 청소년활동의 개념정립에 대한 논의가 지속되고 있는 것은 청소년활동의 개념이 활동의 의미를 제대로 담아내고 있지 못하다는 반증이기도 하다.

청소년활동의 초창기 개념은 1991년 '한국청소년기본계획' 수립 당시로 거슬러 올라간다. 이 당시에는 모든 계획에 있어 '청소년수련활동'이라는 법적인 개념을 사용하였는데, "심신을 단련하고 자질을 배양하며 배움을 실천하는 체험활동으로써 청소년의 전인적 성장을 위하여 지식교육과 함께 필수적인 활동"으로 정의되었다. 그리고 이때에는 청소년의 유형을 학생청소년, 근로청소년, 복무청소년, 무직청소년으로 구분하였고, 활동의 유형을 고유활동영역, 수련활동영역, 임의활동영역으로 분류하였다. '고유활동영역'은 학교나 직장, 의무 복무처 등 청소년들이 활동하는 공간을 기준으로 한 영역이고, '수련활동영역'은 생활권이나 자연권에서 스스로 심신단련, 취미개발, 정서함양, 사회봉사 등 배움을 실천하는 체험활동영역이며, '임의활동영역'은 주로 가정에서 이루어지는 개인적인 자유활동영역을 의미하였다. 이 3개의 영역 중 수련활동영역을 청소년활동으로 인정하여 정책적 지원을 하였고 이후 2004년에는 1991년에 제정된 「청소년 기본법」의 개정과 「청소년활동 진흥법」의 제정으로 다양한 활동을 포함하는 상위개념으로의 '청소년활동 개념'이 등장하게 되었다.

1) EBS, 지식채널e의 〈play & fight〉(2009. 2. 9. 방영)를 보면 자세히 나와 있다.

표 1-1	법령에서의 청소년활동의 개념

〈청소년활동〉「청소년 기본법」제3조

3. "청소년활동"이란 청소년의 균형 있는 성장을 위하여 필요한 활동과 이러한 활동을 소재로 하는 수련활동 · 교류활동 · 문화활동 등 다양한 형태의 활동을 말한다.

〈수련활동〉「청소년활동 진흥법」제2조

3. "청소년수련활동"이란 청소년이 청소년활동에 자발적으로 참여하여 청소년 시기에 필요한 기량과 품성을 함양하는 교육적 활동으로서 「청소년 기본법」 제3조 제7호에 따른 청소년지도자(이하 "청소년지도자"라 한다)와 함께 청소년수련거리에 참여하여 배움을 실천하는 체험활동을 말한다.

〈교류활동〉「청소년활동 진흥법」제2조

4. "청소년교류활동"이란 청소년이 지역 간, 남북 간, 국가 간의 다양한 교류를 통하여 공동체의식 등을 함양하는 체험활동을 말한다.

〈문화활동〉「청소년활동 진흥법」제2조

5. "청소년문화활동"이란 청소년이 예술활동, 스포츠활동, 동아리활동, 봉사활동 등을 통하여 문화적 감성과 더불어 살아가는 능력을 함양하는 체험활동을 말한다.

2004년에 개정된 「청소년 기본법」과 제정된 「청소년활동 진흥법」을 살펴보면, 우선 청소년활동은 청소년의 균형 있는 성장을 위하여 필요한 활동과 이러한 활동을 소재로 하는 수련활동 · 교류활동 · 문화활동 등 다양한 형태의 활동을 말한다(「청소년 기본법」 제3조 제3호). 구체적으로 '수련활동'은 "청소년이 청소년활동에 자발적으로 참여하여 청소년 시기에 필요한 기량과 품성을 함양하는 교육적 활동으로서 청소년지도자와 함께 청소년수련거리에 참여하여 배움을 실천하는 체험활동"을 의미한다. '교류활동'은 "청소년이 지역 간, 남북 간, 국가 간의 다양한 교류를 통하여 공동체의식 등을 함양하는 체험활동"을 말하며, '문화활동'은 "청소년이 예술활동, 스포츠활동, 동아리활동, 봉사활동 등을 통하여 문화적 감성과 더불어 살아가는 능력을 함양하는 체험활동"을 의미한다(「청소년활동 진흥법」 제2조 제3~5호).

2004년에 개정된 청소년활동의 법적 개념은 지금도 사용되고 있으나 청소년활동의 현장과 다소 거리가 있고, 수련활동 개념의 외연은 확대된 반면, 청소년활동의 개념은 축소되었음을 알 수 있다(김현철, 임희진, 정효진, 민경석, 2013). 실제 청소년 현장에서는 앞의 정의처럼 수많은 청소년활동의 유형을 세 가지로만 한정하여 구분하여 사용하지 않으며, 그 범위 역시 한정짓기 어렵다. 과연 청소년활동의 법적 개념이 청소년활동을 충분히 풍부하게 잘 담아내고 있는지에 대해서는 의문이다. 이러한 이유로 여러 학자들은 청소년활동의 개념에 대한 재개념화를 주장한다.

김현철 등(2013)은 청소년활동 개념의 두 가지 특수성을 제시하였다. 첫째는 정책적 개념으로서의 특수성이다. 청소년활동 개념은 학문적인 토대를 갖춘 개념이라기보다는 정책적인 개념으로 출발했고, 타 부처 정책에서 보편적으로 사용되는 개념이 아닌 특수한 개념이라는 것이다. 교육정책에서 사용하고 있는 특별활동이나 재량활동, 자율활동, 동아리활동과 같은 용어도 이러한 활동들을 통칭해서 '청소년활동'이라고 하지는 않으며, '청소년활동정책'이라는 용어는 다른 정책 영역에서는 거의 사용되지 않는다는 점을 지적하였다. 둘째는 청소년활동 개념이 한국의 청소년이 처한 상황과 관련된 정책적인 개념으로 외국에서 사용되는 개념에 비해서도 특수한 개념이라는 것이다. 우리나라와는 달리 영국, 독일을 비롯한 유럽의 경우에는 대체로 '청소년사업(youth work)'이라는 용어를 사용하고 있다. 그리고 일본은 우리나라처럼 청소년활동이라는 용어를 쓰고 있으나 체험활동이 좀 더 보편적으로 사용되며 정책에 있어서도 체험활동이라는 용어가 더 많이 쓰이고 있다.

앞에서 제시한 바와 같이 우리나라 청소년활동의 개념은 출발부터 정책적인 개념으로 시작되었기 때문에 이론 및 학문으로부터 시작한 외국 청소년활동의 개념과 다소 차이가 있을 수밖에 없고, 용어 역시 다르게 사용되고 있음을 알 수 있다. 김현철 등(2010)은 그동안의 청소년활동 개념이 기존 수련활동의 개념과 결합하면서 의미의 제약을 가져왔고, 이 수련활동이라는 개념을 제거하고 보면, 청소년활동에서 강조되는 의미들은 크게 '발달과업의 수행' '자발적 참여' '체험활동'으로 축약된다고 하였다. 결국 청소년활동은 '청소년기의 발달과업을 수행하기 위해 자발적으로 참여하는 체험활동'이라고 말할 수 있다. 발달과업의 수행은 궁극적인 목표이며, 자발적인 참여는 수단 또는 방법이고, 체험활동은 내용이라고 할 수 있다.

청소년활동에 대한 법적 개념과 그에 대한 여러 견해 못지않게 기존에 청소년활동에 관한 많은 연구들은 청소년활동의 개념에 대해 연구자들 나름의 정의를 제시해 왔다. 우선, 강대근(1981)은 청소년활동을 "청소년의 생활 전체를 포괄하는 것"으로 정의하였고, 한준상(1992)은 "청소년 스스로 학교, 가정, 사회의 실생활권에서 요구되는 여러 활동에

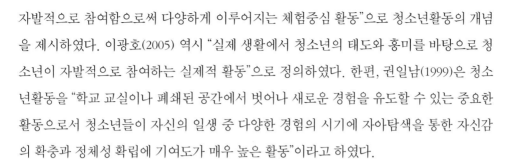

자발적으로 참여함으로써 다양하게 이루어지는 체험중심 활동"으로 청소년활동의 개념을 제시하였다. 이광호(2005) 역시 "실제 생활에서 청소년의 태도와 흥미를 바탕으로 청소년이 자발적으로 참여하는 실제적 활동"으로 정의하였다. 한편, 권일남(1999)은 청소년활동을 "학교 교실이나 폐쇄된 공간에서 벗어나 새로운 경험을 유도할 수 있는 중요한 활동으로서 청소년들이 자신의 일생 중 다양한 경험의 시기에 자아탐색을 통한 자신감의 확충과 정체성 확립에 기여도가 매우 높은 활동"이라고 하였다.

연구자들마다 청소년활동에 대한 개념정의는 다소 차이가 있지만 청소년활동이 청소년들의 실제 생활에서 이루어지는 활동이라는 점과 자발적으로 참여하는 활동이라는 점

표 1-2 학자별 청소년활동의 개념정의

학자	청소년활동의 개념
강대근(1981)	청소년의 생활 전체를 포괄하는 것
한준상(1992)	청소년 스스로 학교, 가정, 사회의 실생활권에서 요구되는 여러 활동에 자발적으로 참여함으로써 다양하게 이루어지는 체험중심 활동
조용하 등(1994)	청소년들의 자발적 참여에 기초하여 학교나 지역사회에서 이루어지는 다양한 집단 체험활동
권일남(1999)	학교 교실이나 폐쇄된 공간에서 벗어나 새로운 경험을 유도할 수 있는 중요한 활동으로서 청소년들이 자신의 일생 중 다양한 경험의 시기에 자아탐색을 통한 자신감의 확충과 정체성 확립에 기여도가 매우 높은 활동
Larson(2000)	지역사회중심의 청소년조직 및 자발적이고 구조적인 청소년을 위한 모든 활동과 프로그램
한국청소년개발원 (2004)	청소년들이 청소년기의 발달과업과 관련하여 성과를 거두기 위해 행하는 일련의 행동이나 작용
이광호(2005)	실제 생활에서 청소년의 태도와 흥미를 바탕으로 청소년이 자발적으로 참여하는 실제적 활동
김진호(2008)	• 청소년의 긍정적인 성장과 발달을 목적으로 하는 교육적 활동 • 청소년의 자발적 참여의지에 의해 발현되는 자율적 활동
진은설, 임영식 (2008)	청소년의 균형 있는 성장을 위하여 필요한 다양한 활동으로 청소년지도자와 함께 하는 활동
문성호, 문호영 (2010)	청소년기에 필요한 개인 및 사회적 역량을 발달시키기 위한 일련의 체험활동

출처: 김민(2014)의 자료를 발췌하여 재구성함.

을 공통적으로 언급하였다. 이는 청소년활동이 일상생활과 분리되지 않으며 일상을 살아가는 데 필요한 것을 배우는 활동이라는 점이고, 기본적으로 자발성에 근거해서 이루어진다는 것을 알 수 있다. 그 밖에 여러 학자들이 주장한 청소년활동의 개념을 정리하면 〈표 1-2〉와 같다.

한편, 청소년활동을 지칭하는 다양한 용어들이 존재한다. 기존에 사용되고 있는 용어로는 학교를 중심으로 한 '특별활동' '청소년단체활동', 그리고 학교 안팎으로 활동하는 '동아리활동' '방과후활동' 등이 있다. 최근에는 청소년활동의 재개념화를 주장하면서 '체험활동'이라는 용어를 사용하는 것이 더 적절하다는 주장이 나오고 있기도 하다.

우선, 특별활동은 학교교육 목표의 달성을 위한 교과학습활동 이외의 학교교육활동을 말하며, 학생의 개성신장, 건전한 취미와 특수기능의 육성 및 민주적 생활활동을 육성하기 위하여 학생회, 봉사활동, 운동경기, 토론회, 독서회, 클럽활동 등을 통해서 행해지는 교육활동이라고 할 수 있다. 특별활동의 특징은 다음과 같다. 첫째, 학생들의 자발적이고 자유로운 활동에 의하여 주도된다는 점이며, 둘째, 경쟁보다 협동이 강조되는 자유로운 집단활동이라는 점이다. 셋째, 교과활동에 비하여 그 운영에 있어서 보다 자유롭고 융통성의 폭이 크다는 점이며, 넷째, 교육과정의 중요한 한 부분으로서 교과활동을 통한 교육과 상호보완적 관계에 있다는 점이다(한국민족문화대백과, 2024).[2] 청소년단체활동은 학교교육과정의 인성교육 및 청소년단체의 이념구현을 위한 단체 활동으로 각급 학교에서 청소년단체 조직 및 활동을 강화하여 학생들에게 문제해결력에 기초한 심신단련과 호연지기를 기르며, 협동 봉사하는 정신과 생활 기능 체득 등을 통하여 더불어 살아가는 능력, 자율과 책임 의식을 갖춘 민주시민 육성을 목적으로 한다(서울특별시교육청, 2018). 청소년단체활동은 청소년단체라는 조직을 통해서 청소년활동에 참여하는 것으로 청소년단체는 주로 학교 안에서 활동하는 경우가 많으나 학교 밖에서 활동하고 있는 청소년단체들도 있다. 청소년들이 교내의 청소년단체활동에 참여하기 위해서는 다른 청소년활동과는 달리 청소년단체가 속해 있는 학교에 회원으로 가입하여 회비를 납부하고, 단복을 구입하는 등의 절차를 거친다.[2] 또한 활동은 교내 지도교사가 연간계획을 수립하

---

2) 단복구입은 단복이 있는 청소년단체에 한하며, 반드시 구입하는 것이라기보다 졸업한 회원이 후배 회원에게 물려주는 등 상황에 따라 적용하는 것이 일반적이다.

여 학교운영위원회의 심의(자문)를 받아 운영하게 된다. 학교에 소속되어 있는 대표적인 청소년단체로는 한국청소년연맹, 한국스카우트연맹, 한국해양소년단연맹, 청소년적십자(RCY) 등이 있다. 이 외에 학교 밖에서 활동하고 있는 청소년단체들도 있다. 2024년(3월)을 기준으로 한국청소년단체협의회에 가입되어 있는 (학교 안팎의) 청소년단체들은 총 64개이다(한국청소년단체협의회 홈페이지).

동아리활동은 1980년대 이전에는 서클활동이라고 불렸으며, 학교 안팎에서 취미나 소질, 문제의식을 공유하는 청소년들에 의해 자생적으로 생겨난 자치적인 집단활동이다. 다른 청소년활동에 비해 자발성이 매우 높아 청소년들이 주체적으로 참여하고 있으며 이상적인 청소년활동의 하나로 언급되기도 한다(한국청소년개발원, 2005). 동아리활동은 교내에서 활동하기도 하지만 지역사회 내 청소년수련시설에 소속되어 활동을 하기도 한다. 중·고등학생 연령대 청소년들의 대표적인 동아리 활동분야로는 그룹사운드, 댄스, 마술, 봉사, 영상 등이 있으며 정기적인 연습 및 발표회 등의 활동을 하고 있다.

방과후활동은 학교수업이 끝난 후에 하는 활동으로 대표적으로는 여성가족부의 '방과후아카데미', 교육부의 '방과후학교', 보건복지부의 '지역아동센터 프로그램'이 있다. 방과후아카데미는 주로 초·중학생(초4~중3)을 대상으로 청소년수련시설에서 학습지원과 전문체험활동, 자기개발활동 등의 과정을 운영하고 있다. 방과후학교는 초·중·고교생을 대상으로 특기·적성 프로그램이나 교과 프로그램을 운영하며, 초등학교의 경우 초등돌봄교실, 늘봄학교(2024년 시행)로 운영된다. 지역아동센터의 프로그램은 미취학 아동~고교생(18세 미만)을 대상으로 주로 오후에[3] 생활, 안전, 학습, 특기·적성, 성장과 권리, 체험활동, 참여활동, 상담, 가족지원, 지역사회 홍보 및 연계와 관련된 프로그램을 수행하고 있다. 이 중에서 청소년활동 프로그램은 주로 특기·적성(예체능활동, 적성교육 등), 체험활동(캠프, 여행 등)과 참여활동(공연, 전시회, 체육대회 등)이다.

---

3) 지역아동센터는 주중 1일 8시간 이상 운영을 기준으로 하며, 학기 중에는 14~19시를 필수로 운영하되 총 8시간 이상 운영하여야 한다. 구체적인 운영시간은 센터마다 다소 차이가 있다.

03 청소년활동과 청소년개발

앞에서 제시한 바와 같이 청소년활동의 개념에 대한 논의는 계속되고 있지만 청소년활동은 결국 사회의 구성원으로서 잘 성장하기 위해 자발적으로 참여하는 다양한 활동이라고 할 수 있다. 이 개념은 1990년대 이후에 새로운 관점으로 등장한 긍정적 청소년개발(positive youth development)과 그 맥을 같이한다. 긍정적 청소년개발은 청소년들이 다양한 체험, 경험, 활동 등을 통해 청소년기에 당면한 기본적인 욕구를 충족시키고, 성공적인 성인으로서의 삶을 위해 필요한 역량들, 즉 사회적·도덕적·정서적·신체적·인지적·직업적 측면에서의 역량들을 발달시켜 나가는 일련의 과정(Benson & Pittman, 2001)을 의미한다.

1) 긍정적 청소년개발의 등장배경

기존에 청소년을 바라보는 시각은 긍정적이라기보다 다소 부정적인 측면으로 조망되어 왔다. 즉, 청소년은 문제를 일으키고 있거나 일으킬 가능성이 있는 위험한 집단으로 낙인찍혀 왔으며, 그들의 문화는 대항문화, 반항문화 등으로 불리기도 하였다. 이로 인해 청소년은 다른 어떤 연령층보다 더 많은 경계 및 통제의 대상이 되어 왔다. 그러나 청소년의 문제행동을 예방하고 치료하는 것만으로는 21세기에 요구되는 각종 자질이나 소양을 준비하는 데에 한계가 있다는 주장이 강하게 제기되었다. 이는 청소년들이 단지 문제를 일으키지 않는다고 해서 잘 성장하고 있는 것으로 보기 어렵다는 의미이기도 하다. 이에 따라 청소년을 문제의 주체가 아니라 잠재력을 지닌 사회적 자원(youth as resource)인 동시에 성인과 함께 사회변화를 이끌어 가는 적극적인 존재로 인식하는 새로운 관점으로의 전환이 이루어지게 되었다(Pittman, 1992). 청소년을 바라보는 관점이 변화됨에 따라 세계 각국에서는 1990년대 이후부터 청소년정책의 패러다임을 '청소년 문제 예방(prevention)중심의 정책'에서 '청소년개발(development)중심의 정책'으로 전환하려는 시도가 이루어졌다(Pittman & Irby, 1996). 즉, '청소년개발'을 핵심개념으로 한 새로운 정책 패러다임으로의 전환이 전개되기 시작하였다.

우리나라는 '청소년개발'이라는 용어보다 '청소년육성'이라는 개념이 일반적으로 사용되어 왔으나 우리나라의 청소년정책 역시 1980년대 후반 이후부터 '보호·단속·규제 중심의 소극적인 청소년정책'에서 '육성·지원 중심의 적극적인 청소년정책'으로 전환을 시도하면서 비약적인 발전을 이루어 왔다(조영승, 2003). 1987년에 「청소년육성법」(「청소년 기본법」 제정으로 같은 해 폐지)이 제정된 이후부터 현재까지 국가적인 차원에서 청소년개발을 위한 다양한 정책들이 추진되고 있으며 청소년개발체제도 점점 다양화되고 복잡해졌다. 일례로 청소년특별회의, 참여위원회, 운영위원회 등과 같은 참여기구를 운영하는 것이나 여성가족부(한국청소년활동진흥원)가 지역사회변화프로그램을 운영하는 등의 노력은 청소년을 문제의 대상이 아닌 사회적 자원으로 보게 되면서 일어난 변화라고 할 수 있다.

2) 긍정적 청소년개발의 개념

긍정적 청소년개발은 '긍정적 청소년발달' ('긍정적'이라는 표기를 제외한) 청소년개발'로 불리기도 하며, 영어식 표기인 'positive youth development' 외에 'youth development' 'healthy youth development' 'asset–building approach' 등과 혼용되고 있다.

초기에 긍정적 청소년개발을 제시한 피트만(Pittman, 1991)도 청소년개발로 지칭하기도 하는데, 그는 청소년개발을 학교 밖에서 이루어지고 있는 청소년을 위한 모든 종류의 학습활동과 교육, 그리고 청소년을 둘러싼 맥락과 지원체제를 총칭한다고 하였다. 즉, 청소년개발은 정규학교교육(formal education) 이외의 비형식적 교육기관(nonformal education settings)에서 청소년의 건전한 성장과 발달을 위해 이루어지고 있는 다양한 체험 및 경험활동, 그리고 지역사회 내에서 청소년의 건전한 성장과 발달을 위한 환경조성 및 여건강화 등을 모두 포괄하는 개념이라는 것이다. 결과적으로 청소년개발은 청소년이 일상생활에서 직면한 여러 가지 문제, 즉 교육적·가정적·사회적·직업적·신체적·정서적 문제 등을 해결할 수 있도록 지원하며, 청소년의 잠재역량(인지적·사회적·정서적·심리적·신체적 영역)이 바람직하고 건강하고 온전한 상태로 성장하고 발달할 수 있도록 조력하는 일련의 모든 활동이라고 하였다. 청소년개발은 경쟁력 있는 성인으로서의 삶을 위해 필요한 다양한 역량들을 개발하고, 긍정적인 행동들을 증가시키며, 문

제행동으로부터 스스로를 보호하고, 위험행위를 감소하는 데 초점을 둔 개념이라고 할 수 있다.

그러나 청소년개발의 개념은 학자들에 따라서 매우 다양하게 정의되고 있다. 예를 들어, 피트만(1991)은 "청소년개발은 청소년의 잠재역량을 보다 바람직한 방향으로 성장시키고 발전시키는 일련의 과정"으로 정의하고 있으며, 벤슨과 피트만(Benson & Pittman, 2001)은 "청소년들이 다양한 체험, 경험, 활동 등을 통해 청소년기에 당면한 기본적인 욕구를 충족시키고, 성공적인 성인으로서의 삶을 위해 필요한 역량, 즉 사회적 · 도덕적 · 정서적 · 신체적 · 인지적 · 직업적 측면에서의 역량들을 발달시켜 나가는 일련의 과정"으로 정의하고 있다. 이러한 다양한 개념정의들은 'youth development'가 우리나라에서 '청소년발달'과 '청소년개발' 등의 용어로 혼용되는 것과 일맥상통한다. 그러나 김진호 등(2004)은 '청소년발달'과 '청소년개발'이 서로 의미가 다르다는 점을 지적한다. '청소년발달'이 발달의 주체인 청소년에 의해 일어나는 성장과 성숙을 강조한 개념이라면, '청소년개발'은 조작적인 조건과 필요한 요소를 통해 청소년의 변화를 인위적으로 가속화시키거나 유도하는 것을 강조하는 개념이다. 최근 사회적 · 정책적 측면에서의 적극적인 지원에 관심이 증가하면서 발달심리학적인 '청소년발달'이라는 용어보다는 '청소년개발'이라는 용어의 사용이 증가하고 있다. 따라서 청소년개발은 변화의 속성인 성장(growth), 성숙(maturation), 개선(improvement)뿐만 아니라 변화에 필요한 다양한 요소와 작동체계까지를 포함한 개념이라고 할 수 있다. 이러한 내용을 종합하여 (긍정적) 청소년개발을 정의하면, '청소년들에게 다양한 체험, 경험, 활동 등을 제공함으로써, 청소년기에 당면한 문제들을 해결하고, 성공적인 성인으로서의 삶을 위해 필요한 역량, 즉 신체적 · 정서적 · 인지적 · 사회적 · 시민적 · 직업적 측면에서의 역량들을 발달시켜 나가는 일련의 과정'이라고 할 수 있다.

3) 긍정적 청소년개발의 목표

긍정적 청소년개발의 목표는 크게 일곱 가지로 구분된다(김진호 외, 2009). 첫째, 신체적 건강(physical health)이다. 신체적 건강이란 "현재와 미래의 신체적 건강을 유지하고 개선하는 방식으로 행동하는 것"을 말한다. 여기에는 영양섭취, 다이어트, 운동, 피임,

위험행동(예: 음주, 흡연, 약물사용) 등에 대한 의사결정도 포함된다. 많은 연구들은 청소년기가 건강과 관련된 습관들을 확립함에 있어서 결정적인 시기라고 주장한다. 왜냐하면 청소년기에 확립된 건강습관이 성인기까지 지속적으로 유지되기 때문이다.

둘째, 정서적 건강(emotional health)이다. 정서적 건강은 "우호적이거나 적대적인 상황에 대해 긍정적으로 반응하고 대처하며, 자신의 감정 상태와 주변 상황에 대해 숙고하고, 레저와 놀이활동에 참여할 수 있는 능력"을 말한다. 청소년들이 성장함에 따라 경험하게 되는 정신적 스트레스도 증가하기 때문에 자신이 직면하고 있는 스트레스를 관리하고 대처할 수 있는 능력을 향상시켜야 한다.

셋째, 지적 역량(intellectual competence)이다. 지적 역량이란 "형식 및 비형식 교육기관에서 학습하고, 학교 졸업에 필요한 기초지식을 습득하며, 비판적 사고기술, 창의력, 문제해결기술, 자기표현기술 등을 활용하고, 자기주도적으로 학습할 수 있는 능력"을 말한다. 학업성취는 성인기의 직업적 성취와 밀접한 관련성이 있으며 직업에 대한 기대수준과 열정에도 영향을 미치기 때문에 중요하다.

넷째, 사회적 역량(social competence)이다. 사회적 역량은 "친구 및 다른 사람들과 우호적인 관계를 유지할 수 있는 능력"을 의미한다. 즉, 청소년들이 다양한 상황에서 다른 사람들과 적절하고 효과적인 상호작용을 위해 사용하는 기능(skills)을 말한다. 청소년기의 부정적인 사회성 기술은 친구관계 유지의 장애요인이 되며, 반사회적 집단에의 참여 가능성과 비행 및 학교중도탈락의 결과를 초래할 가능성이 높기 때문에 청소년기의 사회성 기술 습득은 중요하다.

다섯째, 시민적 역량(civic competence)이다. 시민적 역량이란 "민주시민으로서 사회적 선을 위하여 타인과 협력적으로 일하고, 우호적인 관계를 유지할 수 있는 능력"으로 정의된다. 청소년에게 시민적 역량은 주로 환경미화사업, 요양원 자원봉사활동, 지역사회의 정치적 이슈 이해하기 등과 같은 지역사회 봉사활동을 통해 이루어지고 있다. 청소년기의 봉사활동 경험은 긍정적인 자아개념을 형성하며 지역사회에 대한 연계의식을 강화하고, 주인의식과 소속감을 갖게 한다. 그리고 성인이 되었을 때의 투표 참여와 지역사회 조직에의 열정적 참여에 영향을 미치게 된다.

여섯째, 문화적 역량(cultural competence)이다. 문화적 역량이란 "집단 간 또는 개인 간에 존재하는 사회적·경제적·문화적 배경과 관심 및 흥미의 차이를 존중하고, 우호

적으로 반응할 수 있는 능력"을 말한다. 특히 정보화·국제화의 시대적 변화로 이민증가, 국가 간 경제교류확대, 세계 각국의 뉴스에 대한 관심증대, 인터넷사용의 급증 등 다방면에 걸친 국제교류가 급증하면서, 문화적 역량의 중요성이 더욱 증대되고 있다. 특히 중요한 것은 "자신과 다른 사람들에 대해 선입견이나 편견, 차별 등의 판단을 하지 않고, 상호 존중하고 우호적인 방식으로 관계를 맺을 수 있는 능력"을 강조한다는 점이다. 따라서 공감기술은 문화적 역량의 핵심적인 요인이라고 할 수 있다.

일곱째, 직업적 역량(vocational competence)이다. 직업적 역량은 고용가능성을 의미하며, 일반적으로 "고용에 필요한 기능적·구조적 기술을 획득할 수 있는 능력"으로 정의된다. 여기에는 자신의 진로설정과 진로목표 달성을 위해 필요한 준비과정을 이해하고 실천하는 과정이 포함된다. 직업적 역량강화를 통한 고용가능성 증대는 21세기 현대사회에서 청소년개발의 매우 중요한 영역이다. 직업의 세계에서 요청되는 기술과 태도를 습득하고, 창의적이고 책임감 있게 문제를 해결할 수 있는 능력을 지니게 함으로써 고용가능성을 높이는 것은 청소년개발의 매우 중요한 목표라고 할 수 있다.

앞에서 제시된 일곱 가지 영역의 역량 이외에도 청소년개발의 핵심적 수단이자 목표로 새롭게 등장하는 것이 바로 여덟째, 성취동기(motivation for success)이다. 청소년개발의 목표로 설정한 역량의 중요성이 아무리 높다고 할지라도, 청소년 개개인이 각각의 역량에 대해 부여한 중요성 정도와 동기화 정도에 따라 청소년개발의 결과가 달라지기 때문이다. 이와 같이 청소년개발의 목표영역 각각에 부여한 중요성 정도는 역량개발을 위한 활동참여에 영향을 미치게 된다. 따라서 청소년의 주도성(initiative), 즉 목적 달성을 위한 자기동기화(self-motivation)는 청소년개발의 핵심적인 열쇠라고 할 수 있다.

긍정적 청소년개발은 앞의 목표를 추구하는 과정에서 발생하는 장애물(가난, 결손, 폭력, 학대, 경시, 친구나 성인에 의한 부정적인 영향)을 축소하고, 위험을 절감하거나 결손을 완화하는 접근방법으로서 주요한 긍정적 발달과정, 기회, 경험을 규정하고 촉진하는 방향으로 나아가고 있다(김진화, 김영한, 신준섭, 김선혜, 2002). 긍정적 청소년개발은 청소년기의 발달이 개인적인 요인(심리적·생물학적·지적 특성 등)과 환경적인 요인(가족, 또래, 학교, 지역사회, 국가 등)들의 상호작용을 통해 일어나는 것이다([그림 1-1] 참조).

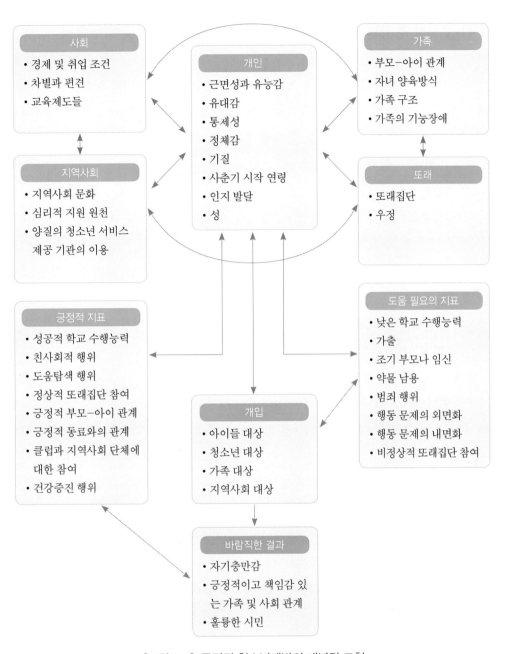

[그림 1-1] 긍정적 청소년개발의 개념적 모형

출처: 김진화 외(2002).

4) 긍정적 청소년개발(개념)의 등장으로 인한 청소년정책의 변화

긍정적 청소년개발의 개념은 그 자체보다 그 개념의 등장으로 인해 청소년정책(환경)이 어떻게 바뀌었는지를 보는 것이 더 중요하다. 긍정적 청소년개발의 등장은 기존의 문제예방적 접근방법이 지니고 있는 문제점과 한계를 극복하면서 다양한 정책적 효과를 창출하고 있다. 변화되고 있는 청소년정책의 내용은 다음과 같다(Pittman, Irby, & Ferber, 2001: 김진호, 2006 재인용).

첫째, 정책목적이 확장되었다. 청소년정책의 목적이 '청소년 문제의 예방이나 감소'에서 '성공적인 성인으로서의 삶을 준비'하는 것으로 전환되고 있다. 성공적인 성인으로서의 삶을 준비하기 위해서는 문제행동 감소나 지적 능력 향상도 중요하지만 이것만으로는 충분하지 않다. 따라서 청소년정책의 목적은 인지 · 사회 · 신체 · 정서 · 개인 · 시민성 · 직업적 영역 등 다양한 영역에서 청소년의 역량과 자신감, 성격, 유대감, 사회적 기여 등을 향상시키는 방향으로 전환되고 있다.

둘째, 참여기회 및 여건이 확대되었다. 청소년들은 무수히 많은 환경적 요인들과 상호작용하면서 성장 · 발달한다. 따라서 성공적인 성인으로서의 삶을 준비하도록 하기 위해서는 청소년발달에 영향을 미치는 수많은 환경적 요인들(예: 안전한 장소, 우호적인 성인, 역할모델, 양질의 청소년 기관 및 프로그램, 참여기회 등)을 조성하는 것이 필요하다. 청소년개발 패러다임은 오히려 청소년 문제가 일어날 때마다 대응하는 반응적 접근보다는 다양한 친활동적 기회와 여건을 만들어 줌으로써 청소년의 성장 · 발달을 지원하는 것이 문제의 예방이나 감소에도 보다 효과적이며, 성공적인 성인으로서의 삶을 준비하도록 하는 데에도 효과가 있다는 점을 강조한다.

셋째, 정책적 전략이 수정되었다. 청소년정책의 목적이 '성공적인 성인으로서의 삶의 준비'로 전환됨에 따라 정책전략을 수립하는 방법도 다음과 같이 변화하고 있다. ① 청소년정책의 목적이 문제의 예방 및 감소에서 성인의 역할 및 책임 준비로 전환되고 있다. ② 정책적 관심 역시 단기간의 문제행동 치료 · 예방에서 장기적인 발달에 초점을 맞추게 되었다. ③ 정책적 투입요인도 단순한 기초서비스(사회보장, 건강, 주택, 경제지원) 제공에서 청소년발달에 영향을 미치는 모든 요인들의 여건조성 및 기회의 확대로 전환되고 있으며, 청소년개발의 무대 또한 학교중심에서 청소년단체, 도서관, 공원, 종교단체 등 지역사회 내의 모든 시설·공간으로 확장되었다. 청소년지도자는 교사나 청소년지도사와 같은 전문지도자들 중심에서 가정, 이웃, 자원봉사자, 청소년 등 다양한 인적자원들로 확장되고 있으며, 청소년들의 역할 또한 청소년서비스의 수혜자에서 자신의 발달과정에 적극적으로 관여하며 지역사회나 국가에 적극적으로 참여하는 존재로 전환되고 있다.

요약

1. 청소년활동은 ① 체험활동이라는 특성, ② 사회 구성원으로서의 지식 및 기술 습득, ③ 조화로운 성장·발달에의 기여, ④ 다양한 여가 및 일에 대한 요구, ⑤ 적절한 여가활용의 기회 부재, ⑥ 시대변화에 걸맞은 지도방법, ⑦ 청소년문제 예방에의 요구, ⑧ 지역사회 발전 등을 위해 필요하다.

2. 청소년활동은 청소년의 균형 있는 성장을 위하여 필요한 활동으로 수련활동, 교류활동, 문화활동 등 다양한 형태의 활동을 말한다.

3. '청소년수련활동'이란 청소년이 청소년활동에 자발적으로 참여하여 청소년 시기에 필요한 기량과 품성을 함양하는 교육적 활동으로서 청소년지도자와 함께 청소년수련거리에 참여하여 배움을 실천하는 체험활동을 말한다.

4. '청소년교류활동'은 청소년이 지역 간, 남북 간, 국가 간의 다양한 교류를 통하여 공동체의식 등을 함양하는 체험활동을 말한다.

5. '청소년문화활동'이란 청소년이 예술활동, 스포츠활동, 동아리활동, 봉사활동 등을 통하여 문화적 감성과 더불어 살아가는 능력을 함양하는 체험활동을 말한다.

6. 특별활동, 청소년단체활동, 동아리활동, 방과후활동 등은 청소년활동을 지칭하는 용어들이다.

7. 청소년의 균형 있는 성장을 위한다는 관점에서 보면 1990년대 이후에 새로운 관점으로 등장한 긍정적 청소년개발(positive youth development)과 그 맥을 같이한다. 긍정적 청소년개발은 청소년들이 다양한 체험, 경험, 활동 등을 통해 청소년기에 당면한 기본적인 욕구를 충족시키고, 성공적인 성인으로서의 삶을 위해 필요한 역량들, 즉 사회적·도덕적·정서적·신체적·인지적·직업적 측면에서의 역량들을 발달시켜 나가는 일련의 과정(Benson & Pittman, 2001)을 의미한다.

8. 긍정적 청소년개발의 목표는 ① 신체적 건강, ② 정서적 건강, ③ 지적 역량, ④ 사회적 역량, ⑤ 시민적 역량, ⑥ 문화적 역량, ⑦ 직업적 역량, ⑧ 성취동기 등이다.

9. 이러한 긍정적 청소년개발의 개념 및 관점은 청소년정책의 변화로 이어졌다. ① 청소년정책의 목적이 '청소년 문제의 예방이나 감소'에서 '성공적인 성인으로서의 삶을 준비' 하는 것으로 전환되고 있다. ② 청소년발달에 영향을 미치는 수많은 환경적 참여기회 및 여건이 확대되었다. ③ 정책목적, 정책관심, 정책적 투입요인 등 정책적 전략이 수정되었다.

📓 참고문헌

김민(2014). 청소년활동 안전 확보 및 정책적 대안 모색: "청소년안전사고 예방 및 보상에 관한 법률" 제정을 제안하며. 「제5차 청소년정책기본계획」 중간평가 및 정책토론회−청소년활동(Youth Activity)! 위기인가? 기회인가? 미래를 여는 청소년학회 학술대회 자료집, 63-86.

김진호(2006). Positive Youth Development의 의미와 정책적 시사점. 미래청소년학회지, 3(2), 71-88.

김진호, 권일남, 이광호, 최창욱(2009). 청소년활동론. 한국방송통신대학교출판부.

김진호, 김경화, 한상철, 임성택(2004). 청소년개발지표 개발 연구. 한국청소년정책연구원.

김진화, 김영한, 신준섭, 김선혜(2002). 긍정적 청소년개발을 위한 지역사회서비스 지원 모형 연구. 한국청소년정책연구원.

김현철, 임희진, 정효진, 민경석(2013). 국가청소년활동정책 체계화 연구. 한국청소년정책연구원.

김현철, 최창욱, 민경석(2010). 초·중·고 창의적 체험활동과 청소년활동정책의 연계방안 연구. 한국청소년정책연구원.

서울특별시교육청(2018). 2018학년도 청소년단체활동 운영 안내. 서울특별시교육청.

여성가족부(2023). 2022 청소년백서. 여성가족부.

조영승(2003). 우리나라 청소년정책의 역사적 변천. 청소년문화포럼, 7, 15-28.

한국청소년개발원(2005). 청소년지도방법론. 한국청소년개발원.

Benson, P. L., & Pittman, K. J. (2001). *Trends in youth development: Visions, realities and challenges*. Kluwer Academic Publishers.

Pittman, K. J. (1991). *Promoting youth development: Strengthening the role of youth serving and community organizations*. Academy for Educational Development.

Pittman, K. J. (1992). *Defining the fourth R: Promoting youth development*. Center for Youth Development and Policy Research.

Pittman, K. J., & Irby, M. (1996). *Preventing problems or promoting development: Competing priorities or inseparable goals?*. International Youth Foundation.

한국민족문화대백과. https://terms.naver.com/entry.naver?docId=530987&cid=46615&categoryId=46615 (2024. 3. 16. 검색).

한국청소년단체협의회. https://www.ncyok.or.kr/bbs/board.php?bo_table=03_1 (2024. 3. 16. 검색)

청소년활동의 변천 과정

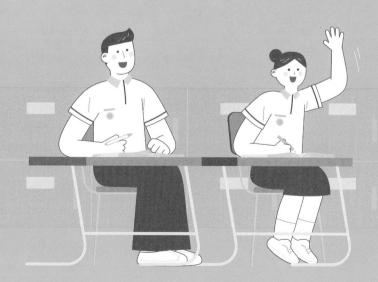

학습개요

 청소년활동의 개념은 시대를 달리하면서 청소년육성, 청소년수련활동 등으로 구분되어 지칭되었다. 청소년활동의 개념은 제도적 · 정책적 용어로, 이에 대한 정확한 특성을 설명하지 못한 채 의미화되었다. 청소년정책에서 청소년활동이 차지하는 비중은 매우 크지만, 청소년활동의 개념은 여전히 사회적 합의를 이루지 못한 채 다양하게 사용되고 있다.

 이 장에서는 청소년활동의 변천 과정에서 청소년육성, 청소년수련활동과의 관계를 살펴보고 청소년활동의 주요 정책과 기관들에 대해서도 개괄적으로 살펴보고자 한다.

01 청소년육성과 청소년수련활동

청소년활동은 청소년의 균형 있는 성장을 위해 그 중요성이 강조되어 왔다. 청소년정책에서 청소년활동의 의미가 차지하는 비중은 매우 크다. 그런데도 청소년활동의 개념은 여전히 사회적 합의를 이루지는 못한 채 다양하게 사용되고 있다.

우리나라의 청소년활동은 구한말부터 그 기원을 찾기도 하나 본격적으로 청소년활동이 대두된 시기는 1980년대 중반부터이다. 이 당시에 청소년문제가 중요한 사회문제로 대두되었다. 정부는 청소년종합대책을 수립하고 시행하면서 청소년활동을 청소년정책의 중요한 부문으로 위치 지운다. 1990년대 청소년활동은 입시위주의 학교교육과의 차별화를 꾀하면서 청소년의 전인적 성장을 위한 의도적이고 계획적인 제도적 장치로 대두된다. 또한 청소년활동은 '청소년기본계획'이 마련되면서 '청소년수련활동'이라는 개념 틀 안에서 발전해 왔다. 「청소년육성법」이 추상적이고 선언적이라는 미비점을 보완하는 취지에서 새로운 대체 법령으로 「청소년 기본법」이 제정된다. 당시 「청소년 기본법」은 청소년수련활동을 그 중심에 놓은 고유한 정책 영역으로서 '청소년 육성정책'을 규정하였다. 그리고 2005년에는 「청소년 기본법」을 개정하고 '다양한 청소년활동을 적극적으로 진행'하기 위해 독립적인 「청소년활동 진흥법」을 제정한다. 이후 우리 사회의 청소년정책 체계는 '청소년 육성정책'으로서 청소년수련활동 내지는 청소년활동의 지원을 중심축으로 하고 있다(이광호, 2012). 현재 청소년활동은 「청소년 기본법」 제3조 3항에 따라 "청소년의 균형 있는 성장을 위하여 필요한 활동과 이러한 활동을 소재로 하는 수련활동·교류활동·문화활동 등 다양한 형태의 활동"으로 정의하고 있다.

1) 「청소년육성법」 제정과 청소년활동

청소년활동의 필요성은 시대적 상황에 따라 변화해 왔다. 한국 사회에서 독자적인 청소년종합대책은 1984년에 수립된 '청소년문제개선종합대책'이었다. 1986년 「제6차 경제사회발전 5개년계획」의 한 부분으로 '청소년 부문'이 포함되어 추진되었다(미래를 여는

청소년학회, 한국청소년정책연구원, 한국청소년활동진흥원, 한국청소년수련시설협회, 2014). 이 계획은 과거 일부 청소년문제 대응 중심에서 다수 청소년을 위한 건전 육성사업 중심으로의 전환을 시도한다. 청소년문제에 대한 사후 교정보다 사전 예방을 강조하며 정서적·문화적 공간 제공 등을 주요 정책 방향으로 삼고 있다는 점에서도 이전의 청소년정책과는 구별된다. 이 시기에는 청소년의 건전한 성장에 대한 사회적 목소리가 높아졌다. 기존의 문제 청소년에 대한 대응이 정책적 실효성을 거두기 어렵다는 자성과 청소년의 생활환경에서 체험활동이 급격하게 축소되었기 때문이다. 더 나아가, 사회변화에 따른 공동체의 참여 제한과 입시위주의 정책, 사회·심리적으로 과도기적 상태에서 청소년의 도덕성과 자아정체성의 중요성이 확대되면서 청소년활동에 대한 중요성이 확장된다. 이러한 변화는 무한한 잠재적 가능성을 지닌 일반 대다수 청소년에게 여가를 활용한 다양한 활동 기회를 제공하고 유해환경으로부터 보호하고자 하는 정책적 전환의 시도였다(김진호, 권일남, 이광호, 최창욱, 2009). 그러나 청소년의 성장과 발달을 돕는 적극적 의미보다는 문제를 예방하는 수단적이며 소극적인 수준의 청소년활동 정책이라고 평가할 수 있다. 아울러 청소년활동 정책의 전환을 가져오지는 못하는 한계를 지닌다.

그러다가 1980년대 말에 들어서서 「청소년육성법」의 제정과 1988년 '청소년육성종합계획'을 통해 청소년활동에 대한 인식이 확대되면서 청소년을 바라보는 관점이 변화되었다. 이전보다 적극적 정책을 펼치게 되었다. 「청소년육성법」의 제정과 시행 이후 청소년수련활동만을 전문적으로 하는 수련시설이 부분적으로 설치·운영되기 시작하면서 1990년대 이전까지는 청소년단체나 개인 등 민간분야에서 산발적으로 설치된 시설에 의존하던 청소년활동이 확대된다.

2) 청소년육성으로서의 청소년활동

1991년 「청소년 기본법」의 제정은 청소년의 문화 및 여가 활동을 제공하던 비제도적인 청소년활동을 '수련활동'이라는 명칭으로 제도권으로 들어오게 하는 전환점이 되었다. 그러나 청소년활동이 법적·정책적 개념에 충실하다 보니 청소년활동의 개념 정립 및 비전과 방향 제시보다는 청소년활동을 수련활동으로 한정 짓게 된다. 특히 수련활동을 '심신을 단련하고 자질을 배양하며 배움을 실천하는 체험활동으로써 청소년의 전인적 성장을 위하여 지식교육과 함께 필수적인 활동'으로 정의한다. 또한 이들 활동을 고유활동(학업, 근로, 복무 등), 임의활동(가정 중심의 자유활동영역), 수련활동(생활권이나 자연권에서 심신단련, 자질배양, 취미개발, 정서함양, 사회봉사 등 배움을 실천하는 체험활동 영역)으로 나누었으며 이를 정책적으로 지원하였다(조영승, 2003). 그러나 청소년활동을 수련활동으로 한정 짓는 일련의 과정들로 인해 청소년활동은 매우 축소되는 한계를 드러내기도 했다(김현철, 최창욱, 민경석, 2010).

반면, 청소년활동의 제도권 진입은 단순한 활동의 제공에 그치지 않고 '청소년활동의 제도화'를 이끄는 계기가 되었다. 특히 청소년수련시설 설립과 청소년지도사 양성 등 활동 여건의 제도화를 구축하는 전환점이 되었다(한국청소년정책연구원, 2011). 「청소년 기본법」의 제정은 청소년을 '육성'시키겠다는 관점에서 청소년을 기본적 인격을 지닌 존재로 인식하게 된다. 따라서 1991년의 '한국청소년기본계획'과 「청소년 기본법」은 청소년활동을 청소년수련활동으로 구체화하는 역할을 한다. 그리고 청소년활동은 건전한 청소년의 성장·발달을 지원하는 적극적인 청소년육성으로 정책적 패러다임하에 자리 잡게 된다.

청소년육성(youth fostering)의 개념은 "청소년들이 학교교육에서 배양한 지적 능력을 바탕으로 도덕적 능력을 함양하도록 하고, 이러한 능력함양에 영향을 미치는 유익한 여건을 조성하거나 유해한 요인을 개선함으로써 지·덕·체를 고루 갖추어 조화롭게 성장할 수 있도록 돕는 기능"이라고 정의한다(조영승, 1998). 청소년육성은 청소년의 성장·발달을 위해 기본 욕구의 충족 및 빈곤과 장애, 가정에서의 문제 등 각종 사회적 위험에 대한 국가와 사회의 지원, 그리고 다양하고 적극적인 청소년활동을 보장하는 종합적인 체계를 지향하였다. 청소년육성의 이념 아래 추진되어 온 청소년정책은 청소년활동 정책을 강조했다. 청소년활동을 청소년육성의 협의의 개념으로 이해하면서 청소년활동 정책을 추진했다. 또한 이것은 청소년의 균형 있는 성장을 돕기 위한 학교교육의 상호보완적 의미로 사용되었으며 청소년수련활동은 미래의 주역이 될 청소년이 풍부한 지식을 바탕(학교교육 기능)으로 종합적인 도덕성을 갖춘 성인으로의 성장을 준비하는 핵심적 의미로 인식되었다(김진호 외, 2009).

따라서 청소년육성의 궁극적인 목표는 "청소년들이 사회와 자연 속의 수련 터전에서 수련거리에 참여하여 체험과 숙달의 방법으로 수련활동을 전개함으로써 덕성을 함양하고, 감성을 계발하는 것"(조영승, 1998)으로 합의하기에 이른다. 더 나아가, 청소년활동은 청소년이 건강·정서·도덕성·사회성 발달에 필요한 기능과 덕목을 단련하고 내면화함으로써 스스로에 대하여 자제할 수 있고, 이웃을 이해할 수 있으며, 공동체 질서에 조화를 이루고 봉사할 수 있는 실천적 능력을 포괄하는 개념으로 바라보았다. 이러한 전환적 노력은 기존의 학교주도 특별활동이나 체험활동과는 별개로, 학교 밖에서 독자적인 활동 체계를 구축하는 과제를 설정하는 계기를 마련하였다.

그러나 청소년육성으로서의 청소년활동은 교(敎)와 육(育)을 뚜렷하게 구분하고 있다. 학교 밖 영역의 청소년정책을 '육(育)'의 범주에 두고 학교교육과는 다름을 강조했다. 학교와 교육정책과의 차이를 중요하게 강조한 것이다. 그렇지만 청소년활동 정책이 학교 밖의 모든 영역을 포괄하지 못했기에 정책의 보편성을 상실했다는 평가도 있다(김현철, 최창욱, 오해섭, 이춘화, 김지연, 2010). 또한 청소년육성의 이념 아래 추진되어 온 청소년정책은 특히 청소년활동 정책을 강조해 왔고 인프라도 지속적으로 팽창해 왔으나, 청소년에게 미치는 영향력이 크지 않아 오히려 청소년활동 정책이 위축되었다는 의견도 지배적이다(이광호, 2011).

3) 청소년활동과 청소년수련활동

청소년수련활동은 청소년의 심신 수련을 목적으로 일상생활 및 자연에서 목적을 갖고 행해지는 모든 활동으로 각종 강좌, 대회, 캠프, 자치활동 등을 말한다. 광의적으로는 생활권 또는 자연권에서 심신을 단련하고 자질을 배양하며 다양한 취미를 개발하고 정서를 함양할 뿐만 아니라 호연지기를 기르며 집단 활동을 통해 공동체의식과 협동성, 사회성을 배양하는 체험활동을 의미한다. 청소년수련활동은 청소년활동에서 가장 중시되던 영역이었다.

2004년에는 1991년에 제정된 「청소년 기본법」이 개정되고 「청소년활동 진흥법」이 제정되면서 다양한 활동을 포함하는 상위개념으로서 '청소년활동' 개념이 등장한다. 청소년활동의 개념은 청소년의 균형 있는 성장을 위하여 필요한 활동과 이러한 활동을 소재로 하는 수련활동·교류활동·문화활동 등 다양한 형태의 활동으로 제시되었다(「청소년 기본법」 제3조 제3항). 이러한 청소년활동의 개념 안에는 수련활동·교류활동·문화활동 등이 포함되었다. 청소년수련활동은 청소년이 청소년활동에 자발적으로 참여하여 청소년 시기에 필요한 기량과 품성을 함양하는 교육적 활동으로서 청소년지도자와 함께 청소년수련거리에 참여하여 배움을 실천하는 체험활동을 의미한다. 따라서 청소년활동에서의 '청소년수련활동' 개념의 외연이 넓게 이해되고 있다.

「청소년 기본법」과 「청소년활동 진흥법」상의 청소년활동의 개념정의는 이러한 문제를 고스란히 보여 준다. 이는 '청소년수련활동' 개념의 외연은 넓어졌지만, '청소년활동'의 개념은 축소되었다고 할 수 있다(김현철, 임희진, 정효진, 민경석, 2013). 또한 청소년수련활동과 청소년활동의 개념 표현은 다르게 되어 있지만 실제로는 별 차이를 느끼기가 어렵고, 실제 활동 현장에서도 수련활동과 청소년활동의 개념으로 구분하여 사용하지 않는다는 점은 여전히 개념에 있어서 문제점을 수반하고 있다. 또한 청소년활동이라는 단어의 의미가 너무 커서 청소년활동으로 한정하기 어려우며, 정책적 특수성에 따라 여전히 청소년활동 개념의 법률적 영역 분류에서 수련활동을 지나치게 강조하고 있다는 것이다.

이의 대안으로 청소년활동 개념은 청소년 사업이나 청소년육성의 하위개념이거나 또는 수단적인 개념으로 볼 수 있으므로 청소년 사업이나 청소년육성의 다른 하위영역인 청소년 보호나 복지 또는 교육 등의 영역과 독립적인 개념이 아닌 도구적인 개념으로 이해되어야 한다는 목소리가 높아지고 있다. 이에 따라 국외에서 사용하는 청소년 사업(youth work)의 개념을 통해 보다 포괄적 개념으로 사용되어야 한다는 논의들이 제기되었으나 이는 정착화되지는 못하고 있다.

사실상 청소년활동의 개념은 다른 분야의 정책에서는 보편적으로 사용되지 않는 개념이며 학문적인 배경보다는 정책적인 필요 때문에 만들어지고 이해된 개념이다. 이러한 청소년활동에서 수련활동을 지나치게 강조하면서 청소년수련활동 개념을 중심으로 한 청소년활동 개념의 한계를 가져온 것이 사실이다. 따라서 앞으로 청소년활동에 대한 이론적 · 정책적 재개념화와 명확한 합의가 필요할 것으로 보인다.

02 청소년활동 정책과 청소년활동

「청소년 기본법」 제13조 및 제15조에 따르면 여성가족부 장관은 관계중앙행정기관의 장과 협의하여 '청소년정책기본계획'을 수립하고 이를 통해 청소년활동의 구체적인 방향과 내용을 수립해야 한다. 청소년활동 정책은 1991년 '한국청소년기본계획' 수립으로부터 시작하여 현재는 제7차 청소년정책기본계획이 실행되고 있다.

1) 제1차 청소년육성5개년계획(1993~1997)

제1차 청소년육성5개년계획에서의 청소년활동 정책은 청소년수련활동 활성화에 초점을 맞추고 있다. 따라서 청소년이 각자의 취미와 능력에 따라 자발적으로 심신을 단련하며 소질을 계발할 수 있는 여건을 마련하고 청소년의 활동 공간과 프로그램 개발 및 보급, 청소년단체와 지도자의 육성, 청소년수련활동에 대한 가정·학교·사회의 관심 제고와 범국민적 참여 분위기 확산 등을 청소년활동 정책의 기본방향으로 설립한다(문화체육부, 1993). 또한 정책과 법률에 따라 청소년수련거리, 수련시설, 청소년지도자, 청소년단체 등 주로 활동을 위한 체계를 세우는 데 주력한다. 이에 수련프로그램의 개발·보급, 수련활동 시범사업, 문화프로그램의 확충 등에 관한 내용을 세부 정책과제로 제시하고 있다.

수련시설 확충 및 운영에서는 청소년수련시설의 획기적 확충, 정비와 문화·체육시설 등에 청소년수련활동 공간을 발굴·확보하며, 융자지원, 세제지원 등을 통한 민간 참여의 활성화 유도, 청소년수련시설 운영의 내실화와 관련된 정책들이 강조되었다. 청소년지도자와 관련해서는 청소년지도자 양성 및 단체 육성을 통해 이수과정의 단일화, 이수과정 등록요건 완화, 교과영역 축소 및 이수과목 결정의 융통성 부여, 청소년지도자 양성 인원 확대 및 배치·활용의 합리화 등이 포함되었다. 이 외에도 교육부와의 업무협조를 통한 청소년수련활동과 단체활동 활성화, 저소득층·근로청소년·농어촌청소년 등 어려운 청소년 지원강화, 비행청소년의 청소년수련활동·특별활동 활성화, 청소년 국제교류지원, 남북청소년 동질성 회복을 위한 활동 활성화 등도 청소년활동과 관련된 정책과제로 제시하였다.

2) 제2차 청소년육성5개년계획(1998~2002)

1998년 '제2차 청소년육성5개년계획'의 수립과 함께 청소년정책 패러다임이 다시금 새롭게 변화를 맞는다. 청소년에 대한 사회적 인식이 과거에는 미래 사회의 주역이 되기 위한 준비과정으로 보았으나 현재는 인간의 권리유보 시각에서 성인과 동등한 사회 구성원으로 보는 권리 증진 측면이 강조된다. 그리고 사회적 대응 방식도 자율과 참여, 다수의 건강한 청소년의 활동 지원 등으로 전환한다. '청소년의 삶의 질 향상과 건전한 민주시민의식 함양' 및 '21세기 사회를 주도할 수 있는 자질과 능력(청소년상) 배양'을 주요한 정책목표로 하여 청소년 권익증진과 자율적인 참여기회 확대 및 청소년 중심의 수련활동 체제 구축 등이 중점 추진과제로 설정된다(김진호 외, 2009).

이에 따라 청소년활동도 변화를 맞는다. 자생·자율활동 지원과 청소년이 주도적으로 참여할 수 있는 수련활동 활성화로 집중된다. 청소년의 자생·자율활동은 청소년 클럽, 소집단, 동아리, 동호인회 형성 지원 및 봉사활동 프로그램 개발 보급, 봉사활동 활성화를 위한 여건 조성 등을 통한 봉사활동의 생활화로 나타난다. 그리고 청소년활동 정책을 '청소년이 주체가 되는 문화·체육 중심의 수련활동 체제 구축'을 목적으로 수련시설과 프로그램, 청소년지도자와 청소년단체의 특성화·다양화·전문화·차별화·개방화 방향으로 적극적으로 추진되었다. 그리고 청소년수련활동을 「헌법」에 명시된 청소년의 교육받을 권리의 하나로 적극적으로 해석(조영승, 1998)하면서 청소년활동을 청소년 권리로 이해하려는 노력이 전개된다. 이때의 청소년활동은 청소년의 권리 신장과 사회적 참여를 촉진하는 의미로 청소년수련활동이 전개된다.

3) 제3차 청소년육성기본계획(1993~2007)

2003년에 발표된 '제3차 청소년육성기본계획'에서 청소년활동과 관련하여 중요하게 고려한 것은 주5일 근무(수업)제가 도래하면서 국민의 여가수요 급증과 다양한 참여활동 증가, 가족중심 사회로의 전환 등 우리 사회의 생활양식과 가치관의 변화이다(청소년육성위원회, 2003). 또한 정보화의 가속화로 인해 청소년들의 성장·발달에 유해한 정보 노출의 우려에 따라 다양한 청소년활동 정책과제들이 제시된다.

제3차 청소년육성기본계획에서는 청소년활동정책의 수립 방향을 '주5일제 대비 창의적 청소년활동 여건 조성'으로 설정하였다. 그리고 수련활동의 양적 확충과 질적 심화를 추진한다. 청소년 문화예술활동을 활성화하며 문화예술교육 및 다양한 체험활동 기회를 확대하고 청소년 사이버문화를 진흥하며 국제교류를 활성화하여 지구촌 시대의 주도세력으로서 청소년의 역량을 강화하는 것을 핵심적 특징으로 설정하였다. 이에 따라 청소년활동시설 확충 및 운영 활성화, 청소년단체활동 활성화, 창조적인 청소년 사이버문화 진흥, 국내·외 청소년교류활동 지원 등의 과제를 제시하였다. 그뿐만 아니라 청소년의 건전한 심성계발 및 공동체의식 함양을 통해 건강한 민주시민으로 성장할 수 있도록 청소년자원봉사활동을 활성화하기 위한 기반을 구축한다. 청소년의 자율적인 활동을 장려하며 이를 지역단위로 활성화하여 건전하고 창의적인 청소년문화를 육성하는 정책도 포함하였다(청소년육성위원회, 2003).

4) 제4차 청소년정책기본계획(1998~2012)

2008년 발표된 '제4차 청소년정책기본계획'에서는 청소년활동 정책 수립의 방향을 '청소년의 사회적 역량강화'로 설정하였다. 청소년활동과 관련하여 청소년은 학습역량에 치중한 나머지 직업역량이나 사회역량 등 통합적 역량이 미흡하며 글로벌 사회에서 자신의 진로를 개발할 수 있는 여건이 미비하다는 문제점이 제기되었다. 이에 따라 청소년활동 참가 활성화를 위한 제도를 정비하고 주5일수업제 확대 대비 청소년활동 기반 및 제도 보강과 청소년 자원봉사활동 및 동아리활동을 획기적으로 전환하는 것을 핵심적인 정책 목표로 설정하였다(국가청소년위원회, 2008).

이에 따라 청소년활동 정책을 '청소년 사회적 역량강화'로 하고 청소년활동·성취 지원, 청소년참여와 직업역량 강화, 다문화·글로벌 역량함양 등 3개의 과제를 설정한다. 뿐만 아니라 청소년정책 추진체계 정비와 관련하여 청소년역량체계 구축, 청소년시설·단체 지원 확대, 청소년지도자 역량강화 및 복지지원 등을 강조하였다(국가청소년위원회, 2008).

2009년 「정부조직법」 개정 법률안이 통과하고 이듬해 공포되면서 여성정책과 가족·청소년정책이 공식적으로 여성가족부로 이관한다. 이에 따라 2010년 11월에 제4차 청소년정책기본계획이 수정·보완된다. 청소년활동 정책 추진방향을 "청소년들이 개성과 창의력을 계발하고 자신의 삶을 결정하며 미래를 스스로 개척해 나갈 수 있도록 능동적 학습역량, 시민역량, 진로개척 역량 증진"으로 설정한다(관계부처합동, 2010). 이에 따라 다양한 체험활동 기회 확대, 시민역량 증진 및 인성교육 강화, 자기주도적 진로개척 지원 등을 주요 과제로 설정한다.

5) 제5차 청소년정책기본계획(2013~2017)

'제5차 청소년정책기본계획'에서는 청소년의 역량을 강조하면서 다양한 체험활동의 기회 확대에 주력하였다. 이에 따라 '청소년의 역량함양 및 미래핵심인재로 양성'을 주요 청소년활동정책 수립의 방향으로 설정한다(관계부처합동, 2013). 그리고 청소년활동 정책의 방향을 청소년의 균형 있는 성장을 위해 다양한 체험활동 확대, 글로벌 역량강화를 위한 청소년 국제교류 활성화, 청소년 역량개발 인프라 확대 및 지역사회 협력을 통한 청소년 체험활동 활성화, 인성·배려·나눔 함양을 위해 청소년 시기에 꼭 필요한 자원 봉사활동, 기부활동 그리고 인성 및 민주시민 교육 강화 지원 등을 설정한다.

청소년 역량증진 활동 활성화의 세부 과제로는 청소년 역량지수 개발, 청소년시설 인프라 확대 및 역량강화, 학교–지역사회 협력 등을 통한 체험활동 강화, 청소년 희망카드 도입, 청소년 문화예술활동 활성화, 청소년자원봉사 및 기부문화 활성화, 자기 주도적 체험활동 확산 추진 등을 강조한다. 글로벌·다문화 역량강화에서는 모든 청소년의 다 문화 감수성 함양, 다문화 프로젝트 추진, 한민족 청소년 네트워크 추진, 청소년 국제교 류프로그램 확대 및 다원화, 그리고 남북한 청소년교류 기회 활성화를 위한 기본 조성과 상호이해 증진 등을 강조한다. 청소년의 인성 및 민주시민 교육 강화에서는 청소년의 인 성교육 및 품성계발 지원 체계 강화, 청소년 언어순화 프로그램 개발·보급, 청소년 민 주시민교육 강화, 건강한 또래문화 형성을 위한 또래상담 활성화 등을 강조하였다(관계 부처합동, 2013).

6) 제6차 청소년정책기본계획(2018~2022)

'제6차 청소년정책기본계획'에서는 청소년정책의 방향을 "공정하고 안전한 사회환경에서 청소년들이 자기주도적인 참여와 활동을 통해 현재를 즐기고 미래사회에 필요한 역량을 갖추어 자립할 수 있도록 종합적으로 지원"하는 것으로 설정하였다(관계부처합동, 2018). 그리고 청소년활동 정책의 수립 방향 역시 '청소년주도의 활동 활성화'로 설정하고 있다. 이를 위한 정책과제로 청소년활동 및 성장지원 체계 혁신, 청소년 체험활동 활성화, 청소년 진로교육 지원체계 강화 등을 주요 과제로 설정한다.

청소년활동 및 성장지원 체계 혁신에서는 제4차 산업혁명 등 급변하는 사회환경 적응에 필요한 중점역량 기반의 청소년활동 체계구축을 강조하는 정책이 포함되었다. 청소년 체험활동 활성화에서는 청소년 문화예술활동과 스포츠활동, 국제교류활동 등을 활성화하고 남북한 청소년교류 기반을 조성하며 청소년 체험활동에 대한 안전관리를 강화하는 정책들을 포함하였다. 청소년 진로교육 지원체계 강화를 위해서는 대상별 맞춤형 진로활동을 내실화하고 학교 밖 청소년을 대상으로 한 진로교육을 강화하며, 진로교육 활성화를 위한 청소년수련시설과 학교, 진로체험처 등이 연계·협력하는 시스템을 구축하는 것을 주요 목표로 포함한다. 또한 청소년이 체감할 수 있도록 취업지원 인프라를 확충하고 창업을 활성화하는 데 초점을 두었다. 그뿐만 아니라 청소년동아리, 자원봉사활동을 통한 사회참여 활성화와 청소년참여활동 내실화, 학교에서의 자치활동 활성화, 일상생활에서의 청소년참여활동 활성화 등을 강조하였다. 아동·청소년의 여가권과 관련하여 여가 시간을 확보하고 청소년들을 위한 놀이, 여가 유형 다양화 및 공간 제공 등도 주요 과제로 제시하였다. 특히 청소년 민주시민 성장지원을 위해 청소년 대상 체험형 민주시민교육 활성화, 디지털 시민교육 활성화, 학교교육활동을 통한 민주시민교육 확산 등이 포함되었다. 청소년정책 총괄·조정 강화에서는 청소년활동 관련 시설의 기능을 강화하고 청소년성장·지원 혁신지역 모델을 개발하는 내용이 정책과제로 제시되었다. 또한 지역사회 공공시설 인프라를 활용한 청소년활동 터전을 확대하고 청소년 인구와 지역여건을 고려한 국공립 청소년수련시설을 확충하고 청소년지도자의 전문성을 강화하며 청소년지도자의 처우개선 과제 등도 포함되었다.

7) 제7차 청소년정책기본계획(2023~2027)

'제7차 청소년정책기본계획'은 2023년 2월에 발표했다. 디지털 네이티브인 청소년의 특성과 정책적 여건 변화를 고려하여 청소년의 디지털 관련 활동 기반을 확대하는 것과 청소년의 역량 제고를 위한 과제들을 더욱 확대하는 것을 핵심적 특징으로 설정하고 있다.

이에 청소년활동정책 수립 방향은 "청소년의 역량강화를 위한 플랫폼 기반 청소년활동 활성화"로 설정하였다(관계부처합동, 2023). 그리고 디지털역량 활동 강화, 청소년 미래역량 제고, 다양한 체험활동 확대, 학교 안팎 청소년활동 지원강화 등 4개의 과제를 설정하였다. 이를 위해 청소년의 디지털역량 제고를 위한 활동프로그램 확대와 청소년활동 디지털 플랫폼 구축 등 활동 지원체계의 디지털 고도화를 강조하고 있다. 또한 신산업, 환경, 경제교육 등 미래세대로서 필요한 소양을 함양하고 청소년 수요를 반영한 진로교육과 분야별 진로활동을 확대하는 정책을 포함하고 있다. 특히 다양한 체험활동 확대를 위해 국제교류, 문화 · 체육 등 다양한 분야의 청소년 체험 기회를 확대하고 청소년이 기획하고 주도하는 활동에 대한 지원과 안전한 청소년활동을 위한 시스템 운영 및 평가, 교육 활성화 정책들이 포함되었다. 학교 안팎 청소년활동 지원강화에는 청소년활동과 학교 간 연계를 통해 지역 맞춤형 청소년활동을 강화하고 지역 내 청소년을 위한 공간과 시설을 조성 · 확대하는 데 초점을 맞추고 있다. 이와 더불어 청소년지도자의 역량강화와 직무현황 분석 및 처우개선을 통한 전문성 강화, 청소년시설 · 기관 · 단체의 운영 개선 및 지원 등을 포함하고 있다.

03 청소년활동 관련 제도와 기관

1) 청소년활동 관련 제도

(1) 청소년수련활동 인증제

청소년수련활동 인증제는 「청소년활동 진흥법」 제35조 내지 제38조에 따라 시행된 제도로서, 청소년수련활동이 청소년의 균형 있는 성장에 기여할 수 있도록 국가 및 지방자치단체 또는 개인·법인·단체 등이 실시하고자 하는 청소년수련활동을 인증하고, 인증된 수련활동에 참여한 청소년의 활동 기록을 유지·관리·제공하는 청소년수련활동 프로그램에 대한 국가 인증제도이다.

청소년수련활동 인증제는 국가가 청소년수련활동의 공공성과 신뢰성을 인증함으로써 청소년활동 정책의 실효성을 제고하고자 하는 목적에서 실행하고 있다. 청소년의 교육·사회적 환경 변화에 따른 양질의 청소년활동 정책과 참여기회 제공, 다양한 청소년활동 정보제공 및 청소년활동참여 활성화, 참여한 활동 내용을 국가가 기록·유지·관리하여 자기 개발과 진로 모색에 활용하도록 자료를 제공하고 있다.

청소년수련활동 인증제의 특징은 청소년의 눈높이에 맞는 다양하고 재미있는 인증수련활동에 참여할 수 있으며 안전한 활동 환경을 갖추고 전문성을 지닌 지도자와 함께 할 수 있다. 또한 인증 신청, 수시 점검, 사후 관리 등 인증수련활동의 시작부터 끝까지 꼼꼼하고 체계적인 관리를 받을 수 있으며 인증 수련활동참여 후 여성가족부장관 명의의 참여 기록확인서를 발급받을 수 있고 포트폴리오를 작성하여 관리할 수 있다.

인증수련활동은 기본형, 숙박형, 이동형, 학교단체숙박형으로 구성된다. 인증수련활동을 운영하고자 하는 지방자치단체, 청소년수련시설, 법인, 단체, 개인 등은 인증을 받을 수 있다. 인증을 받으려는 자는 참가자 모집 또는 활동개시 최소 45일 전에 인증위원회에 인증을 신청해야 한다. 청소년 참가 인원이 150명 이상인 청소년수련활동과 위험도가 높은 수련활동(수상활동, 항공활동, 산악활동, 장거리 걷기 활동, 그 밖의 활동 등)은 반드시 인증받아야 한다. 인증은 서면 인증으로 활동프로그램, 지도력, 활동환경 운영계획 등을 인증할 수 있고 필요시 현장방문을 통해 서면 자료의 적정성을 확인할 수 있다. 프로그램 인증은 다양한 기관에서 운영하는 개별 프로그램으로 인증할 수 있으며 인증수련활동에 참여한 청소년의 활동기록을 확인하는 등의 절차를 거쳐 해당 활동이 끝난 후 20일이 경과한 날부터 그 기록을 제공할 수 있도록 하여야 한다.

(2) 청소년수련활동 신고제

청소년수련활동 신고제는 19세 미만의 청소년을 대상으로 하는 청소년수련활동의 계획을 사전에 신고하도록 하고 관련 정보를 참가자가 편리하게 확인할 수 있도록 인터넷 등에 공개하여 국민이 정보를 활용할 수 있도록 하는 제도이다. 신고제도를 통해 수련활동의 신고를 준비하는 과정에서 활동 운영 전반에 관한 안전 요소를 점검하게 되고 범죄 경력자 등 결격 사유가 있는 지도자의 참여를 막을 수 있으며, 안전 보험 가입을 의무화 하여 보다 안전한 수련활동을 진행할 수 있도록 하였다. 또한 신고 수리된 활동 정보를 인터넷 홈페이지 등에 공개함으로써 청소년, 학부모 등 정보가 필요한 모든 사람이 쉽게 수련활동 정보를 알 수 있도록 하여 활동 선택과 참여 결정에 도움을 주었다(여성가족부, 2023).

청소년수련활동 신고제의 법적 근거는 「청소년활동 진흥법」 제9조의2(숙박형 등 청소 년수련활동 계획의 신고)이다. 이에 따라 19세 미만의 청소년을 대상으로 숙박형 청소년 수련활동 및 비숙박형 청소년수련활동을 주최하려는 자는 소재지 관할 기초자치단체에 신고 서류를 갖추어 참가자 모집 14일 전까지 신고해야 한다. 신고 서류는 운영계획서, 주최자 · 운영자 · 보조자 명단, 세부내역서, 보험 가입 사실을 증명할 수 있는 서류 등 이다. 신고는 청소년활동정보서비스(e청소년) 홈페이지를 통해 온라인으로 접수하여야 한다.

신고 대상은 숙박형과 비숙박형 중 청소년 참가 인원이 150명 이상인 수련활동, 위험 도가 높은 청소년수련활동이다. 다른 법률에서 지도 · 감독 등을 받는 비영리 법인 또는 단체가 운영하는 경우, 청소년이 부모 등 보호자와 함께 참여하는 경우, 비숙박형 청소 년수련활동 중 참가자가 150명 미만이거나 위험도가 높은 청소년 수련활동으로 지정되 지 않은 활동, 종교단체가 운영하는 경우는 신고에서 제외한다. 신고서가 접수되면 해 당 처리기관에서 구비서류의 요건을 점검하고, 주최자 등의 결격사유를 조회한 후 신고 수리 시 신고증명서를 발급하고, 미비할 경우에는 보완을 요청하며, 보완되지 않은 경우 반려한다. 신고 수리 후 처리기관 관할 지자체에서는 신고 수리된 계획을 여성가족부에 통보하고, 계획을 검토한 여성가족부는 보완사항이 있는 경우 처리기관에 보완사항을 통보하며, 처리기관은 주최기관에 지적된 보완사항을 통보한다. 활동 주최자는 신고 수 리 사항 중 안전점검, 보험 가입, 수련활동 인증에 관한 사항을 모집 활동 및 계약 시 인 쇄물, 게시판 또는 홈페이지에 표시 · 고지하여야 하고, 참가자의 건강 상태를 확인한 후 필요한 조치를 하여야 한다. 또한 활동을 시행하기 전에 변경사항이 발생한 경우 활동 시작 3일 전까지 그 사유와 관련 서류를 첨부하여 처리기관에 제출하여야 한다(여성가족 부, 2023).

(3) 국제청소년성취포상제

국제청소년성취포상제(The Duke of Edinburgh's International Award, Korea)는 1956년 영국 엘리자베스 2세 여왕의 부군인 에든버러 공작에 의해 시작되어 현재 130개 이상의 국가에서 운영 중이다. 국제포상제를 총괄하는 '국제포상재단(International Award Foundation)'에는 '국가사무국(National Award Operator)'과 '독립운영기관(Independent Award Center)'이 속해 있다(여성가족부, 2023).

국제청소년성취포상제는 만 14~24세의 모든 청소년이 신체단련, 자기개발, 봉사 및 탐험활동을 통해 잠재력을 개발하고 청소년 자신 및 지역사회와 국가를 변화시킬 수 있는 삶의 기술을 갖도록 하는 국제적 자기 성장 프로그램이다. 국제청소년성취포상제는 비경쟁성, 개별성, 균형성, 성취지향성, 자발성, 지속성 등의 열 가지 기본이념을 바탕으로 활동이 이루어지며, 참여청소년이 자기주도성과 도전정신을 통해 자신의 역량을 지속적으로 개발시킬 수 있는 습관을 지닐 수 있게 한다. 포상활동은 봉사, 자기개발, 신체단련, 탐험 등 네 가지 활동이며 각 활동별 주어진 최소 활동 기간을 충족해야 한다. 각국의 국제청소년성취포상제의 기본 원칙은 똑같이 유지되고 있으나 현대사회의 요구와 변화하는 청소년의 욕구에 맞추어 계속해서 변화하고 있다. 우리나라의 경우, 청소년들의 활동기록을 체계적으로 관리하기 위해 전 세계 최초로 온라인 정보시스템을 활용하여 국제청소년성취포상제가 운영되고 있다. 온라인 정보시스템 개발로 포상활동 기록의 신뢰성과 업무의 효율성이 증대하고 있다.

국제포상제는 포상 자체보다는 포상활동 과정에 의미가 있기 때문에 포상활동에서 도전에 대한 실패는 없으며 언제든지 다시 시작하여 도전 가능하고 포상을 받을 수 있다. 이러한 원칙에 따라 참여청소년은 자신과의 약속을 지킬 수 있는 도전을 지속적으로 이어 가고 있다.

(4) 청소년자기도전포상제

'청소년자기도전포상제(Korea Achievement Award)'는 2008년 우리나라에 도입된 국제청소년성취포상제를 모태로 2010년부터 연구되었으며 2011년부터 3년간 현장적용을 위한 단계별 시범운영을 진행하여 2014년부터 정식운영하고 있다.

청소년자기도전포상제는 17개 전국 시·도 청소년활동진흥센터와 12개의 청소년단체 및 비영리법인 등으로 구성된 포상운영사무국에서 운영하고 있다. 자기도전포상제는 성취 지향적 활동, 단계적 활동, 스스로 하는 활동, 다양한 활동, 재능의 발견 및 개발의 기회, 경쟁이 없는 활동, 좋은 친구가 되기 위한 활동, 즐길 수 있는 활동이라는 여덟 가지 기본이념을 바탕으로 활동이 이루어진다. 이를 통해 참여청소년들이 스스로 정한 목표를 성취해 가며 숨겨진 끼를 발견하고 꿈을 찾아갈 수 있도록 돕는다.

자기도전포상제는 만 7~15세 청소년이거나 초등학교 1학년~중학교 3학년이면 누구나 참여할 수 있다. 포상활동은 봉사, 자기개발, 신체단련, 탐험, 진로개발 다섯 가지 활동영역으로 구성되어 있으며, 참여 청소년은 다섯 가지 활동영역 중 네 가지 활동을 선택하여 각 영역에 따른 포상단계별 최소 활동 기간을 충족해야 한다. 포상단계는 동장(4개월), 은장(4~8개월), 금장(8~16개월)으로 최소 활동 기간을 모두 충족하고 성취목표를 달성해야 포상받을 수 있다(여성가족부, 2023).

2) 청소년활동 관련 기관

(1) 한국청소년활동진흥원

한국청소년활동진흥원은 「청소년활동 진흥법」 제6조에 의해 청소년활동 현장과 정책을 총괄 지원하여 청소년육성을 지원하고자 설립된 공공기관이다. 한국청소년활동진흥원은 청소년활동 프로그램을 인증하고 그 기록을 유지 · 관리 · 제공하는 '청소년수련활동 인증제', 청소년 자원봉사활동의 지원과 기록 관리, 청소년들이 신체단련 · 자기개발 · 자원봉사 · 탐험활동을 고르게 지속적으로 수행하여 꿈과 끼를 개발할 수 있도록 하는 '국제청소년성취포상제' 등을 지원한다(여성가족부, 2023). 그리고 수련시설 종합 안전점검 지원 및 안전 관련 컨설팅 홍보, 국내외 청소년 및 청소년지도자의 글로벌 역량강화를 위한 교류활동 등의 진흥 및 지원사업 등도 담당한다.

이와 함께 청소년활동 활성화의 근간이 되는 국립청소년수련시설의 운영과 청소년지도자 양성 및 전문성 제고를 주된 기능으로 하고 있다. 한국청소년활동진흥원은 국가가 설치하는 수련시설에 대한 유지와 관리, 운영을 담당하고 있으며 청소년지도자 양성과 관련하여 국가 자격증인 청소년지도사(1급, 2급, 3급) 자격 부여를 위한 자격연수와 함께 현직 청소년지도사에 대한 보수교육을 운영하고 청소년지도사 자격관리 업무를 전담하고 있다. 이뿐만 아니라 다양한 전문연수를 개설하고 운영함으로써 청소년지도 전문인력 양성 및 전문성 함양을 목표로 한 전문 연수기관의 기능을 수행하고 있다.

한국청소년활동진흥원은 다양하고 창의적인 청소년 체험활동을 진흥시켜 청소년의 잠재역량 계발과 인격형성을 도모하고 있으며, 안전하고 신뢰받는 청소년활동을 조성하고, 수련 · 참여 · 교류 · 권리증진 활동을 종합적으로 지원함으로써 궁극적으로 청소년의 삶의 질 향상에 기여하고 있다. 또한 청소년들이 다양한 체험활동을 통해 건강하게 성장하고, 자신의 꿈과 열정을 펼칠 수 있는 역량을 키워 나가는 데 이바지하고 있다.

표 2-1 **한국청소년활동진흥원의 법적 근거**

「청소년활동 진흥법」

제6조(한국청소년활동진흥원의 설치) ① 「청소년 기본법」 제3조 제2호에 따른 청소년육성(이하 "청소년육성"이라 한다)을 위한 다음 각 호의 사업을 하기 위하여 한국청소년활동진흥원(이하 "활동진흥원"이라 한다)을 설치한다.

　　1. 청소년활동, 「청소년 기본법」 제3조 제4호에 따른 청소년복지, 같은 법 제3조 제5호에 따른 청소년보호에 관한 종합적 안내 및 서비스 제공

　　2. 청소년육성에 필요한 정보 등의 종합적 관리 및 제공

　　3. 청소년수련활동 인증위원회 등 청소년수련활동 인증제도의 운영

　　4. 청소년 자원봉사활동의 활성화

　　5. 청소년활동 프로그램의 개발과 보급

　　6. 국가가 설치하는 수련시설의 유지 · 관리 및 운영업무의 수탁

　　7. 국가 및 지방자치단체가 개발한 주요 청소년수련거리의 시범운영

　　8. 청소년활동시설이 실시하는 국제교류 및 협력사업에 대한 지원

　　9. 청소년지도자의 연수

　　9의2. 제9조의2에 따른 숙박형 등 청소년수련활동 계획의 신고 지원에 대한 컨설팅 및 교육

　　10. 제18조의3에 따른 수련시설 종합 안전 · 위생점검에 대한 지원

　　11. 수련시설의 안전에 관한 컨설팅 및 홍보

　　11의2. 제18조의2에 따른 안전교육의 지원

　　12. 그 밖에 여성가족부장관이 지정하거나 활동진흥원의 목적을 수행하기 위하여 필요한 사업

② 활동진흥원은 법인으로 한다.

③ 활동진흥원은 그 주된 사무소의 소재지에서 설립등기를 함으로써 성립한다.

(2) 지방청소년활동진흥센터

지방청소년활동진흥센터는 국가 정책에 따라 1996년부터 청소년자원봉사센터로 출범하여 2006년도에 청소년활동진흥센터로 개편되어 설치되었다. 1996년도에 청소년자원봉사센터로 출범할 당시에는 학교교육 정책에 자원봉사활동이 도입됨에 따라 지역사회에서 청소년 자원봉사의 지원과 활성화를 전담하는 조직으로서 단일하면서 명확한 과업을 가지고 출범하였다.

2004년 「청소년 기본법」의 전면 개정으로 한국청소년진흥센터의 설치와 「청소년활동진흥법」의 제정을 통해 청소년활동진흥센터의 설치에 관한 법적 근거(「청소년활동 진흥법」 제7조)가 마련되었다. 2006년도에는 청소년자원봉사센터가 청소년활동진흥센터로 개편되면서, 중앙과 각 지방에서 '청소년활동의 진흥'이라는 포괄적인 과업이 강조되었다.

표 2-2 **지방청소년활동진흥센터의 법적 근거**

「청소년활동 진흥법」

제7조(지방청소년활동진흥센터의 설치 등) ① 특별시 · 광역시 · 특별자치시 · 특별자치도(이하 "시 · 도"라 한다) 및 시 · 군 · 구(자치구를 말한다. 이하 같다)는 해당 지역의 청소년활동을 진흥하기 위하여 지방청소년활동진흥센터를 설치 · 운영할 수 있다.

② 제1항에 따른 지방청소년활동진흥센터(이하 "지방청소년활동진흥센터"라 한다)는 다음 각 호의 사업을 수행한다.

  1. 지역 청소년활동의 요구에 관한 조사
  2. 지역 청소년 자원봉사활동의 활성화
  3. 청소년수련활동 인증제도의 지원
  4. 인증받은 청소년수련활동의 홍보와 지원
  5. 청소년활동 프로그램의 개발과 보급
  6. 청소년활동에 대한 교육과 홍보
  7. 제9조의2에 따른 숙박형등 청소년수련활동 계획의 신고에 대한 지원
  8. 제9조의4에 따른 정보공개에 대한 지원
  9. 그 밖에 청소년활동을 위하여 필요한 사업

③ 지방청소년활동진흥센터는 제2항에 따른 사업을 수행하는 경우 활동진흥원과 연계 · 협력한다.

④ 국가 및 지방자치단체는 예산의 범위에서 지방청소년활동진흥센터의 운영에 필요한 경비의 전부 또는 일부를 지원할 수 있다.

전국 17개 시·도에 청소년활동진흥센터가 운영되고 있으며 국가(중앙)−지방(시·도)−지역(시·군·구)으로 이어지는 청소년정책의 전달체계를 구성하는 중요한 정책기구로서의 조직과 기능도 확대되었다. 또한 청소년활동진흥센터는 지역의 청소년활동 정책 전달 중심기관으로서의 위상이 높아지고 있으며 역할 또한 지속적으로 확대되고 있다.

청소년활동진흥센터의 주요 기능은 지역청소년활동 요구 조사, 청소년활동 프로그램의 개발과 보급, 청소년활동에 대한 교육과 홍보, 청소년활동 정보제공, 지역 교육기관과의 연계 및 지원, 지역 청소년자원봉사활동의 활성화, 청소년수련활동 인증제도의 지원, 청소년수련활동 신고제 및 안전업무 지원, 국가 및 지방자치단체의 청소년정책 과제·사업의 지역 현장 전달 및 지원 등이다.

(3) 한국청소년단체협의회

한국청소년단체협의회(The National Council of Youth Organizations in Korea)는 '국제연합헌장과 세계인권선언의 정신에 입각하여 국내·외 청소년단체의 상호연락과 제휴협조를 도모함으로써 청소년활동의 발전에 기여함'을 목적으로 하고 있다. 청소년문제에 대한 공동연구와 정보교환 및 상호협력을 도모하고 청소년 관련 행정부처와 유관 사회단체, 각급 학교, 세계의 청소년기구와 연계적인 협력체계를 구축하기 위하여 1965년 12월 8일에 국내 15개 민간 청소년단체들의 자발적인 협의체로 창설되었다.

한국청소년단체협의회는 1966년 8월 10일 '세계청소년단체협의회(World Assembly of Youth: WAY)'에 가입하였다. 1972년 8월 15일에는 '아시아청소년단체협의회(Asian Youth Council: AYC)'의 창설멤버가 되어 우리 청소년들이 세계 속으로 발돋움하는 데 일익을 담당하는 등 청소년육성 운동을 확대·발전시키기 위해 노력해 왔다. 이러한 활동은 우리나라에서 「청소년육성법」과 청소년헌장의 제정 등 청소년정책이 추진되는 데 크게 기여하였으며, 「청소년육성법」에 따라 1988년 11월 11일 사단법인으로서의 조직과 기능을 새롭게 정립하였다. 2005년에는 특수법인으로 전환하였으며 「청소년 기본법」 제40조에 근거한 "국가발전에 이바지할 수 있는 바람직한 청소년육성과 국내·외 청소년단체 상호 간의 협력 및 교류와 지원"을 목적으로 하여 우리나라 청소년단체들의 협의체 역할 및 기능수행을 위한 활동을 하고 있다.

한국청소년단체협의회는 설립 목적에 따라 청소년단체 활성화를 위해 회원단체가 행하는 사업과 활동에 대한 협조·지원, 지방청소년단체협의회에 대한 협조·지원, 청소년지도자의 연수와 권익증진, 청소년 관련 분야의 국제기구(WAY, AYC, UN Youth Unit, AUN, ASEF, EYF 등) 활동 및 외국 청소년단체와의 교류, 청소년육성을 위한 홍보 및 실천운동, 청소년 관련 도서출판 및 정보지원, 청소년활동에 관한 조사·연구지원, 우수 청소년단체와 모범 청소년지도자 및 청소년의 포상, 국제청소년센터의 운영 및 관리, 기타

표 2-3 **한국청소년단체협의회의 법적 근거**

「청소년 기본법」

제40조(한국청소년단체협의회) ① 청소년단체는 청소년육성을 위한 다음 각 호의 활동을 하기 위하여 여성가족부장관의 인가를 받아 한국청소년단체협의회를 설립할 수 있다.

　1. 회원단체의 사업과 활동에 대한 협조·지원

　2. 청소년지도자의 연수와 권익 증진

　3. 청소년 관련 분야의 국제기구활동

　4. 외국 청소년단체와의 교류 및 지원

　5. 남·북청소년 및 해외교포청소년과의 교류·지원

　6. 청소년활동에 관한 조사·연구·지원

　7. 청소년 관련 도서 출판 및 정보 지원

　8. 청소년육성을 위한 홍보 및 실천 운동

　9. 제41조에 따른 지방청소년단체협의회에 대한 협조 및 지원

　10. 그 밖에 청소년육성을 위하여 필요한 사업

② 한국청소년단체협의회는 법인으로 한다.

③ 한국청소년단체협의회는 주된 사무소의 소재지에서 설립등기를 함으로써 성립한다.

④ 한국청소년단체협의회에 관하여 이 법에 규정된 것을 제외하고는 「민법」 중 사단법인에 관한 규정을 준용한다.

⑤ 국가는 한국청소년단체협의회의 운영과 활동에 필요한 경비를 지원할 수 있다.

⑥ 한국청소년단체협의회는 설립 목적에 지장이 없는 범위에서 수익사업을 할 수 있으며, 발생한 수익은 한국청소년단체협의회의 운영 또는 한국청소년단체협의회의 시설 운영 외의 목적에 사용할 수 없다.

⑦ 개인·법인 또는 단체는 한국청소년단체협의회의 운영과 사업 등을 지원하기 위하여 금전이나 그 밖의 재산을 출연하거나 기부할 수 있다.

⑧ 한국청소년단체협의회는 제1항에 따른 활동의 일부를 정관에서 정하는 바에 따라 회원단체에 위탁할 수 있다.

청소년 및 단체의 육성을 위하여 필요한 사업 등을 추진하고 있다. 청소년 관련 이슈를 분석하고, 정책적 대안을 마련하고자 회원단체, 유관기관, 청소년 관련 기관·단체 등과의 연대를 통해 대정부·대국회 활동을 전개하였고, 청소년정책 현안을 공유하고 개선 방안을 논의하기 위해 청소년정책 연구세미나 등 관련 활동에 주력하였다. 또한 청소년 지도자의 전문 역량강화를 위해 청소년단체 소속 지도자 등을 대상으로 관련 연수를 진행하였으며, 청소년참여기구인 청소년회의 및 청소년기자단이 활성화되도록 적극적으로 지원하였다. 청소년 분야 정보 활성화를 위한 청소년 포털사이트 및 청소년지도자 대상 온라인 강의 등을 운영하였고, 청소년학술정보지인 『오늘의 청소년』과 연간 사업실적을 망라한 사업 활동 종합보고서 발간 등 홍보·출판활동도 추진하고 있다. 이 외에도 다양한 공모사업 등을 통해 청소년단체들의 활성화를 지원하고 있다.

(4) 한국청소년수련시설협회

한국청소년수련시설협회(The Korea Association Of Youth Centers)는 전국의 공공 및 민간 청소년수련시설(청소년수련관, 청소년수련원, 청소년문화의집, 청소년야영장, 청소년특화시설, 유스호스텔)의 발전을 위한 지원, 청소년수련시설 간 연계 협력을 위한 협의와 조정, 청소년수련시설 운영 활성화 정책 제안 등을 위해 1989년 10월 1일 민간 청소년수련시설을 중심으로 창립되었다. 2002년도에는 공공 청소년수련시설을 포함하는 방향으로 조직과 기능을 재정립하였으며, 한국청소년수련시설협회로 명칭을 정하였다. 그리고 2004년 2월에 공포된 「청소년활동 진흥법」 제40조 의거 2005년 2월에 특수법인으로 재출범하였다.

한국청소년수련시설협회의 주요 기능으로는 청소년활동 기반 확대 및 운영 활성화를 위한 지원기구로서 역할을 수행하며 지방청소년수련시설협회와 시설유형별협의회를 중심으로 구축되어 있다. 또한 시설협회의 회원인 청소년수련시설 설치·운영자 및 위탁운영단체가 실시하는 사업과 활동에 대한 협력 지원, 청소년지도자의 연수·권익증진 및 교류사업, 청소년수련활동의 활성화 및 수련시설의 안전에 관한 홍보 및 실천운동, 청소년수련활동에 대한 조사·연구·지원사업, 청소년활동에 대한 범국민적 인식 제고를 위한 적극적인 홍보활동, 청소년활동참여 극대화를 위한 지역사회 및 학교 등과의 연계사업 개발·운영지원, 청소년활동을 통한 지역문화 기반 조성을 위해 다각적인 실천

방안 수립, 청소년과 함께하는 지역공동체 조성을 위한 지방협회 구성 및 지역단위 청소년활동 지원체제 구축 등이 있다.

한국청소년수련시설협회는 다양한 청소년활동 욕구 수용을 위한 청소년수련시설의 특성화 지원, 청소년활동 기반 확대를 위한 청소년수련시설의 설치 및 운영 컨설팅, 청소년수련시설의 안전운영 여건 개선 및 안전관리 능력 향상, 청소년수련시설이 행하는 사업과 활동에 대한 협력 및 지원, 청소년지도자의 연수 · 권익증진 및 교류사업, 수련활동의 활성화 및 수련시설의 안전에 관한 간담회 개최 및 홍보, 수련활동에 대한 조사 · 연구 · 지원사업 등을 실행하고 있다. 또한 국제교류사업, 청소년진로교육 프로그램 개발 및 전문지도자 양성사업, 청소년수련시설 운영 및 사업의 우수 사례를 발굴해 시설 간의 벤치마킹의 기회를 제공하기 위한 우수 사례 공모전, 청소년수련시설 운영자 및 지

표 2-4 한국청소년수련시설협회의 법적 근거

「청소년활동 진흥법」

제40조(한국청소년수련시설협회) ① 수련시설 설치 · 운영자 및 위탁운영단체는 수련시설의 운영 · 발전을 위하여 여성가족부장관의 인가를 받아 다음 각 호의 사업을 하는 한국청소년수련시설협회(이하 "시설협회"라 한다)를 설립할 수 있다.

1. 시설협회의 회원인 수련시설 설치 · 운영자 및 위탁운영단체가 실시하는 사업과 활동에 대한 협력 및 지원
2. 청소년지도자의 연수 · 권익증진 및 교류사업
3. 청소년수련활동의 활성화 및 수련시설의 안전에 관한 홍보 및 실천운동
4. 청소년수련활동에 대한 조사 · 연구 · 지원사업
5. 제41조에 따른 지방청소년수련시설협회에 대한 지원
6. 그 밖에 수련시설의 운영 · 발전을 위하여 필요하다고 여성가족부장관이 인정하는 사업

② 시설협회는 법인으로 한다.

③ 시설협회는 그 주된 사무소의 소재지에서 설립등기를 함으로써 성립한다.

④ 국가는 예산의 범위에서 시설협회의 운영경비의 전부 또는 일부를 지원할 수 있다.

⑤ 시설협회는 제1항에 따른 사업의 일부를 대통령령으로 정하는 바에 따라 제41조에 따른 지방청소년수련시설협회에 위탁할 수 있다.

⑥ 시설협회에 관하여는 이 법에서 규정한 것을 제외하고는 「민법」 중 사단법인에 관한 규정을 준용한다.

도자들의 역량강화를 위한 오픈강좌 등 청소년수련시설의 질적 향상을 위한 사업도 추진하고 있다. 더 나아가, 지방청소년수련시설협회와 시설유형별협의회(청소년수련관, 청소년문화의집, 청소년수련원, 유스호스텔)를 중심으로 청소년수련시설의 정책 개발 및 추진 체제 구축 등 청소년활동 활성화를 위해 노력하고 있다.

요약

1. 청소년육성은 청소년의 성장·발달을 위해 청소년의 기본 욕구의 충족 및 빈곤과 장애, 가정에서의 문제 등 각종 사회적 위험에 대한 국가와 사회의 지원, 그리고 다양하고 적극적인 청소년활동을 보장하는 종합적인 체계를 지향하였다.

2. 청소년육성의 이념 아래 추진되어 온 청소년정책은 청소년활동 정책을 강조했다. 또한 청소년의 균형 있는 성장을 돕기 위한 학교교육의 상호보완적 의미로 사용되었다.

3. 청소년수련활동은 청소년이 청소년활동에 자발적으로 참여하여 청소년 시기에 필요한 기량과 품성을 함양하는 교육적 활동으로서 청소년지도자와 함께 청소년수련거리에 참여하여 배움을 실천하는 체험활동을 의미한다. 따라서 '청소년수련활동' 개념은 외연이 넓게 이해되고 있다. 그러나 청소년활동에서 수련활동을 지나치게 강조하면서 청소년수련활동 개념을 중심으로 한 청소년활동 개념의 한계를 가져온 것이 사실이다.

4. 2004년에는 1991년에 제정된 「청소년 기본법」이 개정되고 「청소년활동 진흥법」이 제정되면서 다양한 활동을 포함하는 상위개념으로서 '청소년활동' 개념이 등장한다.

5. 청소년활동의 개념은 청소년의 균형 있는 성장을 위하여 필요한 활동과 이러한 활동을 소재로 하는 수련활동·교류활동·문화활동 등 다양한 형태의 활동으로 제시되었다(「청소년 기본법」 제3조 제3항).

6. 청소년활동 정책은 1993년에 발표된 제1차 청소년육성5개년계획부터 2023년에 발표된 7차 청소년정책기본계획을 중심으로 운영되어 왔다. 청소년정책의 수립 시기마다의 청소년활동을 둘러싼 환경변화에 따라 그 강조점이 달라져 왔다.

7. 청소년활동 관련 제도로는 청소년수련활동 인증제, 청소년수련활동 신고제, 국제청소년성취
포상제, 청소년자기도전포상제 등이 있다.

8. 청소년활동 관련 기관으로는 한국청소년활동진흥원, 지방청소년활동진흥센터, 한국청소년
단체협의회, 한국청소년수련시설협회 등이 있다.

참고문헌

강병연(2005). 청소년수련시설 활성화결정요인연구. 원광대학교 대학원 대학원 박사학위논문.

관계부처합동(2010). 제4차 청소년정책(수정·보완)기본계획(2008~2012). 여성가족부.

관계부처합동(2013). 제5차 청소년정책기본계획(2013~2017). 여성가족부.

관계부처합동(2023). 제7차 청소년정책기본계획(2013~2017). 여성가족부.

국가청소년위원회(2008). 제4차 청소년정책기본계획(2008~2012). 국가청소년위원회.

김민(2010). 청소년활동 및 청소년체험(수련)활동 개념에 대한 문화론적 비판. 한국청소년정책
연구원 세미나자료집: 청소년 체험활동 개념정립을 위한 세미나, 126-141.

김영호(2012). 청소년 활동의 개념에 관한 고찰. 한국청소년정책연구원 2012년 청소년 활동정책
체계화 방안 연구 세미나 자료집. '육성, 수련, 활동, 역량: 개념의 고리를 찾아서', 1-20.

김진호, 권일남, 이광호, 최창욱(2009). 청소년활동론. 한국방송통신대학교출판문화원.

김현철(2012). 청소년활동정책 체계화방안 연구. 한국청소년정책연구원.

김현철, 임희진, 정효진, 민경석(2013). 국가 청소년 활동정책 체계화 연구. 한국청소년정책연구원.

김현철, 최창욱, 민경석(2010). 초·중·고 창의적 체험활동과 청소년활동정책의 연계방안 연구.
한국청소년정책연구원.

김현철, 최창욱, 오해섭, 이춘화, 김지연(2010). 보편적·통합적 청소년정책 수립 연구. 여성가족부.

문화체육부(1993). 청소년육성5개년계획. 문화체육부.

미래를여는청소년학회, 한국청소년정책연구원, 한국청소년활동진흥원, 한국청소년수련시설협회
(2014).「제5차 청소년정책기본계획」중간평가 및 정책토론회. 청소년활동(Youth Activity)!
위기인가? 기회인가?

여성가족부(2023). 2022 청소년백서. 여성가족부.

이광호(2011). 사회환경 변화에 따른 청소년사업의 진화 필요성과 청소년활동 사업의 과제. 한국

제2장

청소년활동의 변천 과정

청소년활동진흥원 개원 1주년 기념 청소년활동 토론회: "청소년활동, 다시 길을 묻다"-청소년활동의 과제와 대안-, 1-19.

이광호(2012). 새로운 청소년육성제도 및 정책론. 창지사.

전명기(2010). 청소년활동의 재개념화(청소년육성에서 창의적 체험활동까지). 한국청소년정책연구원 세미나자료집: 청소년 체험활동 개념정립을 위한 세미나, 41-60.

조영승(1998). 새 청소년기본법에 따른 청소년육성법론. 교육과학사.

조영승(2003). 청소년 수련활동의 의미와 청소년의 법적 지위에 관한 연구. 청소년학연구, 10(4), 59-91.

청소년육성위원회(2003). 제3차 청소년육성기본계획(2003~2007). 청소년육성위원회.

한국청소년정책연구원(2011). 청소년활동 개념 재정립에 관한 정책세미나. 한국청소년정책연구원.

제3장

청소년활동의 특성과 영역

청소년활동은 청소년의 긍정적인 성장과 발달이라는 성과를 창출하는 데 목적을 둔 활동으로서 다양한 유형의 활동을 포괄하고 있다. 청소년활동의 유형에 따라 그 특성도 다양하게 제시될 수 있다.

청소년활동의 영역은 청소년활동 관련법과 학자들에 의해 다양하게 구분된다. 그리고 각각 활동의 개념과 특성 또한 연구자별로 다양하게 정리하고 있다. 따라서 각각의 청소년활동에 대한 개념과 특성을 살펴보고, 더불어 각각의 활동이 청소년에게 어떠한 영향을 미치는 알아보기 위해서 청소년활동의 효과에 대해 확인해 볼 것이다.

이 장에서는 청소년활동의 특성과 청소년활동의 영역을 청소년단체활동, 청소년동아리활동, 청소년봉사활동, 청소년참여활동, 청소년국제교류활동으로 구분하여 살펴보고자 한다.

01 청소년활동의 특성

청소년활동의 목적은 청소년의 긍정적인 성장과 발달에 있으며 다양한 유형의 활동을 포함한다. 청소년활동의 특성은 활동 유형에 따라 다양하게 제시되지만, 일반적으로 다음과 같이 구분할 수 있다.

첫째, 청소년활동은 청소년 중심의 활동이다. 청소년활동은 청소년지도자와 청소년 기관, 시설과 단체가 중심이 되는 활동이 아니라 청소년이 중심이 되는 활동이다. 따라서 청소년활동은 청소년 기관, 시설과 단체 등의 목적달성을 위한 수단으로 이용되어서는 안 되며 청소년을 위한 활동이 되어야 한다.

둘째, 청소년활동은 목적을 지향하는 활동이다. 청소년활동은 임의적 또는 맹목적으로 행해지는 활동이 아니라 청소년의 지속적·긍정적 성장과 발달이라는 구체적인 목적을 지향하는 활동이다. 즉, 청소년활동의 최상의 목표는 청소년의 지속적이고 긍정적인 성장과 발달을 촉진하는 것이다. 존 듀이(John Dewey)는 "지속적으로 성장하는 학습자의 경험"을 '교육적 경험'이라고 하였다(한숭희, 2004 재인용). 교육적 경험이란 "경험의 지속적인 성장을 가능하게 하는 경험으로서 청소년의 지속적인 성장과 발달을 가능하게 해 주는 경험"을 말한다. 따라서 청소년활동은 청소년의 지속적인 성장과 발달을 가능하게 해 주는 교육적 경험으로서의 활동이라고 할 수 있다.

셋째, 청소년활동은 청소년의 자발적 참여의지에 의해 발현되는 자율적·자기도야적 활동이다. 청소년은 청소년활동 과정에서 수동적으로 움직이는 존재가 아니라 자신의 활동을 주체적으로 전개해 나가는 능동적인 존재이며, 다양한 청소년활동을 통해 지속적으로 자신을 성장·발전시켜 가는 대상으로 이해되어야 한다. 청소년활동의 과정에서 청소년지도사(자)는 청소년활동 과정의 조력자, 안내자, 상담자, 촉진자로서의 역할을 하는 존재여야 한다.

넷째, 청소년활동은 체험적 활동이다. 청소년활동은 감각기관을 통한 직접적인 체험에 의해 이루어진다. 청소년이 인위적이고 도식화된 환경을 벗어나 실제 일상에서 직접 접촉하고 상호작용하는 체험은 청소년으로 하여금 끊임없이 변화하는 현실 생활에 연결

될 수 있도록 해 주며, 자신의 경험을 계속해서 재구성할 수 있도록 도움을 준다. 따라서 체험 중심의 청소년활동은 현실적인 감각과 실생활 적응 능력을 발달시킬 뿐만 아니라 경험의 질적 변화를 통해, 청소년이 자신의 존재가치를 인식하고 향상시킬 수 있는 기회를 제공한다고 할 수 있다.

다섯째, 청소년활동은 도전적인 활동이다. 청소년은 청소년활동을 통해 기존에 경험해 보지 못한 모험적이고 도전적인 활동을 경험할 수 있다. 도전적인 활동은 청소년이 진취적인 사고를 키우고, 어려운 문제에 직면했을 때 피하려는 것이 아니라 직접 대면하여 해결할 자신감을 키워 준다. 청소년은 도전적인 청소년활동을 통해 새로운 세계를 탐험하고, 이를 통해 평소의 생활에서도 적극적인 태도를 가질 수 있다(한국청소년정책연구원, 2007).

02 청소년활동의 영역

청소년활동의 영역은 다양하게 구분된다. 이 장에서는 청소년단체활동, 청소년동아리활동, 청소년참여활동, 청소년국제교류활동으로 구분하여 살펴보았다.

1) 청소년단체활동

(1) 청소년단체의 개념

청소년단체의 개념을 파악하기 위하여 먼저 단체의 개념에 대해 살펴보면 다음과 같다(권이종, 1996; 김정호, 2000). 단체란 "공동의 목적을 가지고 결합된 두 사람 이상의 모임"을 가리킨다. 보다 자세히 말해서, 단체는 "공동의 목적을 이루기 위하여 의식적으로 결합된 두 사람 이상의 집단"이다. 여기서 말하는 집단이란 "개인이 모여서 이룬 통일체"를 말한다. 단체와 유사한 의미로 쓰이는 용어로는 두레, 동아리, 떼, 조직, 그룹 등이 있다. 동아리는 "같은 목적으로 패를 이룬 무리"를 가리키며, 떼는 무리와 같은 말로서 "어떤 일을 함께 하는 사람들"을 의미한다. 조직은 "단체 또는 사회를 구성하는 각 요소가 결합하여 유기적 작용을 하는 통일체"를 말하며, 결사체는 법률 용어로서 "많은 사람이 공동의 목적을 이루기 위해 결성한 단체"를 가리키고, 그룹은 동아리 및 집단과 동의어로 사용된다. 단체는 어디까지나 공동의 목적을 이루기 위하여 의식적으로 결합된 두 사람 이상의 집단이다. 그런데 집단 중에는 심리학 용어로 사용되는 군집과 사회학 용어로 사용되는 이익집단처럼 여러 사람이 우연히 한자리에 모여서 이루어진 집단도 있다. 이익집단과 군집은 의식적으로 결합된 집단이 아니라는 점에서 단체와 구별된다.

청소년단체의 개념에 대해 살펴보면, 청소년단체는 청소년이 공동체활동에서 상호작용을 통해 개인 역량을 함양하는 동시에, 미래의 건전한 사회 구성원으로 성장하는 데 필요한 태도와 능력을 배양시키는 비영리단체이다. 법률적으로 「청소년 기본법」 제3조에 의거하여 청소년육성을 주된 목적으로 설립된 법인 또는 대통령령으로 정하고 있는 단체를 말하며, 여기서 단체는 「청소년 기본법 시행령」 제2조에 근거하여 청소년활동, 청소년복지 또는 청소년보호를 주요 사업으로 하는 여성가족부 장관이 인정하는 단체를 말한다(조달현, 2018). 또 다른 정의를 살펴보면, 청소년단체는 그룹, 서클, 클럽, 조직, 협의회 등 여러 가지 용어로 호칭되고 있으며 청소년으로 구성된 집단을 근간으로 하여 설립된 사회조직체의 하나이다. 일반적 의미에서 조직(organization)이란 개인이 완수할 수 없는 목적을 달성하기 위한 여러 사람의 협동체제를 뜻하며, 그룹(group)은 동아리, 단체(목적의식 또는 공통된 취미, 감정, 사고방식을 지닌 개인의 모임과 구성원의 자유의지로 이해, 계약 관계를 맺으며 이루어진 사회)를 뜻한다. 다시 말해, 같은 목적을 이루려고 여러 사람이 모여 맺은 동아리, 단체 등을 칭한다(위키백과, 2024).[1] 서클(circle)은 같은 취미를 가진 사람의 동호회 모임, 클럽(club)은 사교, 문예, 오락 등 공통의 목적을 갖고 결합된 여러 사람의 모임체이며, 협의회(association)는 공통의 관심을 갖고 일정한 목적을 달성하기 위해 인위적으로 구성된 집단이다.

따라서 청소년단체란 청소년을 대상으로 그들의 인격형성에 기본 목표를 두고 활동을 전개하는 사회적 조직체로서 "과도기에 처해 있는 청소년의 불안정한 심리, 사회적 욕구를 건전한 방향으로 이끎과 동시에 조직적인 활동을 통해서 청소년 개개인의 인격형성에 직접적인 도움을 주기 위하여 생겨난 조직체"로 보고 있으며, 민간단체의 하나로서

1) https://ko.wikipedia.org/wiki/%EA%B7%B8%EB%A3%B9 (2024. 2. 25. 검색)

"건전한 활동을 통하여 청소년 개개인의 자아실현을 도모하고 나아가 국가사회발전에 참여, 봉사할 수 있는 인간으로 육성하려는 목표 아래에서 청소년을 지도하는 비정부적 단체"라고 정의하고 있다(함병수, 천정웅, 김경준, 황진구, 1992).

이런 내용을 토대로 정리하면 청소년단체란 '청소년의 불안정한 심리와 사회적 욕구를 건전한 방향으로 이끌고, 건전한 활동을 통해 청소년 개개인의 자아실현을 도모하며, 조직적인 활동을 통해서 청소년 개개인의 인격형성에 직접적인 도움을 주기 위해 생겨난 조직체로서 청소년활동, 청소년복지 또는 청소년보호를 주요 사업으로 하는 여성가족부 장관이 인정하는 단체'로 정의할 수 있다.

(2) 청소년단체활동의 의의

청소년이 청소년단체에 가입하고 단체활동에 참여함으로써 갖는 의의는 비단 참여 청소년 개인에게만 한정되지 않고 사회적 차원에서도 다양한 의의를 갖는다. 즉, 청소년단체활동을 전개함으로써 갖는 의의는 사회적 차원과 청소년 개인적 차원에서 나누어 볼 수 있다. 먼저, 사회적 차원에서 갖는 청소년단체활동의 의의를 살펴보면 다음과 같다(김민, 2005).

첫째, 청소년단체활동은 학교교육과의 상호보완적 기능을 가지며 전인적 발달을 위한 교육의 장면으로 기능한다. 즉, 청소년단체는 학교교육에서 소홀히 될 수 있는 심신 단련, 자질배양, 취미 개발, 정서 함양, 봉사활동 등 다양한 단체활동을 통해 청소년의 전인 계발에 이바지하는 등 인간성 실현을 위한 교육적 기능을 수행한다.

둘째, 청소년단체활동은 지역사회의 적극적인 참여를 위한 통로로 충분히 활용될 수 있다. 청소년단체활동은 청소년이 지역사회에 효과적으로 개입하고 참여하는 방법으로 기능할 수 있으며 이를 통해 청소년은 지역사회의 주요한 성원으로서의 책임과 의무, 권리 등을 체험할 수 있다. 이런 맥락에서 단체활동은 소극적 의미에서는 다양한 교육문화활동의 체험이지만 적극적 의미에서는 청소년이 단체활동의 주체가 되어 지역사회의 각종 현안 문제에 관심을 갖고 이를 분석하여, 필요한 경우 적절한 해결 방안을 제시할 뿐만 아니라 직접 그 해결 방안에 동참함으로써 지역사회 발전의 주체자로서 역할을 담당한다.

셋째, 청소년단체활동은 청소년이 자신의 문화를 형성하고 발전시키는 건강한 문화창조의 장으로도 기능할 수 있다. 단체활동은 청소년의 자발적인 참여를 통하여 청소년 자신 혹은 단체의 주장이나 신념, 사고를 표현할 뿐만 아니라 이를 시험하고 검증하는 기회를 제공한다. 청소년단체 구성원 간의 친밀한 상호작용을 통해 문화적 공감대를 형성하고 공유하며 나아가 그들의 새로운 문화를 창조할 수 있도록 돕는 기능을 수행한다. 특히 또래집단 중심의 단체활동은 같은 세대의 문화를 공유하고 창출할 수 있다는 점에서, 단체활동은 청소년세대의 효과적인 문화 창조의 장으로 기능할 수 있다.

넷째, 청소년단체활동은 청소년을 대상으로 평생학습의 실현에 기여할 수 있으며 사회적으로 요구되는 청소년 대상의 다양한 체험활동의 수행 주체이자 장면으로도 활용될 수 있다. 청소년활동은 다양한 체험을 통해 학교에서 배우기 어려운 내용을 청소년이 습득할 수 있도록 도와주며, 사회에서 활용할 수 있는 정보화 기능을 취득하게 하는 실천적인 체험활동과 체험학습을 가능케 한다. 이렇게 청소년은 단체활동을 통해 직접 체험한 것을 자신의 산지식으로 수용하고 동시에 다양한 능력을 계발하는 실천 중심의 교육활동으로 삼을 수 있다.

청소년의 개인적 차원에서 청소년단체활동이 갖는 의의를 살펴보면 다음과 같다.

첫째, 청소년단체활동은 참여하는 청소년의 자아정체감 형성과 정립에 긍정적인 도움을 줄 수 있다. 현대사회는 급격한 사회변동에 따른 가치관의 혼란과 이혼율 증가로 인한 가정 해체 등으로 인해 청소년이 긍정적인 자아정체감을 형성하고 확립하기 어려운 사회적 환경이 되고 있다. 이러한 상황에서 청소년단체활동은 의미 있는 사람들 간의 상호작용 과정을 통해 자신과 타인에 의한 자아 발견을 촉진하는 역할을 수행하여, 청소년이 안정적으로 자아정체감을 형성하고 정립할 수 있도록 지원하는 기능을 한다.

둘째, 청소년은 청소년단체활동을 통해 다양한 체험활동 및 체험학습의 기회를 가질 수 있다. 단체활동을 통한 다양한 체험활동과 체험학습은 참여 청소년의 사회적 능력을 신장할 뿐만 아니라 청소년이 미래사회에서 능동적으로 참여하고 살아갈 준비를 하는 효과적인 통로이기도 하다.

셋째, 청소년단체활동은 청소년에게 집단적 활동에 대한 가치를 배울 수 있게 하고, 공동체의식을 함양하는 기능과 의의를 갖는다. 집단중심의 단체활동은 현대 청소년들의 주요 가치 중 하나인 개인중심적 가치관을 보완하거나 슬기롭게 균형을 잡을 수 있는 계기와 기회를 제공한다. 또한 단체 내의 집단 간 및 개인 간 상호작용, 그리고 단체 외 다양한 조직 간의 상호작용 경험을 통해 집단적 활동이 지닌 긍정적 가치와 개인보다 고려해야 하는 공공적 선택가치를 내면화할 수 있다.

넷째, 청소년단체활동은 활동 과정에서 참여 청소년이 민주적 의사 수렴과 결정 과정을 직간접적으로 경험할 수 있게 함으로써, 청소년을 훌륭한 민주시민으로 성장하게 하는 체험의 장면으로 작용할 수 있다. 이러한 경험을 통해 청소년은 조직 내에서 합리적이고 민주적으로 의사를 수렴하고 결정하는 절차, 과정, 방법, 그리고 결과의 효과성 등에 대해 자연스럽게 학습하며 건강한 민주시민으로서 역량을 키워 갈 수 있다.

다섯째, 청소년단체활동을 통해 청소년은 다양한 사람들과 만나고 교제할 수 있으며, 이러한 절차를 통해 구체적인 대인관계기술을 습득하고 자신의 내면과 외연을 넓혀 가는 기회를 제공받는다.

(3) 청소년단체활동의 효과

청소년단체는 청소년시설과 함께 청소년 분야의 핵심적인 주체이자 근간이다. 특히 청소년 분야에 있어 청소년단체는 전통적으로 청소년과 함께 사회변화를 견인해 내는 적극적인 기능과 역할을 수행해 왔다(김민, 2005). 이 외에도 청소년단체활동은 청소년에게 다양한 긍정적인 효과를 미친다. 청소년단체활동의 효과에 대해 살펴보면 다음과 같다.

첫째, 청소년단체활동은 사회적 일탈을 예방할 수 있다. 청소년이 참여하는 단체활동은 도덕적 이탈을 방지하는 데 있어 중요한 가치를 가진다(권일남, 2016). 청소년이 단체활동에 참여함으로써 단체의 규율과 원칙을 준수하려는 패트롤 시스템이 갖추어지며, 리더와 집단원 간의 소속감을 통해 가능한 한 많은 청소년이 책임감을 느낄 수 있다(Parenti, 1993). 특히 청소년기에 집단소속감이 중요한 이유는, 집단은 학교든 단체활동이든 소속됨을 의미하고 이러한 집단은 도덕적 규율을 만들어 주기 때문에 중요하다(Durkheim, 1964). 이러한 결과를 놓고 볼 때, 청소년단체활동은 청소년의 사회적 일탈을 예방하는 데 일정 부분 효과가 있다고 할 수 있다.

둘째, 청소년단체활동은 청소년의 사회적 자본 형성에 영향을 준다. 사회적 자본은 사회 구성원이 더불어 살아갈 수 있는 능력을 의미하고, 사회생활상 각 부문 발전을 촉진할 수 있는 중요한 자원으로 인식되고 있다. 대부분의 청소년활동은 자발적인 선택과 참여를 기반으로 이루어지고, 청소년이 주도적으로 참여하여 다양한 역할을 습득한다. 이를 통해 사회참여의 기회를 얻게 되고 사회적 자본 형성과 중요한 상관관계를 맺는다.

이러한 활동을 통해 형성된 사회적 자본은 청소년이 성인으로 성장하여 건전한 사회활동을 수행하는 데 도움을 주고 자립의 가능성을 높여 주며, 청소년이 민주시민 사회에서 수준 높은 사회 구성원으로서의 모습을 갖출 수 있게 한다(안병일, 2008). 청소년기의 집단활동참여는 성인기의 사회적 자본 형성에 영향을 주며, 청소년기 집단활동 경험이 대학생 시기의 사회적 신뢰, 호혜적 규범, 생산적 네트워크 등 사회적 자본 형성에 영향을 미친다(조남억, 2008). 또한 청소년단체활동을 경험한 경우가 경험하지 않은 경우보다 사회적 자본 형성과 관련된 세부 요인에 대한 인식이 높은 것으로 나타났다(안병일, 2008). 그리고 신뢰 항목에 있어서 국가기관과 민간기관에 대한 신뢰, 상호 호혜적 규범 항목의 타인을 도운 경험과 자원봉사활동 경험, 관계구조 항목의 모든 변수, 그리고 민주 시민 의식 항목의 공공이익활동참여 의사에서 통계적으로 유의미한 것으로 나타났다.

셋째, 청소년단체활동은 청소년의 사회성에 긍정적인 영향을 미친다. 청소년단체활동 중에서 초등학생을 대상으로 단체활동의 경험과 사회성 발달의 관계를 분석하는 연구가 수행되었고, 중학생과 고등학생을 대상으로 한 연구에서도 사회성 하위영역인 활동성, 안정성, 사교성, 지배성, 자율성 등에서 단체활동 경험이 높은 청소년이 단체활동 비참여자보다 높게 나타났다. 고등학생도 사회성의 하위영역에서 단체활동 경험자의 점수가 높게 나타났으며 단체활동을 오래 할수록 사회성 발달이 높게 나타났다(김혁진, 김정주, 조남억, 남경우, 2010; 천정웅, 2013). 이렇듯 청소년단체활동은 청소년의 사회성 발달에 긍정적인 영향을 미친다고 할 수 있다.

2) 청소년동아리활동

(1) 동아리활동의 개념

한국청소년정책연구원(2011)의 '청소년동아리활동 인증 방안 연구'에서는 동아리의 개념에 대해 다음과 같이 정의하고 있다. 동아리란 '패를 이룬 무리'라는 사전적 의미를 갖는 우리말로 1980년대부터 대학가를 중심으로 기존의 서클활동에 대한 순수한 우리말의 형태로 사용되기 시작하여 일반화된 용어이다. 인간은 취미, 오락 스포츠, 문화창조, 사상학습, 실용지식, 기술습득, 정치이해관계 등에 따라 다양한 서클을 형성한다. 이는 개인의 문화적·사회적 욕구를 동호인들끼리 좀 더 효율적으로 충족시키고자 자기발전을 이루려는 자발적 소집단이다. 서클은 노동조합이나 정당, 이익단체와 같은 대규모 집단과는 구별되며 이익보다는 친밀한 인간관계를 유지할 수 있다는 점이 특징이다. 인간은 서클활동을 함으로써 사회와 조직에 적극적으로 참여하게 되고, 경우에 따라서는 학습 효과를 높이기도 한다. 청소년동아리활동은 그동안에는 사회적으로 경계하거나 금기하다가, 1990년대 들어서 사회 전반적인 민주화의 진전에 따라 점차 활성화되었다. 특히 시민 참여와 권리에 대한 사회적 관심이 증가하면서 청소년 참여의 개념이 확산되고, 청소년의 주체적이고 자율적인 자치활동의 중요성에 대한 인식이 증가하면서 청소년동아리활동이 본격적인 관심을 받게 되었다(한국청소년개발원, 2004).

청소년동아리활동의 개념을 살펴보면, 김정주와 임지연(1999)은 "취미나 소질, 가치관이나 문제 등을 공유하는 청소년에 의해 자생된 자치활동"으로, 김민(1999)은 "학교라는 제한된 공간 내에서 이루어지는 청소년활동이라기보다는 학교 내외에서 행해지는 청소년 자치활동"으로, 성낙은(2001)은 "소속감을 지닌 동호인들의 집합이므로 그 집합 속에서의 일정한 관계를 가진 모든 사람의 존재가 상호 인정되어지는 가운데 공동의 목표를 지니고 활동하는 회원들의 모임"으로, 유철식(2001)은 "자생적·자율적이고 소그룹적 성격을 가지고 있으며 동아리활동의 내용이 어느 한 부분에 한정된 것이 아니라 청소년 수련활동의 다양한 분야를 포함하는 것으로서 지속적인 활동을 전제로 하는 작은 모임이라는 점에서 클럽활동, 특기·적성활동, 단체활동의 모든 요소를 포함하는 통합적인 개념"으로 정의하고 있다(한국청소년정책연구원, 2012 재인용).

따라서 청소년동아리활동의 개념에 대해 정책적·사회적으로 명확하게 합의된 개념은 부재하나 다양한 학문적 논의를 바탕으로 살펴볼 때, 청소년동아리활동이란 교내외를 막론하고 '취미나 소질, 가치관 등을 공유하는 청소년의 자치활동'이라고 정의할 수 있다. 즉, 청소년동아리활동은 취미나 소질, 가치관이나 문제의식 등을 공유하는 청소년들의 자발적인 참여 아래 지속적으로 운영되는 청소년활동으로, 그리고 학교라는 제한된 공간 내에서 이루어지는 학교중심의 동아리활동에서 지역사회 내 청소년수련관 등 학교 밖에서 행해지는 청소년동아리활동까지를 모두 포함하는 개념으로 정의할 수 있다.

(2) 청소년동아리활동의 특성

청소년동아리활동의 특성에 대해 살펴보면 다음과 같다(권준근, 2011).

첫째, 청소년동아리활동은 청소년이 활동의 주체로서 운영되는 자치활동이다. 대부분의 청소년동아리는 집단으로서 자체적인 목적과 조직 구조(회장, 회원 등)를 가지고 특정한 활동을 전개하며 조직 구성원들 사이에 활발한 상호작용이 전개된다.

둘째, 아동기에서 청소년기로 이행하면서 청소년은 부모에 대한 의존성이 줄어들고 대신에 또래들과 더 많은 시간을 보내고자 하는 경향이 있는데, 청소년기에는 또래집단에 의해 받아들여지는 것, 그리고 한 명 또는 그 이상의 가까운 친구를 갖는 것이 그들의 삶에 매우 중요한 의미를 갖는다. 또래집단은 청소년세계의 공통적인 경험과 가치관을 형성하도록 도와주고, 더 나아가 청소년이 적절한 경험을 할 수 있는 사고체계를 결정해 주기도 한다. 또한 또래집단은 사회적 기술과 전략을 배우고 습득할 수 있는 사회적 배경으로서 청소년에게 매우 중요하다. 청소년동아리활동은 이러한 또래집단으로서 특성을 갖는다.

셋째, 동아리는 구성원 간에 대면 접촉을 통한 상호작용이 일어나고, 이러한 과정에서 서로를 알아 가게 되고, 이를 통해 구성원의 개인적 특징 등을 공유하게 되며, 일정한 기간 존속하는 집단이라는 특성을 갖는다.

넷째, 청소년동아리활동의 출발은 청소년 개개인의 관심과 흥미이다. 청소년 자신이 관심을 갖는 취미나 특기활동을 중심으로 동아리가 구성되고 운영된다.

다섯째, 청소년이 자신의 취미나 관심을 쫓아 매니아적으로 몰입하는 현상과 직접적인 참여의 주체로서 연극제, 음악회, 축제, 발표회 등으로 자기 자신을 표현하고자 하는 욕구들은 이제는 과거와 다르게 청소년문화의 한 단면으로 이해된다.

(3) 청소년동아리활동의 효과

청소년동아리활동은 청소년에게 다양한 긍정적인 효과를 준다. 청소년동아리활동의 효과에 대해 구체적으로 살펴보면 다음과 같다.

첫째, 청소년동아리활동은 청소년의 자아존중감에 긍정적인 영향을 미친다. 유진이(2007)는 동아리활동 경험이 있는 학생이 그렇지 않은 학생보다 자아존중감이 높았다고 하면서, 동아리활동은 자아존중감을 향상하는 데 영향을 미치므로 청소년의 자율적인 동아리활동을 적극 권장해야 한다고 하였다. 안정덕, 한남익과 조쟁규(2003)의 고등학생을 대상으로 한 연구에 따르면, 동아리 체육활동 참가집단이 비참가집단보다 총체적 자아존중감과 사회적 자아존중감이 통계적으로 유의미하게 높은 것으로 나타났다. 구체적으로 살펴보면, 동아리 체육활동의 참여가 자아존중감 중에서도 자기 자신에 대한 전반적이고 일반적인 평가와 친구 관계에 있어서 자신의 평가에 유의미하게 긍정적인 영향을 미치는 것으로 나타났다. 청소년동아리활동을 하는 청소년과 하지 않는 청소년의 자아존중감을 비교한 결과, 동아리활동을 하는 청소년이 하지 않는 청소년에 비해 자아존중감이 높다는 결과가 확인되었다. 하위요인별 자아존중감의 비교에서도 학업 및 전반적 자아와 신체 외모 자아에서 유의미한 결과가 증명되었다(이인순, 2006). 이처럼 청소년동아리활동은 청소년의 자아존중감에 긍정적인 영향을 미친다고 할 수 있다.

둘째, 청소년동아리활동은 청소년의 사회성에 긍정적인 영향을 미친다. 황용준과 김갑선(2005)은 스포츠활동참여자가 비참여자보다 사회성의 하위요인 중 활동성, 안정성, 지배성, 사교성, 자율성에서 높게 나타났다고 하였다. 박지현(2018)도 대취타 동아리활동 후 실험집단과 통제집단의 사회성을 분석한 결과, 전체적으로 유의미한 차이를 보인다고 하였다. 대취타 동아리활동이 사회성에 영향을 미치는 효과를 보면 준법성, 자주성, 안정성, 활동성, 사교성 등 각 요소뿐만 아니라 사회성 전체적으로도 긍정적인 효과가 있었다. 이처럼 청소년동아리활동은 청소년의 사회성 발달에 긍정적인 영향을 미친다고 할 수 있다.

셋째, 청소년동아리활동은 청소년의 자기효능감에 긍정적인 영향을 미친다. 허철수와 강옥련(2010)은 동아리활동참여청소년과 미참여청소년의 자기효능감 비교 연구를 통해, 동아리활동을 하는 청소년은 동아리활동을 하지 않는 청소년에 비해 자신의 가치와 능력에 대한 신념이 높았고, 학교 동아리나 지역사회 동아리 모두 중학생이 고등학생보다 자기효능감의 하위변인인 자신감과 과제난이도 선호가 높았다고 하였다. 즉, 동아리활동을 하는 청소년은 동아리활동을 하지 않는 청소년에 비해 자신감이 높게 나타났는데, 이는 동아리활동 자체가 청소년의 흥미와 관심에서 출발하고 그러한 관심의 공유는 청소년의 참여에 적극성을 띠게 하기 때문에 활동이 증가할수록 청소년은 자신감을 갖게 됨을 의미한다. 정혜진(2016)은 고등학교 음악 동아리 활동을 하고 있는 학생의 자기효능감 또한 참여 여부에 따라 유의미한 차이가 있다고 하였다. 음악 동아리 활동에 참여하고 있는 학생의 자기효능감이 참여하지 않은 학생의 자기효능감보다 더 높게 나타났으며, 세부 하위 항목인 자신감, 자기조절 효능감, 과제난이도 선호 모두 평균적으로 더 높게 나타났다고 하였다. 이와 같이 청소년동아리활동은 청소년의 자기효능감에 긍정적인 영향을 미친다고 할 수 있다.

3) 청소년봉사활동

(1) 청소년봉사활동의 개념

청소년봉사활동의 개념을 이해하기 위해 먼저 봉사활동의 개념을 살펴보면, 봉사활동은 한 개인이 가지고 있는 자신의 직접적인 자원(정신적·육체적 자원)이나 능력을 활용하여 자발적으로 타인이나 사회를 위하여 계획적으로 어떤 대가를 요구하지 않으면서 지속적으로 수행하는 활동이다(박효종, 손경원, 2003). 청소년봉사활동은 봉사활동의 한 분야로서 봉사활동의 기본정신이나 철학, 이념 등을 바탕으로 하면서도 활동자인 청소년이라는 특성이 반영된 활동이다. 일반적으로 '청소년봉사활동'과 '청소년자원봉사활동'은 별다른 구분 없이 혼용되고 있다. 청소년활동의 일환으로 정의되는 청소년봉사활동은 청소년의 요구와 사회적 기대를 반영하는 체험활동이지만, 그 체험활동이 교육적 효과를 발휘할 수 있도록 사회적 지원과 성인의 지원활동을 필요로 한다. 이러한 점에서 청소년봉사활동에는 청소년의 주체적 참여를 강조하는 청소년자원활동으로서 의미도 있지만 청소년에게 양질의 체험기회를 제공하고자 하는 의도를 지닌 지원활동도 포함된다.

청소년봉사활동은 "청소년이 봉사활동을 통해 사회 구성원으로서 공동체의 삶을 체험하고 건강한 사고와 바람직한 인성을 형성해 가는 청소년활동의 한 영역이며, 청소년이 봉사활동을 통해 양질의 체험이 가능하도록 지지하는 성인의 동반적 지원"을 포함하고 있다(전경숙, 최윤석, 이지혜, 2008). 또한 청소년봉사활동은 성인의 봉사활동과도 구분되는데 청소년봉사활동은 '활동' 자체를 놓고 보면 기본적인 측면에서 성인의 봉사활동과 유사하지만, 청소년이 봉사활동의 주체가 된다고 했을 때는 교육적 측면이 포함된다는 점에서 근본적인 차이가 있다. 즉, 청소년봉사활동은 봉사와 학습이 결합된 형태의 청소년활동으로 볼 수 있다. 청소년봉사활동은 완전한 의미의 봉사활동이라기보다 통합학습, 곧 '봉사학습'의 개념에 더 가깝다(서울특별시교육청, 2011). 즉, 청소년봉사활동은 청소년활동의 일환으로 성인봉사활동이나 단순한 자원봉사활동과는 달리 봉사와 학습의 개념이 유기적으로 통합된 봉사학습이 될 수 있도록 하는 모든 과정을 포함하고 있는 개념이다. 따라서 본 교재에서는 청소년봉사활동을 봉사학습의 의미를 포함하여 다음과 같이 정의하였다. "청소년봉사활동은 아무런 대가 없이 타인을 존중하고 이웃과 더불어 사는 가치관에 바탕을 두고, 청소년의 준비, 실행과 반성의 모든 과정이 포함되는 학교 또는 지역사회 내에서 이루어지는 계획적이고 지속적인 활동"을 의미한다.

(2) 청소년봉사활동의 특성

청소년자원봉사활동의 특성을 살펴보면 다음과 같다. 한국청소년개발원(2005)에 따르면 청소년자원봉사활동은 자발성, 이타성, 지속성 및 계획성, 무보수성, 사회성, 공동체성, 복지성, 학습성 등의 특성으로 구분된다.

첫째, 자발성은 자원봉사활동이 자발적으로 하는 활동이어야 한다는 것이다. 자원봉사활동은 자신의 생각과 판단에 의한 행동으로 타인이 시켜서가 아니라 자신의 의지로 참여하는 행동의 의미를 담고 있다. 자원봉사활동은 누가 시킨 일이거나 자기가 마땅히 해야 할 의무는 아니지만, 다른 사람과 사회발전에 기여하려는 동기에서 스스로 하는 활동이다. 아무리 옳고 가치 있는 일이라 하더라도 다른 사람이 시켜서 강제로 하는 일은 자원봉사활동이라고 할 수 없다. 예를 들어, 벌로서 하는 교실이나 화장실 청소는 그 결과가 학교 환경 개선에 이바지하는 것이지만 자발적인 활동은 아니기 때문에 자원봉사활동이 아니다. 또한 학급에서 당번을 정하여 수행하는 학급의 일도 자원봉사라 할 수 없다.

둘째, 이타성은 자신 혹은 가족ㆍ친족을 위한 활동이 아니라 반드시 그 밖의 타인이나 사회를 위한 활동이어야 한다는 것이다. 자원봉사활동은 남을 위한 활동, 지역사회 발전을 위한 활동, 국가의 발전을 위한 활동과 더 나은 인류의 발전을 위한 활동이어야 한다. 자기 주변의 어려운 사람들을 돕는 활동에서부터 주변 환경을 개선하는 일, 나아가 국제난민을 돕는 활동에 이르기까지 이타성을 추구하는 활동이라고 할 수 있다.

셋째, 자원봉사활동은 지속적인 활동이어야 한다. 자원봉사활동은 우연적이거나 일시적인 선행과는 구분되는 지속성을 가진 활동이다. 좀 더 포괄적인 의미로 본다면 자원봉사활동도 선행의 한 부분으로 포함할 수 있으나, 근본적으로 선행과 자원봉사활동의 차이점은 어떠한 목적을 두고 계획적으로 하는 행동이냐 아니냐에 있다. 예를 들면, 길을 가다 무거운 짐을 들고 있는 노인을 보았을 때 짐을 들어 주고 안내하는 것이 선행은 될 수 있지만, 자원봉사활동은 될 수 없다. 이는 계획적으로 목표를 두고 행해진 활동이 아닌 우발적으로 이루어진 활동으로 지속되지 않고 일회성으로 그 활동이 종료되므로 선행에 포함된다고 볼 수 있다. 따라서 자원봉사활동은 어떤 특정한 목적을 위해 계획을 세우고 체계적으로 행하는 활동이며 나아가 일회성 행사가 아닌 일정 기간 지속해서 행해지는 활동을 말한다.

넷째, 무보수성이란 경제적 보상과 관련된 것으로 자원봉사활동에 금전적 보수를 받지 않음을 의미한다. 보상에는 물질적인 것 이외에도 정신적·정서적 보상이 있다. 봉사자는 자원봉사활동을 통해 인간적 발전과 성숙, 그리고 수혜자의 성취와 고통의 제거를 경험함으로써 충족감을 얻으며, 이는 봉사활동 자체에서 얻는 만족감과 함께 봉사자에게 주어지는 타당한 정신적·정서적 보상에 해당한다.

다섯째, 사회성은 각 개인이 다른 사람들이 가진 무언가의 고통을 의식하고 그들 가운데 자신도 소속되어 있다고 강하게 느낄 때 발생할 수 있다. 자원봉사활동은 인간이 자아실현이라는 인생의 의미와 목표를 확보하고 달성하는 데 필수적인 요소로 작용하므로 주는 것보다 오히려 얻는 것이 더 많은 활동이다. 자신의 삶을 보다 풍요롭고 건전하게 유지하기 위해서는 자원봉사활동에 관심을 기울이고 참여하여 사회성을 강화하고 자기계발을 도모해야 한다.

여섯째, 자원봉사활동은 자기만의 삶을 위한 활동이 아니며 혼자서만 하는 활동도 아니다. 모두가 힘을 합하여 사람답게 사는 공동체, 사랑의 공동체와 바른 공동체 사회를 구성하는 데 뜻이 있다. 자원봉사활동은 공동체의식을 높일 뿐 아니라 공동체의 삶을 실현하는 장이다. 공동체성은 사회에 대한 소속감, 주인의식, 확고한 투지력, 적극적인 참여 없이는 불가능하다.

일곱째, 자원봉사활동은 복지성을 띤다. 복지성이란 개인이나 그들의 공동체인 인간사회의 발전에 목적을 두는 것을 말한다. 따라서 자원봉사활동은 사람이 사람다운 생활을 하여 인간다운 대우를 받는 데 이바지하고 도움을 줌으로써 복지사회를 만드는 데 기여한다.

여덟째, 청소년자원봉사활동에서 고려할 것은 학습성이다. 청소년자원봉사활동은 성인자원봉사활동과는 달리 청소년이 자원봉사활동에 참여함으로써 만족감, 보람, 기쁨과 같은 내재적 보상 이외에 무엇인가를 새롭게 배울 수 있어야 한다. 따라서 청소년자원봉사활동의 다양한 특성 중에서 교육적인 측면이 중요하다고 할 수 있다.

(3) 청소년봉사활동의 효과

봉사활동은 시민으로서의 책임감 및 도덕적 성장과 자신감 및 문제행동 감소를 가져온다는 점에서 청소년기에 긍정적인 영향을 미치는 활동이라 할 수 있다(Moore & Allen, 1996). 청소년봉사활동의 효과에 대해 살펴보면 다음과 같다.

첫째, 청소년봉사활동은 지역사회 공동체의식에 긍정적인 영향을 미친다. 봉사활동에 참여한 청소년은 공동체의식이 증가하여 지역사회에 대한 애정과 문제해결 의지와 사회적 책임감도 높아진다(김형준, 이광모, 2010; 박재숙, 2010). 전명숙과 박선녀(2016)도 청소년자원봉사활동의 참여 시간과 만족도가 공동체의식에 유의한 영향을 미친다고 하면서, 자원봉사활동에 참여하는 시간이 길수록 그리고 자원봉사활동에 만족할수록 공동체의식이 높아진다고 하였다. 김지혜(2012)는 청소년봉사활동 만족도가 공동체의식에 유의미한 영향을 미친다고 하면서, 봉사활동을 통해 자아존중감과 자아 탄력성이 증가할 때 공동체의식의 향상을 더 가져올 수 있다고 하였다. 이러한 결과를 놓고 볼 때, 청소년봉사활동은 지역사회 공동체의식에 긍정적인 영향을 미친다고 할 수 있다.

둘째, 청소년봉사활동은 자아 정체성에 긍정적인 영향을 미친다. 청소년자원봉사활동참여 전·후에 청소년의 자아 정체성 발달 수준을 검증한 결과, 자원봉사활동에 따른 자아 정체성의 발달 수준이 자원봉사활동을 경험하기 전과 비교하여 자원봉사활동을 경험한 이후에 더 발달하는 것으로 나타났다(윤미라, 2002). 조학래(1996)가 일정 시간 봉사활동을 이수한 청소년을 대상으로 실시한 연구 결과를 살펴보더라도 자아 정체성의 하위영역인 사회적응력의 영역을 제외하고 모든 영역(독특성, 미래계획성, 자기수용, 자율성 등)에서 유의미한 차이가 있는 것으로 나타났다. 즉, 자원봉사활동을 경험한 실험집단의 청소년이 통제집단의 청소년보다 사회적응력을 제외한 자아 정체성의 모든 하위영역에서 통계적으로 유의미한 발달이 있었다. 이렇듯 청소년봉사활동은 자아 정체성에 긍정적인 영향을 미친다고 할 수 있다.

셋째, 청소년봉사활동은 사회성에 긍정적인 영향을 미친다. 청소년은 자원봉사활동을 통해 개인과 사회 안에서 자신을 의식화하며, 주체적으로 생각하고 행동하는 경험을 한다. 이는 청소년에게 새로운 지식을 얻게 하고 지역사회에 대한 시야를 넓혀 주며 삶의 기쁨을 경험하는 기회를 제공하고, 동시에 자원봉사활동이 사회적으로 유용하고 의미 있는 행동이라는 사실을 발견하게 해 줄 뿐만 아니라 자기정체감을 회복하며 인격도야의 사회성 발달에도 크게 이바지한다(김나영, 1996; 조용학, 2006). 김해문(1999)은 자원봉사활동에 참여한 청소년이 그렇지 못한 청소년에 비해서 사회성 발달 점수가 높다고 하면서, 자원봉사활동에 참여한 시간이 많을수록 그리고 기간이 길수록 사회성 점수가 높게 나왔다고 하였다. 청소년자원봉사활동참여가 사회성에 미치는 영향에 대한 연구(김태준, 이미라, 2017)에서도 청소년이 자원봉사활동 경험이 많을수록 사회성이 발달한다고 하였다. 이처럼 청소년봉사활동은 사회성 발달에 긍정적인 영향을 미친다고 할 수 있다.

4) 청소년참여활동

(1) 청소년참여활동의 개념

청소년참여활동에서 뜻하는 참여(participation)의 의미를 살펴보면, 사전적 의미의 참여란 '같이한다(share)' 또는 '부분을 취한다(take part)'를 뜻한다. 이는 사회 구성원이 자신의 목적의식을 공유하며 의사결정의 결과에 영향을 미치거나 영향을 미치고자 하는 행동으로 정의될 수 있다(박가나, 2009). 학자들이 정의한 청소년참여의 개념을 보면, 윈터(Winter, 1997)는 청소년이 능동적으로 자신의 생활환경에 참여하는 기회라고 하였으며, 하트(Hart, 1997)는 청소년의 삶에 영향을 주고 청소년이 생활하고 있는 지역사회에 영향을 미치는 의사결정을 공유하는 과정이라고 하였다(조혜영, 최창욱, 2008). 문성호(2006)는 참여란 성인들이 책임을 포기하고 청소년 스스로 의사결정을 하는 것을 의미하는 것이라기보다는 청소년이 궁극적인 권위를 지닌 성인의 지지와 지도를 통해 의사결정 과정에 적극적으로 관여하는 것으로 볼 수 있다고 하였다. 청소년참여는 청소년이 자신의 삶에 영향을 미치는 모든 부분에 대한 자신의 생각이나 주장을 펼치기 위해 의사결정 과정(계획, 실행, 평가)에 능동적으로 관여하는 것을 의미한다(최창욱, 조혜영, 2006). 앞의 내용을 토대로 정리하면, 청소년참여활동이란 "청소년이 자신의 삶에 영향을 미치는 의사결정 과정과 공유과정에 자신의 생각이나 주장을 갖고 능동적으로 관여하는 활동"으로 정의할 수 있다.

(2) 청소년참여기구의 현황

청소년참여기구는 크게 '정부기구'와 '민간기구' 형태로 분류할 수 있다. 정부기구는 정부가 주도하여 관계 법령을 만들고 그 법령에 따라 일반화된 운영 방식에 의해 운영되며, 정부나 지방자치단체가 직접 또는 전국의 청소년기관에 위탁하여 운영되는 형태이다. 그리고 민간 부문에서 자생적으로 설립된 시민단체를 통해 운영되는 형태인 민간기구로 구분할 수 있다. 정부기구로는 청소년 관련 주무부처인 여성가족부에서 청소년의 눈높이에 맞는 청소년정책을 추진하기 위하여 공식적으로 지원하여 활동을 하는 청소년참여기구인 청소년특별회의, 청소년참여위원회, 청소년운영위원회가 있다. 본 교재에서는 『2022청소년백서』(여성가족부, 2022)를 바탕으로 여성가족부에서 운영·지원하는 청소년참여기구에 한정하여 설명하였다.

먼저, 청소년특별회의는 「청소년 기본법」 제12조에 의하여 17개 시·도 청소년과 청소년 분야의 전문가가 토론과 활동을 통해 청소년이 바라는 정책과제를 발굴하고, 정부에 제안하여 정책화하는 전국 규모의 청소년참여기구이다. 2004년 시범사업을 거쳐 2005년 「청소년 기본법」에 근거 규정이 마련되면서 매년 정기적으로 개최되고 있으며, 매년 선정된 정책의제에 따라 청소년 의견수렴과 토론, 워크숍, 캠페인 등을 통해 정책과제를 발굴한 후 본회의에서 이를 최종적으로 정부에 보고·제안한다. 청소년특별회의는 2022년에는 청소년위원 등 400여 명이 참여하여 5~10월까지 정기회의 및 본회의를 통한 논의 및 온라인 정책 제안 활동을 거쳐 선정된 4개 영역 32개의 정책과제를 결과보고회에서 보고하였다. 2005년부터 2021년까지 15년간 583건의 정책과제를 제안한 결과, 89.4%인 521건의 정책과제가 정부의 청소년정책에 수용된 것으로 나타났다.

두 번째로 청소년참여위원회는 여성가족부와 지방자치단체에 설치·운영 중인 청소년참여기구이다. 정부는 청소년참여위원회를 통해 청소년정책의 형성·집행·평가과정에 청소년이 주도적으로 참여할 수 있도록 제도화함으로써 청소년 친화적 정책을 구현하고 청소년의 권익증진을 도모하고 있다. 청소년참여위원회는 1998년 '제2차 청소년육성 5개년계획'에서 '청소년의 정책참여기회 확대' 분야의 세부 사업으로 제시되면서 시작되었다. 동 계획에 따라 1998년 11월 문화관광부 내에 청소년위원회가 설치된 이후

표 3-1 연도별 청소년특별회의 정책 의제와 과제 제안 현황

연도	정책 의제와 과제	비고
2004 (시범)	청소년 인권 · 참여(13개 과제 제안) －시범사업: 청소년특별회의 연 1회 개최 정례화	－
2005	청소년참여기반 확대 －청소년정책에 청소년참여 등 6개 영역 35개 과제 제안	31개 수용 88.6%
2006	청소년 성장의 사회지원망 조성 －위기청소년을 위한 지역사회안전망 확대 등 5개 영역 37개 과제 제안	33개 수용 89.2%
2007	'제4차 청소년정책기본계획' 제안 －청소년자원봉사 · 체험활동의 다양화 등 18개 과제 제안	15개 수용 83.3%
2008	청소년의 복지와 권익이 보장되는 사회 －리틀맘에 대한 정책 마련 등 6개 영역 35개 과제 제안	29개 수용 82.9%
2009	청소년, 자신의 꿈을 찾을 수 있는 사회 만들기 －청소년 직업체험 프로그램 활성화 등 4개 영역 20개 과제 제안	14개 수용 70.0%
2010	자기주도적 역량개발, 존중받는 청소년 －체험활동을 통한 자기주도적 역량개발 인프라 확대 등 3개 영역 53개 과제 제안	49개 수용 92.5%
2011	우리 사회의 건전한 성문화, 건강하게 성장하는 청소년 －유해매체로부터의 청소년 성보호 등 3개 영역 41개 과제 제안	36개 수용 87.8%
2012	자유로운 주말, 스스로 만들어 가는 청소년활동 －청소년체험활동 여건 조성 등 3개 영역 30개 과제(89개 세부과제) 제안	81개 수용 91.0%
2013	꿈을 향한 두드림, 끼를 찾는 청소년 －진로체험활동 등 3개 영역 29개 과제 제안	28개 수용 96.6%
2014	안전한 미래, 청소년의 권리와 참여로 －청소년참여로 만드는 안전 등 4개 영역 31개 과제 제안	28개 수용 90.3%
2015	청소년의 역사이해, 미래를 향한 발걸음 －역사교육 질적 강화 및 역사 인재양성 등 3개 분야 23개 과제 제안	20개 수용 87.0%
2016	틀림이 아닌 다름, 소수를 사수하라 －학교 밖 청소년 대상 프로그램 다양화 및 활성화 등 4개 분야 29개 과제 제안	28개 수용 96.6%
2017	청소년, 진로라는 미로에서 꿈의 날개를 펼치다. －진로체험 프로그램 지역사회 연계 활성화 등 3개 분야 30개 과제 제안	24개 수용 80.0%
2018	참여하는 청소년, 변화의 울림이 되다. －청소년 참정권 확대 등 3개 분야 22개 과제 제안	20개 수용 90.9%

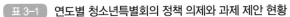

2019	인권, 양성평등, 학교 밖 청소년 지원, 안전, 경제활동 -청소년 기초 노동 지원 프로그램 등 5개 분야 28개 과제 제안	25개 수용 89.9%
2020	스스로 서는 청소년, 세상의 중심에서 미래를 외치다 -'자립'정책영역의 취업, 정보, 보호, 경제 등 5개 분야 33개 과제 제안	32개 수용 96.9%
2021	시작점이 같은 청소년, 각자의 기회에서 빛나다 -청소년쉼터 지원 강화 등 5개 분야 30개 과제 제안	28개 수용 93.3%
2022	넘어져도 괜찮아, 걱정 없는 청소년 -뉴미디어·유해매체로부터 청소년 보호 등 4개 분야 32개 과제 제안	29개 수용 90.6%

출처: 여성가족부(2022).

1999년 4월 제주시, 2000년 6월 경기도 등을 시작으로 하여 전국으로 청소년참여위원회가 설치·확대되었다. 또한 2012년 2월에는 기본적 권리로서 청소년참여권의 중요성을 강조하여 「청소년복지 지원법」에 있던 '청소년의 자치권 확대' 근거법령을 「청소년 기본법」으로 이관하였다.

청소년참여위원회는 운영주체별로 다소 차이가 있으나 정기·임시회의를 통한 청소년정책 모니터링, 청소년 의견 제안과 정책 자문, 각종 토론회와 워크숍 개최, 청소년 인권교육 프로그램 참여 등 다양한 활동을 하고 있다. 청소년참여위원회는 여성가족부, 시·도와 시·군·구에 총 243개(2022년 10월 기준)가 설치되어 운영되고 있다. 위원회별 운영 규모는 10~30명이며 공개모집과 기관추천, 청소년선거 등을 통해 구성된 4,100여 명의 청소년들이 2022년 현재 활동하고 있다(여성가족부, 2022).

세 번째로 청소년운영위원회는 전국의 청소년수련시설(청소년수련관, 청소년문화의집) 등에서 「청소년활동 진흥법」 제4조에 따라 시설의 사업, 프로그램 운영과 관련된 의사결정 과정에 청소년이 참여할 수 있도록 설치·운영되고 있는 참여기구이다. 청소년운영위원회는 1998년도 '제2차 청소년육성 5개년계획'의 정책기조가 청소년의 자율·참여를

표 3-2 **청소년참여위원회 현황** (단위: 개)

서울	부산	대구	인천	광주	대전	울산	세종	경기	강원	충북	충남	전북	전남	경북	경남	제주	계
22	17	9	10	6	6	6	1	32	19	9	16	15	23	24	20	1	236

출처: 여성가족부(2022).

장려하는 방향으로 변화함에 따라 2000년도부터 전국 청소년수련시설 설치 · 운영에 대한 사업 지침 권장에 의해 구성되었다. 이후 「청소년활동 진흥법」 제정으로 법적 근거가 마련되면서 확대 설치가 더욱 가속화되었다.

청소년운영위원회의 설치 목적은 청소년수련시설을 이용하는 청소년의 의견과 욕구를 반영하여 청소년수련시설이 청소년 중심으로 운영될 수 있도록 하는 데 있다. 현재 청소년운영위원회는 청소년수련시설의 심의 · 평가 등을 통해 시설 운영 전반에 참여함은 물론, 프로그램을 직접 기획 · 운영하고, 청소년 대표로서 각종 지역사회 청소년 관련 행사에 참가하는 등 다양한 활동을 전개하고 있다.

청소년운영위원회는 10인에서 20인 이내의 청소년으로 구성되며, 위원의 임기는 1년이다(「청소년활동 진흥법 시행령」 제3조). 청소년운영위원회는 전국 331개소에서 청소년이 참여하여 활동하고 있다. 청소년운영위원회는 수련시설의 전용공간 확보 및 환경 개선, 프로그램 모니터링 및 관련 정책 제안 · 참여 · 평가, 홍보활동 등 다양한 성과를 내고 있다. 또한 2012년부터는 매년 전국 청소년운영위원회 대표자 워크숍을 개최하여 청소년운영위원회 활성화 방안을 함께 모색하고 참여청소년들의 리더십 역량강화를 도모하고 있다.

표 3-3 청소년운영위원회 현황 (단위: 개)

서울	부산	대구	인천	광주	대전	울산	세종	경기	강원	충북	충남	전북	전남	경북	경남	제주	계
45	15	10	13	7	11	8	2	64	34	17	15	18	16	15	17	24	331

출처: 여성가족부(2022).

(3) 청소년참여활동의 효과

청소년참여활동의 효과에 대해서는 여러 학자의 견해가 있으며 대체로 개인적 · 사회적 측면에서 긍정적 기여를 한다고 보고 있다. 윈터(Winter, 1997)는 청소년참여가 청소년을 사회 구조에 통합할 수 있도록 할 뿐만 아니라 청소년의 사회적 영향력과 권한을 강화하는 수단으로 작용하고, 청소년에게 자질 있고 독립적이며 책임감 있는 시민으로 발달하도록 기회를 제공하는 수단으로서 기능이 있다고 하였다. 체커웨이(Checkoway, 1999)는 청소년의 참여로 얻어지는 이득은 개인 개발, 조직 개발, 지역사회 개발의 세 가지 측면에서 유용하다고 하였다(조혜영, 최창욱, 2008). 청소년참여활동의 효과에 대해 구체적으로 살펴보면 다음과 같다.

첫째, 청소년참여활동은 청소년의 임파워먼트에 긍정적인 영향을 미친다. 청소년 임파워먼트(empowerment)는 청소년이 자신의 삶에 영향을 미치는 모든 분야에 활발하게 참여하여 내부의 힘을 찾게 하는 것(김윤나, 정건희, 최윤진, 2010; Saleebey, 1992)이라 할 수 있다. 청소년참여와 청소년 임파워먼트와의 관계에 대한 연구(김희성, 2005)에 따르면, 참여활동을 하는 청소년의 정치사회 임파워먼트 수준이 일반청소년에 비해 훨씬 높고, 적극적 참여 정도가 강할수록 정치사회적으로 더욱 임파워먼트된다. 청소년이 자율적으로 다양한 참여활동을 함으로써 자신의 잠재적 힘을 발견하고 이를 실제적인 힘으로 전환할 수 있다는 것이다. 또 다른 연구에서도 청소년이 지역사회 청소년조직 참여를 통해 임파워먼트를 경험하게 됨을 증명하고 있다(김경호, 문지영, 2005). 이처럼 청소년참여활동은 청소년의 임파워먼트에 긍정적인 영향을 미친다고 할 수 있다.

둘째, 청소년참여활동은 시민성에 영향을 미친다. 김태한(2013)은 청소년의 사회참여활동이 부분적으로 시민적 지식과 내적 정치효능감과 관련 있음을 경험적으로 검증하였다. 이러한 관점에서 이용교와 이중섭(2010)은 청소년의 사회참여 활동이 사회참여의식을 매개로 하여 시민성에 유의한 영향을 미친다고 하였다. 따라서 실제적인 행동을 반복하면 그 자체로서 체화가 이루어지며 성인기에 들어와서도 정치 참여에 보다 적극적이고 능동적인 행태를 보이고, 이러한 지속적이고 반복적인 경험으로 청소년은 시민으로서 역량을 키워 나갈 수 있다. 즉, 성인이 된 이후 바람직한 시민으로서 적극적인 참여행동은 일시적인 경험 이후에 갑작스럽게 형성되는 것이 아니라 오히려 지속적이고 자발적인 반복 경험을 토대로 끊임없이 발전된다(김남정, 2017; 이윤주, 2015; Kahne & Sporte, 2008). 이러한 결과를 종합해 보면, 청소년참여활동은 시민성에 영향을 미친다고 할 수 있다.

5) 청소년국제교류활동

(1) 청소년국제교류활동의 개념

청소년국제교류활동에서 청소년국제교류의 의미를 살펴보면, 외교적 의미에서 볼 때 청소년국제교류란 국가 간의 외교관계에 의해 상호 간에 청소년을 교환하는 국제적인 활동이다. 즉, 경제통상교류, 행정교류 등과 대비되는 문화교류의 한 차원에서 청소년을 교환하는 행위를 상정하고 있다(이민희, 윤철경, 이상오, 이선재, 황상민, 2004). 청소년 분야에서 볼 때 청소년국제교류는 교육적인 의미를 내포한다. "청소년의 지적·신체적·정신적 측면에 있어서 바람직한 변화를 목적으로 청소년동아리나 청소년단체, 사회단체 등 청소년집단에 의해 이루어지는 외국과의 인적·물적·문화적·사상적 교류"를 의미한다(윤철경, 이상오, 김경준, 2000). 학자들은 청소년국제교류활동의 개념을 다양하게 정의하고 있다. 다양한 국가의 청소년이 외국을 방문하여 서로 만나고 교류하는 교육적 목적의 행사와 다른 국가 청소년 간의 만남이 이루어지는 모든 활동의 관계라고 하기도 하고(김호순, 김준영, 강동균 이필만, 2016; Müller, 1987), 외국과의 인적·물적·문화적·사상적 상호교류를 통해 다름을 이해하고 소통할 수 있는 지구시민으로서 소양과 역량을 개발하여 평화적·공동체적 삶을 창조하는 청소년활동으로 정의하고 있다(박숙경, 김소희, 오세정, 2011).

앞의 내용을 토대로 정리하면, 청소년국제교류활동이란 '청소년이 지적·신체적·정신적 측면에서 바람직한 변화를 이루기 위한 목적으로 청소년동아리나 청소년단체, 사회단체 등 청소년집단에서 행하는 외국과의 인적·물적·문화적·사상적 상호 교류활동'으로 정의할 수 있다.

(2) 청소년국제교류활동의 현황

『2022 청소년백서』를 보면, 첫 번째로 국가 간 청소년교류는 상대국 청소년 담당 부처와의 약정 등에 의해 매년 정기적으로 시행되는 사업으로 청소년 기관 및 시설 방문, 양국 청소년 간의 토론, 가정방문, 역사·문화 유적지 답사, 산업 시설 견학 등을 통해 청소년관련 정보와 경험 등을 교환하고 각국의 문화를 체험하는 기회를 제공한다. 2020년에는 코로나19 확산에 따라 해외 파견 및 초청이 불가능하여 일본, 브루나이 현지 청소년과 비대면 교류를 시행하여 온라인을 통한 각국 문화 소개 및 공동 과제수행, 토론회 등 프로그램을 진행하였다. 2021년에는 온라인 교류 규모를 확대하여 9개국과 온라인 교류를 진행하였다. 코로나19 상황 속에서도 청소년 분야 협력 기반을 마련하고자 캄보디아, 싱가포르(재체결), 오스트리아, 아르메니아와 청소년교류 약정을 체결하였다. 국내외 청소년에게 교류 기회를 계속 제공하고자 2022년에도 9개국과 온라인교류를 시행하였다.

두 번째로 한·중 청소년교류는 2003년 7월 한·중 양국 정상 간의 청소년교류 합의에 따라 2004년부터 우리 정부의 공식 초청으로 한·중 청소년교류가 시작되었다. 2012년부터 수교 20주년을 맞이하여 한·중 양국 청소년 500명씩을 교류하였다. 2016년 하반기 중국 측 사정으로 한·중 청소년교류는 중단되었으나, 2018년 8월 한·중 청소년교류 재개를 위한 협력 약정이 체결되었으며 2018년 하반기부터 초청·파견 사업을 재개하였다. 하지만 2020년부터는 코로나19 확산에 따라 출입국 제한 등으로 추진되지 못했다.

세 번째로 국제청소년리더 교류 지원을 보면, 2017년에는 한·중 청소년교류의 실질적이고 파급적인 효과를 고려한 새로운 형태의 발전 모델 개발 및 교류 기반 구축을 위하여 국내 체류 중국 유학생과 한국 청소년 간 교류 시범사업을 신규로 추진하였다. 대학과 민관 협력을 통하여 국내 총 10개 대학 내 1,000여 명의 한·중 청소년 상호 교류활동을 지원하였다. 각 대학에서는 특성화된 주제를 선택하여 오리엔테이션, 특강, 멘토링, 교류활동, 지역, 문화, 역사, 스포츠, 생태 등 탐방, 팀별 결과 발표 등 다양한 청소년교류 활동을 시행하고, 여성가족부에서는 대학별로 전문가 컨설팅, 현장 방문, 사업성과 정리, 결과 보고 등의 체계적인 프로그램 운영을 지원하였다. 2018년에는 지원대상을 다국가 유학생으로 확대하여 34개국 유학생, 2019년에는 41개국 유학생이 한국 청소년과 교류하였다. 2020년부터는 코로나19의 확산으로 소규모 팀별 활동을 통해 교류를 이어 갈 수 있도록 지원하였다.

네 번째로 '2021 한·아세안 청소년 서밋'은 2019 한·아세안 특별 정상회의 후속 조치로 청소년 인적교류 확대를 위해 청소년 간 소통의 장으로 마련된 프로그램이다. 한·아세안 청소년 서밋 기간 동안 각국 청소년은 온택트 방식으로 한·아세안의 동반 성장을 위해 필요한 청소년의 역할에 대해 함께 논의하고, 각국의 경험과 사례를 나누는 등한·아세안의 협력 방안에 대한 견해를 공유하였다. 2021년 개최된 한·아세안 청소년 서밋에는 총 100명(10개국 각 10명)이 국가를 대표하여 참여하였다. 2022 한·아세안 청소년 서밋에는 총 100여 명(11개국 각 10여 명)이 온라인 회의에 참여하였다.

다섯 번째로 청소년 해외체험 프로그램을 살펴보면, 2005년부터 시행되고 있는 청소년 해외체험 프로그램은 청소년이 국제무대에서 활동할 수 있도록 지원하는 국제회의 및 행사 파견과 해외 자원봉사 프로그램으로 구성 및 시행되며, 이를 통해 청소년의 글로벌 역량을 강화하여 세계 시민의식을 함양하는 것을 목표로 한다. '청소년을 세계의 주역으로, 국제회의 참가단'과 '꿈과 사람 속으로, 대한민국 청소년 해외 자원봉사단' 등 2개의 세부 프로그램으로 이루어져 있다.

'청소년을 세계의 주역으로, 국제회의 참가단'은 청소년이 국제회의 및 행사 등 다양한 해외 활동에 직접 참여하도록 지원함으로써 청소년의 국제적인 능력을 배양하고 국가 경쟁력을 제고하고자 2008년부터 추진해 온 사업으로 서류심사와 면접을 통해 파견 대상자를 선발한다. 2021년에는 UN ECOSOC 청소년 포럼과 UN 총회 제3위원회 관련 비공식 온라인 토의에 청소년 대표 6명이 참가하였다. 코로나19의 지속적인 확산으로 그외 대부분의 국제회의는 취소되었다. 2022년에는 UN ECOSOC 청소년 포럼과 아세안 청소년 대화에 청소년대표 9명이 참가하였다. 특히 우리 청소년은 아세안 청소년 대화 온라인 사전 프로그램에 참여 후 아세안 10개국 청소년과 캄보디아 시엠립에 모여 포스트 코로나 시대의 기회와 과제에 대해 함께 논의하였다.

'꿈과 사람 속으로, 대한민국 청소년 해외 자원봉사단'은 청소년의 자아실현과 글로벌 역량강화 및 세계 시민의식 함양을 목적으로 개발도상국 및 저개발국의 아동, 청소년, 지역주민 등을 위하여 방학 기간을 활용해 봉사단을 파견하고 있다. 2021년에는 코로나19의 전 세계적인 유행이 지속되어 국내에서 해외청소년을 위한 봉사활동을 전개하였다. 아시아 5개국(라오스, 말레이시아, 베트남, 캄보디아, 필리핀) 청소년을 위해 교육봉사활동 콘텐츠를 제작하여 배포하였으며, 국내 청소년 122명이 현지 청소년과 비대면으로 교류하는 시간을 가졌다. 2022년에도 8개국(말레이시아, 베트남, 캄보디아, 몽골, 라오스, 필리핀, 네팔, 스리랑카) 청소년을 위해 온라인 봉사활동을 실시하였다.

(3) 청소년국제교류활동의 효과

청소년국제교류활동의 효과에 대해 살펴보면, 첫째, 청소년국제교류활동은 청소년의 세계 시민의식에 긍정적인 영향을 미친다. 조남억과 김고은(2014)은 청소년의 국제교류활동 프로그램 효과성 연구에서 세계 시민의식 중 세계적 문제에 대한 흥미와 관심, 세계적 문제에 대한 참여의식, 세계 지향적인 태도가 향상되었다고 하였다. 또한 국제교류활동을 통해 청소년이 세계 시민으로서의 태도, 의지, 관심과 같은 세계 시민의식에 대한 동기에 관련된 부분이 긍정적으로 향상될 수 있다고 하였다. 청소년국제교류사업의 효과성·만족도에 관한 연구(김호순 외, 2016)에 의하면, 세계 시민의식이 청소년국제교류활동참여 전에 비해 참여 후가 통계적으로 유의미한 수준으로 증가하였다. 이러한 결과를 종합해 보면, 청소년국제교류활동은 청소년의 세계 시민의식에 긍정적인 영향을 미친다고 할 수 있다.

둘째, 청소년국제교류활동은 다문화 수용성에 영향을 미친다. 김기헌과 황세영(2016)은 청소년국제교류 참여 경험이 있는 청소년이 그렇지 않은 청소년에 비해 통계적으로 유의미하게 다문화 수용성이 높게 나타났다고 하였다. 또한 이러한 결과를 토대로 청소년의 국제교류활동 참여가 청소년의 발달지표에 긍정적인 영향을 미치고 있음을 확인할 수 있다고 하였다. 김호순 등(2016)은 청소년국제교류활동참여 전에 비해 참여 이후에 다문화 수용성의 하위요인인 문화 개방성, 거부회피정서, 세계 시민 행동 의지가 통계적으로 유의미한 수준으로 증가하였다고 하였다. 이러한 결과를 종합해 보면, 청소년국제교류활동은 다문화 수용성에 긍정적인 영향을 미친다고 할 수 있다.

🏫 요약

1. 청소년활동의 특성은 ① 청소년 중심으로 이루어 가는 활동, ② 목적을 지향하는 활동, ③ 청소년의 자발적 참여의지에 의해 발현되는 자율적·자기도야적 활동, ④ 체험적 활동, ⑤ 도전적인 활동이라는 점이다.

2. 청소년단체활동은 ① 사회적 일탈 예방, ② 청소년의 사회적 자본 형성, ③ 청소년의 사회성에 긍정적인 영향을 미친다.

3. 청소년동아리활동은 청소년의 ① 자아존중감, ② 사회성, ③ 자기효능감에 긍정적인 영향을 미친다.

4. 청소년봉사활동은 ① 지역사회 공동체의식, ② 자아정체성, ③ 사회성에 긍정적인 영향을 미친다.

5. 청소년참여활동은 청소년의 임파워먼트와 시민성에 긍정적인 영향을 미친다.

6. 청소년국제교류활동은 청소년의 세계 시민의식과 다문화 수용성에 영향을 미친다.

권이종(1996). 청소년학개론. 교육과학사.

권일남(2016). 청소년정책의 지속적 성과를 이룰 청소년단체의 새로운 출구전략. 한국청소년활동연구, 2(1), 43-74.

권준근(2011). 청소년수련관에서의 동아리활동 실태 및 활성화 방안. 전문가워크숍자료집11-S05. 한국청소년정책연구원.

김경호, 문지영(2005). 청소년 참여 유형에 따른 임파워먼트 실천사례 연구: 진주지역 청소년조직을 중심으로. 청소년복지연구, 7(2), 81-104.

김기헌, 황세영(2016). 청소년국제교류 실태 및 효과성 검증. 한국청소년정책연구원.

김나영(1996). 청소년자원봉사활동의 활성화. 대구가톨릭대학교 대학원 석사학위논문.

김남정(2017). 청소년참여와 사회적 신뢰, 대인관계역량 및 사회적 책임 간의 구조적 관계 분석. 중앙대학교 대학원 박사학위논문.

김민(1999). 청소년 동아리활동의 교육적 의의와 활성화 방안, 우리는 이런 동아리를 원해요. 구리YMCA 청소년열린광장준비위원회.

김민(2005). 청소년단체전문가의 역할과 단체활성화의 과제. 미래청소년학회지, 2(2), 17-37.

김윤나, 정건희, 최윤진(2010). 청소년자치활동이 임파워먼트에 미치는 영향. 청소년복지연구, 12(3), 1-23.

김정주, 임지연(1999). 청소년동아리활동. 한국청소년개발원.

김정호(2000). 청소년단체활동과 수련시설의 정책과제-화성군 씨랜드 수련원 참사의 교훈을 중심으로-. 인문사회논총, 5, 163-174.

김지혜(2012). 청소년봉사활동이 자아존중감과 자아탄력성을 매개로 공동체의식과 삶의 만족도에 미치는 영향-봉사활동 시간과 주관적 만족을 중심으로. 청소년복지연구, 14(1), 41-62.

김태준, 이미라(2017). 청소년의 자원봉사활동 참여가 사회성에 미치는 영향: 사회적 지지의 조절효과를 중심으로. 복지상담교육연구, 6(1), 35-54.

김태한(2013). 한국 청소년의 시민지식 및 내적 정치효능감 발달에 대한 연구. 시민교육연구, 45(4), 1-37.

김해문(1999). 청소년자원봉사활동이 사회성 발달에 미치는 영향. 동아대학교 대학원 석사학위논문.

김혁진, 김정주, 조남억, 남경우(2010). 청소년단체활동 실적인증제 운영 기본계획(안) 연구. 청소년활동연구소.

김형준, 이광모(2010). 청소년의 컴퓨터 이용시간이 가정생활만족도에 미치는 영향: 자원봉사활동의 조절효과를 중심으로. 청소년복지연구, 12(4), 117-135.

김호순, 김준영, 강동균, 이필만(2016). 2016년 청소년 국제교류사업 효과성·만족도 조사연구. 여성가족부.

김희성(2005). 청소년의 정치사회 임파워먼트에 대한 참여의 효과 분석. 청소년학연구, 12(1), 325-345.

류철식(2001). 청소년 동아리 활동의 실태 및 활성화 방안 연구. 청주대학교 대학원 석사학위논문.

문성호(2006). 정책과정에서의 청소년참여 확대방안의 모색. 청소년학연구, 13(6), 201-219.

박가나(2009). 청소년 참여활동이 공동체의식에 미치는 효과. 청소년학연구, 16(10), 273-306.

박숙경, 김소희, 오세정(2011). 청소년 국제교류활동 참여효과에 대한 인식 연구. 한국청소년정책연구원.

박재숙(2010). 학교청소년의 수련활동과 자원봉사활동, 자아존중감, 공동체의식의 관계. 청소년학연구, 17(4), 157-182.

박지현(2018). 대취타 동아리 활동이 중학생의 자아존중감, 사회성, 학교생활만족도에 미치는 영향-광주광역시 J중학교 학생을 대상으로-. 전남대학교 대학원 석사학위논문.

박효종, 손경원(2003). 봉사활동의 활성화를 위한 봉사학습의 탐색-도덕과 교육과의 연계를 중심으로-. 아시아교육연구, 4(3), 171-189.

서울특별시교육청(2011). 2011학년도 학생봉사활동 운영지침. 서울특별시교육청.

성낙은(2001). 고등학생의 동아리 활동 실태와 교육 요구 분석. 아주대학교 대학원 석사학위논문.

안병일(2008). 청소년단체 참여활동이 사회적 자본형성에 미치는 영향. 명지대학교 대학원 박사학위논문.

안정덕, 한남익, 조쟁규(2003). 태권도를 중심으로 한 동아리 체육활동이 고등학생의 자아존중감 및 정신건강에 미치는 영향. 한국스포츠리서치, 14(4), 885-896.

여성가족부(2022). 2022청소년백서. 여성가족부.

유진이(2007). 학교동아리활동이 청소년의 자아존중감과 학교생활적응에 미치는 영향. 한국청소년시설환경학회 학술대회, 129-144.

윤미라(2002). 청소년자원봉사활동의 효과성 연구-자아정체성과 도덕성 중심으로-. 호남대학교 대학원 석사학위논문.

윤철경, 이상오, 김경준(2010). 청소년 국제교류사업 실태와 평가 연구. 한국청소년정책연구원.

이용교, 이중섭(2010). 청소년의 사회참여활동이 시민성에 영향을 미치는 경로. 청소년학연구, 17(2), 203-232.

이윤주(2015). 의사소통 연결망이 청소년 정치참여에 미치는 효과. 서울대학교 대학원 박사학위
　　논문.

이인순(2006). 청소년동아리활동이 자아존중감과 학업성취도에 미치는 영향. 호서대학교 대학
　　원 석사학위논문.

전경숙, 최윤석, 이지혜(2008). 경기도 청소년 봉사활동 내실화 방안 연구. (재)경기도가족여성연
　　구원.

전명숙, 박선녀(2016). 청소년의 자원봉사활동 참여시간이 공동체의식에 미치는 영향-청소년
　　자원봉사활동 만족도 매개효과-. 한국콘텐츠학회논문지, 16(6), 228-237.

정혜진(2016). 고등학교 음악 동아리 활동이 학교생활만족도와 자기효능감에 미치는 영향: 서울
　　과 인천지역을 중심으로. 이화여자대학교 대학원 석사학위논문.

조남억(2008). 청소년집단활동 참여가 사회적 자본 형성에 미치는 영향에 관한 구조모형분석. 경
　　기대학교 대학원 박사학위논문.

조남억, 김고은(2014). 청소년의 국제교류활동 프로그램의 효과성 연구. 청소년학연구, 21(1),
　　191-215.

조달현(2018). 청소년단체 활동이 인성에 미치는 효과에 관한 연구. 명지대학교 대학원 박사학위
　　논문.

조용학(2006). 청소년자원봉사활동이 자아존중감과 사회성에 미치는 효과. 서남대학교 대학원
　　석사학위논문.

조쟁규, 안정덕, 한남익(2003). 태권도를 중심으로 한 동아리 체육활동이 고등학생의 자아존중감
　　및 정신건강에 미치는 영향. 한국스포츠리서치, 14(4), 885-896.

조학래(1996). 자원봉사활동이 청소년의 자아정체감과 도덕성발달에 미치는 영향 연구. 연세대
　　학교 대학원 박사학위논문.

조혜영, 최창욱(2008). 청소년참여활동의 성과 및 활성화 방안에 대한 탐색: 청소년참여기구 청
　　소년들과의 심층면담을 중심으로. 미래청소년학회지, 5(1), 111-140.

천정웅(2013). 후기청소년의 특성과 청소년단체의 역할강화. 글로벌청소년학연구, 3(1), 63-88.

최창욱, 조혜영(2006). 청소년 정책참여 활성화 및 참여권 확보 방안 연구. 청소년개발원.

한국청소년개발원(2004). 청소년교류론. 교육과학사.

한국청소년개발원(2004). 청소년학용어집. 교육과학사.

한국청소년개발원(2005). 청소년 자원봉사 및 동아리 활동론. 교육과학사.

한국청소년정책연구원(2011). 청소년동아리활동 인증방안 연구. 한국청소년정책연구원.

한국청소년정책연구원(2012). 청소년수련시설 청소년동아리 활성화를 위한 운영모델 및 매뉴얼

개발연구.

한국청소년정책연구원(2014). 청소년학개론. 교육과학사.

한숭희(2004). 평생교육론: 평생학습사회의 교육학. 학지사.

함병수, 천정웅, 김경준, 황진구(1992). 청소년단체 육성방안에 관한 연구. 한국청소년연구, 9, 92-109.

황용준, 김갑선(2005). 청소년기 스포츠동아리 활동 참여와 사회성 발달의 관계. 한국스포츠리서치, 16(6), 871-880.

허철수, 강옥련(2010). 동아리활동 참여 청소년과 미참여 청소년의 자기효능감 비교. 청소년복지연구, 12(3), 25-46.

Checkoway, B. (1999). *Adults as allies*. A Kellogg Foundation. Online: http://www.wkkf.org.

Durkheim, E. (1964). *The Division of Labor In Society*. Translated by George Simpson. The Free Press.

Hart, R. A. (1997). *Children's Participation: The Theory and Practice of Involving Young Citizens in Community Development and Environmental Car*. Earthscan Publications.

Kahne, J. E., & Sporte, S. E. (2008). Developing Citizens: The Impact of Civic Learning Opportunities on Students Commmitment to Civic Participation. *American Educaional Research Journal, 45*, 738-766.

Moore, C., & Allen, J. P. (1996). The effects of volunteering on the young volunteer. *The Journal of Primary Prevention, 17*, 231-258.

Müller, W. (1987). *Von der "Völkerverständigung" zum "interkulturellen Lerner"-Die Entwicklung des Internatinalen Jugendaustauschs in der Bundesrepublik Deutschland*. Unidruck München.

Parenti, M. (1993). Scouts N the Hood: A Compass for Inner-City Boyz. *Pllicy Review, 64*, 62-66.

Saleebey, D. (1992). *The Strengths Perspective in Social Work*. Longman Publishing Group.

Winter, M. D. (1997). *Children as Fellow Citizens: Participation and Commitment*. Radcliffe Medical Press.

위키백과. https://ko.wikipedia.org/wiki/%EA%B7%B8%EB%A3%B9

제**4**장

청소년활동지도자

학습개요

청소년지도자에 대해서는 학자들이나 정책담당자, 현장 전문가들의 견해가 매우 다양하다. 다만, 대체적으로 청소년지도자를 일반청소년지도자와 전문청소년지도자로 나눈다.

일반청소년지도자는 청소년을 대상으로 청소년들의 긍정적 성장과 발달에 관여하거나 종사하는 자를 말하며, 전문청소년지도자는 「청소년 기본법」에 의한 청소년지도사 또는 청소년상담사 자격을 취득하고 청소년을 직접 지도하는 일에 종사하는 자를 말한다.

이 장에서는 청소년지도자의 유형과 청소년지도사 양성제도의 변천 과정과 청소년지도사의 양성과 배치, 법적 기준 등에 대해서 살펴본다. 이러한 청소년지도사와 관련된 국가자격 과정에 대한 전반적인 이해를 바탕으로 청소년지도사로서의 자질과 역할을 탐구할 수 있다.

01 청소년지도자의 개념

청소년의 전인적 성장, 잠재역량 개발, 사회적응력 향상 등을 위해 체계적으로 설계된 프로그램에 근거하여 청소년을 지도하는 사람을 청소년지도자라고 한다. 특히 청소년지도는 청소년을 주체로 인정하고 그들과 지도자가 함께 변화하는 가능성이 있는 존재인 수평적 관계로서 청소년들의 기여적 관점에 집중한다.

어떤 사람을 청소년지도자로 지칭할 수 있는 것인지에 대해서는 학자들이나 정책담당자, 현장 전문가들의 견해가 일치하지 않고 있다. 현실적으로 청소년은 성장 과정에서 수없이 많은 사람으로부터 영향을 받는다. 바람직한 방향으로 성장 이행을 이끌고 도와주는 부모, 형제, 선배, 교사 등도 넓은 의미에서는 청소년지도자라고 칭할 수 있을 것이다. 그러나 이들이 종사하고 있는 일과 과업, 역할, 청소년에게 영향을 미치는 형태와 방법, 성격과 기능 등에 있어서 청소년지도자로 규정하기에는 다소 무리가 따른다(권일남, 오해섭, 이교봉, 2016). 활동참여적 접근에서 청소년지도자는 청소년을 주체로 인정하고 그들과 지도자가 함께 변화하는 가능성을 가진 존재인 수평적인 관계로서 바라봐야 한다. 여러 학자는 이러한 청소년지도자의 개념을 다음과 같이 정의하고 있다.

한준상(1992)은 "일반적으로 청소년들 속에서 청소년들과 더불어 청소년을 위해 청소년활동을 전개하는 지도자"로 정의하고 있다. 청소년활동에 초점을 둔 정의로는 유네스코 청년원(1995)의 정의가 있는데, "청소년을 주된 대상으로 삼아 그들을 만나는 사람으로서 청소년 관련 전문지식을 습득한 전문 직업인 또는 자원봉사자로서 청소년활동 분야에 종사하는 사람"으로 정의하였다. 함병수(1996)는 "청소년활동 조직이나 단체의 목적을 효과적으로 달성하기 위하여 청소년의 행동을 이끌고 도와주면서 청소년 개개인의 욕구에 관심을 가지고 계획 및 절차를 구체화하여 실행하고 그 결과를 평가하여 집단의 유지 · 강화에 힘쓰는 사람"으로 정의하였다.

김정주(1999)는 청소년지도자를 협의와 광의의 개념으로 정의하였다. "협의의 개념으로 국가에서 부여하는 청소년지도사 자격소지자로 한정하여 볼 수 있고, 광의의 개념으로는 청소년조직에 정규직으로 종사하면서 청소년지도 활동에 종사하는 사람"으로 정의하고 있다.

청소년지도자는 청소년지도사 자격증 소지자 혹은 다양한 청소년 관련 기관이나 단체에서 전문적으로 청소년을 교육·육성·지도·보호·선도하는 활동에 종사하는 사람이고, 청소년지도자는 청소년에 관심을 갖고 그들을 교육·육성·지도·보호·선도하는 활동에 종사하는 모든 이들을 의미하며 청소년지도자는 청소년지도사를 포함하는 개념으로 정의하기도 한다(한상철, 권두승, 방희정, 설인자, 김혜원, 2001).

권일남 등(2016)은 청소년지도자의 범주는 대체로 청소년의 건강한 성장과 성공적인 성인으로의 이행을 위한 일에 종사하는 사람들로 규정하고 있으며, 일부 학자들은 청소년지도자 중에서도 전문성 여부와 종사하는 업무의 성격 등에 따라 넓은 의미의 지도자와 좁은 의미의 지도자로 구분하고 있다고 하였다. 일반청소년지도자는 청소년을 대상으로 청소년활동 지도, 청소년복지 지원, 청소년보호, 선도활동 등에 관여하거나 종사하는 자로서 청소년들의 긍정적인 변화와 건강한 성인으로의 이행을 위해 역할모델이 정립되고 올바른 방향으로 이끌어 주는 사람이라고 하였다. 또한 좁은 의미의 전문청소년지도자는 청소년지도사 및 청소년상담사 자격을 취득한 자로서 청소년 시설이나 단체 등의 청소년기관에 종사하면서 청소년들의 긍정적 변화, 그리고 국가와 사회가 기대하는 성인으로의 이행을 유도하는 일에 종사하는 사람을 일컫는다. 청소년지도자는 이렇듯 활동을 통해서 청소년에게 희망과 감동을 주고 청소년 스스로 자신의 꿈을 실현하고자 하는 동기와 의지를 유발하며 지속시키는 교육자이면서 리더라고 할 수 있다.

이상과 같이 청소년지도자에 대한 정부의 정책적 개념과 학자들이 주장하는 개념을 종합해 보면 청소년지도자의 범주는 대체로 청소년의 건강한 성장과 성공적인 성인으로의 이행을 위한 일에 종사하는 사람들로 규정하고 있으며, 일부 학자들은 청소년지도자 중에서도 전문성 여부와 종사하는 업무의 성격 등에 따라 넓은 의미의 지도자와 좁은 의미의 지도자로 구분하고 있음을 알 수 있다(권일남, 오해섭 이교봉, 2016). 또한 이의 주요 공통부분을 더 명확하게 정리하면 청소년과 수평적인 관계를 맺으며 조직적 관점으로는 기관, 단체의 목적을 효과적으로 달성하고 청소년 개개인의 욕구와 관심을 중심으로 변화를 꾀하면서 청소년들에게 역할모델이 되는 사람으로서 국가자격이 있는 자와 없는 자로 구분할 수 있다(김윤나, 정건희, 진은설, 오세비, 2015).

학자들의 개념을 정책적 관점에서 정의하면 '청소년의 건강한 성장과 성공적인 성인

제**4**장
청소년활동지도자

94

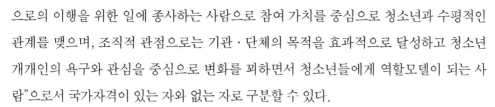

으로의 이행을 위한 일에 종사하는 사람으로 참여 가치를 중심으로 청소년과 수평적인 관계를 맺으며, 조직적 관점으로는 기관·단체의 목적을 효과적으로 달성하고 청소년 개개인의 욕구와 관심을 중심으로 변화를 꾀하면서 청소년들에게 역할모델이 되는 사람"으로서 국가자격이 있는 자와 없는 자로 구분할 수 있다.

청소년지도자에 대한 일반적 개념은 청소년의 건전한 성장과 발달을 위해 청소년을 책임지고 지도하는 사람으로 볼 수 있다. 특히 청소년을 대상으로 청소년활동 지도, 청소년복지 지원, 청소년보호, 선도활동 등에 관여하거나 종사하는 사람으로 정의한다.

02 청소년활동지도자의 유형

청소년지도자에 대한 법적 정의는 「청소년 기본법」에서 내리고 있다. '청소년지도자' 라 함은 청소년지도사 및 청소년상담사와 청소년시설·청소년단체·청소년 관련기관 등에서 청소년육성 및 지도업무에 종사하는 자를 총칭한다. 청소년지도자는 청소년뿐만 아니라 전체 청소년을 대상으로 청소년활동, 청소년복지 및 상담, 청소년선도 및 보호 등 광범위하고 다양한 영역에서 활동하고 있다.

청소년지도사란 청소년활동 등 청소년육성 업무 경력 및 기타 자격을 갖춘 자로서 검

[그림 4-1] 청소년지도자의 분류

출처: 여성가족부(2023).

정에 합격하고 소정의 연수 시간을 이수한 자에게 여성가족부 장관이 부여하는 국가자격이다. 청소년상담사란 청소년상담 관련 분야의 실무경력 및 기타 자격을 갖춘 자로서 검정에 합격하고 소정의 연수 시간을 이수한 자에게 여성가족부 장관이 부여하는 국가자격이다.

03 청소년지도사의 역할 및 진출 분야

1) 청소년지도사의 역할

청소년지도사는 청소년들을 지도하는 과정에서 마땅히 해야 할 임무를 수행한다. 청소년지도사의 역할은 크게 다섯 가지로 제시할 수 있다.

첫째, 전문가(professional)로서의 역할이다. 청소년지도사는 자신이 담당하고 있는 지도 활동에 대한 전문적인 지식과 기술을 습득한 전문가여야 한다. 이를 위해 전문적이고 체계적인 교육과 훈련을 받아야 하며 필요한 자격을 습득해야 한다.

둘째, 프로그램 설계자 및 운영자(designer and staffs)로서의 역할이다. 청소년지도사는 청소년들의 특성과 요구를 분석하고 이를 바탕으로 지도 목표를 설정하고 체험의 내용을 선정하고 조직하며 평가하는 등의 전체적인 지도과정을 보다 체계적으로 설계하고 실제 프로그램을 개발할 수 있는 전문가여야 한다.

셋째, 촉진자(facilitator)로서의 역할이다. 청소년지도사는 학교교육과 같이 일방적으로 청소년들을 끌고 가는 것이 아니라 지도과정의 특성상 이들 스스로 할 수 있도록 하는 역할이 중요하다. 청소년(수련)활동의 개념 자체가 자발적으로 참여하는 활동이므로 청소년들이 스스로 할 수 있도록 촉진하는 역할을 해야 한다. 촉진자는 청소년 개개인의 성장을 지원하고 이들의 문제해결과 의사결정 과정을 조력하여 합리적인 사회적응 과정을 촉진해 주는 것을 말한다.

넷째, 지역사회(community) 지도자로서의 역할이다. 청소년지도의 장소는 청소년 기관·단체·시설만이 아니라 가정, 학교를 포함한 지역사회 전체라고 할 수 있다. 따라서 청소년지도사가 지도업무를 하는 곳만이 아닌 지역사회 곳곳을 통해 청소년들을 지속적으로 지도한다. 또한 지역사회 내에 청소년들에게 유해한 영향을 미치는 요인이 있거나 불합리한 제도 등이 있다면 지도자로서 이러한 부분들이 해소될 수 있도록 노력해야 한다.

다섯째, 과학자(scientist) 및 예술가(artist)로서의 역할이다. 청소년지도사는 과학자와 같은 분석적인 안목과 합리적인 태도 및 경험적이고 귀납적인 연구 방법 등이 요구되기도 하고, 다른 한편으로는 예술가로서의 창의성과 즉흥성, 조화성, 다양성이 요구되기도 한다. 청소년 및 청소년을 둘러싼 상황 및 환경에 대해 객관적으로 분석하여 대처하는 자세가 필요하고 그러면서도 청소년들과 함께 할 때는 청소년들의 관점에서 그들의 특성을 이해하고 이들의 상황을 고려한 창의적인 지도 프로그램 등을 제공할 수 있어야 한다.

2) 청소년지도사의 진출 분야

청소년지도사는 청소년수련시설 및 단체, 사회복지시설 및 단체, 학교 등 청소년 관련 모든 활동 현장에서 청소년활동 지원, 청소년복지 증진, 청소년보호와 관련된 직무를 수행한다. 청소년지도사는 청소년수련시설(청소년수련관, 청소년수련원, 유스호스텔, 청소년야영장, 청소년문화의집, 청소년특화시설 등) 및 청소년육성을 목적으로 한 청소년단체 등에서 활동할 수 있다.

04 청소년지도사 자격제도의 변천

청소년지도사 자격제도는 청소년지도사 양성체계가 확립되면서 「청소년 기본법」 제정과 더불어 네 번의 개정을 통하여 변화됐다.

1993년에는 사전연수제도의 형태로 청소년지도사 자격제도가 「청소년 기본법」에 근거하여 처음 시행되었다. 1999년부터는 「청소년 기본법」 개정을 통해 그동안 시행해 오던 사전연수제도를 폐지하고 청소년지도사의 전문성 강화를 위해 전문 선택영역을 확대하였다. 청소년지도사 응시 자격의 개방과 전문성 강화를 특징으로 하는 자격제도로 발돋움하기 시작하였다. 2005년 「청소년 기본법」 개정 이후인 2006년부터는 검정 방법, 문

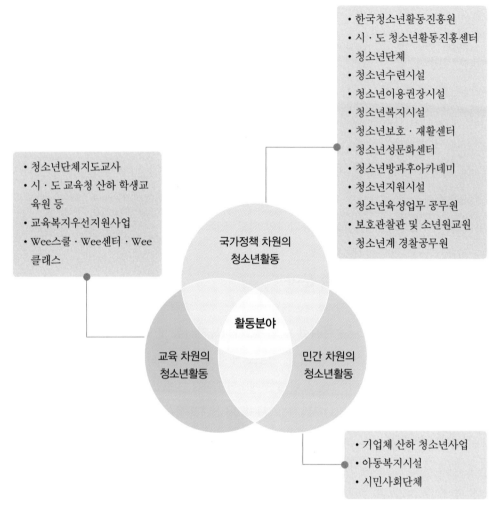

국가정책 차원의
청소년활동

- 한국청소년활동진흥원
- 시 · 도 청소년활동진흥센터
- 청소년단체
- 청소년수련시설
- 청소년이용권장시설
- 청소년복지시설
- 청소년보호 · 재활센터
- 청소년성문화센터
- 청소년방과후아카데미
- 청소년지원시설
- 청소년육성업무 공무원
- 보호관찰관 및 소년원교원
- 청소년계 경찰공무원

- 청소년단체지도교사
- 시 · 도 교육청 산하 학생교육원 등
- 교육복지우선지원사업
- Wee스쿨 · Wee센터 · Wee 클래스

활동분야

교육 차원의
청소년활동

민간 차원의
청소년활동

- 기업체 산하 청소년사업
- 아동복지시설
- 시민사회단체

[그림 4-2] 청소년지도사 활동분야

출처: 청소년지도사 종합정보시스템(https://www.youth.go.kr/yworker/usr/intro/field.do).

제 출제 및 선정, 난이도 조절 등의 문제로 전문 선택영역을 폐지하고 시험과목을 축소 · 조정하였으며, 2008년 이후에는 대학 졸업자의 필기시험을 면제하였다(황진구, 2012).

시기별로 특징을 살펴보면 1993년도의 청소년지도사 자격제도는 청소년지도사 양성체계의 도입단계로 「청소년 기본법」에 의해서 양성기관으로 지정받은 기관에서 청소년지도사 이수 과정을 수료한 후 또는 대학에서 청소년(지도)학과를 졸업한 후 자격검정시험에 합격하였을 때 청소년지도사 자격을 취득할 수 있었다. 그러나 이 양성체계에서는 사전 이수 과정 운영으로 인한 자격검정 응시 기회의 제한, 이론 중심의 교과 운영으로 인한 현장 기능습득의 한계 등의 문제가 있었다(모상현, 이진숙, 2014; 조아미, 박정배, 이진숙, 2012).

이 시기를 지나 1999년도 이후를 청소년지도사 자격제도의 2단계로 구분한다. 1999년도 개정 이후 청소년지도사 자격제도는 청소년지도사 양성체계의 개방화와 전문 선택영역의 추가를 통한 전문화 단계라 할 수 있다. 국가 차원의 규제 완화를 위해 일정한 자격요건을 갖춘 자에게 응시 기회를 개방하기 위해 1993년 이후 시행되어 오던 사전연수제도를 폐지하였으며 청소년지도사의 전문성 강화를 위해 2, 3급 청소년지도사에게 전문 선택과목을 이수할 수 있도록 하였다(모상현, 이진숙, 2014; 조아미 외, 2012). 전문성 강화를 명목으로 전문 선택영역 과목을 도입하였다. 그러나 13개의 많은 전문 선택과목에 대한 관리가 현실적으로 어려웠다. 또한 대부분 이론 중심의 자격검정 시험과목을 운영함에 따라 자격검정에 통과하더라도 현장 지도업무 수행의 어려움이 따랐다. 이에 따라 청소년지도사들의 비전문성에 대한 비판이 제기되었으며 검정과목의 적합성 문제, 전문 선택영역 과목의 검정 방법의 부적절성 등의 문제가 대두되었다.

3단계는 2005년 개정 이후 청소년지도사 자격제도는 그동안 청소년지도사 자격제도의 혼란과 유사 자격 현장 종사자 간의 형평성을 고려하여 전문 선택영역의 폐지와 검정과목 이수자의 필기시험 면제를 특징으로 하고 있다. 1999년「청소년 기본법」개정 당시 청소년지도사의 전문성 강화를 위해 도입되었던 전문 선택영역의 검정방식 어려움, 시험문제의 변별력 및 과목 간 난이도 조절의 문제점 등을 이유로 폐지되었다. 이 기간부터 청소년지도사 자격검정과목은 전문 선택과목을 폐지하고 모두 필수과목만으로 운영하게 되었는데, 1급 5개 과목, 2급 8개 과목, 3급 7개 과목으로 운영되었다. 「청소년 기본법」경과규정에 의해서 2008년 1월 1일부터는 대학에서 자격검정과목을 전공으로 이수한 자의 경우에는 필기시험이 면제되었다(조아미 외, 2012).

2010년 이후에는 청소년지도사 자격검정 위탁기관이 변경된다. 기존의 한국청소년정책연구원에서 여성가족부, 한국산업인력공단, 한국청소년활동진흥원 등 3개의 기관이 업무를 분담하는 형태로 전환한다. 한국산업인력공단은 검정 기관의 역할을 갖게 되면서 서류접수 및 심사업무를 주로 진행하였다. 자격연수와 전문연수는 한국청소년활동진흥원에서 실시하고 있다.

표 4-1	청소년지도사 자격제도의 주요 변화			
구분	1단계 (1993년)	2단계 (1999년 이후)	3단계 (2005년 이후)	4단계 (20110년 이후)
등급	1 · 2 · 3급	1 · 2 · 3급	1 · 2 · 3급	1 · 2 · 3급
응시 자격	사전연수 이수자	자격요건을 갖춘 자	자격요건을 갖춘 자	자격요건을 갖춘 자
특징	사전연수 후 자격검정 졸업(수료) 후 자격검 정(청소년학과 학생) 양성기관 지정(대학 및 청소년단체)	• 사전연수제도 폐지 • 자격검정 후 합격자 연수 • 응시 자격의 개방체 제 전문 선택영역 도입 (2, 3급 13개 과목)	• 2, 3급 전문 선택영 역 폐지 • 자격검정 후 합격자 연수 • 대학에서 시험과목 이수자 필기시험 면 제('08년 시행) • 응시 자격 강화(종 사경력 1년씩 추가)	• 위탁기관 변경 • 3개 기관 업무 분 담(여성가족부, 한 국산업인력공단, 한국청소년활동진 흥원) • 자격검정 후 합격 자 연수
검정 과목	• 1급: 전공별 5과목 • 2급: 전공별 4과목 • 3급: 7개 과목 종합 시험	• 1급: 5과목 • 2급: 10과목(공통 필수 6, 공통 선택 6과목 중 택 3, 전문 선택 13과목 중 택 1) • 3급: 7과목(공통 필 수 6, 전문 선택 13과 목 중 택 1)	• 1급: 전공 5과목 • 2급: 전국 8과목 • 3급: 전공 7과목	• 1급: 전공 5과목 • 2급: 전국 8과목 • 3급: 전공 7과목
연수	• 1급: 160시간 이상 • 2급: 120시간 이상 • 3급: 50시간 이상 (사전연수) • 청소년학 전공자 는 과정 이수 면제	• 20시간 이상 • 한국청소년개발원	• 30시간 이상 • 한국청소년수련원	• 30시간 이상 • 한국청소년활동진 흥원
검정 기관	한국청소년개발원	한국청소년개발원	한국청소년개발원	한국산업인력공단

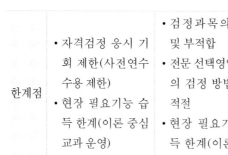

| 한계점 | • 자격검정 응시 기회 제한(사전연수 수용 제한)
• 현장 필요기능 습득 한계(이론 중심 교과 운영) | • 검정과목의 과다 및 부적합
• 전문 선택영역 과목의 검정 방법의 부적절
• 현장 필요기능 습득 한계(이론 중심 교과 운영) | • 필기시험 면제자의 실습 의무화 등 전문성 강화 대책 미흡
• 1, 2, 3급 검정과목의 중복 및 현장 직무능력 반영 미흡 | • 필기시험 면제자의 실습 의무화 등 전문성 강화 대책 미흡
• 1, 2, 3급 검정과목의 중복 및 현장 직무능력 반영 미흡 |

출처: 여성가족부, 한국청소년활동진흥원(2015)의 내용을 현 실정에 맞게 재구성하였음.

05 청소년지도사의 양성과 배치

1) 청소년지도사 응시자격

급격한 사회변화에 따라 심각해지고 있는 청소년문제를 적극적으로 해결하고 청소년활동을 체계적으로 제공하기 위해서는 청소년수련활동에 대한 전문지식과 지도 기법 및 자질을 갖춘 청소년지도자의 양성이 필요하다. 청소년지도자의 체계적이고 전문적인 양성을 위해 「청소년 기본법」에서는 청소년지도사 양성 및 배치에 관한 내용을 규정하여 1993년부터 국가 공인 청소년지도사를 양성해 오고 있다. 청소년지도사는 1, 2, 3급으로 구분되며, 청소년 관련 분야의 경력 및 기타 자격을 갖춘 자로서 자격검정에 합격하고 소정의 연수를 마친 자에게 국가자격을 부여한다.

청소년지도사는 청소년활동(프로그램, 사업)을 전담하여 청소년의 수련활동, 지역·국가 간 교류활동, 동아리활동, 봉사활동, 예술활동 등을 지도한다. 청소년지도사의 등급별 자격검정에 응시할 수 있는 자격 기준과 자격검정의 과목 및 방법은 다음과 같다(여성가족부, 2023).

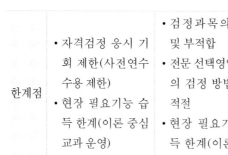

표 4-2 청소년지도사 등급별 응시 자격 기준

등급	응시 자격 기준
1급 청소년지도사	2급 청소년지도사 자격 취득 후 청소년활동 등 청소년육성 업무에 종사경력이 3년 이상인 사람
2급 청소년지도사	1. 대학 졸업(예정)자 또는 이와 같은 수준 이상의 학력이 있는 사람으로서 2급 청소년지도사 자격검정에 필요한 과목 모두를 전공과목으로 이수한 사람 2. 2006년 12월 31일 이전에 대학을 졸업하였거나 이와 같은 수준 이상의 학력을 취득한 사람으로서 관련 과목을 이수한 사람 3. 대학원 학위과정 수료(예정)자로서 2급 청소년지도사 자격검정에 필요한 과목 모두를 전공과목으로 이수한 사람 4. 2006년 12월 31일 이전에 대학원의 학위과정을 수료한 사람으로서 관련 과목 중 필수영역 과목을 이수한 사람 5. 대학 졸업 또는 이와 같은 수준 이상의 학력이 있다고 다른 법령에서 인정받은 후 청소년활동 등 청소년육성 업무에 종사한 경력이 2년 이상인 사람 6. 전문대학 졸업 또는 이와 같은 수준 이상의 학력이 있다고 다른 법령에서 인정받은 후 청소년활동 등 청소년육성 업무에 종사한 경력이 3년 이상인 사람 7. 3급 청소년지도사 자격 취득 후 청소년활동 등 청소년 육성업무에 종사한 경력이 2년 이상인 사람 8. 고등학교 졸업 또는 이와 같은 수준 이상의 학력을 인정받은 후 청소년활동 등 청소년 육성업무에 종사한 경력이 8년 이상인 사람
3급 청소년지도사	1. 전문대학 졸업(예정)자 또는 이와 같은 수준 이상의 학력이 있는 사람으로서 3급 청소년지도사 자격검정에 필요한 과목 모두를 전공과목으로 이수한 사람 2. 2006년 12월 31일 이전에 전문대학을 졸업하였거나 이와 같은 수준 이상의 학력을 취득한 사람으로서 관련 과목을 이수한 사람 3. 전문대학 졸업 또는 이와 같은 수준 이상의 학력이 있다고 다른 법령에서 인정받은 후 청소년활동 등 청소년육성 업무에 종사한 경력이 2년 이상인 사람 4. 고등학교 졸업 또는 이와 같은 수준 이상의 학력이 있다고 다른 법령에서 인정받은 후 청소년활동 등 청소년육성 업무에 종사한 경력이 3년 이상인 사람

이 외에도 응시 자격의 주요 사항을 정리하면 다음과 같다. 청소년활동 등 청소년육성 업무 종사경력의 인정 범위와 내용은 여성가족부 장관이 별도로 정하여 고시한다. 2급 청소년지도사 자격증을 소지하고 대학원에서 1급 자격검정에 필요한 과목을 전공과목으로 이수한 석사학위 소지자 또는 박사학위 소지자는 각각 2년 또는 3년의 경력을 가진

것으로 인정한다. 제18조에 따른 청소년지도자 연수 등 청소년육성 관련 연수 또는 교육을 받은 경우, 그 내용에 따라 점수로 환산하여 청소년지도사 자격 취득에 필요한 청소년활동 등 청소년육성 업무 종사경력으로 인정할 수 있다. 이 경우 연수 및 교육을 받은 사람의 경력환산 점수는 여성가족부 장관이 별도로 정하여 고시한다. 고등학교, 대학, 전문대학 및 대학원이란 각각 「초·중등교육법」 제2조 제4호에 따른 고등학교, 「고등교육법」 제2조 제1호·제4호에 따른 대학·전문대학, 「고등교육법」 제29조에 따른 대학원을 말한다. 그리고 2급 1, 3호 및 3급 1호는 필기시험을 면제한다.

2) 청소년지도사 자격검정 과목 및 방법

청소년지도사 자격검정과목은 필수과목(1급 5과목, 2급 8과목, 3급 7과목)으로 운영된다. 현행 지도사 자격검정과목 중 2급과 3급의 경우, 청소년복지를 제외하고는 7과목 모두가 동일한 과목으로 구성되어 있다. 자격검정에 합격한 자를 대상으로 실시하는 연수는 30시간으로 한다.

표 4-3 **자격검정 과목 및 방법**

구분	검정과목	검정방법	
1급	• 청소년연구방법론, 청소년인권과 참여, 청소년정책론, 청소년기관운영, 청소년지도자론	주·객관식 필기시험	
2급	• 청소년육성제도론, 청소년지도방법론, 청소년심리 및 상담, 청소년문화, 청소년활동, 청소년복지, 청소년 프로그램 개발과 평가, 청소년문제와 보호	객관식 필기시험	면접(3급 청소년지도자 자격증 소지자는 면접시험 면제)
3급	• 청소년육성제도론, 청소년활동, 청소년심리 및 상담, 청소년문화, 청소년지도방법론, 청소년문제와 보호, 청소년 프로그램 개발과 평가	객관식 필기시험	면접

출처: 여성가족부(2023).

1급, 2급, 3급 자격검정 과목에 따른 문항 수와 시험시간 및 시험방법은 다음과 같다. 1급의 경우, 5과목이 시험과목으로 선정되어 있으며, 과목당 20문항으로 시험시간은 100분을 기준으로 한다. 시험은 객관식과 주관식을 병행하여 배점하고 있다. 2급은 8과

목이며 1교시와 2교시로 각각 나누어 1교시에는 청소년육성제도론, 청소년지도방법론, 청소년심리 및 상담, 청소년문화 과목에 대해 시험이 치러지고, 과목당 20문항씩 160분으로 객관식 시험을 보게 된다. 3급의 경우, 과목당 20문항으로 총 140분간 객관식 시험 문제를 풀게 된다. 시험과목 중 법령 관련 출제기준일은 시험 시행일을 기준으로 하고 있다.

3) 청소년지도사 양성체계

청소년지도사 양성은 여성가족부 주관으로 한국산업인력공단에 위탁하여 자격검정을 하고 자격검정에 합격한 자를 대상으로 한국청소년활동진흥원에서 연수를 실시한 후 청소년지도사 자격을 교부하고 있다(여성가족부, 2023).

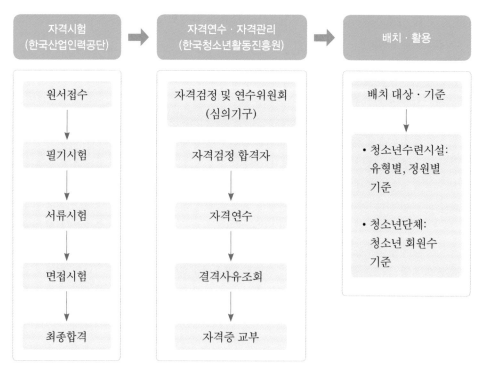

[그림 4-3] 청소년지도사 자격검정 및 연수 체계도

출처: 여성가족부(2023).

4) 청소년지도사 합격 기준

청소년지도사 자격검정의 합격 기준은 필기시험의 경우, 필기시험 매 과목 40점 이상, 전 과목 평균 60점 이상의 점수를 받아야 한다. 2008년 1월부터는 2급 자격 기준 중 대학 졸업(예정)자 또는 이와 동등 이상의 학력이 있는 자로서 2급 청소년지도사 자격검정에 필요한 과목 모두를 전공과목으로 이수한 자와 3급 지도사의 경우 전문대학 졸업(예정)자 또는 이와 동등 이상의 학력이 있는 자로서 3급 청소년지도사 자격검정에 필요한 과목 모두를 전공과목으로 이수한 자는 해당 급수의 청소년지도사 자격검정 필기시험을 면제하고 있다. 자격검정에 합격한 자를 대상으로 실시하는 연수는 30시간 이상으로 하며, 자질과 전문성을 함양할 수 있는 내용을 구성하고 있다.

면접시험의 경우, 면접시험의 합격자는 면접위원의 평정점수 합계가 모두 10점(15점 만점) 이상인 자로 한다. 단, 면접위원 2인 이상이 어느 하나의 평가사항에 대하여 1점으로 평정한 때에는 평정 점수 합계와 관계없이 불합격 처리된다.

5) 청소년지도사 결격사유자

청소년지도사 결격사유자를 정리하면 다음과 같다. 특히 자격증 취득 후라도 상기 결격사유에 해당하거나, 거짓이나 그 밖의 부정한 방법으로 자격을 취득한 경우, 자격을 다른 사람에게 빌려주거나 양도할 때에는 자격을 취소할 수 있다. 또한 결격사유 기준일은 자격취득일(자격연수 수료 월의 마지막 날) 기준으로 정하고 있다.

표 4-4 청소년지도사 결격사유자

1. 미성년자, 피성년후견인 또는 피한정후견인
2. 파산선고를 받고 복권되지 아니한 사람
3. 금고 이상의 형을 선고받고 그 집행이 끝나거나 집행을 받지 아니하기로 확정된 후, 3년이 지나지 아니한 사람
4. 금고 이상의 형을 선고받고 그 집행유예의 기간이 끝나지 아니한 사람

4의 2. 제3호 및 제4호에도 불구하고 다음 각 목의 어느 하나에 해당하는 죄를 저지른 사람으로서 형 또는 치료감호를 선고받고 확정된 후 그 형 또는 치료감호의 전부 또는 일부의 집행이 끝나거나(집행이 끝난 것으로 보는 경우를 포함한다) 집행이 유예·면제된 날부터 10년이 지나지 아니한 사람

　　1) 「아동복지법」 제71조 제1항의 죄

　　2) 「성폭력범죄의 처벌 등에 관한 특례법」 제2조의 성폭력범죄

　　3) 「아동·청소년의 성보호에 관한 법률」 제2조 제2호의 아동·청소년대상 성범죄

5. 법원의 판결 또는 법률에 따라 자격이 상실되거나 정지된 사람

6) 청소년지도사 보수교육

　청소년시설 및 청소년단체 등에서 청소년육성 업무에 종사하는 청소년지도사는 역량강화 및 자질향상을 위하여 「청소년 기본법」 제24조의 2에 2013년부터 보수교육을 의무화하고 있다. 2017년 1월 「청소년 기본법 시행규칙」 제10조의 2의 개정(2017. 1. 1. 시행)으로 교육시간이 20시간 이상에서 15시간 이상으로 완화되었으며 청소년정책 및 권리교육, 성평등교육, 청소년활동과 안전, 청소년헌장에 필요한 과목으로 운영하고 있다.

　「청소년 기본법 시행규칙」 제10조의 2에 따라서 「병역법」에 따른 병역의무 수행, 질병, 해외 체류 또는 휴직 등 부득이한 사유로 해당연도에 6개월 이상 업무에 종사하지 아니한 경우는 종합정보시스템에서 교육 연기를 개별 신청하고 증빙서류를 등기우편 또는 방문하여 제출하도록 하고 있다.

표 4-5 **청소년지도사 보수교육**

제10조의 2(청소년지도사 보수교육 등) ① 법 제24조의 2 제1항에 따라 다음 각 호의 기관 또는 단체에 종사하는 청소년지도사는 2년(직전의 교육을 받은 날부터 기산하여 2년이 되는 날이 속하는 해의 1월 1일부터 12월 31일까지를 말한다)마다 15시간 이상의 보수교육을 받아야 한다. 〈개정 2015. 5. 4., 2016. 12. 27.〉

　1. 법 제3조 제8호에 따른 청소년단체 중 여성가족부 장관이 정하여 고시하는 단체

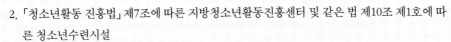

2. 「청소년활동 진흥법」제7조에 따른 지방청소년활동진흥센터 및 같은 법 제10조 제1호에 따른 청소년수련시설

② 제1항에 따른 교육대상자 중 다음 각호의 어느 하나의 사유에 해당하는 사람은 그 사유가 종료된 연도의 다음 연도 말까지 보수교육을 받아야 한다. 이 경우 다음 연도에 보수교육을 받으려는 사람은 별지 제11호 서식의 청소년지도사 보수교육 연기신청서에 연기 대상자임을 증명할 수 있는 서류를 첨부하여 제4항에 따라 보수교육을 위탁받은 기관 또는 단체의 장에게 제출하여야 한다. 〈개정 2015. 5. 4.〉

1. 「병역법」에 따른 병역의무 수행, 질병, 해외체류 또는 휴직 등 부득이한 사유로 해당 연도에 6개월 이상 업무에 종사하지 아니한 경우

2. 그 밖에 불가피한 사유로 제1항에 따른 보수교육을 받기가 곤란하다고 여성가족부 장관이 인정하는 경우

③ 제1항에 따른 보수교육 대상자가 종사하는 기관 또는 단체의 장은 매년 12월 31일까지 제4항에 따라 보수교육을 위탁받은 기관 또는 단체의 장에게 다음 연도의 보수교육 대상자 명단을 제출하여야 한다.

④ 법 제24조의 2 제3항에 따라 여성가족부 장관은 청소년지도사 보수교육을 「청소년활동 진흥법」제6조에 따른 한국청소년활동진흥원 또는 청소년육성에 관한 업무를 전문적으로 수행하는 기관·단체(이하 "활동진흥원 등"이라 한다)에 위탁한다. 〈개정 2015. 5. 4.〉

⑤ 보수교육의 교육과목, 교육방법 및 그 밖에 보수교육을 실시하는 데 필요한 사항은 여성가족부 장관의 승인을 받아 활동진흥원 등의 장이 정한다.

7) 청소년시설의 청소년지도사 배치기준

「청소년 기본법」에서 청소년수련시설과 청소년단체에는 일정한 기준에 의하여 청소년지도사를 배치하여야 한다. 국가 및 지방자치단체는 청소년단체 또는 청소년시설에 배치된 청소년지도사에 대해 예산의 범위 안에서 그 활동비의 전부 또는 일부를 보조할 수 있다.

표 4-6 청소년시설의 청소년지도사 배치기준

구분		배치기준
청소년 수련 시설	청소년수련관	1급 또는 2급 청소년지도사 각각 1명 이상을 포함하여 4명 이상의 청소년지도사를 두되, 수용인원이 500명을 초과하면 500명을 초과하는 250명당 1급, 2급 또는 3급 청소년지도사 중 1명 이상을 추가로 둔다.
	청소년수련원	1) 1급 또는 2급 청소년지도사 1명 이상을 포함하여 2명 이상의 청소년지도사를 두되, 수용정원이 500명을 초과하는 경우에는 1급 청소년지도사 1명 이상과 500명을 초과하는 250명당 1급, 2급 또는 3급 청소년지도사 중 1명 이상을 추가로 둔다. 2) 지방자치단체에서 폐교시설을 이용하여 설치한 시설로서 특정 계절에만 운영하는 시설의 경우에는 청소년지도사를 두지 않을 수 있다.
	유스호스텔	청소년지도사를 1명 이상 두되, 숙박정원이 500명을 초과하는 경우에는 1급 또는 2급 청소년지도사 1명 이상을 추가로 둔다.
	청소년야영장	1) 청소년지도사를 1명 이상 둔다. 다만, 설치 · 운영자가 동일한 시 · 도 안에 다른 수련시설을 운영하면서 청소년야영장을 운영하는 경우로서 다른 수련시설에 청소년지도사를 둔 경우에는 그 청소년야영장에 청소년지도사를 별도로 두지 않을 수 있다. 2) 국가, 지방자치단체, 그 밖에 공공법인이 설치 · 운영하는 청소년야영장으로서 청소년수련거리의 실시 없이 이용 편의만 제공하는 경우에는 청소년지도사를 두지 않을 수 있다.
	청소년문화의집	청소년지도사를 1명 이상 둔다.
	청소년특화시설	1급 또는 2급 청소년지도사 1명 이상을 포함하여 2명 이상의 청소년지도사를 둔다.
청소년단체		청소년 회원 수가 2천 명 이하인 경우에는 1급 청소년지도사 또는 2급 청소년지도사 1명 이상을 두되, 청소년회원 수가 2천 명을 초과하는 경우에는 그 초과하는 2천 명마다 1급 청소년지도사 또는 2급 청소년지도사 1명 이상을 추가로 두며, 청소년회원 수가 1만 명 이상인 경우에는 청소년지도사의 5분의 1 이상은 1급 청소년지도사로 두어야 한다.

출처: 여성가족부(2023).

표 4-7 청소년시설의 청소년지도사 배치기준 요약표

시설 종류	인원기준 (수용정원)	기본최소인원	추가최소인원	배치기준 (최소인원)
청소년 수련관	1~500명	1급 1인 이상 2급 1인 이상 3급 2인 이상	–	4인 이상 (급별 기준)
	501~749명	상동	–	상동
	750~999명	상동	1인 이상	5인 이상
	1,000~1,249명	상동	2인 이상	6인 이상
	1,250~1,499명	상동	3인 이상	7인 이상
청소년 수련원	1~500명	1급 또는 2급 1인 이상 3급 1인 이상	–	2인 이상 (급별 기준)
	501~749명	상동	1급 1인 이상	3인 이상
	750~999명	상동	2인 이상 (1급 1인 포함)	4인 이상
	1,000~1,249명	상동	3인 이상 (1급 1인 포함)	5인 이상
유스 호스텔	1~500명	1인 이상	–	1인 이상
	501명~	상동	2급 1인 이상	2인 이상
청소년 야영장	–	1인 이상	–	1인 이상
청소년 문화의집	–	1인 이상	–	1인 이상
청소년 특화시설	–	1급 또는 2급 1인 이상을 포함하여 2명 이상	–	2인 이상

출처: 여성가족부(2023).

8) 청소년지도사 양성 현황

청소년지도사 양성계획에 따라 1993년부터 2022년까지 1급 청소년지도사 2,473명, 2급 청소년지도사 47,866명, 3급 청소년지도사 15,756명 등 총 66,095명의 국가 공인 청소년지도사를 배출하였다. 2022년도의 경우 총 3,759명의 청소년지도사가 배출되었는데,

표 4-8 청소년지도사 양성 현황

구분	1급		2급		3급		남		여		계
	인원	비율	인원	비율	인원	비율	인원	비율	인원	비율	
계	2,473	3.7	47,866	72.4	15,756	23.8	19,312	29.2	46,784	70.8	66,096
2022	322	8.6	2,778	73.9	659	17.5	1,097	29.2	2,662	70.8	3,759
2021	179	4.1	3,404	78.9	734	17.0	1,252	29.0	3,065	71.0	4,317
2020	107	2.5	3,294	77.6	844	19.9	1,172	27.6	3,073	72.4	4,245
2019	135	3.4	2,966	75.5	828	21.1	1,114	28.4	2,815	71.6	3,929
2018	64	1.7	3,024	78.1	784	20.2	1,092	28.2	2,780	71.8	3,872
2017	51	1.3	3,032	80.2	698	18.5	1,032	27.3	2,749	72.7	3,781
2016	76	1.9	3,346	81.7	674	16.5	1,137	27.8	2,959	73.9	4,096
2015	28	0.7	3,275	80.6	759	18.7	1,062	26.1	3,000	86.4	4,062
2014	–	–	62	58.5	44	41.5	25	23.6	81	76.4	106
2013	41	1.1	3,041	79.3	755	19.7	935	24.4	2,920	75.6	3,837
2012	8	0.2	2,502	76.7	752	23.1	620	19.0	2,642	81.0	3,262
2011	82	2.7	2,262	74.1	707	23.2	606	19.9	2,445	80.1	3,051
2010	53	1.6	2,374	72.0	868	26.3	634	19.2	2,661	80.8	3,295
2009	34	1.2	2,165	73.9	732	25.0	556	19.0	2,375	81.0	2,931
2008	27	1.0	2,086	96.0	631	23.0	463	16.9	2,281	83.1	2,744
2007	31	3.4	695	96.5	183	20.1	295	32.5	614	67.5	909
2006	90	7.2	792	63.5	366	29.3	505	40.5	743	59.5	1,248
2005	31	2.2	456	32.8	905	65.0	391	28.1	1,001	71.9	1,392
2004	74	5.6	663	50.3	580	44.0	440	33.4	877	66.6	1,317
2003	90	6.6	700	51.1	580	42.3	510	37.2	860	62.8	1,370
2002	117	8.2	837	58.6	475	33.2	577	40.4	852	59.6	1,429
2001	97	6.1	990	62.5	496	31.3	700	44.2	883	55.8	1,583
2000	113	11.4	585	59.2	290	29.4	464	47.0	52.3	53.0	988
1999	128	14.7	530	61.1	210	24.2	439	50.6	429	49.4	868
1998	120	20.2	280	47.2	193	32.5	302	50.9	291	49.1	593
1997	131	20.6	314	49.4	190	29.9	375	59.1	260	40.9	635
1996	47	13.8	193	56.6	101	29.6	195	57.2	146	42.8	341
1995	101	14.1	361	50.5	253	35.4	411	57.5	304	42.5	715
1994	96	13.6	375	53.0	237	33.5	444	52.7	264	37.3	708
1993	–	–	485	68.0	228	32.0	467	65.5	246	34.5	713

출처: 여성가족부(2023).

이 중 여성이 2,662명으로 70.8%를 차지하고 있으며 1급은 322명, 2급은 2,778명, 3급은 659명이었다. 연도별 청소년지도사 양성 현황은 〈표 4-8〉과 같다(여성가족부, 2023).

청소년지도사는 시설, 기관, 단체 등에서 다양한 청소년지도 현장을 반영하고 효율적인 청소년지도를 하기 위하여 대상자인 청소년의 특성을 이해하는 것에서부터 이들의 지도 결과를 기록하고 유지하는 데까지의 직무를 수행하고 있다. 앞으로 지속적으로 전문성이 요구되는 청소년지도사들의 양성을 위해서는 청소년 관련 대학 교육의 교육과정을 체계화하고 현장실습을 보다 강화할 필요가 있다. 그리고 청소년지도사의 직무를 과학적으로 분석하여 이에 적합한 역량을 강화하는 교육과정과 연수, 선발 과정이 선순환적으로 이루어질 수 있도록 해야 한다.

 요약

1. 청소년지도자는 청소년의 건전한 성장과 발달을 위해 청소년을 책임지고 지도하는 사람이다.

2. 청소년지도자는 참여 가치를 중심으로 청소년과 수평적 관계를 맺으며 기관 및 단체의 목적을 효과적으로 달성하고 청소년 개개인의 욕구와 관심을 중심으로 변화를 꾀하면서 청소년들에게 역할모델이 되는 사람이다.

3. 청소년지도자에 대한 법적 정의는 「청소년 기본법」에서 '청소년지도자'라 함은 청소년지도사 및 청소년상담사와 청소년시설 · 청소년단체 · 청소년 관련기관 등에서 청소년육성 및 지도 업무에 종사하는 자를 총칭한다.

4. 청소년지도자는 전체 청소년을 대상으로 청소년활동, 청소년복지 및 상담, 청소년선도 및 보호 등 광범위하고 다양한 영역에서 활동하고 있다.

5. 청소년지도자는 1급, 2급, 3급의 청소년지도사와 1급, 2급, 3급의 청소년상담사로서 청소년시설, 청소년단체, 청소년 관련기관 종사자를 한정하여 분류할 수 있다.

6. 청소년지도자의 양성은 여성가족부 주관으로 한국산업인력공단에 위탁하여 자격검정을 실시하며 자격검정에 합격한 자에게 한국청소년활동진흥원과 한국청소년상담복지개발원에서 의무 연수를 실시한 후, 수련시설 및 청소년단체, 상담복지센터와 청소년쉼터 등 청소년복지시설에 배치·활용하는 형태로 진행하고 있다.

7. 현재 시행 중인 청소년지도자 양성체계는 검정과 연수를 각기 달리하여 운영하고 있는 형태로서 자격시험, 자격연수·자격관리, 배치·활용의 3단계 과정을 거치고 있다.

📕 참고문헌

권일남, 오해섭, 이교봉(2016). 청소년활동론. 공동체.

김윤나, 정건희, 진은설, 오세비(2015). 청소년활동론. 신정.

김정주(1999). 청소년지도자의 조직몰입과 관련 변인. 서울대학교 대학원 박사학위논문.

모상현, 이진숙(2014). 청소년 자격제도 개선방안 연구. 한국청소년정책연구원.

여성가족부(2023). 2022 청소년백서. 여성가족부.

여성가족부, 한국청소년활동진흥원(2015). 청소년지도사 자격제도 연구 결과 공개보고회. 여성가족부, 한국청소년활동진흥원.

유네스코청년원(1995). 한국 청소년활동 지도자 연수. 유네스코청년원.

조아미, 박정배, 이진숙(2012). 2012년 청소년지도사 자격제도 개선 연구. 한국청소년활동진흥원.

한상철, 권두승, 방희정, 설인자, 김혜원(2001). 청소년지도론. 학지사.

한준상(1992). 청소년유해환경과 청소년정책. 한국의 청소년과 교육환경. 대한YMCA연맹·대한YWCA연합회.

함병수(1996). 청소년지도자의 역할과 자세. 문화체육부 '96 청소년육성정책지역공청회자료집. 문화체육부.

황진구(2012). 청소년정책 환경변화에 따른 청소년지도사 교재 개선방안. NYPI 청소년정책 리포트, 40, 1-24.

청소년지도사 종합정보시스템 https://www.youth.go.kr/yworker/usr/index.do

한국산업인력공단 http://www.q-net.or.kr/crf005.do?id=crf00503&gSite=L&gId=66

제5장

청소년활동 프로그램

　　프로그램이라는 용어는 일상에서 쉽게 접할 수 있는 개념이지만 의미는 다양하다. 이와 마찬
가지로, 청소년활동 프로그램의 개념 또한 다양한 의미로 사용된다. 이는 청소년활동 프로그램의
개념이 아직까지 명확하게 정의되어 있지 못하기 때문이다. 따라서 청소년활동 프로그램의 개념
을 설명하는 것이 필요하다. 이를 위해 먼저 청소년활동 프로그램의 특성을 비롯하여 청소년활동
프로그램의 현황 등 청소년활동 프로그램의 전반적인 내용에 대해서 살펴보는 것이 중요하다. 그
리고 청소년활동 프로그램의 실제 운영 매뉴얼을 통해 어떤 형태로 운영되고 있는지 살펴보고 또
한 어떻게 평가되고 있는지, 어떤 평가 모형이 필요한지 확인해 보는 것도 중요하다.

　　이 장에서는 청소년활동 프로그램의 개념, 청소년활동 프로그램의 특성, 청소년활동 프로그램
의 현황 및 사례, 청소년활동 프로그램 운영 및 평가 등에 대해 살펴보고자 한다.

프로그램(program)의 어원은 그리스어 prographein(포고, 선언)이지만 시대가 변하면서 많은 뜻이 생겨났다. 국립국어원 표준국어대사전에는 프로그램의 뜻을 총 세 가지 의미로 제시하고 있다. 첫째, 진행 계획이나 순서, 둘째, 연극이나 방송 따위의 진행 차례나 진행 목록, 셋째, 어떤 문제를 해결하기 위하여 그 처리 방법과 순서를 기술하여 컴퓨터에 주어지는 일련의 명령문 집합체로 설명하고 있다. 프로그램이란 용어는 일상에서 쉽게 접할 수 있는 개념이지만 프로그램 자체가 가지는 의미는 형식과 내용에 따라 조금씩 다른 의미로 사용된다. 청소년지도사가 활동하고 있는 현장에서도 프로그램이란 용어는 상황에 따라 다양한 의미로 사용되고 있다(권일남, 오해섭, 이교봉, 2012; 김진화, 2005). 청소년현장에서 프로그램과 유사한 의미로 사용되고 있는 용어로는 '수련거리' '사업' '행사' '활동' 등을 들 수 있다. 일반적으로는 '프로그램'이라는 용어를 많이 사용하고 있다.

실질적으로 프로그램은 활동 내용이나 활동 순서만으로 국한되는 것이 아니라 특정한 일정과 계획에 따른 활동을 구체적으로 실행하는 데 필요한 모든 활동을 의미하는 개념이라 할 수 있다. 이처럼 프로그램은 특정한 일정과 계획에 따른 활동이 이루어지는 총체적인 환경으로서 활동 내용과 활동 목적 및 목표, 활동 대상자, 과정, 방법, 장소, 시기, 조직 등 모든 제반 활동을 포함한다. 즉, 프로그램은 특정한 목적을 달성하기 위해 선택된 활동에 관해서 누가, 무엇을, 어떻게, 왜, 언제, 어디서, 누구와 행할 것인가를 종합적이고 구체적으로 일목요연하게 제시하는 활동 지침이라 할 수 있다(김진호, 권일남, 이광호, 최창욱, 2010; 한국청소년개발원 편, 1997).

앞의 내용을 바탕으로 청소년활동 프로그램의 개념에 대해 살펴보면, 청소년활동 프로그램은 청소년활동을 실현하는 데 필요한 모든 활동을 체계적으로 연결하여 종합적이고 구체적으로 제시하고 있으며, 목표, 계획, 설계, 수단과 방법, 창안된 행위, 정돈된 준비, 도식화 등을 포함하는 광범위하고 포괄적인 개념을 담고 있다. 청소년활동 프로그램은 청소년의 요구 반영과 자발적인 참여를 전제로 청소년이 실생활에서 직접 의미 있는 활동을 경험하게 하여 보다 나은 전인적 성장과 발달을 조성하고자 하는 프로그램이다.

그러므로 청소년활동 프로그램은 이론보다는 생활을, 지식보다는 행동을, 미래 준비보다는 현실 생활 적응을, 지도자보다는 청소년 중심의 활동을 중시하는 프로그램이다(이교봉, 2007; 한국청소년개발원, 1995). 이 장에서는 청소년활동 프로그램을 다음과 같이 정의하였다.

청소년활동 프로그램이란 '청소년의 요구를 반영하고 자발적인 참여를 전제로, 활동의 필요성, 목적과 목표, 참여 대상자와 지도자, 운영 조직, 운영 과정, 운영 방법, 활동 장소, 활동 시기, 안전 확인, 예산 등의 제반 활동을 포함하고, 청소년의 전인적 성장과 발달을 조성하는 데 필요한 모든 활동'을 의미한다.

02 청소년활동 프로그램의 특성

청소년활동 프로그램은 청소년의 올바른 성장을 목적으로 시행하는 다양한 청소년활동을 보다 효과적이고 효율적으로 실현하고자 이에 필요한 활동 내용과 자원 및 조건 등의 제반 여건을 종합적으로 연결하여 단계적으로 자세하게 편성해 놓은 것이다. 다른 유형의 프로그램과 달리 청소년활동 프로그램만이 가지고 있는 특성에 대해 살펴보면 다음과 같다(김경화, 조용하, 2005; 박성희, 1994).

첫째, 청소년활동 프로그램은 청소년의 전인적 성장과 발달을 목적으로 하는 사람 중심의 프로그램이다. 청소년활동 프로그램은 덕·체·지의 균형적인 발달을 위해 지식이나 기능 습득뿐만 아니라 인격형성, 심신 단련, 자질 배양, 정서 함양, 그리고 취미 개발을 위한 다양한 내용을 제공하고 있다. 특히 삶, 인간, 자기 자신, 타인, 그리고 자연과의 관계를 올바르게 인식하고 이해하며 이를 바탕으로 자아 실현, 긍정적인 자아개념과 원만한 인간관계 형성을 가능하게 하는 인간적인 활동 환경을 제공하는 데 주된 관심을 두고 있다. 이러한 인간중심의 청소년활동 프로그램은 결과보다 과정을, 논리나 객관적인 기준보다 신뢰, 사랑, 이해 등 심리적 유대감에 기초한 인간관계를 더 중요시하도록 구성된다.

둘째. 청소년활동 프로그램은 청소년의 요구 반영과 자발적인 참여를 전제로 한 청소년 중심의 프로그램이다. 청소년활동 프로그램은 프로그램 운영기관과 운영자 등에 의해 의도적으로 시행되기도 하지만 대부분 청소년의 직접적이고 구체적인 요구, 필요, 흥미 등을 바탕으로 교육적 · 성장적 가치를 고려하여 활동 목표와 내용이 선정되어 운영된다. 따라서 청소년활동 프로그램은 청소년의 다양한 특성과 요구에 따라 매우 다양한 형태를 취하며, 자율적인 참여와 수행이 가능하도록 청소년 중심의 활동으로 구성 · 운영된다.

셋째, 청소년활동 프로그램은 청소년의 실생활과 밀접하게 관련된 내용을 중심으로 한 생활중심 프로그램이다. 청소년활동 프로그램은 청소년의 요구가 반영된 실제적이고 구체적인 목표를 바탕으로 청소년의 일상생활이나 사회생활에서 겪는 경험, 그리고 당면한 문제와 연관된 현실적이고 실제적인 활동을 제공하여, 청소년이 자신의 삶에 더욱 충실하고, 스스로 문제를 발견하며 해결할 수 있는 능력을 배양하는 데 도움을 준다. 이러한 실생활에서 청소년활동 프로그램은 자연적 · 사회적 · 문화적 생활의 모든 영역에 걸쳐 다양하게 구성된다. 그러므로 청소년활동 프로그램은 청소년이 실생활에서 의미있는 활동을 직접 경험하게 하여 전인적 성장과 발달을 조성할 수 있도록 한다.

03 청소년활동 프로그램 현황 및 사례

1) 청소년활동 프로그램 현황

본 교재에서는 청소년활동 프로그램 현황을 '2023 청소년 프로그램 공모사업 우수 사례'로 선정된 청소년활동 프로그램으로 한정하여 설명하였다.

청소년 프로그램 공모사업은 「청소년활동 진흥법」 제5조(청소년활동의 지원)와 제34조 (청소년수련거리의 개발 · 보급)에 근거하여 시행하고 있다. 지원 결과를 보면, 학교 연계 청소년활동 42개, 디지털 활동 21개, 특별 영역(동계 청소년 올림픽 대회 및 세계스카우트 잼버리) 2개로 총 65개 프로그램을 지원하였다. 지원규모는 학교 연계 청소년활동 483,679,400원, 디지털 활동 277,200,600원, 특별영역 31,320,000원으로 총 792,200,000원을 지원하였다. 총 참여 인원은 충북과 제주를 제외한 15개 시 · 도에서 61,305명(연인원)이 참여하였다. 영역별 참여 인원을 보면, 학교 연계 청소년활동 44,114명, 디지털 활동 12,132명, 특별영역 5,059명으로 나타났다. 지역별 · 영역별 참여 인원은 〈표 5-1〉〈표 5-2〉와 같다.

| 표 5-1 | 2023 청소년 프로그램 공모사업 지역별 참여 인원 |

구분	서울	부산	대구	인천	광주	울산	대전	경기	강원	세종	충북	충남	전북	전남	경북	경남	제주	총합
학교 연계	23,573	357	949	1,379	450	2,933	1,115	10,510	845	272	–	162	423	490	126	530	–	44,114
디지털	6,818	–	–	–	171	–	–	2,283	968	–	–	355	383	700	176	278	–	12,132
특별	4,214	–	–	–	–	–	–	845	–	–	–	–	–	–	–	–	–	5,059
총합	34,605	357	949	1,379	621	2,933	1,115	13,638	1,813	272	–	517	806	1,190	302	808	–	61,305

출처: 여성가족부, 한국청소년활동진흥원(2023).

| 표 5-2 | 2023 청소년 프로그램 공모사업 영역별 참여 인원 |

분야	영역	인원	합계
활동	학교 연계 청소년활동	44,114	56,246
	디지털 활동	12,132	
특별	동계 청소년 올림픽 대회 및 세계스카우트 잼버리	5,059	5,059
총합			61,305

출처: 여성가족부, 한국청소년활동진흥원(2023).

2) 청소년활동 프로그램 사례[1]

(1) 학교 연계 청소년활동

① 프로 N잡러의 시대, 나만의 '부캐' 찾기 프로젝트 "이번. 생엔. N잡러"

빠르게 변화하는 직업 환경에 유연하게 대처하기 위해 또래와 함께하는 브랜딩 및 창업 과정을 통해 청소년의 진로와 자아 탐색의 기회를 제공하는 프로그램이다. 주요 내용으로는 'PART 1 미래인재 이해하기' 'PART 2 아이디어 도출 & 계획' 'PART 3 창업 아이템 제작 & 홍보' 'PART 4 부캐 창업경진대회 & N잡 토크콘서트'가 있다. 이 프로그램의

---

[1] 『2023 청소년프로그램 공모사업 사례집』에 실린 프로그램 중에서 각 분야별로 일부의 프로그램만을 소개하였다. 각 프로그램의 상세내용은 '청소년활동진흥원 홈페이지(https://www.kywa.or.kr)' 자료실 게시판을 통해 확인할 수 있다.

운영시설은 대방청소년문화의집이며, 사업 기간은 2023년 4월에서 10월까지로 중학생
(1~3학년) 총 510명이 참여하였다.

② 제로웨이스트 마음을 전하는 영(0)심(心)이 점빵

쓰레기 배출을 제로(0)로 만들기를 원하는 마음(心)을 전하고자 하는 구멍가게 영(0)심 (心)이 점빵 청소년들이 직접 제로웨이스트 실천을 발굴하고 개발하여 많은 사람들에게 올바른 실천 방법을 알리고자 하는 프로그램이다. 주요 내용으로는 '영심 개업식: 팀빌 딩 및 환경교육사가 들려주는 제로웨이스트 실천이야기' '영심이 시장 조사 및 기획서 발 표' '영심이 점빵 제로웨이스트 제작 실습 교육' '영심이 점빵 개업식 및 폐업 정리'로 구성 되었다. 이 프로그램의 운영시설은 사하구청소년문화의집이며, 사업 기간은 2023년 6월 부터 10월까지로 중학생(1~2학년) 총 164명(캠페인 등 일회성 행사 추가 인원: 193명 포함 시 총 357명)이 참여하였다.

③ 청소년 건강증진 프로젝트 "놀(아 보고), 권(장하고), 리(뷰하자)"

신체활동이 필요한 청소년들이 재미를 동반한 체력증진 프로그램을 개발 · 전파하여 지역사회 내 건전한 스포츠 여가문화를 만들기 위한 프로그램이다. 주요 내용으로는 '전 문교육' '레크리에이션, 건강 보드게임, 뉴 스포츠 중심 청소년 건강증진 프로그램 개발' '놀 권리 축제 운영' '활동 평가회'로 이루어졌다. 이 프로그램의 운영시설은 만안청소년 수련관이며, 사업 기간은 2023년 3월부터 11월까지로 중학생(1~3학년) 총 486명(캠페인 등 일회성 행사 추가 인원: 970명 포함 시 총 1,456명)이 참여하였다.

④ 맹꽁이 노리터 "슬기로운 습지 생활"

청소년들이 익산의 습지 환경을 이해하고 청소년들의 시각으로 습지 환경이 가진 문 제점을 파악하여 그 문제들을 주체적으로 풀어 나가는 환경보호활동 프로그램이다. 주 요 내용으로는 '습지 탐방' '전주 현장탐방활동' '굿즈 제작' '찾아가는 습지생태계이해교 육(학교 연계)' '습지환경보호캠페인'으로 구성되었다. 이 프로그램의 운영시설은 익산시 청소년수련관이며, 사업 기간은 2023년 5월부터 10월까지로 초등학생(5~6학년), 중학생 (1~3학년), 고등학생(1~3학년) 총 300명(캠페인 등 일회성 행사 추가 인원: 57명 포함 시 총

357명)이 참여하였다.

⑤ 청소년의 행복한 삶을 위한 역할 가이드 "D.D 프로젝트"

청소년의 행복한 삶을 위한 역할 가이드 'D.D 프로젝트'는 삶에 필요한 노동, 자기관리, 대인관계라는 세 가지 키워드 중심의 생활 밀착형 실생활 참여 활동으로 '청소년이 살아가는 데 필요한 기본 역량이 성장하도록 지원하는 학교 연계 활동 프로그램'이다. 주요 내용으로는 '청소년 노동권리교육 〈스마트워커(노동과 노동권 관련 기초교육, 사례와 체험으로 이해하는 노동권, 실제 노동에 가까워지기)〉' '청소년 자기관리교육 〈루틴메이커(1인 1개 루틴 설정과 인증, 스트레스 관리, 필요한 휴식 찾기, 올바른 감정표현, 전문가 만남)〉' '청소년 대인관계교육 〈대인관계교육(올바른 소통과 효과적 의사결정을 위한 교육, 다양한 관계 속 발생하는 갈등 상황 분석, 역할극)〉'으로 구성되었다. 이 프로그램의 운영시설은 중구청소년센터이며, 사업기간은 2023년 2월부터 11월까지로 중·고등학생 총 2,190명이 참여하였다.

(2) 디지털 활동

① 문화 다양성 디지털로 잇다 '코넥트(Korea+Connect)'

뉴미디어 영상 세대인 청소년의 시각으로 디지털 도구를 활용한, 미디어 콘텐츠(동화책·영상 제작) 개발·보급 활동을 통해 문화 다양성 이해와 감수성을 향상하기 위한 프로그램이다. 주요 내용으로는 '오리엔테이션 및 지역사회 탐사활동' '셉티드 디자인 교육' '바닥화 그리기(도안 및 그림)' '안전 캠페인 활동'이 있다. 이 프로그램의 운영시설은 안양시 만안청소년문화의집이며, 사업 기간은 2023년 5월에서 11월까지로 고등학생(1~3학년) 총 315명(캠페인 등 일회성 행사 추가 인원: 1,057명 포함 시 총 2,513명)이 참여하였다.

② '다'문화청소년 '정'체감 확립을 위'한' 프로그램 '다정한 영상 제작소'

다정한 영상 제작소는 다문화 청소년이 자신의 정체성을 표현하는 미디어 콘텐츠 제작 활동을 경험할 수 있도록 돕고, 이를 통해 미디어리터러시를 학습하여 자아정체감을 확립하는 데 도움을 주는 프로그램이다. 주요 내용으로는 '미디어리터러시 교육' '메타버스를 활용한 정체성 확립, 집단상담' '체험학습' '영상 제작 활동' '발표회 및 시상식'으로 구성되었다. 이 프로그램의 운영시설은 서울시립강북인터넷중독예방상담센터이며, 사업 기간은 2023년 5월에서 11월까지로 중학생(1~3학년, 다문화 청소년) 총 240명(캠페인 등 일회성 행사 추가 인원: 86명 포함 시 총 326명)이 참여하였다.

(3) 특별 영역

① 2023 세계 스카우트 잼버리 홍보 프로젝트 'JAM(잼) 잇는 홍보단'

2023년 제25회 세계 스카우트 잼버리의 성공적인 개최를 뒷받침하고 한국의 우수한 문화를 국내외에 홍보하는 청소년 홍보단 프로그램이다. 주요 내용으로는 '사업 오리엔테이션 및 홍보단 위촉식 및 해단식' '지역 및 학교 연계 홍보 부스 운영과 기획 회의' '숏폼 활용 챌린지 제작 및 보급' '청소년 홍보단 역량강화(PD, 리포터) 교육' '성공적 개최 응원을 위한 유명 인사 인터뷰' 'JAM APP 공동 개발 및 활용' '새만금 세계 스카우트 잼버리 개최지 방문 및 참가자 인터뷰'로 구성되었다. 이 프로그램의 운영시설은 성북청소년문화의집이며, 사업 기간은 2023년 4월에서 9월까지로 중·고등학생 총 196명(캠페인 등 일회성 행사 추가 인원: 4,018명 포함 시 총 4,344명)이 참여하였다.

04 청소년활동 프로그램 운영 및 평가

1) 청소년활동 프로그램 운영 매뉴얼[2]

(1) 청소년 역사 프로그램 개발의 기본 틀

① 목적 및 목표
본 프로그램은 제주지역 청소년에게 제주인으로서 역사의식을 고취시키고, 이를 통해

---

[2] 고용자, 김도영, 양경심과 진은설(2018)이 제주 지역의 역사를 바탕으로 개발한 '청소년 역사 프로그램 매뉴얼'의 내용 중 일부를 발췌하였다.

제주 지역사회를 이해하며, 더 나아가서는 우리나라의 역사를 이해하는 계기가 될 수 있도록 하여 궁극적으로 사회의 건강한 시민으로 성장하게 함을 목적으로 한다. 회기별 목표는 〈표 5-4〉를 참조하기 바란다.

② 프로그램 개발의 절차
프로그램 개발은 다음의 절차를 거쳐 실시되었다.

표 5-3 **프로그램 개발의 절차**

단계		연구 내용
1단계	프로그램의 방향, 목적, 목표 설정	이론적 검토, 전문가 자문, 기개발된 프로그램에 대한 분석을 통해 본 프로그램의 방향, 목적, 목표 등의 설정
2단계	답사지 선정	총 8회기에 따른 답사지를 최종 선정
3단계	현장 답사	선정된 답사지를 중심으로 현장 답사 실시
4단계	프로그램 개발(안) 작성	답사 결과를 바탕으로 프로그램의 목표, 전개 방법 등을 포함하는 프로그램 개발(안) 작성
5단계	프로그램 개발 최종 완성	프로그램을 완성하여 매뉴얼로 제시

③ 프로그램 내용
프로그램은 총 8회기로 구성하였으며 답사를 기본으로 하는 특성을 고려하여 회기별 4시간(5시간)을 기준으로 하였다. 회기 구분은 1회기에서 6-1회기까지 제주시 소재의 답사지로, 6-2회기부터 8회기까지는 서귀포시 소재의 답사지로 하였다. 대상은 13~18세의 청소년으로 보통 중·고등학생이라고 할 수 있다. 청소년의 안전 및 지도의 효율성을 위해 회기별 청소년의 총 인원 수는 20명으로 제한하였다. 프로그램의 모든 회기는 ① 도입, ② 주요 활동, ③ 마무리 순으로 구성되었다. 도입은 프로그램의 시작 지점으로 참가한 청소년의 출석확인, 안전교육, 프로그램 및 일정 안내를 실시한다. 주요 활동은 목표를 달성하기 위한 여러 가지 내용을 중심으로 참가 청소년의 자발적인 활동이 될 수 있도록 1~3종의 활동을 할 수 있도록 하였다. 마무리는 해당 회기의 프로그램을 정리하는 단계로 소감을 나누고 (팀별 게임이 있을 경우) 팀별 시상을 하며 귀가를 지도한다. 전체 프로그램의 구성은 〈표 5-4〉와 같다.

표 5-4 **전체 프로그램의 구성**

회기	답사지	목표	내용
1회기	• 제주항일기념관	• 항일기념관 탐방을 통하여 제주 3대 항일운동의 특징과 역사적 의의에 대해 이해한다.	• 항일기념관 영상물 시청 • 제1, 2전시실 관람과 설명 듣기 • 미션활동을 통한 항일운동 알아보기 • 미션지 답안 설명 및 정리
2회기	• 너븐숭이 4·3기념관 • 서우봉 몬주기알 • 북촌초등학교 • 당팟	• 4·3사건이 발생했던 역사적 상황을 이해하고, 북촌마을이 겪었던 희생과 아픔을 생각해 본다. • 4·3사건 발생 장소 답사 및 유족의 증언을 통해 4·3사건의 역사를 올바르게 이해한다.	• 너븐숭이 4·3기념관 답사 • 4·3사건 대규모 집단 학살터 답사 • 4·3사건 증언 • 4·3사건의 과거와 현재
3회기	• 삼양동 선사유적 • 삼화지구 선사유적	• 선사시대 제주인들의 생활 문화 탐방을 통해 현재를 공감해 본다.	• 선사유적지 이해하기 I • 선사시대와 현재가 공존하는 사진 찍기 • 선사시대 생활도구 만들기 • 선사유적지 이해하기 II
4회기	• 제주 항파두리 • 항몽유적	• 토성을 쌓기 위해 동원된 제주인들의 삶을 공감해 보고, 고려시대 삼별초 항쟁에 대해 살펴본다.	• 고려시대 삼별초 항쟁 역사 이해하기 • 제주 항파두리 토성 걷기 • 원나라 문화가 스며든 음식, 빙떡 만들기
5회기	• 제주평화박물관	• 태평양전쟁 다시 제주인의 삶을 이해한다. 그리고 평화 수호를 위한 노력의 중요성을 인식한다.	• 평화박물관 전시물 관람 • 가마오름 진지동굴 탐방 • 제주의 평화와 역사를 위한 특별활동
6회기	• 제주목 관아 • 관덕정	• 6-1: 조선시대의 제주문화를 공감해 보고 제주목 관아와 관덕정 탐방을 통해 제주 역사의 정체성을 이해한다.	• 제주목 관아와 관덕정 탐방 • 제주 역사 골든벨
	• 제주추사관 • 서귀포 김정희 유배지 • 대정청소년수련관	• 6-2: 제주 대표 유배인 추사 김정희의 유배 생활과 그의 서체를 알아본다.	• 제주추사관 전시실을 관람하며 설명 듣기 • 서귀포 김정희 유배지에 대한 설명 듣기 • 자신만의 서체로 미니 시집 만들기
7회기	• 알뜨르 비행장 • 섯알오름의 학살터 & 고사포진지 • 백조일손지묘	• 일제강점기와 광복 후 수탈과 고난의 근현대사에 대한 올바른 인식을 함양한다.	• 암호 해독 팀별 미션 수행 • 섯알오름 고사포진지 가는 길 사진(영상) 제작 • 양민 학살터, 백조일손지묘 둘러보기 • 오늘의 인증샷

8회기	• 강정마을	• 강정이 지나온 과거를 이해하고 강정의 현재 모습이 우리에게 주는 의미를 생각해 본다. • 강정마을의 현재를 반영하여 우리가 추구해야 하는 평화의 모습은 무엇인지 생각해 본다.	• 강정마을 역사 알아보기 • 강정마을 답사 • 우리가 생각하는 평화

④ 회기별 프로그램 매뉴얼[3]

○ 1회기

프로그램명	제주항일운동의 꽃을 찾아서		
소요 시간	4시간	활동 장소	제주항일기념관
대상	13~18세(중·고등학생) 청소년 20명		
목표	항일기념관 탐방을 통하여 제주 3대 항일운동의 특징과 역사적 의의에 대해 이해한다.		
준비 사항	출석부, 이름표, 안전교육자료, 구급약품, 미션지, (사전 효과성) 설문지, 시상품, 필기도구, 삼각대, 스마트폰(청소년)		
구분	내용		
도입	55분	−출석 확인, 프로그램 안내, 안전교육 (15분) −사전 효과성 설문조사 (10분) −제주항일기념관으로 이동 (30분)	
주요 활동	140분	1. 항일기념관 영상물 시청 (10분) 　−〈제주의 빛〉을 시청하여 조천만세운동에 대해 알아보기 2. 제1, 2전시실 관람과 설명 듣기 (40분) 　−제1전시실: 항일운동사 연표, 법정사 항일운동, 일제 강제 침략과 항일운동 관련 등 　−제2전시실: 조천 3·1만세운동, 제주 3대 항일운동 등	

---

3) 총 8회기 중에서 지면의 사정으로 인해 2회기만 제시하였다.

| | | 3. 미션활동을 통한 항일운동 알아보기 (60분)
　－팀별 4~5명 인원, 총 20문제 해결
　－시간제한을 두어 순위별로 보너스 점수 부여
4. 미션지 답안 설명과 정리 (30분)
　－팀별 답안 발표 후 피드백 점수 발표 |
| 마무리 | 45분 | －소감 나누기 (5분)
－팀별 시상 (5분)
－인원 파악 및 이동 시 안전 사항 교육 (5분)
－집결 장소로 이동 및 귀가 (30분) |

도입: 55분

－이동버스 탑승 전·후에 출석을 확인하고, 당일 일정과 내용을 소개한다.

－안전교육을 실시한다.

－사전 효과성 설문지를 실시한다.

－제주항일기념관으로 이동한다.

주요활동 1: 10분

－조천만세운동에 대한 영상물을 시청하며 항일운동의 전반적인 역사를 이해한다.

 운영을 원활하게 하기 위해 사전 예약하는 것을 권함(☎ 783－2008)

주요활동 2: 40분

－기념관의 제1전시실, 제2전시실 전시자료를 관람하며 해설사 선생님의 설명을 듣는다.

 기념관에 상주하는 해설사 선생님이 있음

주요활동 3: 60분

−팀별 4~5명으로 팀을 나누고 규칙에 대하여 설명한다.

−기념관 실내 · 외를 다니며 미션에 대해 해결하게 한다.

−미션 해결에 제한 시간을 두고 시간 내에 들어오는 팀별로 보너스 점수를 부여한다.

> TIP
> • 우천 시 실내 영상실 및 대강당(250명 수용)에서 프로그램을 진행함.
> • 영상실의 경우, 다른 이용자가 있을 경우에는 사용이 불가하고, 대강당 역시 사용 허가를 받아야 하므로, 사전에 기념관에 연락하여 문의해야 함. 단, 미션 야외활동은 대체 불가

주요활동 4: 30분

−팀별로 미션 답안을 설명하고 미션 성공 여부를 확인한다.

−팀별 미션 피드백을 통해 항일운동에 대한 이해를 돕고 팀별 점수를 발표한다.

−잠깐의 휴식 시간을 제공하고 정리 정돈을 한다.

마무리: 45분

−소감 나누기를 실시한다. 그리고 팀별로 시상한다.

−인원을 파악하고 이동에 따른 안전교육을 실시한다.

−버스 탑승 후, 집결지로 이동하여 귀가한다.

> TIP
> • 사전 · 사후 효과성 비교를 위해 시작회기 프로그램 직전(답사지 이동 직전)과 종료회기 프로그램 직후에 동일 효과성 질문지로 조사를 실시해야 함.
> • 시작 및 종료 회기가 아닌 다른 회기는 가급적 설문을 하지 않는 것이 바람직함. 많은 조사에 따른 피로도와 지루함으로 인해 효과성 측정에 방해가 됨.

○ 2회기

프로그램명	제주4·3 아직 끝나지 않은 아픔		
소요 시간	5시간	활동 장소	너븐숭이 4·3기념관, 서우봉 몬주기알, 북촌초등학교, 당팟
대상	13~18세(중·고등학생) 청소년 20명		
목표	−4·3사건이 발생했던 역사적 상황을 이해하고, 북촌마을이 겪었던 희생과 아픔을 생각해 본다. −4·3사건 발생 장소 답사 및 유족의 증언을 통해 4·3사건의 역사를 올바르게 이해한다.		
준비사항	출석부, 이름표, 안전교육자료, 구급약품, 4·3사건 희생자 유족 어르신 섭외, 4·3해설사 선생님 섭외		
구분	내용		
도입	50분	−출석 확인, 안전교육 (10분) −너븐숭이 4·3기념관으로 이동 (40분)	

주요 활동	180분	1. 너븐숭이 4·3기념관 답사 (60분)
		  −영상실에서 동영상 시청
		  −기념관을 답사하며 4·3사건의 역사적 상황 설명 듣기
		2. 4·3사건 당시의 대규모 집단 학살터 답사 (70분)
		  −함덕 서우봉 몬주기알 답사
		  −북촌초등학교와 당팟 답사
		3. 4·3사건 증언, 4·3사건의 과거와 현재 (50분)
		  −4·3사건 희생자 유족으로부터 4·3사건 증언 듣기
		  −질의응답	

마무리	70분	−소감 나누기 (10분) −인원 파악 및 이동 시 안전 사항 교육 (10분) −집결 장소로 이동 및 귀가 (50분)	

도입: 50분

−이동버스 탑승 전·후에 출석을 확인하고, 당일 일정 및 내용을 소개한다.

−안전교육을 실시한다. 그리고 너븐숭이 4·3기념관으로 이동한다.

주요활동 1: 60분

-너븐숭이 4 · 3기념관에 준비되어 있는 영상을 시청한다.

-4 · 3해설사 선생님을 통해 4 · 3사건 발생 당시의 역사적 상황에 대해 설명을 듣는다.

-너븐숭이 4 · 3기념관을 둘러본다.

-4 · 3해설사 선생님의 설명을 들으면서 순이삼촌 문학비와 애기무덤 등을 둘러본다.

> TIP
> • 프로그램 이해도를 높이기 위해 문화관광해설사가 아닌 4 · 3해설사 선생님의 섭외 및 지도를
>   권함(제주특별자치도 4 · 3지원과 ☎ 710-8452, 8454)
> • 너븐숭이 4 · 3기념관에도 문화관광해설사 선생님이 상주하고 있음

주요활동 2: 70분

-함덕 서우봉 몬주기알, 북촌초등학교, 당팟에 대한 설명을 듣는다.

-각 장소가 갖고 있는 역사적 의미와 아픔을 생각해 본다.

> TIP
> • 북촌마을 4 · 3길 중 주민들의 학살이 대규모로 이루어진 장소를 선택해서 운영 가능하며,
>   4 · 3해설사 선생님과 조율한 후, 장소에 대한 해설을 준비할 수 있도록 함
> • 상황에 따라 버스 이동과 도보 중에 선택해서 운영 가능하며, 함덕 서우봉 몬주기알은 사전답
>   사 후, 참가자들 특성에 따라 운영하도록 함

주요활동 3: 50분

-너븐숭이 4 · 3기념관으로 다시 이동하여 4 · 3사건 희생자 유족으로부터 4 · 3사건
 에 대한 증언을 듣는다.

-증언을 들은 뒤, 질의응답의 시간을 갖는다.

> TIP
> • 너븐숭이 4 · 3기념관에 미리 연락하여 증언을 들을 수 있는 공간을 마련해 두어야 함
> • 4 · 3증언자 섭외(제주4 · 3희생자유족회 ☎ 724-4343~4)

마무리: 70분

−전체 소감 나누기를 실시한다.

−인원을 파악하고 이동에 따른 안전교육을 실시한다.

−버스 탑승 후, 집결 장소로 이동하여 귀가한다.

2) 청소년활동 프로그램 평가

정부는 청소년활동을 활성화하기 위하여 동아리활동 지원, 청소년어울림마당사업, 청소년활동 프로그램 공모사업 등 다양한 청소년활동 정책을 펼치고 있다. 현장의 청소년사업 대부분은 청소년활동 프로그램 형태로 운영되고 있다. 정부의 다양한 지원정책으로 인해 청소년활동 프로그램의 양이 증가하고 있으며, 내용 또한 복잡하고 다양해지고 있다. 이와 더불어 운영예산도 증가하고 있다. 이런 상황에서 청소년활동 프로그램에 대한 평가는 청소년정책의 성과를 높이는 데 반드시 필요한 영역이다. 그리고 청소년활동 프로그램의 성격이나 환경의 변화로 인해 프로그램에 대한 평가의 필요성과 중요성은 더욱 강조되고 있다(문성호, 문호영, 2009).

(1) 프로그램 평가의 개념적 정의

평가(evaluation)라는 개념을 쉽게 이해하고 활용하기 위해서 사전식 정의가 주로 활용된다. 여러 가지 사전식 정의를 종합해 보면, 평가는 '사물(대상)의 가치를 판단하고 결정하는 일'이라는 개념이 비교적 널리 활용되고 있다. 또한 평가는 특정 대상에 대한 가치(또는 질적 수준, 중요도 등)에 관하여 체계적으로 사고(숙고), 판단 및 결정하는 활동과 직접 또는 간접적으로 관련되어 있다. 더 나아가, 보다 공통적이고 핵심적인 주제는 '가치를 판단하는 일'이라 볼 수 있으므로 평가를 '대상의 가치를 체계적으로 판단하는 일'로 정의할 수 있다.

평가의 개념 체계 정립에 크게 기여한 스크리븐(Scriven)은 평가란 "대상의 장점, 가치, 중요성을 체계적으로 결정하는 일"이라고 정의하였다(배호순, 2008). 하지만 평가라는 개념 자체가 간단명료하지 않아 사전식 정의나 유명한 전문가의 정의만으로는 평가의 본질적 의미를 제대로 이해하거나 표현하기가 쉽지 않다. 그럼에도 불구하고 평가에 좀 더 종합적 의미를 부여하면 "평가는 사물과 사건에 대한 가치 부여뿐만 아니라 특정 사업이나 활동의 목표 달성 정도와 계획 수행의 효과를 조사, 점검, 판단, 측정하고 개선하기 위해 평가 대상의 과거와 현재 및 변화 과정 등을 심층적으로 분석하는 것"이라 할 수 있다(임진택, 형시영, 이영자, 이효재, 2007). 배호순(2008)은 평가활동의 본질과 의의를 바탕으로 네 가지 차원에서 평가를 정의하였다.

첫째, 제1차원적 정의는 가장 기본적이고 핵심적인 평가의 의미를 나타내는 것으로 '프로그램의 장점, 가치 등을 체계적으로 판단하는 것'에 중점을 둔다. 이러한 접근의 특징은 프로그램의 목적 및 내용 구성의 체계성, 연계성, 논리성에 대한 양호도와 추구하는 목적에 준거한 적절성, 타당성 등과 같은 속성을 중시한다. 또한 프로그램의 가치나 장점에 관하여 내재적 또는 외재적 기준에 초점을 둔다.

둘째, 제2차원적 정의는 '프로그램이 의도하고 계획하는 목적과 목표가 어느 정도 달성되었는지를 파악하는 것'에 중점을 둔다. 이를 바탕으로 프로그램을 정당화할 수 있고, 프로그램의 지지와 인정이 가능해지며, 프로그램의 존속과 폐지에 관한 의사결정을 내릴 수 있다. 모든 프로그램은 추구하는 목적이나 의도성이 있고, 평가 자체가 합목적적이고 체계적인 활동이기 때문에 그 목적이 어느 정도 달성되고 있는지를 확인하고 파악하는 것이 필연적으로 요청된다. 따라서 특정 프로그램이 의도한 대로 진행되고 있는지 확인하기 위해서는 프로그램의 목적 달성 정도를 중점으로 하는 본 평가의 정의가 일반적으로 널리 활용된다.

셋째, 제3차원적 정의는 '프로그램의 실시로 인한 효과와 영향을 사정하고 판단하는 것'에 초점을 둔다. 이 경우에는 프로그램을 일종의 독립변인(처치변인, 조작변인, 실험변인)으로 간주한다. 프로그램의 실시로 인해 발생한 변화를 측정하고 사정함으로써, 프로그램을 정당화할 수 있고, 프로그램을 지지하거나 인정할 수 있게 된다. 또한 프로그램에 대한 의사결정을 내릴 수 있는 동시에, 이를 통하여 프로그램 목적의 달성 여부를 확인할 수 있게 된다.

넷째, 제4차원적 정의는 '프로그램에 대하여 중대한 결정을 내리기 위해 필요한 자료를 제공하는 것'에 중점을 둔다. 이 정의는 평가의 수단적·도구적 가치를 특히 강조한다. 특정 프로그램의 존속과 폐지, 개선, 대안 탐색 등과 같은 의사결정에 도움이 되는 자료를 제공하기 위한 목적에 부응하기 위하여 평가를 실시한다. 이런 점에서 평가자의 역할이나 평가의 기능이 특정 목적에 제한되기 때문에 평가 의의도 제한적일 수밖에 없다. 프로그램의 재투입 여부, 프로그램 결과의 활용 등과 같은 사항에 대하여 합리적이고 타당한 결정을 내릴 수 있도록 필요한 근거를 제시하는 것에 중점을 둔다.

따라서 종합해서 정리하면, 프로그램 평가는 프로그램의 성과, 가치, 효과 등을 판단하는 것으로, 프로그램 진행 과정, 물적·인적 자원, 프로그램의 목적과 의도, 그리고 프로그램 내용 등에 가치를 부여하고 비평하는 일련의 절차를 의미한다. 다시 말해, 프로그램 평가는 프로그램과 관련된 제반 요소 중에서 프로그램의 의도, 내용, 참여자, 운영 등을 평가의 주 대상으로 삼아 프로그램의 가치를 판단하고 정보를 제공하며 성과를 측정하는 일련의 과정을 말한다(임진택 외, 2007).

(2) 프로그램 평가의 기능과 원리

임진택 등(2007)은 프로그램 평가의 기능과 원리를 다음과 같이 설명하고 있다. 프로그램 평가의 기능은 일반적으로 다섯 가지를 들 수 있다. 첫째, 프로그램 평가는 프로그램의 질적 수준을 향상하는 기능을 한다. 프로그램 목표가 제대로 실현되었는가를 확인하고, 더 잘 달성될 수 있도록 어떠한 변화가 필요한지를 탐색하여 준다. 둘째, 프로그램 평가는 평가 대상에 대한 이해와 진단을 가능케 한다. 셋째, 프로그램 평가는 프로그램의 구성 요소들을 개선하는 기능을 한다. 넷째, 프로그램 평가는 학습자에 대한 기초자료를 제공한다. 평가 결과는 학습 효과의 판단뿐만 아니라 학습자의 지도와 상담을 위한 자료로 활용될 수 있다. 다섯째, 프로그램 평가는 학습자의 학습 동기를 유발하는 심리학적 기능을 한다.

이와 같은 기능을 하는 프로그램 평가는 다음과 같이 네 가지 원리에 따라 이루어져야 한다(손판규, 1992). 첫째, 평가는 프로그램이 진행되고 있는 현장이나 실제 상황에서 이루어져야 한다. 왜냐하면 평가는 프로그램이 지닌 문제를 발견하고 진단하여, 문제예방을 위한 방안을 강구하기 위한 활동이기 때문이다. 둘째, 바람직성을 평가할 수 있는 가치 판단 기준이 설정되어야 한다. 왜냐하면 평가는 관련 정보를 수집, 분석, 해석하는 경험적·해석적 접근을 통해 이루어지기 때문에 평가 과정에서는 바람직성에 대한 평가가 반드시 이루어져야 하며, 이를 위해서 가치 판단의 기준이 명확히 설정되어야 하기 때문이다. 셋째, 평가는 의사결정이나 전략 수립을 촉진하기 위한 활동이어야 한다. 왜냐하면 평가는 프로그램의 목적과 목표가 제대로 달성되었는지를 판단하는 데 목적이 있고, 평가 결과는 차후의 의사결정과 정책 수립을 위한 다양한 시사점을 제공하기 때문이다. 넷째, 평가는 지속적·종합적으로 전개하여야 한다. 왜냐하면 평가는 프로그램이 종료 되는 시점뿐만 아니라 기획 단계에서부터 지속적·순환적으로 이루어져야 하고, 프로그 램의 목적과 목표와 관련된 모든 활동을 포함하여야 하기 때문이다.

(3) 청소년활동 프로그램의 평가 모형

평가 모형은 평가 범위와 평가 대상, 평가 준거 등에 따라 결과중심 평가 모형과 과정 중심 평가 모형으로 구분할 수 있다(권대봉, 1998; 김미숙, 1999). 결과중심 평가 모형은 목표 달성도를 간접적인 형태의 지필 검사를 통해 측정하여, 이를 수량화하는 결과중심 의 평가 방법이다. 이러한 평가 결과는 주로 분류와 비교 목적으로 활용되며, 측정 도구 의 객관성과 신뢰도가 중요하게 고려된다(배호순, 2008). 과정중심 평가 모형은 프로그램 의 계획, 개발, 적용 등 모든 과정을 상세하게 기술하여 각 과정에서 의사결정에 필요한 정보를 제공하는 통합적인 평가 체계 모형이다(박도순, 1988; 박소연, 2006; 이규녀, 최완 식, 박기문, 2010; Kraiger, Ford, & Salas, 1993).

시행된 프로그램의 질을 향상하기 위해서는 프로그램 평가에 성과분석이 필수적으로 요구되고, 성과분석은 프로그램의 총체적인 과정부터 프로그램의 결과까지 모두 평가 할 수 있어야 한다(서상완, 2018). 특히 청소년활동 프로그램은 활동 내용이나 상황에 따 라 다양한 형태의 구조를 가지므로 프로그램 전개 과정에 대한 평가를 통해 계속적인 점 검이 필요하며, 이를 통한 프로그램의 가치 판단이 요구된다(한상철, 1997). 따라서 이러 한 특성들로 인해 청소년활동 프로그램 평가는 성과 평가뿐만 아니라 전개 과정에 대한 평가도 포함되어야 하는 특성을 지닌다. 성과 평가는 목표 달성에 초점을 맞추기 때문에 상대적으로 과정 부분이 취약하다. 청소년활동 프로그램과 같은 휴먼 서비스는 과정을 통해 결과가 산출된다(김경화, 조용하, 2005). 따라서 청소년활동 프로그램을 평가하기 위 해서는 성과 평가의 개념에 과정의 중요성을 접목한 평가 모형이 필요하다.

본 교재에서는 프로그램 평가 모형 중에서 스터플빔(Stufflebeam)의 'CIPP 평가 모형' 에 대해 살펴보고자 한다. CIPP 평가 모형은 프로그램이 시행되기 전과 시행되는 과정, 시행되고 난 후의 단계에 따라 각각 평가 영역과 평가 척도를 두고, 프로그램을 평가하

제**5**장

청소년활동 프로그램

기 위한 이해관계자들이 직접 참여하여 평가한다. CIPP 평가 모형은 프로그램을 실행하는 과정에서 활동과 자원을 어떻게 실천하고 활용하는지에 대한 도움을 주고자 설계되었다. 또한 CIPP 평가 모형은 프로그램을 실행하는 과정에서 수행 과정을 평가하는 데 초점을 둔 과정 평가의 성격을 가진다.

CIPP 평가 모형은 프로그램의 상황(Context), 투입(Input), 과정(process), 산출(Product)에 대한 정보를 제공하기 위해 프로그램 의사결정자의 주요 관심, 정보 요구, 프로그램 효과성의 판단 준거 등을 중요한 평가 요소로 본다. '상황 평가'는 프로그램의 계획 단계로서 목표와 우선순위를 정의하고, 요구, 문제, 기회를 평가한다. '투입 평가'는 프로그램의 구조화 단계로서 프로그램을 설계하고, 투입되는 자원이 적절한지 평가하여 다양한 측면의 실행 가능성을 평가한다. '과정 평가'는 프로그램의 실행 단계로서 요구되는 의사결정을 다루는데, 프로그램이 의도대로 실행되고 있는지를 평가하고, 그렇지 않다면 그 이유는 무엇인지를 파악하는 실행 수준을 평가한다. '산출 평가'는 재순환 단계로 산출물이 무엇이고, 투입된 자원이나 전략과 비교했을 때 효율성이 있는지, 그 가치와 장점은 무엇인지를 종합적으로 평가한다. 이를 통해 프로그램을 현재의 형태로 유지할 것인지, 혹은 수정해야 하는지, 아니면 폐지해야 하는지를 결정한다(서상완, 2018).

CIPP 평가 모형의 네 가지 유형에 대해 구체적으로 살펴보면 다음과 같다(임진택 외, 2007). 첫째, 상황 평가(context evaluation)는 프로그램, 기관, 집단, 개인 등 특정 대상의 장·단점을 확인하고, 개선 방향을 제시하는 것이 목적이다. 중심 목표는 대상의 일반적인 상황 진단, 결점과 장점 확인, 개선을 위한 문제점 규명 등이다. 이는 해당 프로그램과 주변 환경의 특징을 밝히는 것을 주요 과제로 하며, 기존 목적과 우선순위가 사람들의 요구에 제대로 반응하고 있는지를 검토하기도 한다. 상황 평가의 결과는 목적과 우선순위를 조정하고 필요한 변화를 유도할 수 있어야 한다.

상황 평가 방법은 관심 대상에 대한 다양한 측정과 분석을 통해 이루어진다. 이를 위해 가장 많이 사용되는 것은 면담이다. 면담은 주요 대상자들을 기반으로, 그들이 프로그램에서 인식하는 장·단점과 문제점을 파악하는 과정이다. 이를 토대로 설문조사 도구를 제작하여 해당 당사자들을 대상으로 설문을 실행하기도 한다. 또한 기존의 기록 문서를 검토하여 수행 실적이나 배경 정보 등을 확보할 수도 있다. 더불어 다양한 이해 당사자로 이루어진 자문단을 통해 평가 항목의 명료화와 발견 사실에 대한 해석을 시도할 수도 있다. 요구의 우선순위에 대한 의견 합의를 위해서는 델파이 기법과 같은 의견 수렴 기술이 활용될 수도 있으며 연구와 적용을 위해 필요한 경우 워크숍을 개최할 수도 있다.

둘째, 투입 평가(input evaluation)는 변화를 위한 프로그램 처방을 목적으로 한다. 모든 가능한 방법들을 면밀하게 검토하여 개선 노력의 성패와 효과를 사전 검토한다. 프로그램 내에서 이미 운영 중인 방법과 이와 관련된 접근방법들을 확인하고, 이를 토대로 구체적인 실행 내용을 설명한다. 또한 환경적 제약사항과 프로그램 실행 과정에서 고려해야 할 모든 가용 자원을 탐색한다. 투입 평가의 과정은 반드시 정해진 순서를 따르는 것이 아니다. 우선, 참여자의 요구를 프로그램이 충족하는지에 대한 검토부터 시작할 수 있으며, 이 과정에서 관련 문헌 검토, 대표적 프로그램 운영 장소 답사, 전문가나 기관의 관련 정보 서비스 담당자들의 자문 등이 포함된다.

셋째, 과정 평가(process evaluation)는 정책 당국과 프로그램 운영자에게 프로그램 일정과 계획 준수, 효과적 가용 자원 활용, 진행 정도 등에 대한 정보제공을 목적으로 한다. 계획의 미흡한 부분이 있는 경우, 계획 수정과 재조정을 위한 지침을 제공하고, 프로그램 참여자의 합리적 역할 수행에 대한 주기적인 평가도 포함한다. 과정 평가의 핵심은 평가자 자신이다. 정책 담당자나 프로그램 운영자가 과정 평가를 수행할 경우에는 객관적인 평가가 충분히 이루어지기 어렵다. 이는 과정 평가가 지속적인 심사, 피드백, 문서기록을 할 수 있는 한 명 이상의 담당자가 있을 때만 적절히 수행될 수 있기 때문이다. 과정 평가자는 특정 프로그램 계획과 프로그램의 주요 내용을 확인하기 위해 이전 프로그램의 검토부터 시작할 수 있다. 검토 내용에는 프로그램 참가자 연수회의, 평가 대상자 상담, 기획 회의, 현장 답사 등이 포함된다. 주요 내용을 확인하는 또 다른 방법은 프로그램 참여자들로 구성된 자문단을 통해 관심사나 질문들을 도출하여 프로그램 진행 과정에서 그 질문을 통해 확인하는 것이다.

넷째, 산출 평가(product evaluation)는 특정 프로그램의 공헌도를 측정하고 해석하여 판단하는 것을 목적으로 한다. 결과 내용은 프로그램 진행 과정상과 종결 시에 중요한 정보가 되기 때문에 장기적인 효과를 평가할 수 있도록 확대할 필요가 있다. 따라서 산출 평가는 의도된 효과와 의도하지 않은 효과, 그리고 긍정적인 효과와 부정적인 효과 모두를 포함한 프로그램 전반의 효과를 평가할 수 있어야 한다. 산출 평가는 특정 프로그램 관련자에게 프로그램 성공 여부에 대한 판단을 수집하고 분석한다. 또한 프로그램

성과를 다른 대안 프로그램의 성과와 비교하기도 한다.

산출 평가에서 프로그램 성과는 여러 가지 측면에서 고려될 수 있다. 개인 관련 성과는 각 개인이 자신의 요구에 대해 얼마나 만족하는지에 따라 판단되고, 개인적인 수준에서 산출 평가를 통해 여러 집단의 요구를 얼마나 충족시켰는지에 대한 정보를 얻게 된다. 산출 평가에는 다양한 방법과 기법들이 적용될 수 있다. 결과 평가자는 성취 결과를 사전에 정한 기준으로 평가할 수 있다. 프로그램 효과에 대한 중요한 정보를 얻기 위해서는 신중하게 선정된 소수 표본의 참여자들에 대한 사례 연구도 행해질 수 있다. 또한 프로그램에 대한 판단과 결과에 대한 견해를 파악하기 위해 전화나 편지를 이용한 조사연구를 수행할 수도 있다. 산출 평가 결과 보고는 여러 단계로 이루어질 수 있다. 중간보고서는 각 프로그램 과정에 제출되어 의도된 요구의 충족 정도를 확인해 줄 수 있으며, 최종보고서는 결과에 대한 종합적인 해석을 통해 지출된 비용과 계획 수행 정도를 확인해 준다.

 요약

1. 청소년활동 프로그램은 청소년활동을 실현하는 데 필요한 모든 활동을 체계적으로 연결하여 종합적이고 구체적으로 제시하고 있으며, 목표, 계획, 설계, 수단과 방법, 창안된 행위, 정돈된 준비, 도식화 등을 포함하는 광범위하고 포괄적인 개념을 담고 있다. 청소년활동 프로그램은 청소년의 요구 반영과 자발적인 참여를 전제로 청소년이 실생활에서 직접 의미 있는 활동을 경험하게 하여 보다 나은 전인적 성장과 발달을 조성하고자 하는 프로그램이다.

2. 청소년활동 프로그램의 특성은 다음과 같다. 첫째, 청소년활동 프로그램은 청소년의 전인적 성장과 발달을 목적으로 하는 사람중심 프로그램이다. 둘째. 청소년활동 프로그램은 청소년의 요구 반영과 자발적인 참여를 전제로 한 청소년 중심의 프로그램이다. 셋째, 청소년활동 프로그램은 청소년의 실생활과 밀접하게 관련된 내용을 중심으로 한 생활중심 프로그램이다.

3. 프로그램 평가는 프로그램과 관련된 제반 요소 중에서 프로그램의 의도, 내용, 참여자, 운영 등을 평가의 주 대상으로 삼아 프로그램의 가치를 판단하고 정보를 제공하며 성과를 측정하는 일련의 과정을 말한다.

4. 평가의 네 가지 원리는 다음과 같다. 첫째, 평가는 프로그램이 진행되고 있는 현장이나 실제 상황에서 이루어져야 한다. 왜냐하면 평가는 프로그램이 지닌 문제를 발견하고 진단하여, 문제예방을 위한 방안을 강구하기 위한 활동이기 때문이다. 둘째, 바람직성을 평가할 수 있는 가치 판단 기준이 설정되어야 한다. 평가는 관련 정보를 수집, 분석, 해석하는 경험적 · 해석적 접근을 통해 이루어지기 때문에 평가 과정에서는 바람직성에 대한 평가가 반드시 이루어져야 하며, 이를 위해서 가치 판단의 기준이 명확히 설정되어야 한다. 셋째, 평가는 의사결정이나 전략 수립을 촉진하기 위한 활동이어야 한다. 왜냐하면 평가는 프로그램의 목적과 목표가 제대로 달성되었는지를 판단하는 데 목적이 있고, 평가 결과는 차후의 의사결정과 정책 수립을 위한 다양한 시사점을 제공하기 때문이다. 넷째, 평가는 지속적 · 종합적으로 전개하여야 한다. 왜냐하면 평가는 프로그램이 종료되는 시점뿐만 아니라 기획 단계에서부터 지속적 · 순환적으로 이루어져야 하고, 프로그램의 목적 및 목표와 관련된 모든 활동을 포함하여야 한다.

5. 평가 모형은 평가 범위와 평가 대상, 평가 준거 등에 따라 결과중심 평가 모형과 과정중심 평가 모형으로 구분할 수 있다. 결과중심 평가 모형은 목표 달성도를 간접적인 형태의 지필 검사를 통해 측정하여, 이를 수량화하는 결과중심의 평가 방법이다. 이러한 평가 결과는 주로 분류와 비교 목적으로 활용되며, 측정 도구의 객관성과 신뢰도가 중요하게 고려된다. 과정 중심 평가 모형은 프로그램의 계획, 개발, 적용 등 모든 과정을 상세하게 기술하여 각 과정에서 의사결정에 필요한 정보를 제공하는 통합적인 평가 체계 모형이다.

6. CIPP 평가 모형은 프로그램의 상황, 투입, 과정, 산출에 대한 정보를 제공하기 위해 프로그램 의사결정자의 주요 관심, 정보 요구, 프로그램 효과성의 판단 준거 등을 중요한 평가 요소로 본다. 상황 평가는 프로그램의 계획 단계로서 목표와 우선순위를 정의하고, 요구, 문제, 기회를 평가한다. 투입 평가는 프로그램의 구조화 단계로서 프로그램을 설계하고, 투입되는 자원이 적절한지 평가하여 다양한 측면의 실행 가능성을 평가한다. 과정 평가는 프로그램의 실행 단계로서 요구되는 의사결정을 다루는데, 프로그램이 의도대로 실행되고 있는지를 평가하고, 그렇지 않다면 그 이유는 무엇인지를 파악하는 실행 수준을 평가한다. 산출 평가는 재순환 단계로 산출물이 무엇이고, 투입된 자원이나 전략과 비교했을 때 효율성이 있는지, 그 가치와 장점은 무엇인지를 종합적으로 평가한다.

권대봉(1998). 산업교육론. 문음사.

권일남, 오해섭, 이교봉(2012). 청소년활동론. 공동체.

고용자, 김도영, 양경심, 진은설(2018). 청소년 역사 프로그램 매뉴얼. (사)청소년과 미래.

김경화, 조용하(2005). 청소년활동 프로그램 평가시스템 개발 및 운영방안 연구. 한국청소년개발원.

김미숙(1999). 사회교육프로그램 평가론. 원미사.

김진호, 권일남, 이광호, 최창욱(2010). 청소년활동론. 한국방송통신대학교 출판부.

김진화(2005). 사회교육 프로그램 개발의 이론과 실제. 교육과학사.

문성호, 문호영(2009). 청소년활동프로그램 공모사업 만족도 및 효과에 관한 연구. 미래청소년학 회지, 6(2), 85-111.

박도순(1988). 교육평가-수업 프로그램 평가를 중심으로-. 배영사.

박성희(1994). 청소년지도 프로그램 개발의 기초. 한국청소년개발원(편), 프로그램의 개발과 운영.

박소연(2006). HRD 프로그램 논리 주도적(Theory-Driven) 평가체제 개발. 고려대학교 대학원 박사학위논문.

배호순(2008). 교육프로그램 평가론. 원미사.

서상완(2018). CIPP 평가모형을 적용한 자유학기제의 진로체험활동 평가척도 개발. 건국대학교 대학원 박사학위논문.

손관규(1992). 기업에서의 교육효과평가에 관한 연구. 연세대학교 대학원 석사학위논문.

여성가족부, 한국청소년활동진흥원(2023). 2023청소년프로그램 공모사업 사례집. 한국청소년활동 진흥원.

이교봉(2007). 청소년의 역량개발을 위한 청소년활동프로그램의 발전방안에 관한 연구. 명지대 학교 대학원 박사학위논문.

이규녀, 최완식, 박기문(2010). 인재개발 사이버 교육 프로그램의 과정중심 평가준거 개발. 한국 직업교육학회지, 29(3), 157-185.

임진택, 형시영, 이영자, 이효재(2007). 제대군인 교육효과 평가시스템 구축에 관한 연구. 한국보 훈복지의료공단 보훈교육연구원.

한국청소년개발원(1995). 프로그램의 개발과 운영. 문영사.

한국청소년개발원 편(1997). 프로그램의 개발과 운영. 인간과 복지.

한상철(1997). 청소년지도의 이론과 실제. 경산대학교 출판부.

Kraiger, K., Ford, J. K., & Salas, E. (1993). Application of cognitive, skill-based and affective theories of learning outcomes to new methods of training evaluation. *Journal of Applied Psychology, 78*, 311-328.

청소년활동진흥원 홈페이지. https://www.kywa.or.kr/pressinfo/data_view.JSP?no=33082

제6장

청소년활동 시설 및 단체

　　청소년시설은 '청소년활동시설'과 '청소년복지시설' '청소년보호시설'로 구분된다. 이 중 청소년활동시설은 청소년들의 긍정적인 성장과 발달을 지원하기 위해서 제공되는 각종 장소와 시설, 설비를 총칭한다. '청소년활동시설'은 '청소년수련시설'과 '청소년이용시설'로 구분할 수 있다. 청소년수련시설은 청소년수련관, 청소년수련원, 청소년문화의집, 청소년특화시설, 청소년야영장, 유스호스텔을 포함한다. 청소년이용시설에는 문화시설, 과학관, 체육시설, 평생교육시설, 자연휴양림, 수목원, 사회복지관, 그리고 시민회관 · 어린이회관 · 공원 · 광장 · 둔치, 그 밖에 이와 유사한 공공시설로서 청소년활동 또는 청소년들이 이용하기에 적합한 시설, 그리고 다른 법령에 따라 청소년활동과 관련되어 설치된 시설이 있다.

　　청소년단체는 청소년이 일정한 만남과 접촉을 통해 상호작용함으로써 개인적인 성장을 도모하는 동시에 장차 사회의 건전한 일원으로서 생활해 갈 수 있는 태도를 습득하며, 전체 사회에 기여할 수 있는 정신을 연마하는 실천적인 활동 현장의 기능을 갖는 넓은 의미의 사회단체를 말한다.

　　이 장에서는 청소년활동시설의 개념과 유형, 청소년활동시설의 설치현황, 청소년활동의 장으로서의 청소년단체에 대해서 살펴보고자 한다.

01 청소년활동시설의 개념과 유형

일반적으로 청소년활동시설은 청소년들의 긍정적인 성장과 발달을 지원하기 위해서 제공되는 각종 장소와 시설, 설비를 총칭하고 있다. 2004년 「청소년활동 진흥법」 제정으로 종전의 청소년수련시설에 대한 자연권과 생활권의 구분이 없어지고 청소년특화시설이라는 새로운 유형의 시설이 추가되었다. 이에 따라 청소년활동시설은 다시 청소년수련시설과 청소년이용시설로 구분되었다.

청소년활동시설을 살펴보기에 앞서 청소년시설에 대해 살펴볼 필요가 있다. 청소년시설은 '청소년활동시설'과 '청소년복지시설' '청소년보호시설'로 구분된다. 이 중 '청소년활동시설'은 '청소년수련시설'과 '청소년이용시설'로 구분한다. '청소년수련시설'의 종류에는 '청소년수련관' '청소년수련원' '청소년문화의집' '청소년특화시설' '청소년야영장' '유스호스텔'이 있으며, '청소년이용시설'의 종류에는 '문화시설' '과학관' '체육시설' '평생교육시설' '자연휴양림' '수목원' '사회복지관', 그리고 '시민회관 · 어린이회관 · 공원 · 광장 · 둔치와 그 밖에 이와 유사한 공공시설로서 수련활동 또는 청소년의 여가선용을 위한 이용에 적합한 시설' 등이 있으며, 별도로 지정된 '청소년이용권장시설'이 있다(여성가족부, 2023).

이 장에서는 청소년활동시설인 청소년수련시설과 청소년이용시설에 대해서 살펴보고자 한다.

1) 청소년활동시설의 법적 개념

1991년 한국 최초의 청소년장기발전계획이었던 '한국청소년기본계획'에서는 오늘날의 청소년상을 "덕 · 체 · 지의 조화로운 완성"으로 설정하였으며 청소년상의 구현은 청소년수련활동이라는 수단을 통해서 이루고자 하였다. 수단적 성격의 청소년수련활동은 초기 청소년정책에서 매우 비중 있게 다루어진 중요한 부분으로, 이를 보다 효과적으로 수행하고 광범위하게 적용할 수 있는 장소와 시설, 설비를 갖춘 청소년수련시설의 건립

과 확충이 요구되었다. 이러한 배경과 과정을 거쳐 등장한 청소년수련시설의 정의는 이전의 「청소년 기본법」 제3조 제5호에서는 "청소년수련활동을 주된 목적으로 하는 시설"이라고 정의하였다. 그러나 2004년 청소년 관련 법령체계의 정비를 통해서 청소년시설 전반을 포괄하는 청소년시설에 대한 정의와 청소년활동시설에 관한 정의로 재정리되었다(권일남, 오해섭, 이교봉, 2016).

「청소년 기본법」 제3조 제6호에서는 "청소년시설이라 함은 청소년활동·청소년복지 및 보호에 제공되는 시설을 말한다."라고 규정함으로써 청소년정책 전반에 걸쳐 요구되는 시설을 명시하고 있다. 청소년활동시설은 청소년활동을 위한 시설이라고 할 수 있다. 「청소년활동 진흥법」 제2조 제2호에서 "청소년활동이라 함은 수련활동·교류활동·문화활동 등 청소년활동에 제공되는 제10조의 규정에 의한 시설을 말한다."라고 규정하고 있다. 「청소년활동 진흥법」 제10조 규정은 청소년활동시설의 종류를 규정하는 것으로 청소년수련시설과 청소년이용시설로 구분하고 있으며 청소년활동시설은 청소년수련거리 또는 청소년활동을 실시하거나 건전한 이용 등에 제공될 수 있는 시설과 설비를 갖추고 있는 공간을 규정하고 있다.

따라서 법적 정의를 토대로 청소년활동시설을 정리해 보면 청소년이 청소년활동에 자발적으로 참여하여 청소년기에 필요한 기량과 품성을 함양하는 교육적인 활동을 위해 수련활동·교류활동·문화활동 등의 다양한 청소년활동이 제공되는 시설로서 청소년수련시설과 청소년이용시설로 나눌 수 있다.

청소년수련시설은 청소년수련활동이 실제 전개되는 공간으로 청소년수련활동에 필요한 시설과 설비, 수련활동 프로그램 등을 갖추고 청소년지도자의 지도하에 체계적이고 조직적인 수련활동을 시행하는 시설을 말한다. 청소년수련시설은 기능이나 수련거리, 입지적 여건 등에 따라 다양한 유형으로 구분되는데 청소년수련관, 청소년수련원, 청소년문화의집, 청소년특화시설, 청소년야영장, 유스호스텔 등 6개 시설 유형으로 구분된다.

청소년이용시설은 「청소년활동 진흥법」 제10조 제2호에서 청소년수련시설이 아닌 시설로서 그 설치 목적 내에서 청소년활동의 실시와 청소년의 건전한 이용 등에 제공할 수 있는 시설을 말한다. 청소년이용시설은 청소년들이 학교나 근로 현장 등 고유의 활동 영역에서 벗어나 자발적 참여를 바탕으로 정서함양과 문화감성, 신체단련 등을 위해 활용할 수 있는 공간을 의미하며 청소년 이용시설로는 문화시설, 과학관, 체육시설 등이 있다.

| 표 6-1 | 「청소년활동 진흥법」 청소년활동시설의 법적 근거 |

제2조(정의) 이 법에서 사용하는 용어의 뜻은 다음과 같다.

1. "청소년활동"이란 「청소년 기본법」 제3조 제3호에 따른 청소년활동을 말한다.
2. "청소년활동시설"이란 청소년수련활동, 청소년교류활동, 청소년문화활동 등 청소년활동에 제공되는 시설로서 제10조에 따른 시설을 말한다.
3. "청소년수련활동"이란 청소년이 청소년활동에 자발적으로 참여하여 청소년 시기에 필요한 기량과 품성을 함양하는 교육적 활동으로서 「청소년 기본법」 제3조 제7호에 따른 청소년지도자(이하 "청소년지도자"라 한다)와 함께 청소년수련거리에 참여하여 배움을 실천하는 체험활동을 말한다.
4. "청소년교류활동"이란 청소년이 지역 간, 남북 간, 국가 간의 다양한 교류를 통하여 공동체의식 등을 함양하는 체험활동을 말한다.
5. "청소년문화활동"이란 청소년이 예술활동, 스포츠활동, 동아리활동, 봉사활동 등을 통하여 문화적 감성과 더불어 살아가는 능력을 함양하는 체험활동을 말한다.

제10조(청소년활동시설의 종류) 청소년활동시설의 종류는 다음 각 호와 같다.

1. 청소년수련시설
   가. 청소년수련관: 다양한 청소년수련거리를 실시할 수 있는 각종 시설 및 설비를 갖춘 종합수련시설
   나. 청소년수련원: 숙박 기능을 갖춘 생활관과 다양한 청소년수련거리를 실시할 수 있는 각종 시설과 설비를 갖춘 종합수련시설
   다. 청소년문화의 집: 간단한 청소년수련활동을 실시할 수 있는 시설 및 설비를 갖춘 정보 · 문화 · 예술 중심의 수련시설
   라. 청소년특화시설: 청소년의 직업체험, 문화예술, 과학정보, 환경 등 특정 목적의 청소년활동을 전문적으로 실시할 수 있는 시설과 설비를 갖춘 수련시설
   마. 청소년야영장: 야영에 적합한 시설 및 설비를 갖추고, 청소년수련거리 또는 야영편의를 제공하는 수련시설
   바. 유스호스텔: 청소년의 숙박 및 체류에 적합한 시설 · 설비와 부대 · 편익시설을 갖추고, 숙식 편의 제공, 여행 청소년의 활동지원(청소년수련활동 지원은 제11조에 따라 허가된 시설 · 설비의 범위에 한정한다)을 기능으로 하는 시설
2. 청소년이용시설: 수련시설이 아닌 시설로서 그 설치 목적의 범위에서 청소년활동의 실시와 청소년의 건전한 이용 등에 제공할 수 있는 시설

2) 청소년활동시설의 기능적 개념

청소년활동시설의 기능적 개념은 청소년활동시설이 수행하는 역할과 작용에 따른 개념이라고 할 수 있다. 청소년활동시설은 청소년활동에 필요한 공간과 시설, 설비를 갖추고 청소년활동 프로그램과 전문적 지도 능력을 갖춘 지도자 등에 의해 조직적이고 체계적으로 청소년에게 긍정적 성장·발달에 필요한 각종 청소년활동 서비스를 제공하는 주된 기능을 한다.

지역사회에서 다양하게 전개하는 각종 청소년 관련 사업이 효율적으로 전개될 수 있도록 하기 위한 구심적 역할과 조정의 기능을 담당한다. 그리고 생활지역 내 청소년들의 건전한 만남과 휴식, 생활 진로에 필요한 다양한 정보의 습득과 생활중심의 건전한 대중문화를 형성하는 정보교류와 문화적 기능도 담당하고 있다.

이러한 측면에서 청소년활동시설을 살펴볼 때, 청소년활동시설은 청소년의 조화롭고 균형 잡힌 성장과 성공적인 성인으로의 이행을 목적으로 수행되는 청소년활동이 보다 효율적으로 운영되기 위해 일정한 공간과 시설·설비를 구비하고 전문적 지도 능력을 겸비한 청소년지도자에 의해 조직적·체계적으로 청소년활동 서비스를 제공함과 아울러 지역 내 각종 청소년 관련 사업 수행의 구심적 역할과 조정, 청소년들의 만남과 정보교류, 문화적 기능 등을 수행하는 일정한 공간영역을 의미한다고 할 수 있다.

3) 청소년활동시설의 유형

청소년활동시설의 유형은 활동시설의 설치목적과 성격, 운영주체, 규모, 형태, 입지적 여건 등에 따라 다양하게 분류된다. 청소년활동시설은 앞서 제시한 바와 같이 법령에 기속되는 부분으로서 유형 분류는 주로 법적 분류를 기준으로 한다.

「청소년활동 진흥법」 제10조에서는 청소년활동시설의 종류를 청소년수련시설과 청소년이용시설로 구분하고 있다. 국가와 지방자치단체는 물론 법인, 단체 또는 개인 등의 민간분야도 활동시설의 설치와 운영이 가능하지만, 민간의 경우에는 시·군·구청장의 허가를 받아야 한다(여성가족부, 2023).

```
                                              ┌─── 청소년수련관
                                              ├─── 청소년수련원
                                              ├─── 청소년문화의집
              1. 청소년수련시설 ────────────────┤
                                              ├─── 청소년특화시설
                                              ├─── 청소년야영장
                                              └─── 유스호스텔

              2. 청소년이용시설 ─── 문화예술시설, 공공체육시설, 기타 청소년이용시설
```

[그림 6-1] 청소년활동시설 유형

출처: 여성가족부(2023).

(1) 청소년수련시설

청소년수련시설은 수련활동에 필요한 시설과 설비, 프로그램 등을 갖추고 청소년지도자의 지도하에 체계적이고 조직적인 수련활동을 실시하는 시설을 말한다(여성가족부, 2023).

청소년수련시설은 청소년수련활동의 형태와 내용, 방법 등이 매우 다양하고 광범위함을 고려할 때, 어떤 고정된 단일형태의 청소년수련시설보다는 다양한 형태의 청소년수련시설이 요구된다고 할 수 있다. 청소년수련활동 서비스 전달체계의 효율성과 청소년수련활동의 특성상 다양한 형태의 청소년수련시설이 요구된다고 볼 수 있다. 따라서 수련시설의 기능, 규모, 입지적 여건 등에 따라 여러 유형으로 분류할 수 있다(권일남, 오해섭, 이교봉, 2016).

「청소년활동 진흥법」제10조 제1호에서 청소년수련관, 청소년수련원, 청소년문화의집, 청소년특화시설, 청소년야영장, 유스호스텔로 구분하고 있으며 구체적인 내용은 다음과 같다.

청소년수련관은 다양한 수련활동을 실시할 수 있는 각종 시설 및 설비를 갖춘 종합수련시설을 의미한다. 시·군·구에 1개소 이상 설치되어야 한다. 청소년수련원은 숙박기능을 갖춘 생활관과 다양한 수련활동을 실시할 수 있는 각종 시설과 설비를 갖춘 종합수련시설을 말한다. 청소년문화의집은 간단한 수련활동을 실시할 수 있는 시설 및 설비

01

청소년활동시설의 개념과 유형

145

제6장

청소년활동 시설 및 단체

표 6-2	청소년수련시설 유형

시설 유형	내용
청소년수련관	• 다양한 수련활동을 실시할 수 있는 각종 시설 및 설비를 갖춘 종합수련시설 • (청소년활동) 캠프, 주말체험, 성취포상제, 자원봉사활동, 해외문화체험 · 자원봉사 등 국제교류활동, 동아리활동 • (교육문화) 외국어 · 과학 창의력 · 수학 · 미술 · 음악 · 취미 독서 · 논술 등 평생교육 프로그램 • (생활체육) 수영, 헬스, 농구, 배드민턴 등 체육강좌 • (진로교육) 파티쉐 · 바리스타 · 디자이너 · 요리사 등 진로체험, 진로 · 직업 적합도 검사, 진로상담, 관련학과 대학생 실습 등
청소년수련원	• 숙박기능을 갖춘 생활관과 다양한 수련활동을 실시할 수 있는 각종 시설과 설비를 갖춘 종합수련시설 • 초 · 중 · 고교 연계 학교 단체 수련활동, 임원수련회, 숙박형 현장체험학습, 일일현장체험활동, 특성화 캠프 운영
청소년문화의집	• 간단한 수련활동을 실시할 수 있는 시설 및 설비를 갖춘 정보 · 문화 · 예술 중심의 수련시설 • 캠프 · 동아리활동 등 청소년활동, 수학 · 어학 강좌 등 교육문화 강좌, 진로 체험 및 진로지도 등 특색 있는 프로그램 운영 • 체육관, 대규모 강당 등을 보유하지 않은 소규모 시설로 수련관의 체육활동 이외 대부분의 프로그램 운영
청소년특화시설	• 청소년의 직업체험 · 문화예술 · 과학정보 · 환경 등 특정 목적의 청소년활동 을 전문적으로 실시할 수 있는 시설과 설비를 갖춘 수련시설 • 영상미디어, 진로 및 대안교육, 성문화, 국제교류, 자원봉사 등 특정 분야 전 문 교육 프로그램 운영
청소년야영장	• 야영에 적합한 시설 및 설비를 갖추고 수련활동 또는 야영 편의를 제공하는 수련시설 • 야영을 매개로 수련원과 유사한 학교 단체 수련활동 등 운영
유스호스텔	• 청소년의 숙박 체제에 적합한 시설 · 설비와 부대 · 편의시설을 갖추고 숙식 편의 제공, 여행 청소년의 활동지원 등을 주된 기능으로 하는 시설 • 유스호스텔은 허가받은 시설 · 설비 범위 내에서 수련원과 유사한 학교 단체 수련활동 등 운영

출처: 여성가족부(2023).

를 갖춘 정보·문화·예술 중심의 수련시설을 말한다. 읍·면·동에 1개소 이상 설치하도록 하고 있다. 청소년특화시설은 청소년의 직업체험·문화예술·과학정보·환경 등 특정 목적의 청소년활동을 전문적으로 실시할 수 있는 시설과 설비를 갖춘 수련시설을 의미한다. 청소년야영장은 야영에 적합한 시설 및 설비를 갖추고 수련활동 또는 야영 편의를 제공하는 수련시설을 말한다. 유스호스텔은 청소년의 숙박체제에 적합한 시설·설비와 부대·편의시설을 갖추고 숙식 편의 제공, 여행 청소년의 활동지원 등을 주된 기능으로 하는 시설이다(여성가족부, 2023).

이러한 수련시설은 청소년수련시설로서 기본적인 기능과 역할 외에 지역 내의 각종 청소년 사업 등 지역사회 내에서의 청소년활동과 지역사회 활동의 구심적인 역할을 수행하고 있다.

'제7차 청소년정책기본계획'(관계부처합동, 2023)에서는 청소년수련시설에 대한 대국민 인지도 향상을 위하여 청소년수련관, 청소년문화의집, 청소년특화시설을 '청소년센터'로 변경하고 시설의 종류의 간소화를 꾀하고 친숙한 용어로 변경하고자 한다. 개별 시설 명칭은 지역 환경·특성이나 해당 시설의 주요 사업, 프로그램 등을 고려하여 사용하도록 검토하고 있다. 특히 국립과 민간 청소년수련시설 간 연계체계 구축 및 공동 협력사업 발굴 등을 통하여 청소년 프로그램을 다양화하고자 한다. 더 나아가, 청소년 수련시설의 지역별·유형별 특성에 기초한 맞춤형 사업 개발을 추진하고자 한다.

(2) 청소년이용시설

청소년이용시설은 「청소년활동 진흥법」 제10조 제2호에서 청소년수련시설이 아닌 시설이지만 설치목적의 범위 내에서 청소년활동 실시와 청소년의 건전한 이용 등을 위하여 제공할 수 있는 시설을 말한다. 따라서 청소년이용시설은 청소년들이 학교나 근로현장 등 고유의 활동영역에서 벗어나 자발적 참여를 바탕으로 정서함양과 문화감성, 신체단련 등을 위해 활용할 수 있는 공간을 의미한다. 이러한 청소년이용시설의 종류는 「청소년활동 진흥법 시행령」 제17조에서 다음과 같이 규정하고 있다.

청소년이용시설로는 ① 「문화예술진흥법」 제2조 제1항 제3호의 규정에 의한 문화시설, ② 「과학관의 설립·운영 및 육성법에 관한 법률」 제2조 제1호의 규정에 의한 과학관, ③ 「체육시설의 설치·이용에 관한 법률」 제2조 제1호의 규정에 의한 체육시설, ④ 「평

| 표 6-3 | 청소년이용시설 법적 규정 |

① 「문화예술진흥법」 제2조 제1항 제3호의 규정에 의한 문화시설

② 「과학관의 설립·운영 및 육성법에 관한 법률」 제2조 제1호의 규정에 의한 과학관

③ 「체육시설의 설치·이용에 관한 법률」 제2조 제1호의 규정에 의한 체육시설

④ 「평생교육법」 제2조 제2호의 규정에 의한 평생교육기관

⑤ 「산림문화·휴양에 관한 법률」 제13조, 제14조 및 제19조의 규정에 의한 자연휴양림

⑥ 「수목원·정원의 조성 및 진흥에 관한 법률」 제2조 제1호의 규정에 의한 수목원

⑦ 「사회복지사업법」 제2조 제5호의 규정에 의한 사회복지관

⑧ 시민회관·어린이회관·공원·광장·둔치, 그 밖에 이와 유사한 공공용시설로서 청소년활동 또는 청소년들이 이용하기에 적합한 시설

⑨ 그 밖에 다른 법령에 따라 청소년활동과 관련되어 설치된 시설

생교육법」 제2조 제2호의 규정에 의한 평생교육기관, ⑤ 「산림문화·휴양에 관한 법률」 제13조, 제14조 및 제19조의 규정에 의한 자연휴양림, ⑥ 「수목원·정원의 조성 및 진흥에 관한 법률」 제2조 제1호의 규정에 의한 수목원, ⑦ 「사회복지사업법」 제2조 제5호의 규정에 의한 사회복지관, ⑧ 시민회관·어린이회관·공원·광장·둔치, 그 밖에 이와 유사한 공공용시설로서 청소년 활동 또는 청소년들이 이용하기에 적합한 시설, ⑨ 그 밖에 다른 법령에 따라 청소년활동과 관련되어 설치된 시설 등이 있다.

시장·군수·구청장은 청소년이용시설 중 청소년지도자를 배치한 시설에 대해서는 청소년이용 권장시설로 지정하여 다른 청소년이용시설에 우선하여 지원할 수 있다.

청소년이용시설의 유형은 문화시설, 과학관, 체육시설로 나뉜다. 이러한 문화시설, 과

| 표 6-4 | 청소년이용시설 유형 |

시설 유형	내용
문화시설	• 청소년들의 정서함양을 위해 국가가 건립한 국립중앙극장, 국립중앙박물관, 국립현대미술관, 국립국악원, 국립민속박물관, 국립중앙도서관 • 지역별로 박물관, 미술관, 도서관, 문예회관, 지방문화원 등의 시설 • 문화공간은 공연시설(공연장, 영화상영관, 야외음악당 등), 전시시설(박물관, 미술관, 화랑, 조각공원), 도서 시설(도서관, 문고), 지역문화복지시설(문화의집, 복지회관, 문화체육센터), 문화보급전수시설(지방문화원, 국악원, 전수회관)

과학관	• 다양한 도구를 사용하여 과학체험을 즐길 수 있으며 어린이와 청소년들의 호기심과 상상력을 키우고 창의력을 높일 수 있는 다양한 체험활동의 장 • 국립중앙과학관, 국립서울과학관
체육시설	• 국민의 건전한 여가선용과 생활체육활동을 증진하기 위하여 국민이 집 주변에서 쉽게 접근할 수 있는 생활체육시설과 전문선수의 육성을 위한 전문체육시설의 건설을 지원 • 생활체육공원, 국민체육센터, 마을단위 생활체육시설

출처: 여성가족부(2023)의 내용을 토대로 재구성함.

학시설, 체육시설 이외에도 법령상 명시된 다양한 이용시설들과 청소년들이 건전하게 이용하면서 수련활동이나 여가선용에 적합한 많은 시설이 있다.

4) 청소년수련시설의 설치 및 운영기준

(1) 청소년수련시설 설치

청소년수련시설의 설치는 청소년을 국가와 사회가 필요로 하는 건강한 민주시민으로 자랄 수 있도록 하기 위한 터전으로서 국가와 사회의 책무성 일환으로 이루어지고 있다. 청소년활동시설의 설치는 「청소년활동 진흥법」제11조 제1항에서는 "국가 및 지방자치단체는 「청소년 기본법」제18조 제1항에 따라 청소년수련시설을 설치·운영하여야 한다."라고 규정하고 있다. 이러한 역할을 담당할 시설로 '국립중앙청소년수련원' '국립평창청소년수련원' '국립청소년우주센터' '국립청소년농생명센터' '국립청소년해양센터' '국립청소년미래환경센터' '국립청소년생태센터' 등이 있다.

또한 국가와 지방자치단체만으로 청소년활동시설을 확충하기에는 일정부분 한계가 있을 수 있다. 따라서 뜻이 있는 법인이나 단체, 개인도 일정한 법적 요건과 자격 구비 시 청소년수련시설 설치에 대한 해당 지역 자치단체의 허가를 득한 후 설치할 수 있도록 하고 있다.

| 표 6-5 | 「청소년활동 진흥법」청소년수련시설 설치 · 운영에 관한 조항 |

제11조(수련시설의 설치 · 운영 등) ① 국가 및 지방자치단체는 「청소년 기본법」 제18조 제1항에 따라 다음 각 호와 같은 수련시설을 설치 · 운영하여야 한다.

1. 국가는 둘 이상의 시 · 도 또는 전국의 청소년이 이용할 수 있는 국립청소년수련시설을 설치 · 운영하여야 한다.
2. 특별시장 · 광역시장 · 특별자치시장 · 도지사 · 특별자치도지사(이하 "시 · 도지사"라 한다) 및 시장 · 군수 · 구청장은 각각 제10조 제1호 가목에 따른 청소년수련관을 1개소 이상 설치 · 운영하여야 한다.
3. 시 · 도지사 및 시장 · 군수 · 구청장은 읍 · 면 · 동에 제10조 제1호 다목에 따른 청소년문화의집을 1개소 이상 설치 · 운영하여야 한다.
4. 시 · 도지사 및 시장 · 군수 · 구청장은 제10조 제1호 라목부터 바목까지의 규정에 따른 청소년특화시설 · 청소년야영장 및 유스호스텔을 설치 · 운영할 수 있다.

② 국가는 제1항 제2호부터 제4호까지의 규정에 따른 수련시설의 설치 · 운영 경비의 전부 또는 일부를 예산의 범위에서 보조할 수 있다.

③ 수련시설을 설치 · 운영하려는 개인 · 법인 또는 단체는 특별자치시장 · 특별자치도지사 · 시장 · 군수 · 구청장의 허가를 받아야 한다. 허가받은 사항 중 대규모의 부지 변경, 건축 연면적의 증감 등 대통령령으로 정하는 중요 사항을 변경하려는 경우에도 또한 같다.

④ 국가 또는 지방자치단체는 제3항에 따른 허가를 받아 수련시설을 설치 · 운영하는 자(이하 "수련시설 설치 · 운영자"라 한다)에게 예산의 범위에서 그 설치 및 운영에 필요한 경비의 일부를 보조할 수 있다.

(2) 중앙정부의 청소년수련시설 설치

「청소년활동 진흥법」 제11조 1항 1호에서는 "국가는 둘 이상의 시 · 도 또는 전국의 청소년이 이용할 수 있는 국립청소년수련시설을 설치 · 운영하여야 한다."고 규정하고 있다. 이러한 역할을 담당하기 위하여 현재 7개의 국립청소년수련시설이 설치되어 운영하고 있다.

국립중앙청소년수련원은 청소년수련 프로그램의 개발 · 보급 및 시범운영, 청소년지도자의 양성 및 연수, 국내 · 외 청소년교류 및 수련시설 간 네트워크 정보제공 등의 기능을 수행하기 위하여 설립된 국립수련시설이다.

국립평창청소년수련원은 수련활동의 시범적 운영 및 총괄 · 지원을 위한 수련시설로서 수련시설에 대한 지원과 청소년수련활동 운영의 새로운 방향을 제시하는 기능을 수행하고 있다.

국립청소년우주센터는 우주분야에 대해 전문화·특성화된 수련시설로서 청소년 우주체험활동의 장을 해외에서 국내로 전환하여 우리나라 청소년들에게 우주체험활동의 기회를 제공하려는 목적으로 건립되었다.

국립청소년농생명센터는 농업생명체험에 대해 전문화·특성화된 수련시설로서 생명과학·농업기술·생태환경의 특화된 체험을 제공하려는 목적으로 건립되었다.

표 6-6 중앙정부의 청소년수련시설 종류

시설유형	내용
국립중앙청소년수련원	• 청소년수련 프로그램의 개발·보급 및 시범운영, 청소년지도자의 양성 및 연수, 국내·외 청소년교류 및 수련시설 간의 네트워크 정보제공 • 충청남도 천안 소재 (640억 원 규모/ 2001년 6월 준공)
국립평창청소년수련원	• 수련활동의 시범적 운영 및 총괄·지원을 위한 수련시설 • 수련시설에 대한 지원, 청소년수련활동 운영의 새로운 방향 제시 • 강원도 평창 소재 (240억 원 규모/ 1998년 10월 준공)
국립청소년우주센터	• 우주분야에 대해 전문화·특성화된 수련시설로서 청소년 우주체험활동의 장을 해외에서 국내로 전환하여 우리나라 청소년들에게 우주체험활동의 기회를 제공하려는 목적으로 건립 • 전라남도 고흥 소재 (495억 원 규모/ 2010년 7월 준공)
국립청소년농생명센터	• 농업생명체험에 대해 전문화·특성화된 수련시설로서 생명과학·농업기술·생태환경의 특화된 체험을 제공하려는 목적으로 건립 • 전라북도 김제 소재 (220억 원 규모 2013년 7월 준공)
국립청소년해양센터	• 해양환경체험에 대해 전문화·특성화된 수련시설로서 해양자원 개발 및 기술 발전에 대한 비전을 제시하려는 목적으로 건립 • 경상북도 영덕 소재 (372억 원 규모의 민간자본 투입/ 2013년 7월 준공)
국립청소년미래환경센터	• 인류 보편적 환경 문제에 대해 전문화·특성화된 수련시설로서 지구온난화 등 환경문제에 대응한 에너지, 환경, 산림 등의 지속가능한 발전교육의 장을 제공하려는 목적으로 건립 • 경상북도 봉화군 춘양면 소재 (261억 원 규모/ 2021년 7월 준공)
국립청소년생태센터	• 지구환경과 기후변화에 대해 전문화·특성화된 수련시설로서 다양한 체험활동을 할 수 있도록 하는 목적으로 건립 • 부산광역시 사하구 소재 (353억 원 규모/ 2024년 3월 준공)

출처: 여성가족부(2023)의 내용을 토대로 재구성함.

국립청소년해양센터는 해양환경체험에 대해 전문화 · 특성화된 수련시설로서 해양자원 개발 및 기술발전에 대한 비전을 제시하려는 목적으로 건립된 국립수련시설이다.

국립청소년미래환경센터는 인류 보편적 환경문제에 대해 전문화 · 특성화된 수련시설로서 지구온난화 등 환경문제에 대응한 에너지, 환경, 산림 등의 지속가능한 발전교육의 장을 제공하려는 목적으로 건립되었다.

국립청소년생태센터는 지구환경과 기후변화에 대해 전문화 · 특성화된 수련시설로서 다양한 체험활동을 할 수 있도록 하는 목적으로 건립되었다.

(3) 지방자치단체의 청소년수련시설 설치

수련시설의 설치 · 운영사업에 대한 중앙정부의 재정지원이 확대된 이후 각 지방자치단체에 의해 많은 생활권 시설들이 설치 · 운영되고 있다. 1990년부터 지방양여금이 청소년시설 건립에 사용되면서 지방자치단체의 청소년수련시설 설치사업에 중요한 재원으로 활용되었으며 2005년부터 2019년까지 국가균형발전특별회계에 의한 지원으로 건립되었다(여성가족부, 2023).

지방자치단체가 건립하는 청소년수련시설은 주로 생활권수련시설로서, 행정구역별로 1개소씩 건립하는 것을 목표로 하고 있다. 「청소년활동 진흥법」에 따르면 지방자치단체는 시 · 군 · 구에 청소년수련관을 1개소 이상 설치 · 운영해야 하며, 읍 · 면 · 동에는 청소년문화의집을 1개소씩 설치하여야 할 의무를 지닌다.

2019년까지 여성가족부에서는 지방자치단체의 수련시설 신규 건립과 더불어 기존 시설의 기능보강을 적극적으로 유도하였다. 청소년의 이용률 제고를 위하여 부지 선정 시 청소년의 접근성 확보를 최우선적으로 검토하였으며 2015년도에는 33개소 신규 건립, 75개소 기능보강, 2016년도에는 37개소 신규 건립, 65개소 기능보강, 2017년도에는 51개소 신규 건립, 79개소 기능보강을 지원하였다(여성가족부, 2017). 2018년도에는 49개소 신규 건립, 74개소 기능보강, 2019년에는 42개소 신규 건립, 70개소 기능보강을 지원하였다. 2020년부터는 지방재정분권 실현을 목적으로 수련시설 건립 및 기능보강 사업 예산은 지자체로 이양되어 지자체의 실정에 맞게 추진해 나가고 있다.

(4) 민간의 청소년수련시설 설치

청소년수련시설의 확충을 위해 국가, 지방자치단체뿐만 아니라 민간의 참여가 필요하다. 「청소년활동 진흥법」제11조 제3항에서 "수련시설을 설치·운영하려는 개인·법인 또는 단체는 특별자치시장·특별자치도지사·시장·군수·구청장의 허가를 받아야 한다."고 명시되어 있다. 「청소년활동 진흥법」제11조 제4항에서는 "국가 또는 지방자치단체는 제3항에 따른 허가를 받아 수련시설을 설치·운영하는 자(이하 "수련시설 설치·운영자"라 한다)에게 예산의 범위에서 그 설치 및 운영에 필요한 경비의 일부를 보조할 수 있다."고 규정하고 있다.

특히 청소년수련원과 유스호스텔의 경우에는 다른 청소년수련시설보다도 민간의 참여가 두드러진다.

(5) 수련시설 설립 사전검토

「청소년활동 진흥법」에 따르면 국가 및 지방자체단체가 수련시설을 설치하려고 할 경우, 입지조건이나 내부구조, 설계사항 등 건립의 타당성에 관한 내용을 포함한 기본계획을 수립하여 수련시설건립심의위원회의 심의를 받은 후 시행하여야 한다. 수련시설건립심의위원회는 5인 이상 10인 이내의 위원으로 구성하며 위원 중 청소년 및 청소년전문가의 참여비율을 각각 5분의 1 이상으로 해야 한다(여성가족부, 2023).

02 청소년수련시설의 설치현황

청소년의 직접 체험이 감소하고 간접 체험이 증가하는 시기에 청소년들에게 다양한 체험활동을 할 수 있는 장으로서의 청소년수련시설은 매우 큰 의미가 있다고 하겠다. 이러한 청소년수련시설은 「청소년 기본법」의 제정 및 시행으로 건립 및 확충에 대한 법적 근거가 마련된 후, 인프라 구축 및 양적 팽창이 이루어져 왔으며 설치 규모도 지속적으로 증가하고 있다. 따라서 청소년수련활동이라는 수단을 통해서 청소년들이 직접적인 체험을 확대하고 조화로운 성장을 도모하며 대자연 속에서 호연지기와 진취적인 기상을 기르고 일상생활 속에서 더불어 사는 지혜와 공동체의식을 체득하는 수련활동이 조직적이고 체계적으로 광범위하게 펼칠 수 있는 수련장소, 시설, 설비를 갖추는 것은 의미가 있다.

1) 전국 현황[1]

1992년에 수련시설이 150여 개소에 불과하였으나 매년 지속적으로 증가하여 2023년 (12월 기준)에는 총 830개의 청소년수련관 199개소, 청소년문화의집 346개소, 청소년수련원 152개소, 청소년야영장 35개소, 청소년유스호스텔 104개소, 청소년특화시설 14개소 총 850개소가 운영되고 있다(e-나라지표, 2024).

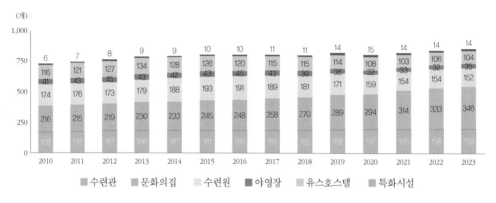

[그림 6-2] 청소년수련시설 설치현황

표 6-7 청소년수련시설 설치현황

(단위: 개소)

계	2023년						
	계	수련관	문화의집	수련원	야영장	유스호스텔	청소년 특화시설
계	850	199	346	152	35	104	14
공공	661	197	342	64	19	26	13
민간	189	2	4	88	16	78	1

1) https://www.index.go.kr/unity/potal/main/EachDtlPageDetail.do?idx_cd=2775(검색일: 2024. 2. 15.)

청소년수련원, 야영장, 유스호스텔과 같은 수련시설들의 수가 점차 적어지는 양상을 보이고 있다. 그러나 반대로 '청소년자유공간' 등과 같은 새로운 형태의 청소년활동 공간이 등장하고 있으며 청소년들이 보다 자유롭고 효율적으로 이용할 수 있는 형태로 변화하고 있다. 청소년자유공간은 청소년들이 자유롭게 활동할 수 있는 대표적인 새로운 형태의 공간으로 기존의 청소년활동시설 유형들과는 별개의 독립적인 시설로 운영되기도 하며 기존의 수련관 혹은 청소년센터 내의 공간으로 마련되어 운영되기도 한다. 청소년자유공간의 대부분은 청소년들이 자유롭고 안전하게 휴식, 친구들과의 만남, 영화 관람 등의 취미활동을 할 수 있는 공간들을 청소년에게 무료로 개방하여 운영되고 있다(문호영, 서고운, 김진호, 2023).

2) 청소년수련시설의 운영 개선 방향

청소년활동은 청소년들의 사회화를 이루는 데 중요한 역할을 한다. 학교 밖에서 체계적으로 청소년활동이 전개되는 청소년수련시설은 이를 뒷받침하는 데 중요한 기능을 한다. 이렇게 청소년수련시설은 청소년활동이 조직적이고 체계적으로 전개되는 공간으로서 청소년들의 전인적 성장에 매우 중요한 역할을 수행하는 기관임에도 운영에 있어서는 다음과 같은 문제점을 가지고 있다.

첫째, 청소년수련시설의 위치, 유형, 규모 등의 기본 설계과정에서 도시의 주변 환경과 인구밀도 등이 충분히 고려되지 않고 있다(강병연, 2005). 둘째, 청소년수련시설의 저조한 이용률은 시설의 존재 이유 이전에 수익성의 악화를 가져와 원천적으로 수련활동을 불가능하게 만들 수 있다(한국청소년개발원, 2003). 셋째, 청소년활동 프로그램은 청소년들의 욕구를 반영한 매력적인 프로그램이 개발되지 못함으로 인해 청소년과 일부 국민들에게 외면받기도 한다. 넷째, 지역사회와 느슨한 협력체계는 지역사회의 각종 자원을 효율적으로 활용하고 지원받을 수 있는 환경을 배제하는 결과를 초래할 수 있다. 다섯째, 전문적 능력을 겸비한 지도자의 부족으로 양질의 청소년활동 프로그램 서비스 제공이 제대로 이루어지지 못하고 있다(권일남, 오해섭, 이교봉, 2016).

이러한 부분을 개선하기 위하여 다음과 같은 노력이 요구된다.

첫째, 청소년의 변화된 활동 욕구에 부응하고 수요자 중심의 시설을 운영하기 위해서는 청소년활동의 주체이자 수요자인 청소년의 자발적인 참여는 청소년수련시설의 발전 뿐만 아니라 청소년의 시설 이용을 증대시킬 수 있다(권일남 외, 2016). 따라서 시설운영 과정에 청소년들을 적극적으로 참여시켜야 한다. 이는 청소년이 프로그램의 수혜자나 수동적 참여자에서 적극적인 주체로서의 참여를 의미하며 최근의 많은 청소년수련시설 들이 청소년의 권리 기반적 접근을 통해 활성화를 꾀하고 있다.

둘째, 청소년수련시설은 지역의 인구 밀집도, 생활방식, 교통수단, 관련 문화시설의 접근성, 유사기능 기관 및 시설의 유무 등 지역별 입지조건과 특성을 고려하여 최적의 기능을 발휘할 수 있도록 설치 · 운영되어야 한다(권일남 외, 2016).

셋째, 청소년활동 현장의 다양한 요구에 부응하고, 전문화 · 특성화된 프로그램을 개 발하고 진행하기 위해서는 다양한 영역에서의 전문화된 지도인력을 양성하고 배치하는 것이 중요하다. 이를 위해 청소년지도자에 대한 실질적인 처우개선과 사회적 대우를 보 장하는 지원체계를 마련해야 한다(김진호, 권일남, 이광호, 최창욱, 2009).

넷째, 청소년활동 프로그램이나 청소년활동조직, 학교 및 지역사회가 청소년성장을 촉진하는 데 기여하고 참여할 수 있는 연계체계를 구축하는 것이 필요하다. 청소년수련 시설은 시설 자체가 지역사회 활동의 허브 역할로서 기능하도록 할 필요가 있다. 지역사 회가 함께하는 프로그램 등을 개발하여, 지역사회가 함께 청소년의 건강한 성인으로의 이행을 도울 수 있도록 행정적 · 재정적 지원이 필요하다.

03 청소년활동 장으로서의 청소년단체

1) 청소년단체의 역사

우리나라 청소년운동은 국권상실의 위기에 대응하면서 출현하였다. 청년들은 구한말 국권 상실의 위기 앞에서 이를 타개하기 위해 민족사회의 지도력으로 성장하였다. 따라 서 구한말의 애국계몽운동은 선각자적인 청소년과 청년들의 시대정신이 반영된 운동으 로 출발하였다. 이때는 민(民) 주도의 애국계몽운동의 기독교계와 자생적 사립학교 운 동의 두 가지 측면의 교육운동이 함께 확장되었다. 최초로 설립된 청소년단체인 YMCA

는 기독교적 정체성을 바탕으로 함께 배우고 훈련하면서 역사적 책임의식을 계발하고 정의를 실천하고자 하는 목적에서 시작되었다. 특히 학교에서부터 깨어 있는 청소년들이 자발적으로 청소년을 조직하고 이러한 조직체가 중심이 되어 시민 사회적, 그리고 주체적 청소년운동 성격을 띤 청소년단체로서의 정체성을 갖고 있다. 뒤이어 청소년적십자, 흥사단, 대한불교청년회, 한국YWCA연합회, 한국스카우트연맹이 1905년부터 1920년대 사이에 탄생하게 된다.

일제하의 청소년운동은 청년학생운동이라는 형식을 통하여 민족의 자주독립을 위한 근대적인 힘의 배양이라는 민족동원력으로서의 자기 역할을 충실하게 수행하였다. 청소년운동은 민족사회 구성원들의 폭넓은 지지와 공감 속에서 이루어졌고 새로운 시대를 개척해 가는 청소년운동의 비전과 지향이 얼마 만한 것이었는가를 가늠할 수 있다(강문규, 1991). 역사 속에서 청소년운동은 2 · 8독립선언과 3 · 1운동, 6 · 10만세운동 등 근대사에 있어 면면히 흐르는 시대정신에 대안을 제시하는 형태로 발전되어 왔다.

1960년에 일어난 4 · 19라는 정치적 사건을 통해 더욱 발화되었다. 우리 사회가 근대화 과정에서 경제적 성장에 초점을 맞추고, 급격한 사회변동과 가족해체 등의 변화가 나타났기 때문이다. 이때의 청소년운동은 권위주의적 정치구조 속에서 청소년의 사회참여가 확대되기보다는 경제개발과정에서 인력양성이나 제도교육 안에서의 활동으로 급격하게 청소년활동이 축소되게 된다(김윤나, 정건희, 진은설, 오세비, 2015). 따라서 제도교육 안에서 대안이 아닌 문제로 치부되는 청소년들을 선도하고 보호하며 통제하는 형식으로 청소년단체활동이 자리매김하게 된다.

이즈음 하여 1965년에 한국청소년단체협의회가 생겨났고, 범사회적 청소년운동체제를 구축하게 된다. 김민(2003)은 이때를 청소년단체의 부흥기로 바라보고 있다. 이는 청소년단체협의회가 조직되면서 청소년단체들이 확장된 시기이기에 중요한 기점으로 보는 관점이라고 할 수 있다.

이후 1985년 UN이 '세계청소년의 해'를 제정하고 이에 대해 다양한 논의가 전개되면서 한국에서도 청소년 정책과 사업의 주요한 영역으로 구체화되었다. 1987년 「청소년육성법」 제정, 1988년 '청소년육성종합계획' 수립과 더불어 1991년 '한국청소년기본계획'과 「청소년 기본법」의 제정, 1992년 청소년의 해 운영, 그리고 1993년 '청소년육성5개년계획' 수립 등과 연결되어 청소년단체의 활발한 활동이 확장된다.

청소년단체도 이 시기에 법적 정의를 갖게 되었으며, 이에 따라 「청소년 기본법」 제3조를 통하여 "청소년단체는 청소년 육성을 목적으로 설립된 법인 또는 대통령령이 정하는 단체로서 청소년활동, 복지, 청소년보호를 주요한 사업으로 하는 단체"로서의 정체성을 갖게 되었다. 또한 학교 내에서 청소년의 안전하고 건전한 체험활동을 통한 자기 성장을 이루도록 하기 위해 한국스카우트연맹, 한국걸스카우트연맹의 「스카우트 육성에 관한 법률」(1969), 「한국청소년연맹 육성에 관한 법률」(1981), 「한국해양소년단연맹 육성에 관한 법률」(1984), 「대한적십자사 조직법」(1999)에 따라 특별하게 청소년단체활동이 보장되었다.

청소년단체는 각기 고유한 설립목적에 따라 다양한 청소년활동 프로그램을 전개하게 된다. 이에 따라 실질적인 청소년활동에 대한 인프라도 마련되었다.

현재 청소년단체는 65개의 청소년단체가 한국청소년단체협의회에 가입되어 있다. 2022년 기준으로 270여만 명의 청소년회원과 30여만 명의 청소년지도자 등 총 300여만 명이 소속되어 활동하고 있다(여성가족부, 2023).

하지만 청소년단체는 사회적 변화에 따라 성장해 왔음에도 불구하고, 1980년대 후반 이후 신생 시민운동단체들이 특화된 부문에서 나름의 목소리와 전문화된 영역을 확보하며 성장한 것과 비교하자면, 오늘날 청소년단체의 실상은 초라해 보이기까지 하다. 이러한 해석에는 여러 관점이 존재하겠지만 과거 청소년단체들이라 일컫던 단체들이 문어발식 영역 확장을 통해 상대적으로 청소년 영역의 비중이 약화되었고, 재정적 여건의 취약성 등으로 우수한 인적 자원을 유인, 관리, 개발하지 못한 스스로의 책임이 더 크다고 할 수 있다(김민, 2003). 아울러 청소년단체활동에 대한 청소년들의 관심과 다양한 참여 욕구에 대한 적절한 활동이 제공되지 못하는 것도 한 원인이 될 수 있다. 특히 국내외적인 발전 변화에 따른 다양한 접근과 전략을 수립하지 못하고 있는 것도 사실이다.

최근에는 정부와 학교의 관심 저조로 그 기능과 역할이 축소되고 있다. 정부·교육청·학교 등의 관심 부재로 학교·지역사회 내 청소년단체 및 가입단원이 급감하는가 하면, 일부 교육청의 청소년단체활동 지도교사 가산점제 축소 및 교육청·학교의 단체활동 탈학교화 주장·정책 확대, 학부모 관심 하락 등으로 단체활동이 지속적으로 위축되고 있다.

청소년단체는 회원조직을 기반으로 분야별 전문성을 가진 조직으로서 매우 다양한 기능을 제공하며 각 단체의 전문성과 특성에 따라 청소년들에게 매우 다양한 활동에 대한 경험을 제공하고 있다. 아울러 사회적인 기능 측면에서는 청소년운동을 이끌어 가는 주체로서 사회적 영향력을 가진다는 점에서 중요한 역할을 수행한다.

청소년운동(Youth Movement)은 일반적으로 청소년 다수가 주체적으로 그리고 자발적으로 참여하여 자기 자신들의 삶이나 주어진 삶의 제반 조건과 환경을 발전적으로 변화시키고자 하는 뚜렷한 목적을 가지고 조직적으로 목표 달성을 위하여 다양한 활동을 확대 전개해 나아가는 사회운동의 일환이라고 정의할 때(이민희, 2011), 전 세계적인 흐름과 변화에 따른 참여방안 또한 강구해야 할 필요성이 있다. 따라서 청소년을 둘러싼 삶의 영역으로 활동을 넓히고 개인의 책임성, 적극적 시민성, 지역 관련성까지 영역을 넓혀 가는 것이 무엇보다 중요하다. 이러한 역사적 맥락 속에서 국내외적 역할변화에 따라 청소년단체도 사회적 영향력과 구체적인 목표와 방향을 제시할 수 있는 역할을 담당해야 한다.

특히 유럽에서는 청소년활동을 청소년 삶 자체로 보고 있다. 청소년정책도 청소년들에게 직면한 도전과 장애물, 즉 시민으로서 사회활동에 참여하는 것과 직업을 선택하는 모든 것을 포함하여 사회적 통합을 이루는 데 필요한 지식과 기술, 태도뿐만 아니라 시민사회의 발전을 위한 공헌과 지역사회의 민주주의 발전을 위한 참여의 과정이 중요시되고 있다(Denstad, 2009). 특히 분화되는 특성들이 청소년의 삶에 많은 변화를 가져오고 있기 때문에 정책적으로 초기 청소년들에게는 기본적인 시민교육과 참여에 주력하면서 사회적 이슈를 배우고, 다양한 공동체적 경험을 통해서 비판적인 태도를 배울 수 있도록 지원하고 있으며, 18세 이상의 청소년들에게는 노동시장으로의 진입과 독립적인 삶과 더 넓은 사회참여를 위한 교육활동을 전개하고 있는 것도 주목할 부분이라고 할 수 있다. 특히 청소년의 요구와 기대에 대한 연구조사를 통해서 노동시장과 교육, 사회와 보건, 주거정책 등의 영역과 만나는 지점에서 통합적인 노력을 전개하는 것은 현재의 우리나라의 청소년단체활동에 주는 시사점이 크다고 볼 수 있겠다.

신자유주의와 물질주의 속에서의 철학적 사유의 부재로 이루어지는 다양한 문제들에 대응하는 힘을 키워 내야 하며, 청소년활동 자체가 청소년의 삶과 밀접해야 한다.

청소년단체활동은 청소년이 주체가 되는 활동 속에서 삶으로서의 문화적인 기반과 자신을 개발하는 형태로 발전시켜 나가야 한다. 이를 통해 다양한 경험습득의 차원을 넘어선 정치적 관심과 사회적 민감성을 가지고 사회적 역할을 제고하면서 자신의 존재감을 회복시켜 나가야 한다.

2) 청소년단체의 개념

청소년단체는 청소년집단을 근간으로 구성·설립된 사회조직체의 하나로 특성에 따라 여러 가지 용어로 불리고 있다. 청소년들을 위한 활동의 장으로 청소년 개개인의 바람직한 사회적 경험과 인격형성에 도움을 주기 위하여 집단활동을 적극적으로 편성한 조직체이다. 건전한 활동을 통하여 청소년 개개인의 자아실현을 도모하고 나아가 사회발전에 참여·봉사할 수 있는 인간으로 성장하도록 지원하는 비정부단체이다(한국청소년개발원, 2003). 청소년들이 일정한 만남과 접촉을 통해 상호작용함으로써 개인적인 성장을 이루는 동시에 장차 사회의 건전한 일원으로서 생활해 갈 수 있는 태도를 습득케 하며, 전체 사회에 기여할 수 있는 정신을 연마하는 실천적인 활동 현장의 기능을 갖는 넓은 의미의 사회단체의 하나로 규정할 수 있다(천정웅, 오해섭, 김정주, 김민, 2011).

그러나 한국의 청소년단체는 여타 청소년시설과는 다르게 국가적·사회적 차원에서의 체계적인 지원과 육성체제를 갖추면서 발달했다기보다는 자발적인 실천으로 발전되어 왔음을 상기할 필요가 있다. 특히 청소년단체들이 근대 이후 면면히 이어 왔던 '소년운동'의 주체적 세력이자, 그 시기 동안 발전을 거듭해 왔던 한국 사회에서 청소년을 중심으로 사회계몽운동을 펼치고 사회변화의 주체적 역할을 담당해 왔다는 것은 자명한 사실이다(조남억, 2010). 그럼에도 불구하고 청소년단체는 대안적 활동을 담당하는 주체로서의 역할보다는 여전히 위축의 역사를 반복하고 있다는 주장이 제기되고 있다(김민, 2003). 특히 오늘날 학교에서 청소년단체활동에 대한 관심이 저조하고 그 기능과 역할이 축소되면서 학교와 지역사회 내 청소년단체의 가입 단원은 급감하고 있다.

3) 청소년단체의 특성

청소년단체는 일반조직으로서의 특성, 목적적 특성, 운영적 특성이 있다.

(1) 일반조직으로서의 특성

청소년단체는 각 단체가 추구하는 분명한 목적을 수립하고 있으며 목적을 성취하고자 공동으로 노력하는 조직 성원을 가지고 있다. 조직 성원들에 의한 업무 분화가 이루어지고 있으나, 현실적으로 청소년단체는 하나의 조직으로서의 장점과 특성이 있으나 단체가 추구하는 목적 달성을 위해 성원 간의 일체감, 상호작용을 돕고 있다.

(2) 목적적 특성

청소년단체는 동적으로 청소년의 건전한 성장과 발달을 돕는다는 교육적인 특성을 갖는다. 사회관계에서는 청소년들이 단체활동을 통한 국가나 지역사회 발전에 참여하고 봉사하도록 한다. 일반 대중과의 관계에서는 전체 청소년과 관련된 목적으로서 개개인의 인격적인 발달과 성숙을 통한 자아실현을 도와준다. 그리고 지지자의 측면에서는 청소년활동이 사회적인 지위 향상이나 단체의 이념과 실천을 통해서 청소년복지향상에 목적을 둔다. 청소년단체 실무자 측면에서는 청소년단체활동을 통해 자아실현을 할 것이며, 책임자로서는 소속 단체가 사회 속에서 지속적으로 그 역할과 책임을 다하면서 존속되기를 바란다.

(3) 운영적 특성

청소년단체는 회원자격과 필요조건을 반드시 가지고 있다. 청소년들과의 교감이 잘 이루어질 수 있도록 청소년지도자들의 훈련과정도 운영한다. 후원자들을 모집하여 전국적 단체의 목표를 수행하며 집단 지도력, 회원자격 및 프로그램의 지속성을 유지하고자 한다. 국제적인 조직체의 경우, 국제적 시각을 넓힐 수 있는 좋은 기회가 되며, 다른 사람이나 지역사회를 돕도록 하는 기회를 제공한다.

4) 청소년단체의 문제점 및 발전방안

청소년단체의 문제점은 다음과 같다. 첫째, 청소년단체는 전반적으로 운영상에 취약한 구조로 되어 있어 청소년 사업 수행에 영향을 주고 있다. 둘째, 국가정책 연계활동 보다는 단체의 고유활동을 우선 수행함에 따라 청소년단체활동과 정부 정책 간에 괴리감이 있다. 셋째, 청소년단체는 인력이 부족하고 조직이 체계적으로 운영되지 못하고 있다. 특히 프로그램 지도인력이 부족하여 안정성을 해치고 있다. 넷째, 각 단체가 추구하는 목표와 방향성에 근거한 활동 프로그램이 특성화되지 못했다. 다섯째, 청소년참여는 구체적이고 적극적인 참여보다는 낮은 단계 수준의 참여가 주류를 이루고 있다. 이 외에도 다양한 문제들이 제기되었다.

이는 청소년단체가 자기주도성과 시대정신에 따른 사회참여에 대한 측면보다는 현재는 학교교육의 문제점을 보완하는 역할에 초점을 맞추고 있고 운동성이 약화하고 시설 위탁 등 청소년 사업이 중심이 되고 있음을 알 수 있다.

이를 보완하기 위해서는 다음과 같은 노력이 필요하다.

첫째, 청소년단체에서의 청소년참여가 확대되어야 하며 청소년단체는 초창기 설립목적에 따라 청소년운동(Youth Movement)에 기반을 둔 활동이 이루어질 필요가 있다. 또한 청소년단체를 이루는 핵심 주체가 청소년인 만큼 청소년들이 청소년단체 내의 의사결정 과정에 주도적인 역할을 담당할 수 있도록 제도 정비와 시스템 등을 구축하고 이를 적극적으로 지원해야 한다. 둘째, 청소년단체는 생각은 과거의 성장 지향적 틀을 그대로 준용하면서도 몸은 이를 따르지 못하는 기형적 모습을 가지고 있다. 그 결과, 일선의 지도인력 전문성은 극히 취약한 상태에서도 조직 진단을 제대로 하거나 전략을 구성하지 못하고 있다. 따라서 청소년단체활동을 지속화하려면 지도인력의 확보와 운영 등의 전략을 새롭게 수립하고 이를 정예화하는 노력을 강구해야 한다(한국청소년정책연구원, 2019). 셋째, 수요자인 청소년 중심의 프로그램이 새롭게, 지속적으로 제공되어야 한다. 특히 미래 창의, 진로와 직업, 삶의 가치, 대인관계와 사회성, 봉사를 통한 조력과 나눔, 배려 등을 인간으로서 습득할 수 있도록 하는 프로그램이 대중화되어야 한다. 넷째, 청소년단체활동은 학교가 고민하는 인성교육의 범주 내에서 더 분명한 변화를 끌어내야 한다. 무기력, 정서불안, 폭력, 갈등, 평화, 인권 등 학교에서 다루지 못하는 활동의 범주를 확장하는 것이 바람직하다(한국청소년정책연구원, 2019). 다섯째, 청소년단체는 공동체-조직 활동의 특성을 기반으로 청소년의 자율적인 참여를 확보해야 한다. 마지막으로, 보편적이고 종합적인 활동 프로그램보다는 단체의 전문성을 활용하고 높일 수 있어야 하며 청소년단체의 이념을 기반으로 하되, 단체의 내부적인 원칙만이 아닌 외부 환경, 사회와의 소통과 교류, 수용이 함께 이루어져야 한다(김혁진, 2011). 사회변화의 민감성과 대안적 사회를 제시하는 역할을 높이면서 그 역량을 발전시켜 나가야 한다.

 요약

1. 청소년활동시설이란 수련활동, 문화활동, 교류활동 등 각종 청소년활동을 위해 제공되는 시설로 「청소년활동 진흥법」 제10조에서는 청소년활동시설의 종류를 청소년수련시설과 청소년이용시설로 구분하고 있다.

2. 청소년수련시설은 청소년수련관, 청소년수련원, 청소년문화의집, 청소년특화시설, 청소년야영장, 유스호스텔 등 6개 시설 유형으로 구분한다.

3. 청소년이용시설은 청소년수련시설이 아닌 시설로서 그 설치 목적의 범위 내에서 청소년활동의 실시와 청소년의 건전한 이용 등에 제공할 수 있는 시설로 문화시설, 과학관, 체육시설 등이 있다.

4. 국가 및 지방자치단체는 「청소년활동 진흥법」 제11조 제1항과 「청소년 기본법」 제18조 제1항에 따라 청소년수련시설을 설치·운영하여야 한다.

5. 국가의 지방자치단체만으로 청소년수련시설을 확충하기에는 일정부분 한계가 있을 수 있으므로 뜻이 있는 법인이나 단체, 개인도 일정한 법적 요건과 자격 구비 시 청소년수련시설 설치에 대한 해당 지역 자치단체의 허가를 득한 후 설치할 수 있도록 하고 있다.

6. 청소년단체는 청소년집단을 근간으로 구성·설립된 사회조직체의 하나로 특성에 따라 다르게 표현하고 있다. 청소년단체는 청소년들이 일정한 만남과 접촉을 통해 상호작용함으로써 개인적인 성장을 이루는 동시에, 장차 사회의 건전한 일원으로서 생활해 갈 수 있는 태도를 습득케 하며, 전체 사회에 기여할 수 있는 정신을 연마하는 실천적인 활동 현장의 기능을 갖는 넓은 의미의 사회단체의 하나이다.

7. 청소년단체는 일반조직으로서의 특징, 목적적 특징, 운영적 특징을 가지고 있다.

8. 청소년단체는 운영상 취약한 구조, 청소년단체활동과 정부 정책 간의 괴리감, 청소년단체의 인력이나 조직 정비의 부족, 지도인력의 부족과 안정성 부족, 실질적 자기주도성과 시대정신에 따른 사회참여가 부족하여 청소년단체의 운동성은 없고 협의회 중심의 관리 통제적 힘의 작용 등 문제점을 가지고 있다.

9. 청소년단체의 문제를 해결하기 위해서는 청소년참여 확대를 통한 청소년운동에 기반을 둔 활동 및 제도 정비와 시스템 구축, 청소년단체활동 지도인력 확보, 운영 등의 전략, 청소년 중심의 프로그램 제공, 청소년 중심의 지속적인 프로그램 제공 등이 필요하다. 특히 학교가 고민하는 이슈에 대한 확장성, 단체의 전문성 활용과 제고, 청소년단체의 이념을 기반으로 하되 단체의 내부적인 원칙만이 아닌 외부 환경, 사회와의 소통과 교류, 수용이 함께 이루어져야 하며 사회변화의 민감성과 대안적 사회를 제시하는 역할을 제고하며 그 역량을 발전시켜야 한다.

참고문헌

강문규(1991). 한국의 청소년과 청소년단체. **한국청소년연구**, 5, 172-182.

강병연(2005). 청소년수련시설활성화 결정요인 연구. 원광대학교 대학원 박사학위논문.

관계부처합동(2023). 제7차 청소년정책기본계획(2023~2027). 관계부처 합동.

권일남, 오해섭, 이교봉(2016). **청소년활동론**. 공동체.

김민(2003). 청소년단체 및 단체활동 활성화방안 연구. 한국청소년단체협의회.

김영한, 조달현(2013). 전국 청소년단체 실태조사 및 발전방안 연구. 한국청소년정책연구원.

김윤나, 정건희, 진은설, 오세비(2015). **청소년활동론**. 신정.

김진호, 권일남, 이광호, 최창욱 (2009). **청소년활동론**. 한국방송통신대학교출판문화원.

김혁진(2011). 청소년활동 관점에서 바라 본 주5일수업제. 콜로키움자료집. 한국청소년정책연구원.

문호영, 서고운, 김진호(2023). 청소년활동 실태 및 정책방안 연구. 한국청소년정책연구원.

여성가족부(2017). 2017 청소년백서. 여성가족부.

여성가족부(2023). 2022 청소년백서. 여성가족부.

이민희(2011). 한국과 독일의 청소년운동에 관한 비교사적 연구-청소년운동을 통한 21세기 한국사회 변혁의 가능성 탐색. 청소년학연구, 18(4). 349-382.

조남억(2010). 창의적 체험활동과 청소년단체활동의 연계에 관한 연구. 청소년학연구, 19(8). 83-104.

천정웅, 오해섭, 김정주, 김민(2011). 청소년활동론. 양서원.

한국청소년개발원(2003). 청소년수련활동론. 교육과학사.

한국청소년정책연구원(2019). 제14회 청소년정책포럼 학교내 청소년단체활동 활성화방안 모색. 한국청소년정책연구원.

Denstad, F. Y. (2009). *Youth Policy Manual–How to develop a national youth strategy*. Council of Europe Publishing. Council of Europe.

제 **7** 장

청소년수련활동 인증제

학습개요

　청소년수련활동 인증제도는 청소년활동 프로그램에 대한 사전인증으로 양질의 활동 기회 및 프로그램을 제공할 수 있게 하고, 수요자인 청소년의 욕구가 반영된 활동 프로그램을 제공함으로써 '유용성' '공공성' '안전성'을 강조한다. 또한 인증받은 활동에 참여한 청소년의 활동 실적을 기록·관리함으로써 청소년들의 자기계발과 진로 탐색에 필요한 자료로 활용될 수 있도록 지원하고 있다.

　청소년수련활동 인증제는 청소년활동 프로그램 분야에서 계획의 체계성, 프로그램 개발의 질적 수준, 기반과 지원의 적절성 등을 향상하는 데 기여하였으며, 특히 현장 프로그램 운영자 혹은 지도자의 프로그램 기획 역량을 획기적으로 증진하는 데 큰 역할을 하였다. 또한 인증제도를 통해 우수한 활동 프로그램의 품질을 보장하여, 이를 이용하는 수요자들에게 필요한 정보를 제공해 주는 등 질이 보장된 프로그램의 확산을 유도해 왔다.

　이처럼 청소년수련활동 인증제는 청소년에게 양질의 프로그램을 제공하고, 지도자의 역량강화에 기여하는 등 긍정적인 효과가 있다. 따라서 청소년수련활동 인증제의 활성화를 위해서는 구체적인 내용 이해가 중요하다.

　이 장에서는 청소년수련활동 인증제도의 개념 및 추진 배경, 청소년수련활동 인증제도의 운영, 청소년수련활동 인증제도의 인증 기준, 인증수련활동 사후 관리, 인증제도의 절차별 법적 근거 등에 대해 살펴보고자 한다.

01 청소년수련활동 인증제도의 개념 및 추진 배경

청소년수련활동 인증제도는 「청소년활동 진흥법」 제35조 또는 제38조에 따라 시행된 제도로서 청소년수련활동이 청소년의 균형 있는 성장에 기여할 수 있도록 국가 및 지방자치단체 또는 개인, 법인, 단체 등이 실시하고자 하는 청소년수련활동을 인증하고, 인증된 수련활동에 참여한 청소년의 활동기록을 유지·관리·제공하는 청소년수련활동 프로그램에 대한 국가인증제도이다. 청소년수련활동 인증제는 글로벌·다문화 시대의 흐름에 발맞추어 청소년의 활동 환경을 조성하고 지원하는 제도로 청소년의 다양한 요구에 부응하고 사회문화적 역량을 개발·강화하는 것을 목적으로 한다(여성가족부, 2017).

청소년수련활동 인증제는 여가활동의 사회적 수요 증가, 청소년의 체험활동 필요성 확대, 자발적 청소년활동 인프라 구축에 대한 사회적 요구, 청소년활동에 대한 기록·관리와 활용의 다양성에 대한 필요성 등이 대두되면서 추진되었다.

구체적인 추진 배경은 다음과 같다.

첫째, 청소년수련활동이 대중적으로 공공성, 안전성, 신뢰성, 적합성을 인정받는 방법에는 운영자의 노력도 필요했지만 이를 사회적으로 인정받을 수 있는 장치가 필요하였다. 청소년수련활동에 대한 인증제도는 바로 공적인 절차와 기준에 의해 청소년수련활동이 안전하며 청소년에게 유익하다는 것을 보증하기 위한 전략의 하나였다. 이러한 사회적 인정 또는 보증이란 기존의 청소년수련활동이 공급자 중심이었다는 반성도 전제로 하고 있다. 일반적으로 상품에 대한 인증을 한다는 것은 경쟁 구조 속에서 소비자들이 안전하게 좋은 상품을 구매할 수 있도록 돕는 효과가 있다. 이는 공공영역에서도 마찬가지이다. 우선, 인증을 통해 청소년수련활동이 일정 수준 이상의 품질을 갖도록 유지하고 수요자들은 인증된 프로그램을 선택할 수 있게 됨으로써 수요자 중심의 정책을 지향한 것이다. 이를 통해 청소년수련활동 프로그램의 품질을 개선하고 경쟁력을 확보하도록 도울 수 있다고 판단하였다.

둘째, 인증이라는 절차는 규제와 통제를 위한 기능을 수행하는 것이 아니라 인증이라

는 관문을 통해 청소년수련활동 프로그램을 제공하는 제공자를 다양하게 확대한다는 의
도도 갖고 있었다. 이는 일종의 시장 확대 전략인데, 청소년수련활동에 청소년 시설이나
단체뿐만 아니라 다른 정부 부처와 공공기관, 민간단체나 개인까지도 참여할 수 있는 공
식적 통로를 열자는 것이었다. 이를 통해 청소년활동이 청소년정책 안에서 갇혀 있는 것
이 아니라 전 정부적, 전 사회적으로 소통하고 확대할 수 있는 기반을 마련하는 의미도
있었다. 이에 따라 청소년수련활동 인증의 신청 범위를 국가나 개인, 법인, 단체로 규정
하였다. 즉, 도입 목적으로 본다면 대상 측면에서 청소년수련시설과 청소년단체에 집중
된 제도가 아니었다.

셋째, 인증제 도입의 실효성과 관련하여 도입 배경의 하나가 된 것은 청소년활동 기록
의 활용에 관한 정책 대안의 필요성이었다. 1991년 수립된 '한국청소년기본계획'에서부
터 청소년수련활동 기록 관리 체계의 도입이 제안되고 부분적으로 시도가 있었다. 기록
관리 체계의 목적은 정책 자료로 활동 정보나 실적을 관리하는 것뿐만 아니라 청소년활
동에 적극적으로 참여한 청소년들이 자기개발이나 진로에 활용하게 한다는 목적도 있었
다. 학교교육에서 학교생활과 맞물려 진학 자료의 다양화가 예상되고 있었다. 일부 대학
에서도 자기소개서에 봉사활동이나 교과 외 활동에 대한 관심이 점차 높아지게 되었다.
이러한 교육정책의 변화에 대응하여 청소년활동 정책 차원에서도 자체적인 활동 기록
관리체계를 갖출 필요가 제기되었다. 청소년수련활동 인증제 운영에 있어서 인증받은
활동에 대한 기록 관리는 제도 시행과 정착·활성화의 핵심과제였다(김형주, 김진호, 김
혁진, 2012).

02 청소년수련활동 인증제도의 운영

청소년수련활동 인증제도는 「청소년활동 진흥법」 제35조와 제38조를 근거로 여성가
족부, 한국청소년활동진흥원, 17개 시·도청소년활동진흥센터를 주축으로 운영되고 있
다. 여성가족부(2023)의 『2022 청소년백서』와 한국청소년활동진흥원(2022)의 '2022 인증
신청 및 사후 관리 매뉴얼'을 토대로 청소년수련활동 인증제도의 운영에 대해 전반적으
로 살펴보면 다음과 같다.

1) 청소년수련활동 인증제 운영 체계

(1) 운영 체계

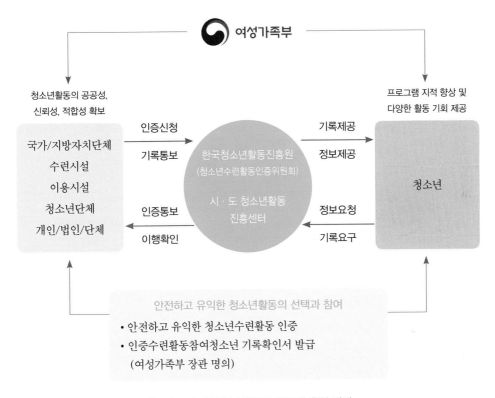

[그림 7-1] 청소년수련활동 인증제 운영 체계

표 7-1 운영 체계에 따른 기관 역할과 법적 근거

구분	역할	법적 근거
여성가족부	• 인증제도 추진, 인증위원 위촉 • 활동기록 유지 · 관리 · 제공, 운영예산 지원	「청소년활동 진흥법」 제35조
지방자치단체	• 지방청소년활동진흥센터 설치 및 운영 ※ 지방청소년활동진흥센터의 운영에 필요한 경비의 전부 또는 일부를 지원	「청소년활동 진흥법」 제7조, 제35조
한국청소년 활동진흥원	• 인증제도 · 인증위원회 · 인증심사원 운영 • 그 외 인증제 발전에 필요하다고 판단되는 사항 운영	「청소년활동 진흥법」 제35조
시 · 도청소년 활동진흥센터	• 인증 신청자를 위한 종합 지원(컨설팅, 교육 등) • 지역 내 인증수련활동(운영기관) 관리와 홍보 • 그 외 지역 내 인증제도 활성화 사업 운영 등	「청소년활동 진흥법」 제7조
인증위원회 (여성가족부 위촉, 임기 3년)	• 인증기준 제 · 개정 • 인증신청 내용의 확인 및 심의 · 의결 • 인증의 취소, 인증신청 제한 조치	「청소년활동 진흥법 시행령」 제35조 인증제 운영 규정 제4조
인증심사원 (인증위원회 위촉)	• 인증(서류)심사, 현장방문심사 • 인증 사항 이행여부 확인 등	「청소년활동 진흥법 시행령」 제22조
인증신청기관	• 청소년수련거리를 개발하여 인증을 신청 • 인증 사항에 맞춰 운영 • 인증수련활동 운영결과 통보(활동 기록 포함)	「청소년활동 진흥법」 제35조 등

(2) 청소년수련활동 인증제 운영 절차

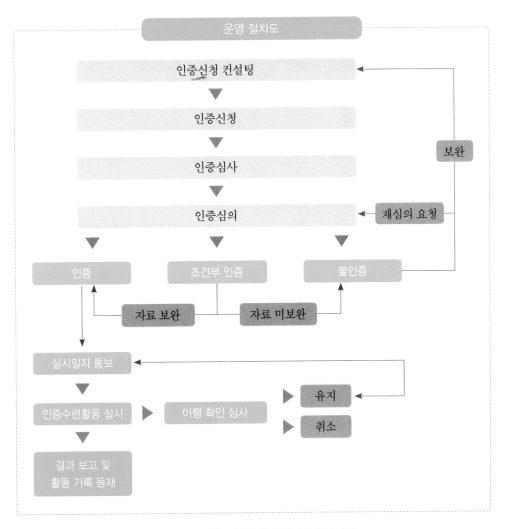

[그림 7-2] 청소년수련활동 인증제 운영 절차

2) 운영 현황

청소년수련활동 인증제도는 2006년 3월부터 시작되어 당해 연도에 청소년수련활동 인증위원 15인을 위촉하고, 인증심사원 192명을 선발하여 5월 인증 접수를 시작으로 79건의 청소년수련활동을 인증하였다. 이를 시작으로 점차 인증 건수가 증가하여 2015년 5,000호

인증에 이어 2016년에 6,000호 인증을 달성하는 등 양적으로 성장하였다. 2022년까지 인증된 수련활동은 11,882건이며, 이 중 27건은 인증 사항 이행 여부 확인 등을 통해 취소되고, 8,302건은 인증 유효기간이 종료되었으며, 48건은 철회되어 2022년 12월 말까지 총 3,505건의 인증수련활동이 유지되고 있다(여성가족부, 2023).

표 7-2 연도별 인증제 운영 현황   (단위: 건)

구분	2006	2007	2008	2009	2010	2011	2012	2013	2014	2015	2016	2017	2018	2019	2020	2021	2022	합계
인증 신청	132	352	508	348	340	329	276	1,291	2,895	2,026	1,317	1,517	2,095	1,155	1,494	739	912	18,126
인증	79	284	443	255	265	242	212	778	1,558	1,301	824	764	1,299	1,056	1,110	556	856	11,882
유지	79	359	802	1,057	1,297	1,382	1,314	1,702	2,971	3,743	4,146	4,159	3,725	3,113	3,299	3,265	3,505	3,505
종료	–	–	–	52	191	339	231	277	527	406	764	1,733	1,652	924	590	616		8,302
철회	–	5	4	12	3	–	3	11	10	–	–	–	–	–	–	–	–	48
취소	4	–	–	–	–	–	1	3	2	–	1	–	16	–	–	–		27

출처: 여성가족부(2023).

표 7-3 기관 유형별 청소년수련활동 인증 현황   (단위: 건)

구분	2006	2007	2008	2009	2010	2011	2012	2013	2014	2015	2016	2017	2018	2019	2020	2021	2022	합계
국가, 지방자치단체	–	1	3	1	1	1	3	–	1	8	23	6	5	1	1	–	–	55
공공기관	5	17	13	4	6	4	2	8	31	27	22	28	51	26	22	22	35	323
학교/교육청	–	–	–	3	2	3	2	4	14	38	7	3	7	1	3	15	7	109
청소년수련관 (특화시설)	20	165	273	139	175	120	85	127	215	185	149	128	162	160	319	170	173	2,765
청소년수련원	24	33	37	31	18	56	29	337	499	461	206	279	586	533	454	167	112	3,862
청소년문화의집	9	44	76	38	38	33	66	40	86	75	113	98	124	182	207	131	213	1,573
야영장, 유스호스텔	–	2	1	7	1	6	6	94	147	31	21	47	59	32	29	–	17	500
청소년보호 복지시설	1	16	20	17	9	6	3	8	11	5	14	11	4	4	5	2	7	143
청소년단체	11	4	13	10	6	–	2	14	44	7	4	4	0	3	1	–	3	130
일반	9	2	7	5	9	9	14	146	510	464	265	160	301	105	65	43	102	2,216
컨소시엄														9	4	6	13	32
합계	79	284	443	255	265	242	212	778	1,558	1,301	824	764	1,299	1,056	1,110	556	682	11,708

출처: 여성가족부(2023).

| 표 7-4 | 인증수련활동 보유기관별 운영 현황 | | | | | | | | | | | | (단위: 개소, 건) |

구분	국가, 지자체/ 공공기관	학교/ 교육청	청소년수련시설						복지 시설	청소년 단체	일반	컨소 시엄	합계
			수련관	수련원	문화의 집	야영장	특화 시설	유스 호스텔					
보유 기관	35	7	167	112	213	6	6	11	7	3	102	13	682
유지 건수	102	50	723	1,626	521	26	11	64	12	4	350	16	3,505

출처: 여성가족부(2023).

03 청소년수련활동 인증제도의 인증 기준

여성가족부(2023)의 『2022 청소년백서』와 한국청소년활동진흥원(2022)의 '2022 인증 신청 및 사후 관리 매뉴얼'을 토대로 청소년수련활동 인증제도의 운영에 대해 전반적으로 살펴보면 다음과 같다.

1) 청소년수련활동 인증제 활동 유형

| 표 7-5 | 청소년수련활동 인증제 활동 유형 |

활동 유형	프로그램
기본형	전체 프로그램 운영 시간이 2시간 이상으로서, 실시한 날에 끝나거나 또는 2일 이상의 각 회기로 구성되어 있으며 숙박 없이 수일에 걸쳐 이루어지는 활동 ※ 다만, 「초·중등교육법」 제2조에 따른 각급 학교(이하 "학교"라 한다)의 장이 참가를 승인한 경우 프로그램 운영 시간은 교급별 수업시수를 기준으로 할 수 있다
숙박형	숙박에 적합한 장소에서 일정기간 숙박하며 이루어지는 활동
이동형	활동 내용에 따라 선정된 활동장을 이동하여 숙박하며 이루어지는 활동
학교단체 숙박형	학교장이 참가를 승인한 숙박형 활동 * 개별단위프로그램: 학교단체 숙박형 활동을 구성하는 각각의 프로그램

출처: 한국청소년활동진흥원(2022).

2) 청소년수련활동 인증제 활동 운영방식

인증수련활동은 운영방식, 참여 형태에 따라 다양하게 운영할 수 있는데, 시간과 장소에 따른 교육 접근방법을 기반으로 인증수련활동을 구분하면 다음과 같다.

표 7-6 | 청소년수련활동 인증제 활동 운영방식

구분	내용
대면 방식	지도자와 청소년이 동일한 시간과 공간에서 함께 대면하며 이루어지는 활동
비대면 방식	전문지도자와 청소년이 다른 시간 또는 공간에 있으며 정보통신 매체 등을 활용하여 이루어지는 활동
집합 활동	활동에 참여하는 청소년과 청소년이 동일한 시간과 공간에 2명 이상 만나서 진행되는 활동
비집합 활동	활동에 참여하는 청소년과 청소년이 다른 시간 또는 공간에 존재하며 진행되는 활동

운영방식 참여 형태	대면 방식 (동일 시간)	비대면 방식	
		동일 시간	다른 시간
집합	전통적인 활동 －야외 모험 활동 －실내 체육활동 등	실시간 쌍방향 활동 －강의실에 집합하여 참여하는 온라인 강의 등	콘텐츠 활용, 과제 수행 중심 활동 －콘텐츠를 시청하며 조를 구성하여 참여하는 활동 등
비집합	맞춤식 활동 －1:1 과학교실 등	실시간 쌍방향 활동 －개인 공간에서 각자 참여하는 온라인 강의 등	콘텐츠 활용, 과제 수행 중심 활동 －개인 공간에서 콘텐츠를 시청하며 참여하는 활동 등

구분	내용
실시간 쌍방향	실시간 활동이 가능한 플랫폼을 활용하여 청소년과 지도자 간에 쌍방향 소통을 통한 활동으로 지도자가 청소년에게 즉각적 피드백 진행
콘텐츠 활용 중심	청소년은 지정된 녹화 강의 또는 사전 제작된 콘텐츠로 정보를 습득하고 지도자는 활동의 진행도 확인과 사후 피드백 진행
과제 수행 중심	지도자는 발달 특성에 따라 청소년이 자기주도적으로 과제를 수행하며 활동의 목적을 달성할 수 있도록 과제 제시와 사후 피드백 진행
기타	그 밖에 다른 운영방식으로 진행(운영방식 설명을 자세하게 기재)

출처: 한국청소년활동진흥원(2022).

3) 인증 기준 및 확인 요소

(1) 인증 기준

인증 기준 영역은 국내청소년활동, 국제청소년활동으로 구분할 수 있고, 각 영역별 인증 기준은 공통기준, 개별기준, 특별기준으로 구성된다. 자세한 내용은 다음과 같다.

- 인증 기준 영역 구분: 국내청소년활동, 국제청소년활동
- 각 영역별 인증 기준은 공통기준, 개별기준, 특별기준으로 구성
  - 공통기준: 활동프로그램, 지도력, 활동 환경

표 7-7 인증 기준

<table>
<tr><th colspan="4">국내청소년활동 인증 기준</th><th colspan="4">국제청소년활동 인증 기준</th></tr>
<tr><th>구분</th><th>영역/유형</th><th>인증
기준</th><th>확인
요소</th><th>구분</th><th>영역/유형</th><th>인증기준
(국내/해외)</th><th>확인요소
(국내/해외)</th></tr>
<tr><td rowspan="3">공통
기준</td><td>활동프로그램</td><td>2</td><td>9</td><td rowspan="3">공통
기준</td><td>활동프로그램</td><td>2/2</td><td>11/11</td></tr>
<tr><td>지도자</td><td>2</td><td>8</td><td>지도자</td><td>2/2</td><td>9/9</td></tr>
<tr><td>활동 환경</td><td>2</td><td>7</td><td>활동 환경</td><td>2/2</td><td>7/8</td></tr>
<tr><td rowspan="2">개별
기준</td><td>숙박형</td><td>3</td><td>5</td><td rowspan="2">개별
기준</td><td>숙박형</td><td>3/2</td><td>5/3</td></tr>
<tr><td>이동형</td><td>5</td><td>7</td><td>이동형</td><td>5/4</td><td>7/5</td></tr>
<tr><td rowspan="5">특별
기준</td><td>위험도가 높은 활동</td><td>2</td><td>4</td><td rowspan="2">특별
기준</td><td>위험도가 높은 활동</td><td>2</td><td>4</td></tr>
<tr><td>학교단체 숙박형</td><td>1</td><td>3</td><td>학교단체 숙박형</td><td>1</td><td>3</td></tr>
<tr><td>비대면 방식 실시간
쌍방향</td><td>1</td><td>5</td><td></td><td></td><td></td><td></td></tr>
<tr><td>비대면 방식 콘텐츠
활용 중심</td><td>1</td><td>6</td><td></td><td></td><td></td><td></td></tr>
<tr><td>비대면 방식 과제
수행 중심</td><td>1</td><td>5</td><td></td><td></td><td></td><td></td></tr>
</table>

* 국제청소년활동에서 '국내'라 함은 외국의 청소년들이 입국하여 대한민국 청소년들과 함께 교류하는 활동을 말하며, '해외'라 함은 대한민국의 청소년들이 해외에서 독자적으로 행하는 활동 또는 현지 청소년들과 함께 교류하는 활동을 말한다.

출처: 한국청소년활동진흥원(2022).

제**7**장
청소년수련활동 인증제

구분	영역/유형	기준

공통 기준
- 활동프로그램
  - 1. 프로그램 구성
  - 2. 프로그램 자원운영
- 지도력
  - 3. 지도자 자격
  - 4. 지도자 역할 및 배치
- 활동 환경
  - 5. 공간과 설비의 확보 및 관리
  - 6. 안전관리 계획

개별 기준
- 숙박형
  - 1. 숙박관리
  - 2. 안전관리 인력 확보
  - 3. 영양관리자 자격
- 이동형
  - 1. 숙박관리
  - 2. 안전관리 인력 확보
  - 3. 영양관리자 자격
  - 4. 이동관리
  - 5. 휴식관리

특별 기준
- 위험도가 높은 활동
  - 1. 전문지도자 배치
  - 2. 공간과 설비의 법령 준수
- 학교단체 숙박형
  - 1. 학교단체 숙박형 활동 관리
- 비대면 방식 실시간 쌍방향
  - 1. 실시간 쌍방향 활동 운영 및 관리
- 비대면 방식 콘텐츠 활용 중심
  - 1. 콘텐츠 활용 중심 활동 운영 및 관리
- 비대면 방식 과제 수행 중심
  - 1. 과제 수행 중심 활동 운영 및 관리

[그림 7-3] 인증 기준별 구성항목

−개별기준: 숙박형, 이동형

−특별기준: 위험도가 높은 활동, 학교단체 숙박형, 비대면 방식(실시간 쌍방향, 콘텐츠 활용 중심, 과제 수행 중심)

(2) 인증 기준별 확인 요소

공통기준(활동프로그램, 지도력, 활동 환경), 개별기준(숙박형, 이동형), 특별기준[위험도가 높은 활동, 학교단체 숙박형, 비대면 방식(실시간 쌍방향, 콘텐츠 활용 중심, 과제 수행 중심)]에 따른 인증 기준별 확인 요소는 다음과 같다.

표 7-8 인증 기준별 확인 요소

인증 기준			확인 요소		
			국내청소년활동	국제청소년활동	
				국내교류	해외활동
공통기준	활동프로그램	1. 프로그램 구성	1-1. 참여 청소년의 발달적 특성 혹은 객관적 사실에 근거한 활동의 추진배경 및 필요성을 확인할 수 있다.	좌동	좌동
			1-2. 프로그램 목적과 목표에는 청소년의 균형 있는 성장과 발달 내용이 설정되고 기술되어 있다.	좌동	좌동
			1-3. 프로그램의 일정은 입·퇴소를 포함한 전체 일정으로 제시되어 있다.	좌동	좌동
			1-4. 활동 명칭은 프로그램의 내용을 반영하고 있고, 프로그램의 내용은 목적과 목표 달성을 위해 기술되어 있다.	좌동	좌동
			1-5. 유사 시 대처 방안이 기술되어 있다.	좌동	좌동
			1-6. 프로그램 환류계획이 수립되어 있다.	좌동	좌동
			1-7. 프로그램 평가계획과 평가도구가 증빙되어 있다.	좌동	좌동

			1-8. 참가자 구성방법과 사전교육 일정 및 교육 내용이 제시되어 있다.	좌동
2. 프로그램 자원운영		2-1. 프로그램 예산 산출 근거가 기술되어 있다.	2-1. 프로그램 예산 산출 근거가 기술되어 있다[단, 상호교류 시, 교류협력 각서(MOU) 또는 상호 협조공문과 자부담만 내역 명시]	2-1. 프로그램 예산 산출 근거가 기술되어 있다[단, 상호교류 시, 교류협력 각서(MOU) 또는 상호 협조공문과 자부담만 내역 명시]
		2-2. 프로그램에 필요한 기자재 및 장비 확보계획이 수립되어 있다.	좌동	좌동
		–	2-3. 참가비 부담 수준이 적정하게 제시되어 있다.	좌동
지도력	3. 지도자 자격	3-1. 규정 제26조 제4항의 요건을 갖춘 운영담당자가 인증신청기관에 재직하고 있음을 확인할 수 있다.	좌동	좌동
		3-2. 규정 제26조 제5항에 따른 (안전)전문인력이 1명 이상 배치되어 있음을 확인할 수 있다.	좌동	좌동
		3-3. 프로그램 운영 및 관리에 적합한 전문성을 가진 지도자가 안전한 지도활동을 할 수 있도록 지도자 수준의 계획이 수립되어 있다.	좌동	좌동
		3-4. 프로그램 운영 및 관리에 적합한 전문성을 가진 지도자가 안전한 지도활동을 할 수 있도록 지도자 교육 등의 계획이 수립되어 있다.	좌동	좌동
		3-5. 지도자에 대한 성범죄 및 아동학대 관련 확인 또는 이에 준하는 예방·관리를 계획하고 있다.	좌동	좌동
		–	3-6. 지도자 중 해외 활동 유경험자가 포함되어 있다.	좌동

	4. 지도자 역할 및 배치	4-1. 원활한 프로그램 운영을 위한 지도자의 역할이 규정되어 있다.	좌동	좌동
		4-2. 지도자 수는 최소 2명 이상으로 [별표9-1] 배치규정에 따라 배치되어 있다. ※ 규정 제26조 제1항에 따라 인증을 받아야 하는 활동은 [별표 9-2]의 배치 규정을 따른다.	좌동	좌동
		4-3. 활동 특성과 전문성을 고려하여 복수의 기관과 협업 혹은 컨소시엄 등이 있을 경우, 역할 분담 정도와 협약서를 확인할 수 있다.	4-3. 국제청소년활동의 특성과 전문성을 고려하여 전문기관과 협업 혹은 컨소시엄 등이 있을 경우, 역할 분담 정도를 확인할 수 있다.	좌동
활동 환경	5. 공간과 설비의 확보 및 관리	5-1. 활동에 필요한 공간과 설비를 확보하고 있다(단, 비대면 방식 활동 중 참여자가 집합하여 운영되는 경우 공간과 설비의 확보계획이 제시되어 있다).	좌동	좌동
		5-2. 공간과 설비가 활동에 적합하도록 유지 · 관리되고 있다.	좌동	5-2. 공간과 설비가 활동에 적합하도록 유지 · 관리되고 있다(단, 사진 및 홍보자료로 증빙 가능).
	6. 안전관리 계획	6-1. 프로그램 특성 및 활동 환경을 고려한 사전 안전교육 계획이 수립되어 있다(단, 비대면 방식으로 운영되고 참여자가 집합하지 않는 경우에는 법적 보호자의 교육 등 계획이 추가로 수립되어 있다).	좌동	좌동
		6-2. 프로그램 특성 및 활동 환경을 고려한 안전용품 확보 계획을 확인할 수 있다.	좌동	좌동

		6-3. 프로그램 특성 및 활동 환경을 고려하여 안전사고와 감염병 예방을 위한 대책, 각 상황 발생 시 통보계획이 수립되어 있다.	좌동	좌동
		6-4. 규정 제37조의 2에 관한 사항을 준수하기 위한 계획이 수립되어 있다.	좌동	좌동
		6-5. 안전사고 발생 시, 운영기관(협업 또는 컨소시엄에 해당하는 경우, 참여 운영기관 모두)에서 배상을 위한 대인 및 대물 배상보험에 가입된 내역을 확인할 수 있다 (대인 15,000만 원 이상, 대물 2백만원 이상)	좌동	좌동
		—	—	6-6. 방문국의 국정이 불안한 상황(전쟁, 질병, 분쟁 등)인지를 파악할 수 있는 방문국과 협력기관에 대한 정보를 제공하고 있다.
개별기준	1. 숙박관리	개별1-1. 참가자의 숙박공간이 적절하게 확보되어 있다.	좌동	좌동
		개별1-2. 안전을 위한 야간 생활지도 관리자가 지정되어 있다.	좌동	좌동
	2. 안전관리 인력 확보	개별2-1. 참여 청소년의 숙박안전관리를 위한 인력과 계획을 확인할 수 있다.	좌동	좌동
	3. 영양관리자 자격 (단, 기본형 활동의 경우에도 식사가 포함되어 있을 경우에는 적용한다)	개별3-1. 영양관리를 위한 등록여부 혹은 관리계획을 확인할 수 있다.	좌동	—
		개별3-2. 관련법령에 따른 위생관리를 위한 등록여부 혹은 관리계획을 확인할 수 있다.	좌동	—

	4. 이동관리 (단, 기본형 활동의 경우에도 이동에 목적이 있는 프로그램이 포함되어 있을 경우에는 적용한다)	개별4-1. 프로그램 특성과 참가대상에 맞는 1일 최대 이동거리를 적절히 제한한 기준 또는 이동관리 계획이 있다.	좌동	개별4-1. 프로그램 특성과 참가대상에 맞는 1일 최대 이동거리를 적절히 제한한 기준 또는 이동관리 계획이 있다(단, 이동계획 및 이동수단 명시).
	5. 휴식관리 (단, 기본형 활동의 경우에도 이동에 목적이 있는 프로그램이 포함되어 있을 경우에는 적용한다)	개별5-1. 참여 청소년 및 지도자 휴식 일정표가 적절하게 제시되어 있다.	좌동	개별5-1. 참여 청소년 및 지도자 휴식 일정표가 적절하게 제시되어 있다(단, 해외주관 프로그램의 경우 탄력적 적용).
특별 기준	1. 위험도가 높은 활동	1. 전문 지도자 배치	특별1-1. 지도자 수는 최소 2명 이상으로 [별표9-2]의 배치규정에 따라 배치되어 있다.	좌동	좌동
		2. 공간과 설비의 법령 준수	특별2-1. 규칙 제15조의 2 제2호의 활동을 운영할 수 있는 법적 근거를 확인 가능하다.	좌동	좌동
			특별2-2. 규칙 제15조의 2 제2호의 활동(인증위원회가 지정한 안전체크리스트를 증빙하여야 하는 활동을 포함한다)공간과 장비가 활동에 적합하도록 유지·관리되고 있다.	좌동	좌동
			특별2-3. 규칙 제15조의 2 제2호의 활동(인증위원회가 지정한 안전체크리스트를 증빙하여야 하는 활동을 포함한다) 시 안전대책을 확인 가능하다.	좌동	좌동

제**7**장

청소년수련활동 인증제

2. 학교단체 숙박형	1. 학교단체 숙박형 활동 관리	특별1-1. 중요프로그램(규칙 제15조의 8에서 정하는 것으로서 식사와 숙박 등을 제외한 전체 운영시간의 50% 이상인 것)을 확인할 수 있다.	좌동	좌동
		특별1-2. 활동에서 제공되는 음식물과 관련된 사고 또는 화재사고가 발생하는 경우를 대비하여 신청기관에서 배상을 위한 대인 및 대물 배상보험에 가입된 내역을 확인할 수 있다.	좌동	좌동
		특별1-3. 학교단체 숙박형 활동에 적합하도록 숙소와 식단이 관리되고 있다.	좌동	좌동
3. 비대면 방식 실시간 쌍방향	1. 실시간 쌍방향 활동 운영 및 관리	특별1-1. 실시간 쌍방향 활동을 원활히 진행할 수 있는 플랫폼을 제시하고 있다.		
		특별1-2. 실시간 쌍방향 활동의 내용 및 준비사항을 사전에 제시하고 있다.		
		특별1-3. 실시간 쌍방향 활동에서 제작된 콘텐츠에 대한 사후 관리 계획이 적절히 수립되어 있다.		
		특별1-4. 실시간 쌍방향 활동에 적합한 참가자 확인 수단 또는 방법을 확인할 수 있다.		
		특별1-5. 실시간 쌍방향 활동 운영 시 보안사항 준수 계획을 확인할 수 있다.		
4. 비대면 방식 콘텐츠 활용 중심	1. 콘텐츠 활용 중심 활동 운영 및 관리	특별1-1. 콘텐츠 제작물 또는 확보 계획과 콘텐츠를 제공하는 플랫폼을 확인할 수 있다.		
		특별1-2. 콘텐츠 활용 중심 활동의 내용 및 준비사항을 사전에 안내하고 있다. * 녹화 강의 혹은 온라인 활동 콘텐츠를 제공하는 경우, 전체 활동의 1/3 이상으로 구성하여 표기		
		특별1-3. 콘텐츠 품질관리를 위한 윤리성, 저작권, 무결성, 콘텐츠 설계 및 구성, 콘텐츠 내용, 접근성을 확인할 수 있다.		
		특별1-4. 콘텐츠 활용 중심 활동에 사용된 콘텐츠의 사후 관리 계획이 수립되어 있다.		
		특별1-5. 콘텐츠 활용 중심 활동에 적합한 참가자 확인 수단 또는 방법을 확인할 수 있다.		
		특별1-6. 콘텐츠 활용 중심 활동 운영 시 보안사항 준수 계획을 확인할 수 있다.		

과제 수행 중심	1. 과제 수행 중심 활동 운영 및 관리	특별1-1. 과제 수행 중심 활동을 운영할 수 있는 플랫폼을 확보하고 있다.
		특별1-2. 과제 수행 중심 활동의 내용 및 준비사항을 사전에 안내하고 있다.
		특별1-3. 과제 수행 중심 활동의 결과를 공유하고 소통할 수 있는 내용을 확인할 수 있다.
		특별1-4. 과제 수행 중심 활동에 적합한 참가자 확인 수단 또는 방법을 확인할 수 있다.
		특별1-5. 과제 수행 중심 활동 운영 시 보안사항 준수 계획을 확인할 수 있다.

출처: 한국청소년활동진흥원(2022).
* 6-5의 보험금액은 2023년 개정된 「청소년활동 진흥법 시행령」에 맞춰 변경 수정함.

4) 인증 신청 및 절차

(1) 신청 대상

① 인증 신청을 할 수 있는 대상

• 국가 및 지방자치단체
• 수련시설을 설치 · 운영하는 자 및 위탁 운영단체
• 청소년이용시설
• 개인 · 법인 · 단체 등 청소년수련활동에 필요한 프로그램을 개발하여 실시하려는 자

② 인증을 신청하여야 하는 대상(위탁 · 재위탁 포함)

• 청소년 참가 인원이 150명 이상인 청소년수련활동
• 위험도가 높은 청소년수련활동

표 7-9	위험도가 높은 청소년수련활동
구분	프로그램
수상활동	래프팅, 모터보트, 동력요트, 수상오토바이, 고무보트, 수중스쿠터, 레저용 공기 부양정, 수상스키, 조정, 카약, 카누, 수상자전거, 서프보드, 스킨스쿠버
항공활동	패러글라이딩, 행글라이딩
산악활동	암벽타기(자연암벽, 빙벽), 산악스키, 야간등산(4시간 이상의 경우만 해당)
장거리 걷기활동	10km 이상 도보 이동
그 밖의 활동	유해성 물질(발화성, 부식성, 독성 또는 환경 유해성 등), 하강레포츠, ATV탑승 등 사고 위험이 높은 물질ㆍ기구ㆍ장비 등을 활용하여 이루어지는 청소년수련 활동

출처: 한국청소년활동진흥원(2022).

③ 인증 신청 제외 대상

- 그 밖에 인증위원회가 심의를 통하여 판단하는 경우
- 단순 기능습득을 위한 훈련 내지 강좌
- 운영시간 최소기준 미충족 활동
- 불특정 다수를 대상으로 하는 행사나 축제 등

(2) 인증 신청 시기

- 참가자 모집 혹은 활동 개시 45일 이전에 기준별 증빙서류를 구비하여 인증 신청 접수
  예) 9월 5일에 시작되는 활동의 경우 최소 45일 전, 7월 22일 전에 인증 신청

(3) 인증 절차

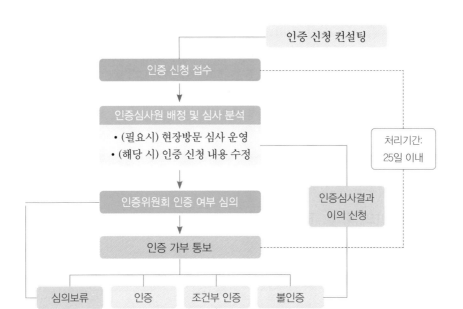

[그림 7-4] 청소년수련활동 인증제 인증 절차

04 인증수련활동 사후 관리

한국청소년활동진흥원(2022)의 '2022 인증신청 및 사후 관리 매뉴얼'을 토대로 인증수련활동 사후 관리에 대해 살펴보면 다음과 같다.

1) 사후 관리의 목적

인증수련활동의 체계적인 운영관리를 통해 수련활동의 만족도를 제고하고 인증제도의 공공성과 신뢰성을 확보하여 청소년에게 우수한 프로그램을 공급하기 위함이다.

2) 사후 관리의 중요성

첫째, 기관의 신뢰성을 높일 수 있다. 사후 관리 미비로 인한 행정처분 시 기관의 유·무형상의 손실이 발생할 수 있다. 인증수련활동의 체계적 사후 관리는 기관의 운영력이 높다는 증거로 해당 기관 이미지 향상 및 인증수련활동 운영 인센티브를 받을 수 있다.

둘째, 사회적 책임이기 때문이다. 법적 제도인 인증수련활동의 사후 관리는 운영담당자의 의무이다. 또한 체계적인 사후 관리를 통한 양질의 프로그램 공급은 인증제도와 청소년활동 전반에 긍정적인 영향을 미친다.

3) 사후 관리의 체계

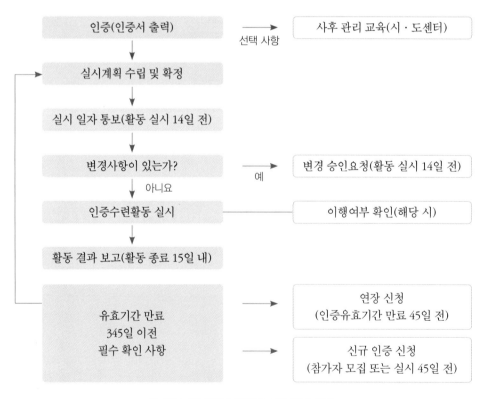

[그림 7-5] 인증수련활동 사후 관리 체계

① 반드시 수행해야 하는 사후 관리

• 활동 실시 전: 실시 일자 통보(실시 14일 전)

• 활동 실시 후: 활동 결과 보고(활동 종료 후 15일 내 등재)

※ 실시 일자 통보 및 활동 결과를 보고하지 않을 경우 인증수련활동으로 운영 인정 불가

② 필요에 따라 수행해야 하는 사후 관리

• 변경: 인증 사항에서 변경 사항이 발생할 경우(활동 실시 14일 전)

• 연장: 인증유효기간 연장 신청(유효기간 만료 45일 전)

• 대상에 해당되는 경우 이행여부 확인, 수시 점검, 활동 미실시 의견 제출

• 중지: 인증수련활동을 일정 기간 멈추게 할 경우(중지 시작 45일 전)

• 중지 재개: 중지 중인 인증수련활동의 실시를 위해 재개할 경우(실시 14일 전)

4) 사후 관리의 종류

표 7-10 사후 관리의 종류

구분	내용	처리 기간
활동 실시 일자 통보	청소년활동정보서비스를 통해 인증수련활동의 실시 일시 및 참가인원, 단체명(단체일 경우) 등을 사전에 통보하는 것	활동 실시 14일 전
변경	인증 받은 사항에 변동이 발생할 경우, 변경사항에 대한 신청 및 승인을 받는 것	
활동 결과 보고	인증 활동의 종료 후 활동 결과를 보고하고, 참가청소년의 활동 사항을 기록하여 유지·관리하는 것(청소년 기록제공 기간, 활동 종료 후 20일 이내)	활동 종료 15일 이내
유효기간 연장	인증 받은 수련활동의 유효기간을 연장하는 것	유효기간 만료 45일 전
이행여부 확인	인증수련활동의 실시가 인증받은 사항대로 운영되는지 현장에서 확인하여 인증수련활동의 질적 수준을 유지·관리하는 것	상시
수시 점검	인증수련활동의 안정적인 운영 환경을 확인하기 위해 현장 방문을 통해 점검하고 컨설팅을 제공하는 것	
행정처분	인증제도 관련 법·운영규정 등 위반 시, 운영기관에게 행하는 행정 행위	

189

인증수련활동 중지 및 재개	인증수련활동의 상태가 일정 기간 멈추는 것	중지 시작 45일 전
	중지 중인 인증수련활동의 실시를 위해 재개하는 것	재개 14일 전
유효기간 조정	인증수련활동의 유효기간을 종료하는 것	상시

출처: 한국청소년활동진흥원(2022).

5) 사후 관리 관련 행정처분

(1) 행정처분 관련 법령 1 [「청소년활동 진흥법」제36조의3(인증의 취소 등)]

① 인증위원회는 청소년수련활동을 인증받은 자가 다음 각 호의 어느 하나에 해당하는 경우에 그 인증을 취소하거나 6개월 이내의 기간을 정하여 그 인증의 정지를 명할 수 있다. 다만, 제1호의 경우에는 그 인증을 취소하여야 한다.
  • 거짓이나 그 밖의 부정한 방법으로 인증을 받은 경우
  • 인증을 받은 후 정당한 사유 없이 1년 이상 계속하여 인증수련활동을 실시하지 아니한 경우
  • 인증수련활동의 내용과 실제로 실시되는 청소년수련활동의 내용에 중요한 차이가 있는 경우로서 그 원인이 인증받은 자의 고의나 중대한 과실로 인한 경우
② 인증위원회는 인증을 받은 자가 제1항에 따른 정지명령을 위반하여 정지 기간 중 인증수련활동을 실시하였을 때에는 그 인증을 취소할 수 있다.
③ 제1항에 따른 행정처분의 세부 기준은 그 위반 행위의 종류와 위반 정도 등을 고려하여 여성가족부령으로 정한다.

(2) 행정처분 관련 법령 2 [「청소년활동 진흥법 시행규칙」제15조의7(인증의 취소 등 행정처분)]

① 인증위원회는 법 제36조의3 제1항 및 제2항에 따라 행정처분을 한 경우에는 별지 제17호 서식의 행정처분기록대장에 그 내용을 기록・관리하여야 한다.
② 법 제36조의3 제3항에 따른 행정처분의 기준은 [별표 8]과 같다.

[별표 8]

인증의 취소 등 행정처분의 기준(제15조의7 제2항 관련)

① 일반기준

- 위반 행위가 둘 이상인 경우로서 그에 해당하는 각각의 처분 기준이 다른 경우에는 그중 무거운 처분 기준에 따른다.
- 위반 행위의 횟수에 따른 행정처분의 기준은 최근 1년간 같은 위반 행위로 행정처분을 받은 경우에 적용된다. 이 경우 행정처분 기준의 적용은 같은 위반 행위에 대하여 최초로 행정처분을 한 날과 그 처분 후의 위반 행위가 다시 적발된 날을 기준으로 한다.
- 처분권자는 위반 행위의 동기, 내용, 횟수 및 위반의 정도 등 다음 각 목에 해당하는 사유를 고려하여 그 처분을 감경할 수 있다.
  - 위반 행위가 고의나 중대한 과실이 아닌 사소한 부주의나 오류로 인한 것으로 인정되는 경우
  - 위반의 내용·정도가 경미하여 수요자에게 미치는 피해가 적다고 인정되는 경우
  - 위반 행위자가 최근 5년간 「청소년활동 진흥법」 제36조의3 제1항 및 제2항에 따른 행정처분 없이 인증수련활동을 해 온 경우
  - 위반 행위자가 해당 위반 행위로 인하여 검사로부터 기소유예 처분을 받거나 법원으로부터 선고유예의 판결을 받은 경우

② 개별기준

표 7-11 **개별기준**

위반 사항	근거 법령	행정처분		
		1차	2차	3차
1. 거짓이나 그 밖의 부정한 방법으로 인증을 받은 경우	법 제36조의3 제1항 제1호	취소		
2. 인증을 받은 후 정당한 사유 없이 1년 이상 계속하여 인증수련활동을 실시하지 않은 경우	법 제36조의3 제1항 제2호	경고	3개월 정지	취소

191

3. 인증수련활동의 내용과 실제로 실시되는 청소년수련활동의 내용에 중요한 차이가 있는 경우로서 그 원인이 인증받은 자의 고의나 중대한 과실로 발생 된 경우	법 제36조의3 제1항 제3호	3개월 정지	6개월 정지	취소

출처: 한국청소년활동진흥원(2022).

05 인증제도 절차별 법적 근거

한국청소년활동진흥원(2022)의 '2022 인증신청 및 사후 관리 매뉴얼'을 토대로 인증제도 절차별 법적 근거에 대해 살펴보면 다음과 같다.

1) 청소년수련활동 인증제도의 운영(「청소년활동 진흥법」 제35조)

국가는 청소년수련활동이 청소년의 균형 있는 성장에 기여할 수 있도록 그 내용과 수준을 향상시키기 위하여 청소년수련활동 인증제도를 운영하여야 한다. 국가는 청소년수련활동 인증제도를 운영하기 위하여 청소년수련활동 인증위원회를 활동진흥원에 설치·운영하여야 한다. 국가는 「청소년활동 진흥법」 제36조에 따라 인증을 받은 청소년수련활동을 공개하여야 하며, 인증수련활동에 참여한 청소년의 활동기록을 유지·관리하고 청소년이 요청하는 경우에는 제공하여야 한다.

2) 청소년수련활동의 인증 절차(「청소년활동 진흥법」 제36조)

국가와 지방자치단체 또는 개인·법인·단체 등은 청소년수련활동에 필요한 프로그램을 개발하여 실시하려는 경우에는 관련 내용을 작성하여 인증위원회에 제출할 수 있다. 참가인원이 일정 규모 이상이거나 위험도가 높은 청소년수련활동을 주최하려는 자는 그 청소년수련활동에 대하여 미리 인증위원회의 인증을 받아야 한다. 인증을 신청하려는 자는 청소년지도자와 안전에 관한 전문인력을 갖추어야 한다. 인증위원회는 현장 방문 등 필요한 방법으로 인증 신청의 내용을 확인할 수 있다.

※ 관련된 자세한 사항은 「동법 시행규칙」 제15조의2, 제15조의3, 제15조의4 참조

3) 인증 신청·절차 및 방법 등(「청소년활동 진흥법 시행령」제21조)

「청소년활동 진흥법」제36조에 따라 수련활동의 인증을 받으려는 자는 참가자 모집 또는 활동 실시 시작 45일 이전에 인증위원회에 인증을 요청하여야 한다. 보완 또는 개선의 요구를 받은 자는 10일 이내에 그 보완 또는 개선 사항을 제출하여야 한다.

4) 인증수련활동의 위탁 제한
(「청소년활동 진흥법」제39조, 「동법 시행규칙」제8조의3)

청소년수련활동을 실시하는 자(청소년수련활동의 일부를 수탁받은 자도 포함한다)가 청소년수련활동을 위탁하려는 경우에는 이 법 또는 다른 법률에 따라 신고·등록·인가·허가를 받은 법인·단체 및 개인에게만 위탁할 수 있으며, 청소년수련활동을 위탁하는 경우에도 해당 청소년수련활동의 전부 또는 여성가족부령으로 정하는 중요 프로그램을 위탁하여서는 아니 된다(※ 관련된 자세한 사항은 「동법 시행규칙」제15조의8 참조).

5) 인증수련활동의 결과 통보(「청소년활동 진흥법」제37조)

인증수련활동을 실시한 자는 인증수련활동이 끝난 후 대통령령으로 정하는 바에 따라 인증위원회에 결과를 통보하여야 한다. 인증위원회는 그 결과를 활동진흥원과 지방청소년활동진흥센터에서 기록으로 유지·관리될 수 있도록 조치하여야 한다.

6) 인증수련활동의 사후 관리
(「청소년활동 진흥법」제36조의2, 「동법 시행규칙」제15조의5)

인증위원회는 「청소년활동 진흥법」제36조에 따라 인증을 하는 경우 인증의 유효기간을 설정할 수 있다. 인증위원회는 인증수련활동의 실시에 대하여 인증 사항의 이행 여부를 확인할 수 있다. 이행 확인 결과, 인증수련활동의 내용과 실제로 실시되는 청소년수련활동의 내용에 차이가 있는 경우에는 이를 시정하도록 요구할 수 있다.

7) 참여청소년의 활동 기록 유지 관리
(「청소년활동 진흥법」 제35조, 제37조 「동법 시행령」 제20조, 제23조)

국가는 「청소년활동 진흥법」 제36조에 따라 인증을 받은 청소년수련활동(이하 "인증수련활동"이라 한다)을 공개하여야 하며, 인증수련활동에 참여한 청소년의 활동 기록을 유지·관리하고, 청소년이 요청하는 경우에는 이를 제공하여야 한다. 인증수련활동에 참여한 청소년의 활동 기록을 확인하는 등의 절차를 거쳐 해당 활동이 끝난 후 20일이 경과한 날부터 그 기록을 제공할 수 있도록 하여야 한다.

인증수련활동을 실시한 활동 시설 및 개인, 법인, 단체는 「청소년활동 진흥법」 제37조 제1항에 따라 청소년이 참여한 수련활동에 관하여 개별 청소년의 인적 사항, 활동참여 일자·시간, 장소, 주관기관, 수련활동 내용 등을 기록하여야 한다. 인증수련활동을 실시한 활동 시설 및 개인, 법인, 단체는 개별 청소년의 활동 기록 및 인증수련활동 결과를 해당 인증수련활동이 끝난 후 15일 이내에 인증위원회에 통보하여야 한다.

8) 인증의 취소 및 유사 명칭의 사용 금지 등 행정처분(「청소년활동 진흥법」
제36조의3, 제37조, 제38조, 「동법 시행규칙」 제15조의7)

인증위원회는 청소년수련활동을 인증받은 자가 다음 각 호의 어느 하나에 해당하는 경우 인증을 취소하거나 6개월 이내의 기간을 정하여 그 인증의 정지를 명할 수 있다.

① 거짓이나 그 밖의 부정한 방법으로 인증을 받은 경우(인증을 취소함)
② 인증을 받은 후 정당한 사유 없이 1년 이상 인증수련활동을 실시하지 아니한 경우
③ 인증수련활동의 내용과 실제로 실시되는 청소년수련활동의 내용에 중요한 차이가 있는 경우로서 그 원인이 인증받은 자의 고의나 중대한 과실로 인한 경우
   ※ 정지명령을 위반하여 정지기간 중 인증수련활동을 실시하였을 때 인증을 취소할 수 있다.

요
약

인증이 취소되거나 인증위원회의 인증을 받지 아니한 경우에는 인증수련활동이나 인증을 받았음을 나타내는 표시를 하거나 이와 유사한 표시를 하여서는 안 된다.

요약

1. 청소년수련활동 인증제도는 「청소년활동 진흥법」 제35조 내지 제38조에 따라 시행된 제도로서 청소년수련활동이 청소년의 균형 있는 성장에 기여할 수 있도록 국가 및 지방자치단체 또는 개인, 법인, 단체 등이 실시하고자 하는 청소년수련활동을 인증하고, 인증된 수련활동에 참여한 청소년의 활동 기록을 유지, 관리, 제공하는 청소년수련활동 프로그램에 대한 국가인증제도이다.

2. 청소년수련활동 인증제는 글로벌 · 다문화 시대의 흐름에 발맞추어 청소년의 활동 환경을 조성하고 지원하는 제도로 청소년의 다양한 요구에 부응하고 사회문화적 역량을 개발 · 강화하는 것을 목적으로 한다.

3. 청소년수련활동 인증제는 인증 신청 컨설팅 → 인증 신청 → 인증심사 → 인증심의 → (인증 시) 실시 일자 통보 → 인증수련활동 실시(이행 여부 확인) → 결과 보고 및 활동 기록 등재의 절차 과정을 거친다.

4. 청소년수련활동 인증제의 활동 유형은 기본형, 숙박형, 이동형, 학교단체 숙박형으로 구분되고, 인증 기준은 공통기준으로 활동프로그램, 지도력, 활동 환경 등 세 가지 영역, 개별기준으로 숙박형과 이동형, 특별기준으로 위험도가 높은 활동, 학교단체 숙박형, 비대면 방식(실시간 쌍방향, 콘텐츠 활용 중심, 과제 수행 중심)으로 구분된다.

5. 인증수련활동의 사후 관리 목적은 인증수련활동의 체계적인 운영관리를 통해 수련활동의 만족도를 제고하고 인증제도의 공공성과 신뢰성을 확보하여 청소년에게 우수한 프로그램을 공급하기 위함이다.

참고문헌

김형주, 김진호, 김혁진(2012). 청소년수련활동 인증제 개선 연구: 우수 인증기관 지정제 도입을 중심으로. 한국청소년정책연구원.

여성가족부(2017). 2017 청소년백서. 여성가족부.

여성가족부(2023). 2022 청소년백서. 여성가족부.

한국청소년활동진흥원(2022). 2022년 인증신청 및 사후 관리 매뉴얼. 한국청소년활동진흥원.

제 8 장

국제청소년성취포상제

국제청소년성취포상제는 1956년 영국 에든버러 공작(HRH The Duke of Edinburgh KG KT)에 의해 설립되었으며 청소년이 다양한 활동영역에 자기주도적으로 참여하여 잠재능력을 최대한 개발하고 삶의 기술을 갖도록 하는 프로그램으로 전 세계 130여 개국에서 운영되고 있다. 우리나라에서의 국제청소년성취포상제는 2008년 국제포상협회로부터 독립운영기관의 자격 취득을 통해 시작되었다. 국제성취포상제는 14세 이상 24세까지 참여 가능하며, 동장, 은장, 금장의 단계로 활동할 수 있다.

국제청소년성취포상제에 이어 우리나라에서만 시행하고 있는 청소년자기도전포상제가 있는데 7세부터 15세까지의 청소년들이 봉사, 자기개발, 신체단련, 탐험활동, 진로개발활동의 다섯 가지 활동영역에서 일정 기간 동안 스스로 정한 목표를 성취해가며, 숨겨진 끼를 발견하고 꿈을 찾아가는 자기성장 프로그램이다. 2011년부터 시범운영을 통해 실시되고 있으며 동장, 은장, 금장의 단계로 활동할 수 있다.

이 장에서는 국제청소년성취포상제와 청소년자기도전포상제의 도입, 운영 전반, 원칙과 철학, 효과성 등을 중심으로 살펴보고자 한다.

01 국제청소년성취포상제의 도입과 역사

국제청소년성취포상제는 1956년 영국 에든버러 공작(HRH The Duke of Edinburgh KG KT)에 의해 설립되었으며 청소년이 다양한 활동영역에 자기주도적으로 참여하여 잠재 능력을 최대한 개발하고 삶의 기술을 갖도록 하는 프로그램으로 전 세계 130여 개국에 서 운영되고 있다.

1) 국제청소년성취포상제의 시작

국제청소년성취포상제는 독일의 교육학자인 쿠르트 한(Dr. Kurt Hahn) 박사가 자신이 교장으로 재직하던 학교에서 운영하는 모레이 배지 프로그램에 착안해 시작하게 되었 다. 그는 이 프로그램에서 청소년들에게 학교수업 외에 다양한 활동의 기회를 제공하는 것이 얼마나 중요한지 깨닫게 된다. 그후 제2차 세계대전이 끝나고 한 박사는 이 학교에 재학 중이던 영국 엘리자베스 2세 여왕의 부군인 에든버러 공작과 만나게 되어 본격적 으로 프로그램 개발에 착수했고 세계 최초 에베레스트 등반대의 대장인 영국의 존 헌트 (John Hunt)도 이 프로젝트에 함께하게 되었다.

이와 같이 에든버러 공작을 주축으로 모인 세 사람은 1956년 처음으로 영국의 청소년 들에게 포상제를 소개하였다. 이 시기에는 15세부터 18세까지의 남자 청소년들에게 스 스로 역량개발을 할 수 있는 균형 있는 프로그램을 통해 성인기로의 이행을 잘 준비할 수 있도록 동기를 부여하기 위해서 포상제를 시작했던 것이다. 당시 영국에서 처음 시작한 포상제는 오늘날 우리가 알고 있는 포상제와는 차이가 있었는데, 우선 참여 가능 연령도 1956년 첫해에 최소 연령을 14세로 제한하였고, 여자 청소년들은 활동에 참여할 수 없었 다. 그러다가 1958년에 여자 청소년을 위한 프로그램이 별도로 시작되었고, 이후 1969년 에 통합되어 운영하기 시작하였다. 연령에 있어서는 1957년에 대상자의 연령을 19세까 지로 연장하였고, 1965년에 다시 20세로, 1969년에 21세, 1980년에 최종 14~24세로 최 종 확정하였고 현재에 이르고 있다.

조직적인 측면에서 보면, 초창기 영국과 긴밀한 관계가 있는 영연방국가 중심으로 확대되면서 포상제는 더 이상 영국만의 프로그램이 아닌 국제적인 조직을 갖추고 있다. 1988년에는 이렇게 확대되는 조직의 의사소통창구기능을 소화하기 위해 '국제포상협회'가 공식 출범하게 되었고, 2012년 호주에서 열린 총회를 계기로 기관의 공식 명칭을 'The Duke of Edinburgh's International Award Foundation'으로 변경하였으며, 전 세계 130개 이상의 국가에서 활발히 운영되고 있다.

2) 우리나라의 국제청소년성취포상제 도입

국제청소년성취포상제는 도입하는 각국의 문화와 사회 속으로 쉽게 적용·통합될 수 있는 유연성을 가지고 있어 많은 국가의 학교와 청소년단체에 의해 채택되고 있으며 각국의 고유한 명칭으로 불려지고 있다. 예를 들면, 국가별로 '에든버러 공작상' '청소년을 위한 국제 포상제' '대통령 포상제' '국립 청소년 성취포상제' 등의 명칭을 사용하고 있다(김민주, 2012). 명칭은 다르지만 국제청소년포상제의 기본원칙에 맞게 유지·운영되고 있다.

우리나라에서의 국제청소년성취포상제는 2008년 국제포상협회로부터 독립운영기관의 자격 취득을 통해 시작되었다. 이후 지역사회를 중심으로 포상제 운영을 확대해 나간 결과, 2009년 호주에서 개최된 총회에서 임시회원 자격을 획득했다. 2012년에는 정회원 자격 승급을 앞둔 우리나라(한국 사무국)가 2011년부터 본격적으로 추진된 국제본부(The Duke of Edinburgh's International Award Foundation)의 새로운 자격 체계 도입을 위한 '자격 체계 시범운영사업'에 참여하여 2013년 개정된 정관에 의한 세계 최초 정식 자격(Full License/Full Membership) 체결 국가가 되었다. 2015년까지 포상제는 여성가족부로부터 한국청소년활동진흥원이 위탁받아 운영하였고, 2016년 한국청소년활동진흥원의 본 사업으로 편성되어 활동의 중요성이 더욱더 강조되는 계기를 맞이하였다(한국청소년활동진흥원, 2016). 2023년까지 28,215명의 청소년들이 활동에 참여하였고, 그중 6,392명의 청소년들이 포상을 받았다(2023. 12. 31. 기준).

1) 포상활동단계

포상활동의 단계는 크게 세 가지 단계로 동장, 은장, 금장으로 구분되며 각 단계마다 참가자들은 활동영역별로 성취목표를 세워야 한다. 목표는 각자의 수준과 능력을 고려하되, 단계가 올라갈수록 점진적으로 향상된 목표를 설정해야 한다. 즉, 청소년이 일정 강도의 어려움을 극복하고 성취감을 느낄 수 있는 도전적인 목표여야 한다. 이 과정에 포상지도자의 격려와 조언이 청소년의 성취목표 달성에 중요한 역할을 하게 된다.

2) 포상활동영역

국제청소년성취포상제는 동장과 은장 단계에서는 네 가지 활동영역, 금장 단계에서는 다섯 가지 활동영역으로 구성되어 역량 증진과 인성함양을 위한 균형 잡힌 활동 도구를 제공한다. 활동영역을 구체적으로 살펴보면 다음과 같다(〈표 8-1〉 참조).

표 8-1 **포상활동영역**

영역	내용
봉사활동	타인과 지역사회를 위한 나눔 활동의 가치 인식
자기개발	개인의 관심분야, 창의성, 실용적 기술을 배우고 익힘
신체단련	스포츠 및 기타 신체단련을 통한 건강 및 체력 증진
탐험활동	단체 탐험활동을 통해 모험심과 탐험정신 고취
합숙활동 (금장 단계에 한함)	새로운 사람들과 함께 생활하면서 청소년의 경험의 폭을 넓힘

3) 참가자의 연령조건

국제청소년성취포상제에 참여하려면 14세 이상이어야 하며 24세까지 참여할 수 있다. 다만, 포상단계별로 최소참여연령을 두어 동장 14세 이상, 은장 15세 이상, 금장 16세 이상의 청소년만 참여가 가능하다.

4) 참여기간

국제청소년성취포상제는 단계마다 완료기한이 별도로 존재하지 않으며 개별 활동이므로 참여하는 청소년 각자의 상황과 수준에 맞게 활동하면 되고, 참여자 연령제한인 24세, 즉 25세 생일 전까지만 최종활동을 마무리하면 된다. 다만, 1회 활동당 최소 7일 이상의 간격을 꼭 두어야 하며 1회 활동 시간은 60분 이상이어야 하며 자기개발, 신체단련, 봉사활동 영역의 경우 목표를 이루기 위해 선택한 활동에 정기적으로 참여하여야 한다.

표 8-2 **국제청소년성취포상제 운영모형**

구분	봉사활동	자기개발활동	신체단련활동	탐험활동	합숙활동
금장 16세 이상	12개월 48시간 이상 (48회 이상)	12개월 48시간 이상 (48회 이상)	12개월 48시간 이상 (48회 이상)	3박 4일 (1일 8시간)	4박 5일 합숙활동
	은장 미보유 청소년은 봉사, 자기개발, 신체단련활동 중 한 가지 활동을 선택하여 추가로 6개월 수행				
은장 15세 이상	6개월 24시간 이상 (24회 이상)	6개월 24시간 이상 (24회 이상)	6개월 24시간 이상 (24회 이상)	2박 3일 (1일 7시간)	–
	동장 미보유 청소년은 봉사, 자기개발, 신체단련활동 중 한 가지 활동을 선택하여 추가로 6개월 수행				
동장 14세 이상	3개월 12시간 이상 (12회 이상)	3개월 12시간 이상 (12회 이상)	3개월 12시간 이상 (12회 이상)	1박 2일 (1일 6시간)	–
	참가자는 봉사, 자기개발, 신체단련활동 중 한 가지 활동을 선택하여 추가로 3개월 수행				

- 단계별로 봉사·자기개발·신체단련 활동영역을 주 1회 간격, 매회 1시간 이상씩 지속적으로 활동하여야 한다.
- 활동영역별 최소 필요 시간을 이수하고 스스로 정한 성취목표를 달성한 후, 포상활동 승인기준에 부합하는 경우에 포상을 받을 수 있다.
- 탐험활동은 사전 기본교육 및 예비탐험활동이 필수이다. 예비탐험활동은 정식탐험활동의 훈련과정으로, 정식탐험활동에 준하게 활동하는 것이 기본 원칙이며, 최소 활동 기준 이상은 반드시 충족해야 한다(예비탐험활동 최소 활동기준: 1박 2일, 숙박 필수).
- (운영규정 제27조 ②) 동장 단계의 경우, 만 13세 청소년이 만 14세 이상의 그룹과 함께 활동한다면 포상담당관의 승인하에 참여가 가능하다.
- (운영규정 제27조 ③) 동장 포상자는 만 15세 미만이어도 은장 단계 참여가 가능하며, 은장 포상자는 만 16세 미만이어도 금장 단계 참여가 가능하다.

출처: 한국청소년활동진흥원(2023).

5) 참여 절차

국제청소년성취포상제는 기존의 청소년활동 프로그램과는 달리 반드시 온라인 회원으로 가입하는 것에서부터 시작이 된다. 또한 개별 활동이라는 특성상 참여청소년 1인당 1명의 포상담당관이 담당하며 지속적인 활동을 하게 된다. 활동에 참여할 때마다 기록을 하며, 최종 활동까지 마치면 심사를 받게 되고 심사를 통과하면 최종적으로 포상을 받게 된다. 구체적인 참여 절차는 다음과 같다.

참여 절차
포상센터 검색 ▶ 포상센터 포상담당관과 상담 및 포상담당관 배정 ▶ 온라인 입회 신청 및 입회비 결제 ▶ 활동영역 세부계획 및 성취목표 수립 ▶ 포상담당관 세부계획 승인 ▶ 포상활동 수행 ▶ 영역별 활동 완료 요청 및 소감문 작성 ▶ 활동코치 의견서 작성 ▶ 활동영역별 포상 승인 요건 확인 ▶ 최종 판정(승인/반려) ▶ 포상물품 수여 및 포상식 참석

6) 포상지도자의 역할 및 자격조건

성공적인 포상제를 운영하기 위해서는 포상지도자의 역할이 매우 중요하다. 포상제가 청소년들이 스스로 계획을 세워서 하는 자기주도적인 활동이지만 이들이 지속적으로 참여하기 위해서는 담당 포상지도자의 지원이 필요하다. 우선, 전체적인 포상제 사업을 관리·감독하는 '책임포상감독관(포상감독관)', 운영기관에 소속되어 직접적으로 청소년의 활동을 관리·지도하는 '포상담당관', 개별적인 활동영역의 활동내용을 지도하는 '포상활동담당자'로 구분된다. 그 밖에 참여한 청소년의 활동을 최종적으로 심사하는 '포상심사관'이 있다. 이들 모든 포상지도자가 각자의 역할과 책임을 다해야만 청소년이 원활

표 8-3 **포상지도자의 역할 및 자격[1)**

공통 요건
1. 만 19세 이상 금장 포상 청소년의 경우, 포상담당관 또는 활동코치 자격 부여 가능
2. 참여청소년의 직계존속은 포상지도자가 될 수 없음
3. 포상제 운영기관 소속이 아닌 경우, 포상지도자 역할을 수행할 수 없음
4. 아래 명시된 자원봉사자는 포상제 운영기관의 활동에 자발적으로 참여하는 자로, 유급이나 무급으로 포상제를 지원하는 만 19세 이상의 모든 사람을 말함. 포상감독관, 포상담당관, (탐험)활동코치로 활동 가능
5. 아래 자격 요건 외에 연령 및 청소년 지도 경력에 부합되지 않으나 여성가족부, 교육부, 보건복지부, 문화체육관광부, 산림청, 환경부 발급 국가전문자격 소지자는 포상담당관 자격 부여가 가능함

선택 요건		
포상지도자	자격 요건	역할
한국포상 사무국장	1. 한국사무국의 업무총괄 및 책임자	1. 한국사무국 운영 총괄 2. 동·은·금장 포상 인증서 발급 승인 3. 포상운영사무국 관리 4. 포상지도자 관리

1) 우리나라 정부의 방침에 따라 현재 연령은 '만 나이'로 표기하지 않아도 '만 나이'를 의미하지만 본 규정에는 현재 '만'으로 표기하고 있어 그대로 두었다. 본 교재에서의 연령은 별 다른 표기가 없는 경우에는 '만 나이'로 보면 된다.

한국포상사무국 감독관	1. 한국사무국에 소속된 포상제 실무 직원 2. 만 25세 이상인 자 ※ 포상담당관 역할 겸직 가능	1. 포상위원회 운영 2. 포상제 운영규정 및 제도개선 3. 포상운영사무국 및 포상센터 지원 및 모니터링 4. 포상지도자 및 청소년 관리 총괄 5. 금장 청소년 관리(포상식, 심의 등) 6. 수입금 관리(참가비 등) 7. 기타 포상제 운영 지원
포상운영 사무국장	1. 포상운영사무국의 업무총괄 및 책임자	1. 해당 기관 및 산하 기관의 포상지도자 관리 및 감독 2. 은장 포상 인증서 발급 승인 3. 포상센터 승인
포상감독관	1. 포상운영사무국에 소속된 포상제 실무 팀장 및 부장 2. 만 25세 이상인 자 3. 포상담당관 직무연수 및 포상감독관 교육 이수자 ※ 포상담당관 역할 겸직 가능	1. 포상센터 지원 및 관리 2. 포상담당관 지원 및 관리 3. 은장 활동 기록 확인 4. 은장 포상식 운영 5. 참여청소년 포상활동 관리(입회, 포상물품 요청 및 지원 등) 6. 기타 포상제 운영 지원
포상센터장	1. 포상센터의 업무총괄 및 책임자	1. 해당 기관의 포상지도자 관리 및 감독 2. 동장 포상 인증서 발급 승인
포상담당관	1. 포상센터에 소속된 직원 또는 자원봉사자로 만 20세 이상인 자 2. 청소년활동 경력 1년 이상인 자 3. 포상담당관 직무연수 이수자 ※ 단, 참여청소년 지도 실적이 있을 경우, 2년 주기 포상제 보수교육 이수. 지도 실적이 없거나 2년 이상 활동 중단된 경우, 포상담당관 직무연수 재이수 필수 ※ 포상담당관 자격은 포상제 운영기관에 소속될 경우에만 유지할 수 있음	1. 참여청소년의 포상활동 지원 및 관리 2. 동·은·금장 활동 기록 확인 및 완료 판정 3. 동장 포상식 운영 4. 인증서 발급 승인 요청 및 결과 보고 5. 자원봉사자 및 활동코치에게 포상제의 철학 및 운영과 원칙 안내 6. 기타 포상제 운영 지원

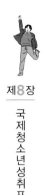
활동코치	1. 만 19세 이상으로 청소년의 활동 영역에 전문적인 지식 또는 경력, 전문자격을 갖는 지도자 2. 한국사무국포상감독관, 포상운영사무국장, 포상감독관, 포상센터장, 포상담당관은 활동코치 겸직 가능	1. 청소년 포상활동 지도 및 확인 2. 포상활동 운영 시 안전관리 및 청소년 인권 존중
탐험활동 코치	1. 만 19세 이상으로 탐험활동 전문연수를 이수한 자로 청소년의 탐험활동을 전문적으로 지도할 수 있는 경력, 자격을 갖는 지도자 2. 야외활동 전문가 및 안전관리 전문가	

출처: 한국청소년활동진흥원(2023).

하게 활동하며 그 결과 포상을 받을 수 있게 된다. 특히 '포상담당관'은 주로 참여청소년들과 소통을 하게 되는데, 전체 포상활동에 대한 관리와 조언을 제공하는 지도자로서 청소년의 활동참여에 매우 중요한 역할을 담당한다고 할 수 있다. 구체적으로 포상담당관은 참여청소년이 포상활동을 통해 자신의 잠재력을 최대한 성장시키고 포상활동을 완수할 수 있도록 포상활동담당자, 포상지원관, 자원봉사자들과 참여청소년을 연결하고 격려하며 지원하는 역할을 한다. 또한 포상담당관은 청소년 개개인이 모두 다양한 능력을 갖고 있다는 것을 명심하여야 하며, 청소년별 특성을 충분히 고려하여 활동내용에 적용해야 한다.

7) 운영기구

우리나라에서의 국제청소년성취포상제는 여성가족부 산하의 공공기관인 한국청소년활동진흥원이 '한국포상사무국'의 역할을 수행하고 있으며, 국내에서 운영되고 있는 국제청소년성취포상제 전반에 대한 관리 · 감독의 권한을 갖는다. 다음으로 전국 17개 시 · 도에 있는 청소년활동진흥센터와 5개 이상의 포상센터를 보유하여 운영이 가능한 법인 또는 단체인 '포상운영사무국'에서는 포상센터와 포상활동 제공기관을 선정하고 운영을 지원한다. '포상센터'는 청소년이 포상활동을 수행할 수 있도록 지원하는 법인,

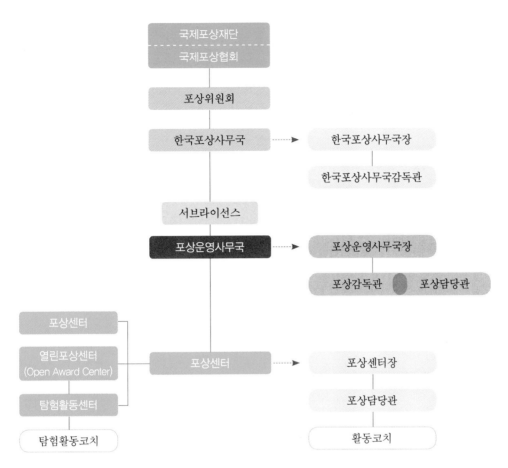

[그림 8-1] 국제청소년성취포상제의 운영체계
출처: 청소년활동정보서비스 e청소년.[2]

단체, 시설 및 기관으로 포상제 참여청소년을 모집하고 관리한다. '열린포상센터'는 온라인 서비스를 기반으로 지역 구분 없이 포상제에 참여하고 싶은 청소년을 포상지도자가 지원할 수 있는 포상운영사무국 직영 조직이다. 마지막으로, 탐험활동센터는 포상제 참여청소년에게 탐험활동을 전문적으로 제공하는 기관 및 시설이다.

2) https://www.youth.go.kr/m/contents/intrlScccesRwardOperSystmForm.mo (2024 2. 23. 검색)

8) 참여현황

국제청소년성취포상제는 2008년에 시범사업으로 시작되어 2023년까지 금장, 은장, 동장 모두 합하여 28,215명의 청소년이 참여하였다. 연도별로 살펴보면 다음과 같다.

표 8-4 국제청소년성취포상제 참여현황

연도	입회청소년(명)	포상청소년(명)			포상센터(개소)
		동	은	금	
2010년	3,942	107	3	0	192
2011년	3,467	522	45	0	97
2012년	3,545	485	83	4	81
2013년	3,463	507	96	4	92
2014년	2,257	413	73	6	90
2015년	2,046	373	41	2	80
2016년	1,832	545	70	7	64
2017년	1,960	682	101	12	79
2018년	1,959	692	135	7	45
2019년	1,283	348	74	9	56
2020년	577	178	71	7	43
2021년	643	119	26	11	37
2022년	537	172	33	9	33
2023년	704	222	92	6	19
총 계	28,215	5,365	943	84	1,008
		6,392			

출처: 청소년활동정보서비스 e청소년[3]을 재구성함.

---

[3] https://www.youth.go.kr/youth/youth/contents/intrlSccesRwardScnForm.yt?curMenuSn= (2024. 2. 23. 검색)

많은 국가에서 시행되고 있는 국제청소년성취포상제는 다양한 형태의 활동으로 활발하게 이루어지고 있다. 그만큼 포상제가 각국에서 쉽게 적용되고 통합될 수 있도록 하는 체계를 갖추었다고 할 수 있다. 그러나 포상제를 운영함에 있어 기본적인 원칙과 철학은 반드시 지켜져야 한다. 특히 운영기관의 3대 원칙은 포상제 고유의 정신을 계승하고 청소년들이 자신의 성취목표를 달성하기 위하여 지켜지고 있다. 3대 원칙은 국제선언, 기본원칙, 운영원칙을 의미하며, 우선 '국제선언'은 국제청소년성취포상제가 개인 도전으로 청소년들에게 자아발견, 성장, 자립, 인내, 책임감, 사회에 대한 봉사활동을 고취시키는 균형 잡힌 비경쟁적이며 자발적인 활동프로그램을 제시한다는 것이다. 다음으로, '기본원칙'은 성취기준이 참여청소년들 간의 경쟁의 승리가 아니라 인내와 성취를 통한 개인의 역량 향상이라는 점이다. 참여청소년은 4개의 활동영역 안에서 지역에 따라 가능한 활동을 자유의지로 선택하며, 성별, 인종, 종교, 정치적 소속에 근거한 어떠한 차별도 받지 않는 것을 전제로 한다. 마지막으로, '운영원칙'은 참여청소년의 연령이 만 14~24세이며, 활동영역은 봉사활동, 자기개발활동, 신체단련활동, 탐험활동, 합숙활동(금장만 해당)으로 이루어져 있다는 것이다. 또한 포상단계는 동장(만 14세 이상), 은장(만 15세 이상), 금장(만 16세 이상)이며 해당 포상단계를 처음 도전하는 경우, 최소 참여기간은 동장 6개월, 은장 12개월, 금장 18개월로 금장 참가자는 합숙활동을 수행해야 한다는 원칙을 갖고 있다.

이 외에도 국제청소년성취포상제는 운영과 활동에 있어 열 가지의 원칙[4]을 근간으로 하고 있다.

첫째, 개별성(individual)이다. 참여청소년은 자신의 상황, 활동내용, 규정 등에 맞추어 자신만의 프로그램을 설계한다. 활동 단계별 참가 연령을 준수하여 활동을 시작할 수 있고, 설정한 목표를 성취 할 때까지 계속해서 참여할 수 있다.

둘째, 균형성(balanced)이다. 포상제는 동장과 은장 단계의 네 가지 활동과 금장 단계의 다섯 가지 활동에 참여하면서 정신적, 신체적으로 성장하고 공동체 정신을 기를 수

---

4) 국제청소년성취포상제 운영규정 [별표 4]를 참고하여 일부 수정하였다.

있는 균형 잡힌 프레임 워크를 제공한다.

셋째, 비경쟁성(non-competitive)이다. 포상제 참여는 타인과의 경쟁이 아닌 개인적인 도전이다. 참여 청소년의 프로그램은 개인의 출발점, 능력, 관심사를 반영하여 맞춤 설계된다.

넷째, 단계성(progressive)이다. 각 단계에서 포상활동은 참여 청소년의 시간, 헌신 및 책임감을 지속적으로 요구하게 된다.

다섯째, 성취 지향성(achievable)이다. 포상제는 개인적 능력, 성별, 배경, 지역과 관계없이 과제를 수행하는 모든 참여 청소년들이 성취가능한 프로그램이다.

여섯째, 영감을 주는(inspirational) 활동이다. 포상활동을 통해 참여 청소년은 자신의 기대치를 넘어서 더 큰 자신감을 갖게 된다. 활동을 시작하기 전에 자신의 활동과 목표를 설정하고, 그 목표를 달성하여, 자기 발전을 보여 줌으로써 포상을 성취하는 방향으로 나아가게 된다.

일곱째, 자발성(voluntary)이다. 포상제 참여는 중·고등학교 시기, 대학교 시기 등 다양한 상황 중에 수행하게 되는데, 참여 청소년은 프로그램을 선택하고 자신의 활동을 수행하는 데 자발적으로 참여해야 한다.

여덟째, 지속성(persistence)이다. 포상활동은 지속적으로 수행하는 활동이다. 참여 청소년은 활동 최소 요건을 준수하며 꾸준히 활동을 참여한다.

[그림 8-2] 국제청소년성취포상제의 10가지 원칙

출처: 청소년활동정보서비스 e청소년.[5]

---

[5] https://www.youth.go.kr/youth/youth/contents/intrlSccesRwardOperMdlForm.yt?curMenuSn= (2024. 2. 23. 검색)

아홉째, 발전성(development)이다. 참여 청소년들은 포상제 참여를 통해 개인 및 사회 발전을 이룰 수 있다. 이들은 포상제를 통해 귀중한 경험과 삶에서 필요한 다양한 기술을 습득하고, 자신감을 키우며, 환경과 지역 사회에 대해 더 잘 알게 되고, 책임감 있는 성인으로 성장할 수 있다.

열째, 즐기는(enjoyable) 활동이다. 참여 청소년과 지도자는 포상제활동을 수행하면서 즐길 수 있는 방법을 찾아야 한다.

04 국제청소년성취포상제의 특징 및 효과

1) 국제청소년성취포상제의 의미와 특징

국제청소년성취포상제는 기존 청소년활동 제도의 한계를 극복한 프로그램이라는 점에서 그 의미를 찾을 수 있다.[6]

첫째, 기존의 국내 청소년활동 프로그램을 살펴보면, 체계화된 프로그램의 경우 자율성이 부족하거나 자율적인 프로그램은 체계가 없는 경우가 많다. 특정 프로그램을 선택한 이후에는 그 프로그램에 규정된 내용을 이수하는 방식으로 프로그램 내에서 참여자가 스스로 선택할 기회가 없다. 또한 참여자의 자율성을 강조한 일부 프로그램은 명확한 성취 목표 또는 기준이 없어서 참여의 결과를 확인하거나 인정받기 어려운 경우가 많다. 그러나 국제청소년성취포상제는 청소년 개개인의 자유로운 선택과 성취의 결과에 대한 체계적인 인증 및 검증 절차를 모두 갖춘 프로그램으로, 특히 고연령 청소년들의 개별적 도전과 성취 욕구를 수용할 수 있다는 장점이 있다.

둘째, 국내에서 실시된 프로그램들은 단기적인 프로그램이 많았다. 대표적으로 청소년수련활동 인증제의 경우를 보더라도 인증 프로그램의 85%가 단기 프로그램이다. 이에 반해 국제청소년성취포상제는 장기적인 활동을 보장하는 프로그램이라는 점에서 기존 청소년활동 프로그램과는 큰 차이가 있다. 동장을 수상하기 위해서는 최소 6개월간의 장기

6) 장근영(2011)의 '국제청소년성취포상제 발전방안'을 발췌하여 재구성 및 보완하였다.

적인 활동을 해야 하고, 은장은 최소 1년, 금장은 은장 수상 후 최소 1년간의 참여가 요구된다. 또한 매 단계마다 매주 1회 이상의 생활화된 활동을 지속적으로 요구하기 때문에 단기적이거나 일회적인 기존 청소년활동 프로그램의 한계를 극복하고 생활습관의 근본적 변화를 유도한다는 점이다.

셋째, 기존 청소년 프로그램들 간에 연계성이 부족하였다. 기존 청소년활동 프로그램들은 주로 개별 청소년수련관 중심의 프로그램 운영으로 프로그램 간 연계를 통한 시너지 효과를 기대하기 어려웠다. 그러나 국제청소년성취포상제는 이 제도를 도입한 국가 간에 연계가 가능하여 우리나라 청소년이 외국에서 기존 포상제 활동을 이어 갈 수 있으며, 청소년이 선택한 프로그램도 단일 프로그램이 아니라 신체단련활동, 자기개발활동, 봉사활동 등의 영역에서 다양한 프로그램을 연결하는 체계라고 할 수 있다. 따라서 현행 청소년활동 프로그램과 경쟁하는 관계가 아니라 기존 프로그램의 연결을 통한 참여 가치의 향상을 제공하는 관계로 시너지 효과를 발휘할 수 있다.

넷째, 그동안 우리나라 청소년들의 체험 및 참여활동에 대한 참여율이 저조하였다. 우리나라 청소년들은 자원봉사나 사회참여활동에 있어 하루 평균 1분에 불과한 정도이다(독일 11분, 미국 8분). 또한 교육부의 제도와 관련한 학생봉사활동, 특별활동, 창의적 체험활동 등이 신설되거나 확대되었음에도 불구하고 입시위주의 교육풍토로 인하여 형식적이고 파행적인 운영으로 창의인재양성의 성과를 거두지 못하였다. 이에 반해 국제청소년성취포상제는 그동안의 집단지도 방식의 청소년활동 프로그램 운영에서 벗어나 개인별 맞춤형 지도방법으로 전환하여 청소년지도자의 전문역량 강화의 기회를 마련하였고, 맞춤형 청소년활동 지도에 따른 수요자의 욕구충족을 극대화할 수 있게 되었다. 이는 청소년활동의 집단참여로 인해 놓칠 수 있는 개인적 특성 및 상황을 반영하게 되어 활동의 참여기회를 높이는 데 일조하였고, 지도자와의 일대일 지도 방식 역시 청소년들이 중도에 포기하지 않고 목표를 달성하는 데까지 갈 수 있었던 배경이기도 하다.

2) 국제청소년성취포상제의 효과

국제청소년성취포상제의 효과에 대한 연구 및 보고서를 중심으로 살펴보면 다음과 같다. 우선, 국제청소년성취포상제의 효과에 대해 포상제 국제본부에서는 아홉 가지 영역을 제시하였다(한국청소년활동진흥원, 2016).

첫째, '학업성취도' 영역으로 청소년들의 정규교육 및 대학교육 참여율이 향상되고 학습 의욕 및 성취도가 향상되었다.

둘째, '고용 및 생활력' 영역으로 청소년의 고용수준 및 재정 자립도가 향상되었다.

셋째, '건강과 복지' 영역으로 청소년의 신체적 건강 및 정신적 건강이 증진되었다.

넷째, '시민활동참여' 영역으로 청소년의 자원봉사 및 사회활동이 증가되었고, 지역사회의 사회참여 및 정치참여가 증가하였다.

다섯째, '사회적 소속감' 영역으로 사회통합이 증진되고, 개인차가 존중됨은 물론 청소년의 자기개발 기회가 증가하였다.

여섯째, '환경' 영역으로 청소년의 환경에 대한 인식, 환경 및 지속 가능한 활동에 대한 참여가 향상되었다.

일곱째, '성평등 및 여성권익보호' 영역으로 성차별이 해소되었고, 소외계층 여성청소년의 지위가 향상되었으며, 자긍심 고양 및 능력발휘가 장려되는 효과가 있었다.

여덟째, '폭력감소 및 예방, 갈등해소, 평화구축' 영역으로 집단 간 및 집단 내 갈등과 폭력이 감소되었고, 공동체 내에 대화가 증가함은 물론 협력체계가 구축되었다.

아홉째, '청소년범죄' 영역으로 청소년 범죄 및 재범률 감소를 위해 노력하게 되었다.

다음으로, 2007년 영국의 금장 수상자들을 대상으로 한 조사(영국포상협회, 2007: 김민주, 2012 재인용)에서는 포상활동이 끝났어도 신체단련, 자기개발 등 관련한 활동을 지속적으로 하고 있으며(87%), 봉사활동 역시 계속하고 있다고 하였다(61%). 또한 포상활동은 취업과 진학에 도움이 되며(93%), 직장을 얻는 데에 실제 도움을 받았다고 하였다(64%). 이 외에도 자신에 대한 신뢰가 올라갔고(83%), 리더십이 향상되었으며(79%), 의사결정능력이 증진되었다고(78%) 언급하였다.

국내의 연구에서도 김진호(2013)는 국제청소년성취포상제에 참여한 청소년들이 학습에 대한 애착, 학습자로서의 자기확신, 도전에 대한 개방성, 학습에 대한 책임수용 등을 포함하는 자기주도성이 향상되었음을 제시하였다. 그리고 포상제 참여 여부에 따른 비교연구에서도 포상제에 참여한 청소년이 참여하지 않은 청소년에 비해 '잠재력에 대한 각성' '새로운 재능과 능력 파악'에 있어서 더 높게 나타났고, '학교생활만족도'와 '삶의 만족도' 역시 포상제 참여청소년이 더 높은 것으로 조사되었다(장근영, 김용대, 김태우, 2011).

국제청소년성취포상제의 참여방법

청소년활동정보서비스 'e청소년' 사이트(https://www.youth.go.kr)로 들어가서 '국제청소년성취포상제'
게시판으로 들어가서 시작한다.

1단계: 포상센터 찾기

① 언제나 쉽게 찾아갈 수 있는 곳

② 내 포상활동뿐만 아니라 나의 고민들에 대해 친절히 상담해 줄 수 있는 곳

③ 내가 하고 싶은 활동을 많이 운영하고 있는 곳

④ 나의 적성과 능력을 정확히 알고 나를 발전시켜 줄 수 있는 곳

2단계: 포상담당관과 상담하고 입회 신청하기

① 포상담당관 배정 받기

② 포상제가 무엇인지 어떻게 활동하는지 정확히 알기

③ 자신의 꿈과 진로에 대해 상담 받기

④ 회원 가입하고 입회 신청하기

3단계: 활동 선택하기 및 활동계획 세우기

① 자신의 흥미, 관심, 꿈 및 진로와 연관된 활동 선택하기

　　※ 포상담당관과 상담 및 적성검사 등을 통한 자기 적성과 맞는 활동 선택

② 포상담당관에게 포상제 교육 받기

　　※ 포상제 활동 방법 교육 받기

　　※ 포상담당관에게 성취목표 및 세부계획 작성하는 방법 교육 받기

　　※ 포상정보시스템 활용 방법 교육 받기

③ 성취목표 및 활동계획 세우기

　　※ 성취목표는 도전 가능한 목표와 구체적인 목표로 세우기

　　※ 활동계획은 성취목표를 달성하기 위해 구체적으로 작은 단계 목표부터 세우기

　　※ 포상심사 체크리스트 점검하기

④ 활동코치에게 활동지도 요청하기

　　※ 포상제 활동 이해시키기, 함께 성취목표 및 세부계획 작성하기 또는 이미 만들어 놓은 세부계획
　　　확인 받기

　　※ e청소년(포상정보서비스) 회원가입 요청하기

⑤ 포상담당관에게 활동계획 컨설팅 받고 승인 받기

4단계: 활동하기 및 기록하기

① 활동[자기개발, 신체, 봉사, 탐험, 합숙(금장에 한함)] 영역 중 포상담당관에게 세부계획 승인 받은 활
　동부터 먼저 시작하기

② 활동하기

　　※ 봉사, 자기개발, 신체단련은 반드시 1회 60분 이상 활동해야 인정받음

　　※ 탐험활동영역의 정식탐험은 동장(1박 2일) 1일 6시간 이상, 은장(2박 3일)

　　※ 보고서 작성 시 반드시 1장 이상 자신이 활동하고 있는 사진 필수 첨부

③ 주 1회 1시간 이상 활동하기

　　※ 단, 주 단위는 일요일부터 토요일까지의 7일을 의미한다.

　　※ 활동 일지는 반드시 활동 후 1주일 이내에 기록 · 입력할 것을 권장한다.

④ 보고서는 주 1회 활동하는 것을 기준으로 매 4주 활동 후 기록 및 보고서 작성

　　※ 보고서 작성 시 반드시 1장 이상 자신이 활동하고 있는 사진 필수 첨부

⑤ 활동 후 기록하였다면 활동코치에게 기록 확인 받기

　　진행과정: 주 1회 활동하기 → 활동코치 기록 승인

　　※ 활동일자, 활동내용, 사진 첨부 여부 등 확인 후 기록 승인

5단계: 활동 완료 전 스스로 체크해 보기

① 정해진 기간 이상 활동하였고 빠짐없이 활동한 내용을 기록하였는지 확인하기

② 내가 도전하고자 하는 성취목표는 달성하였는지 확인하기

③ 국제청소년성취포상제 활동 승인요건 체크리스트 점검하기

6단계: 활동영역별 완료하기

① 활동을 완료하기 위해서는 온라인상에서 완료 요청 버튼 누르기

　　※활동 기록과 활동보고서를 모두 작성하고 승인받았을 때 완료 요청 버튼 생성됨

　　※활동코치와 포상담당관에게 활동 승인 요청하기

　　진행과정 : 청소년 완료 요청 → 활동코치 의견서 작성 → 포상담당관 완료 승인

② 마지막 활동영역 완료 요청 후 소감문 작성하기

7단계: 활동영역별 완료 확인 및 승인요건 확인

① 영역별 활동코치 의견서 작성 및 확인

② 영역별 포상담당관 포상 승인요건 확인

8단계: 포상인증서 받기 및 포상식 참여하기

① 포상식에 참석하여 포상인증서와 배지 받기(별도 안내)

② 포상인증서를 포상식 전에 받고 싶다면 포상담당관에게 신청하기

출처: 청소년활동정보서비스 e청소년[7]

참고 국제청소년성취포상제의 오프라인 기록부 양식

국제청소년포상제 참여청소년은 활동종료 후 온라인(e청소년)에 기록하지만, 오프라인으로도 기록할 수 있다.

1. 봉사활동(자기개발, 신체단련활동) 세부계획서, 활동일지, 활동보고서

2. 탐험활동 세부계획서, 활동일지, 활동보고서

3. 합숙활동 세부계획서, 활동일지, 활동보고서

합숙활동
세부계획서

지도자	포상담당관	활동코치	활동코치		승인일자	
이 름					년 월 일	
서 명						

활동시작일	년 월 일	활동종료일	년 월 일
활동장소			
활동명			
성취목표			

활동일자 월/일	주요 활동내용	활동 장소	계획 시간

세부계획 변경 사항

변경 일자	변경사유 및 변경내용	포상담당관 확인

합숙활동
활동일지

		활동코치	확인
활동일	년 월 일		
활동장소			

주요 활동내용

합숙활동
활동보고서

		활동코치	확인
활동기간	년 월 일 ~ 년 월 일		
성취목표			

주요내용

포상활동담당자
의견서

청소년이름 000의 합숙활동영역 활동코치로서 계획한 기간 동안 활동을 성실하게 수행하고
성취목표를 달성하였음을 확인합니다.

활동코치 (서명)

000의 합숙활동내용과 활동코치의 의견서 제출을 확인합니다.

포상담당관 (서명)

출처: 한국청소년활동진흥원(2024).

청소년자기도전포상제는 7세부터 15세(초등학교 1학년~중학교 3학년) 청소년이 봉사, 자기개발, 신체단련, 탐험활동, 자기개발활동의 다섯 가지 활동영역에서 일정기간 동안 스스로 정한 목표를 성취해 가며, 숨겨진 끼를 발견하고 꿈을 찾아가는 자기성장 프로그램이다.

청소년자기도전포상제는 2008년 우리나라에 도입된 국제청소년성취포상제를 모태로 2010년부터 연구되었으며, 2011~2013년에 걸쳐 3년간 현장적용을 위한 단계별 시범운영을 진행하여 오늘날 사용하고 있는 체계적인 운영모형으로 확정하게 되었다. 즉, 국제청소년성취포상제를 근간으로 우리나라의 청소년 발달 상황과 환경에 맞는 고유의 포상제를 정립하여 청소년자기도전포상제가 탄생하게 된 것이다(한국청소년활동진흥원, 2016). 이렇게 된 데에는 참여청소년들의 연령과 관련이 있다. 국제청소년성취포상제는 14~24세의 청소년으로 연령이 제한되어 있는데, 우리나라 「청소년 기본법」상 청소년의 연령은 9~24세로 14세 미만의 청소년들은 포상제에 참여할 수 없었다. 이에 국제청소년성취포상제를 현장에서 운영하고 있던 포상지도자와 참여청소년, 학부모, 교사들이 저연령 청소년들도 참여할 수 있는 포상제를 운영해 달라는 요청이 있었고 이를 받아들여 한국형 포상제인 청소년자기도전포상제를 시작하게 된 것이다.

청소년자기도전포상제는 저연령 청소년이 자기결정력을 발휘하여 선택한 활동을 통해 다양하고 즐거운 경험을 하면서 자기주도성을 증진하는 것이 최종적인 목표이다. 구체적으로는 첫째, 건전성 및 자발성을 확보한 양질의 저연령 청소년활동 사례를 개발하고, 활동 콘텐츠를 적극 발굴·보급하여 저연령 청소년의 활동참여 활성화를 도모하는 것이다. 둘째, 다양한 활동을 경험함으로써 자신의 적성과 소질을 발견하고 아울러 역량강화를 위한 기회로 활용하는 것이다. 셋째, 청소년이 자신이 참여한 활동의 내용을 활동기록부에 기록하여 자기개발과 진로 탐색을 위한 포트폴리오 자료로 활용하는 것이다.

표 8-5 청소년자기도전포상제와 국제청소년성취포상제의 비교

구분	청소년자기도전포상제	국제청소년성취포상제
목표	꿈 찾기와 성취	꿈에 대한 도전과 성취
기본방향	자기 적성 발견 단계	자기 적성 개발 단계
활동형태	개인 맞춤형 개인 및 집단활동	
평가	비경쟁성, 개인의 성취과정 및 결과 평가	
활동성격	다양한 체험활동	다양한 체험활동 및 선택활동의 단계적 전문화
대상연령	7~15세	14~24세
활동영역	① 봉사, ② 자기개발, ③ 신체단련, ④ 탐험, ⑤ 진로개발	① 봉사, ② 자기개발, ③ 신체단련, ④ 탐험, ⑤ 합숙
포상	여성가족부장관 명의 인증서	국제포상협회 인증서, 여성가족부장관 명의 인증서

06 청소년자기도전포상제의 운영

청소년자기도전포상제의 포상활동단계(금장, 은장, 동장)는 국제청소년성취포상제와 동일하다. 다만, 청소년자기도전포상제는 활동영역에 진로개발활동이 추가되어 있으며, 단계마다 도전활동과 성취활동이 있고, 참여자는 모두 각 단계의 도전활동을 이수해야 한다. 그러나 성취활동의 경우, 처음 참여하는 청소년에 한하여 해당 단계의 성취활동을 반드시 이수해야 하며, 이때 성취활동을 이수하면 다음 단계에서는 성취활동이 면제된다. 또한 청소년자기도전포상제는 국제청소년성취포상제의 금장 단계에서 실시하는 합숙활동이 없다.

참자가의 연령조건은 7~15세이며, 동장과 은장을 모두 포상받은 청소년은 나이 제한 없이 금장 단계 활동에 도전 가능하며, 14세가 되기 전까지 또는 중학교 2학년이 종료되기 전까지 활동을 마쳐야 한다. 그러나 금장 단계에만 도전하는 청소년의 경우 중학교 1학년 연령 이상이어야 한다.

| 표 8-6 | 청소년자기도전포상제의 영역별 활동기준 |

포상 단계	활동 구분	활동영역				
		자기개발	신체단련	봉사활동	탐험활동	진로개발활동
동장	도전활동	8주(회) 이상	8주(회) 이상	8주(회) 이상	1일/5시간 (기본교육 1회)	10회
	성취활동	-참여청소년은 봉사, 자기개발, 신체단련 활동 중 한 가지 영역을 선택하여 추가로 8주(8회)이상 수행				
은장	도전활동	16주(회) 이상	16주(회) 이상	16주(회) 이상	1박2일/10시간 (기본교육 1회)	14회
	성취활동	-동장 미보유 청소년: 봉사, 자기개발, 신체단련활동 중 한 가지 영역을 선 택하여 추가로 16주(회)이상 수행				
금장	도전활동	24주(회) 이상	24주(회) 이상	24주(회) 이상	2박3일/15시간 (기본교육 1회)	18회
	성취활동	-은장 미보유 청소년: 자기개발, 신체단련, 봉사활동 중 한 가지 영역을 선 택하여 추가로 24주(회) 이상 수행				

※ 자기개발, 신체단련, 봉사활동, 진로개발활동은 각 1주에 1회 40분 이상을 원칙으로 함

※ 단계별로 다섯 가지 활동영역 중 네 가지 영역을 선택하여 모두 이수해야 함

※ 탐험활동은 사전 기본교육이 필수로 진행되어야 함

※ 진로개발활동은 단계별 과제를 수행할 때마다 1회 활동으로 간주하며, 워크북 작성은 필수임

출처: 한국청소년활동진흥원 홈페이지.[8]

참여기간은 국제청소년성취포상제와 마찬가지로 1회 활동당 최소 7일 이상의 간격을 두어 참여하되, 최종 소요기간에 있어서는 동장, 은장, 금장의 순서대로 포상을 받은 참여자와 동장 또는 은장 단계 없이 바로 은장 단계나 금장 단계에 도전하는 경우 차이가 있다. 즉, 동장부터 순서대로 포상을 받는 참여자는 동장 4개월 이상, 은장 4개월 이상, 금장 6개월 이상의 기간을 두고 있으며, 은장부터 시작한 경우 8개월 이상, 금장단계만 하는 경우 12개월 이상의 기간을 지켜야 한다.

그 밖에 참여 절차, 포상지도자의 역할, 운영기구 등은 국제청소년성취포상제와 유

---

8) https://www.youth.go.kr/youth/youth/contents/selfChlngRwardMdlForm.yt?curMenuSn=362 (2024. 2.
23. 검색)

사하다. 청소년자기도전포상제의 참여현황을 살펴보면, 2011년부터 2023년까지 금장, 은장, 동장 모두 합하여 13,691명의 청소년이 포상을 받았다. 연도별로 살펴보면 〈표 8-7〉과 같다.

표 8-7 청소년자기도전포상제 참여현황

연도	입회청소년(명)	포상청소년(명)			포상센터(개소)
		동	은	금	
2014년	1,291	422	100	29	66
2015년	1,426	672	182	47	63
2016년	2,556	1,277	270	70	84
2017년	3,362	1,502	432	86	96
2018년	3,178	1,290	465	166	82
2019년	3,562	1,055	438	174	59
2020년	1,719	547	248	103	56
2021년	2,196	929	265	156	48
2022년	2,066	898	254	103	55
2023년	2,407	1,108	296	107	31
총계	23,763	9,700 13,691	2,950	1,041	640

출처: 청소년활동정보서비스 e청소년[9] 재구성함.

9) https://www.youth.go.kr/youth/youth/contents/selfChlngRwardScnForm.yt?curMenuSn=362 (2024. 2. 23. 검색)

청소년자기도전포상제는 총 여덟 가지의 철학을 바탕으로 저연령 청소년들의 능력 및 소질을 개발하고 지역사회에서 타인과 조화로운 삶의 기술을 습득하는 경험을 가질 수 있도록 구성되어 있다. 구체적으로 살펴보면 다음과 같다(한국청소년활동진흥원, 2016).

첫째, 다양한 활동(various activities)이라는 점이다. 청소년 시기에 다양한 활동영역의 경험을 통해 청소년의 적성 및 소질을 발견하는 활동으로, 특히 저연령 청소년일수록 다양한 경험이 필요하고 이러한 일련의 과정을 통해 본인의 소질과 적성을 찾을 수 있는 가능성이 크기 때문에 도입 초기 운영모형을 구성할 당시 이 부분을 적극 반영하였다.

둘째, 스스로 하는 활동(self-activity)이라는 점이다. 참여청소년이 자기결정력을 가지고 참여를 결정한 활동에 대해 스스로 참여하여 완수하는 활동이다. 저연령 청소년의 경우 현실적으로 활동 목표 설정에서부터 활동계획, 활동참여, 자기평가와 같은 일련의 과정을 모두 본인이 혼자 하는 것은 어렵다. 그렇기 때문에 부모와 함께 하는 가족단위활동이나 또래집단활동을 적극 권장하기도 한다. 과정에서 부모나 포상지도자의 도움을 받았더라도 계획단계에서부터 개인의 의사가 반영되어야 하며, 연령 및 포상수준이 올라가게 되면 청소년의 주도성을 계속적으로 증가시켜야 한다.

셋째, 재능의 발견 및 개발(finding and developing talents)의 기회라는 점이다. 청소년 활동을 통해 참여청소년의 재능을 발견하고 개발할 수 있는 기회를 제공해야 한다. 저연령 청소년의 경우에는 무한한 발전 가능성이 있음에도 불구하고 아직 연령이 어려 본인이 무엇에 흥미가 있으며, 무엇을 잘할 수 있는지 적성과 소질을 파악하지 못하기도 한다. 이처럼 발견되지 못한 재능은 연령이 올라감에 따라 사장될 가능성이 있기 때문에 어릴 때부터 다양한 영역에서 많은 경험을 통해 흥미나 소질이 있다고 생각되는 활동에 직접 참여하고 그 부분을 지속해 볼 필요가 있다. 포상제에서도 많은 종류의 활동에 참여할 것을 권장한다.

넷째, 단계적 활동(step by step activity)이라는 점이다. 청소년자기도전포상제는 금장, 은장, 동장과 같이 총 3단계로 구성되어 있으며 청소년의 발달 수준에 적합하게 구성된 각 단계적 활동에 따른 도전과 목표 성취를 이루는 활동이다. 저연령 청소년들은 발달

특성상 장기간의 일정 속에서 본인의 목표를 성취하기에는 어려움이 있으므로 청소년자
기도전포상제에서는 각 활동단계별 수준에서 요구하는 기준을 차별화하였으며, 활동이
높아질수록 활동의 내용, 소요시간, 물리적 노력 등이 커지도록 하였다.

다섯째, 경쟁이 없는 활동(non-competitive activity)이라는 점이다. 청소년자기도전포
상제는 타인과의 경쟁이 없는 활동으로 이루어진다. 참여청소년이 스스로 세운 목표는
타인과 경쟁하여야 성취할 수 있는 것이 아니며 청소년 스스로 계획하고 활동 과정을 이
끌어 가는 중에 자기 자신을 깊이 있게 관찰하게 되는 것이다. 타인과의 경쟁보다 상호
협력하는 가운데 활동에 몰입하게 되고 즐거움이 높아지게 된다.

여섯째, 성취 지향적 활동(achievement-focused activity)이라는 점이다. 청소년자기도
전포상제는 단순히 참여에만 의의를 두지 않는다. 각 활동영역에 참여할 경우 청소년은
활동 목표에 대한 뚜렷한 내용을 가지고 있어야 하고, 그 내용을 실천하고자 하는 과정
을 활동으로 실행하여야 한다. 포상제의 주요 목적 중 하나는 목표를 성취하려는 노력을
통해 성취감을 맛보고 이런 경험을 바탕으로 자기주도성을 개발하는 것이므로 목표 성
취를 위한 일련의 과정을 충실히 이행하면서 노력을 다하여야 한다.

일곱째, 좋은 친구가 되기 위한 활동(activity to be a good friend)이라는 점이다. 청소년

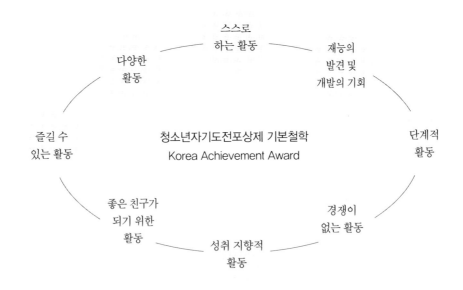

[그림 8-3] 청소년자기도전포상제의 기본철학

자기도전포상제는 봉사, 자기개발, 신체단련 활동의 3개 영역과 탐험활동 중 도전활동으로 반드시 한 가지 이상의 또래집단활동을 실행해야 한다. 청소년자기도전포상제에서는 청소년들에게 서로 좋은 친구와 이웃이 될 수 있는 기회, 또래와의 상호작용을 통해 사회성을 발달시킬 수 있는 기회를 제공하고자 하는 것이다. 그러나 이것은 단순히 한 공간 안에서 활동시간을 함께한다는 것에 소극적인 의미가 아니라 또래집단 안에서 타인을 배려하고 협동하는 기회를 통해 좋은 친구가 되기 위한 적극적인 활동을 의미한다.

여덟째, 즐길 수 있는 활동(enjoyable activity)이라는 점이다. 청소년자기도전포상제는 참여한 청소년이 스스로 선택한 활동에서 충분히 즐거움을 느낄 수 있는 활동으로 진행할 수 있다. 흥미와 관심사를 위주로 자기결정력을 가지고 선택된 활동은 그만큼 청소년에게 즐거움을 줄 수 있으며 선택의 폭이 다양하기 때문에 여러 주제의 활동을 통해 다양한 즐거움을 경험할 수 있다.

08 청소년자기도전포상제의 효과

청소년자기도전포상제는 국제청소년성취포상제를 근간으로 한 우리나라 저연령 청소년들의 자기성장 프로그램으로, 한국 사무국(한국청소년활동진흥원)에서는 이를 정착시키기 위한 노력을 기울이고 있다. 대표적으로는 만족도조사, 척도개발, 효과성에 대한 연구를 실시하고 있으며 그중 효과를 제시하면 다음과 같다(정재민 외, 2014).

첫째, 청소년의 자기관리 능력을 형성시킨다. 청소년자기도전포상제에 참여한 청소년들은 활동을 통해 일상생활에서 목표를 설정하거나, 학업이나 공부생활에서도 체계적인 계획을 세우게 되었다. 또한 스스로 해야 할 일에 대해 계획하는 습관을 갖게 되었고, 효율적인 시간 활용에 대한 의식을 갖는 등 자기관리를 경험하게 되었다고 하였다.

둘째, 청소년의 자기성장을 이룰 수 있다. 청소년자기도전포상제의 활동을 하고 난 뒤에 학교에서의 수행평가에서의 성적이 향상되었고, 목표 달성을 통해 성취감을 경험하였다. 또한 참여청소년은 활동 이후 스스로 자신이 더욱 성장한 것 같다고 진술하였다.

셋째, 자기통제력이 향상되었다. 매 단계마다의 과정을 통해 끝까지 포기하지 않으려하고, 하기 싫은 일은 하지 않던 이전의 모습과는 달리 싫은 일도 하게 되며, 세워진 목표 달성 때까지 힘든 환경을 참는 습관이 생기기도 하였다. 또한 자신의 나쁜 습관을 스스로 고치려는 노력이 나타나기 시작하였다.

넷째, 자아성숙을 경험할 수 있다. 스스로 무언가를 해 보려는 힘이 생겼고, 귀찮아서 하지 않던 것들에 대해 점점 하려고 하는 성실함을 경험하게 되었다. 그리고 일상생활에서 귀찮음과 게으름이 점차 사라지면서 어떤 일을 미루지 않고 꾸준히 하려고 노력하기 시작하였다. 이 외에도 활동참여에 대한 책임감이 생기고, 포상활동을 통해 집중력이 높아지기도 하였다.

다섯째, 청소년에게 자신감을 심어 준다. 청소년자기도전포상제에 참여하면서 무엇이든 할 수 있다는 마음과 어떤 것도 마음만 먹으면 할 수 있다는 자신감이 생겨났다. 포상활동은 기존의 활동프로그램과는 달리 장기간 동안의 활동으로, 처음에 주저하거나 머뭇거렸던 생각이나 활동도 일정시간 동안 꾸준히 하게 되면서 자신감으로 바뀌게 되었다.

여섯째, 자존감이 향상되었다. 자신이 할 수 없는 일을 해냈다는 자부심을 갖게 되었고, 환경정화 봉사활동 등은 활동 종료 직후에 달라진 주변을 볼 때마다 자부심이 생겼다. 또한 자신을 매우 자랑스럽게 생각하게 되었고, 활동의 과정을 끝까지 마친 자신이 뿌듯하다는 생각을 하게 되었다.

일곱째, 진로에 대한 자신감을 갖게 되었다. 청소년자기도전포상제에서의 활동들은 자신의 적성을 확인하는 기회가 되었고, 새로운 자신을 발견하게 되어 자신의 미래에 자신감이 생기게 되었다.

여덟째, 적극적인 모습으로 변화되었다. 청소년자기도전포상제의 과정은 계획을 세운 대로 실행해 가는 것이며 이를 위해서는 소극적인 상태로 있어서는 불가능하다. 처음에 소극적인 모습으로 시작했다고 하더라도 계속되는 활동의 과정을 통해 처음보다 점점 적극적으로 변화하게 된다고 하였다.

아홉째, 청소년의 또래관계를 향상시킨다. 청소년자기도전포상제는 개인 활동이기도 하지만, 도전활동영역에서의 집단활동이 포함되어 있어 지속적인 집단활동을 하게 된다. 그 결과, 사회성이 향상되어 친구들에게 먼저 다가가고 친구들과 더 잘 어울리게 되며, 친구들과의 관계가 좀 더 돈독해지는 효과가 있다.

열째, 봉사의식이 생겨났다. 청소년자기도전포상제 활동을 통해 장애인에 대한 편견을 버리게 되었고, 장애인을 배려하게 되었으며, 환경보호를 스스로 실천하게 되는 등 봉사의식을 경험하게 되었다.

열한째, 도전의식을 함양하게 되었다. 여러 활동의 과정은 실패를 두려워하지 않는 도전정신과 더 큰 활동에 대한 의욕으로 이어지는 기회가 되었고, 무엇이든 긍정적으로 생각하게 되었다.

 요약

1. 국제청소년성취포상제는 1956년 영국 에든버러 공작에 의해 설립되었으며 청소년이 다양한 활동영역에 자기주도적으로 참여하여 스스로의 잠재능력을 최대한 개발하고 삶의 기술을 갖도록 하는 프로그램으로 전 세계 140여 개국에서 운영되고 있다.

2. 우리나라에서의 국제청소년성취포상제는 2008년 국제포상협회로부터 독립운영기관의 자격 취득을 통해 시작되었다. 국제청소년성취포상제는 14세부터 24세까지 참여 가능하며, 동장, 은장, 금장의 단계로 활동할 수 있다.

3. 국제청소년성취포상제에서 포상지도자들은 청소년의 잠재력을 최대한 성장시키고 포상활동을 완수할 수 있도록 청소년을 격려하고 지원하는 역할을 한다.

4. 국제청소년성취포상제는 비경쟁성, 접근성, 자발성, 유연성, 균형성, 단계성, 성취 지향성, 과정 중시성, 지속성, 재미 등 10가지 원칙을 근간으로 하고 있다.

5. 우리나라의 국제청소년성취포상제는 중앙에서는 한국청소년활동진흥원이, 지역에서는 청소년활동진흥센터가 중심이 되어 담당하고 있다. 2010년부터 2023년까지 총 28,215명이 참여한 가운데 6,392명이 포상을 받았다.

6. 청소년자기도전포상제는 우리나라에서만 시행하고 있으며, 7세부터 15세까지의 청소년들이 봉사 · 자기개발 · 신체단련 · 탐험활동 · 진로개발활동의 다섯 가지 활동영역에서 일정 기간 동안 스스로 정한 목표를 성취해 가며, 숨겨진 끼를 발견하고 꿈을 찾아가는 자기성장 프로그램이다.

7. 청소년자기도전포상제는 다양한 활동, 스스로 하는 활동, 재능의 발견 및 개발의 기회, 단계적 활동, 경쟁이 없는 활동, 성취 지향적 활동, 좋은 친구가 되기 위한 활동, 즐길 수 있는 활동 등 여덟 가지 철학을 바탕으로 하고 있다.

8. 2011년부터 2013년까지 시범운영을 실시하였고, 동장, 은장, 금장의 단계로 활동할 수 있다. 2014년부터 2023년까지 총 23,763명이 참여하였고, 그중 13,691명이 포상을 받았다.

참고문헌

김민주(2012). 국제청소년성취포상제도 바로알기. 북코리아.

김진호(2013). 국제청소년성취포상제 활동경험이 청소년의 자기주도성에 미치는 영향. 미래청소년학회지, 10(1), 1-18.

여성가족부 (2017). 2017 청소년백서. 여성가족부.

장근영(2011). 국제청소년성취포상제 발전방안. NYPI YOUTH REPORT, 22. 1-15.

장근영, 김용대, 김태우(2011). 국제청소년성취포상제 효과성분석 및 장기종단연구계획 수립Ⅱ. 한국청소년활동진흥원, 한국청소년정책연구원.

정재민, 조창호, 김영기, 노승현, 최은지, 김용녀, 임경미(2014). 청소년자기도전포상제 참여청소년의 활동경험에 관한 질적연구. 여성가족부, 한국청소년활동진흥원.

한국청소년활동진흥원(2016). 청소년자기도전포상제 포상담당관 매뉴얼. 한국청소년활동진흥원.

한국청소년활동진흥원(2023). 국제청소년성취포상제 포상지도자 운영매뉴얼. 한국청소년활동진흥원.

한국청소년활동진흥원(2023). 국제청소년성취포상제 운영규정(2023. 6. 22. 개정). 한국청소년활동진흥원.

청소년활동정보서비스 e청소년. https://www.youth.go.kr

제9장

청소년어울림마당

청소년어울림마당은 문화예술, 스포츠 등을 소재로 한 공연, 경연, 전시, 놀이체험 등 다양한 활동이 펼쳐지는 장으로 청소년의 접근이 쉽고 다양한 지역사회 자원이 결합된 일정한 공간을 의미한다. 또한 청소년의 주도적인 참여를 기반으로 청소년과 지역사회가 함께 다양한 형태의 문화예술활동을 중심으로 어우러지는 지역의 대표적인 청소년 축제라는 의미도 갖고 있다.

청소년어울림마당은 청소년문화존이라는 이름으로 청소년이 자신의 일상생활과 삶으로서 문화를 만들어 나가며 체험하도록 하기 위하여 지역사회의 다양한 청소년 기관 및 시설, 공간, 프로그램 등 문화적 자원들을 제공하기 위하여 도입되었다.

청소년문화존 사업의 주된 목적이 청소년문화 인프라 구축이었다면 청소년어울림마당은 각종 자원을 효율적으로 연계하고 활용하여 청소년의 상시적인 문화활동 환경을 조성하며, 이를 위해 다양한 활동을 지원하여 장기적으로 지역단위의 청소년을 위한 문화공간을 확보하고 점차 확산시켜 지역 중심의 청소년문화를 신장하고 활성화하는 데 있다.

이 장에서는 청소년어울림마당의 개념과 목적, 추진 배경, 특징과 의미, 핵심 가치, 청소년어울림마당 운영, 청소년어울림마당 기획단, 청소년어울림마당 모니터링, 청소년어울림마당의 효과, 청소년어울림마당 우수 사례에 대해 살펴보고자 한다.

01 청소년어울림마당의 개요

1) 청소년어울림마당의 개념과 목적

청소년어울림마당은 문화예술, 스포츠 등을 소재로 한 공연, 경연, 전시, 놀이체험 등 다양한 활동이 펼쳐지는 장으로 청소년의 접근이 쉽고 다양한 지역사회 자원이 결합된 일정한 공간을 의미한다(청소년활동정보서비스 e청소년[1] 홈페이지). 또한 청소년의 주도적인 참여를 기반으로 청소년과 지역사회가 함께 다양한 형태의 문화예술활동을 중심으로 어우러지는 지역의 대표적인 청소년축제라는 의미도 갖고 있다. 청소년어울림마당은 순 우리말로 '청소년이 활동을 통하여 상호 소통하는 장'이라는 뜻이 담겨 있다. 청소년어울림마당은 지역을 대표하는 청소년축제로서 다양한 문화활동에 대한 청소년의 주도적인 참여와 문화적 감수성 및 역량강화, 그리고 청소년과 지역사회가 함께하는 다양한 문화예술활동을 통하여 지역 내 건전한 청소년문화를 형성하는 데 목적이 있다(여성가족부, 한국청소년활동진흥원, 2021).

2) 청소년어울림마당의 추진 배경

청소년어울림마당은 청소년문화존이라는 이름으로 청소년이 자신의 일상생활과 삶으로서 문화를 만들어 가며 체험할 수 있도록 하기 위하여 지역사회의 다양한 청소년 기관 및 시설, 공간과 프로그램 등 문화적 자원들을 제공하기 위하여 도입되었다(한상철 외, 2011: 류명구, 2013a 재인용). 2004년부터 8개 시·도, 29개 시·군·구에서 시범 실시하였고, 2008년 청소년문화존 사업을 기존의 청소년어울림마당 사업과 통합하여 16개 시·도, 90개 시·군·구로 확대하였다. 청소년어울림마당은 「청소년활동 진흥법」(제60조와

---

[1] https://www.youth.go.kr/youth/youth/contents/togetherYardIntroForm.yt?curMenuSn=378 (2024. 2. 11. 검색)

제61조)에 근거하여 2011년부터 16개 시·도, 110개 시·군·구 총 126개소로 확대되어 시행되고 있는 청소년활동분야의 대표적인 정책사업 중의 하나이다.

3) 청소년어울림마당의 특징과 의미

청소년문화존 사업의 주된 목적이 청소년문화 인프라 구축이었다면 청소년어울림마당은 각종 자원을 효율적으로 연계하고 활용하여 청소년의 상시적인 문화활동 환경을 조성하며, 이를 위해 다양한 활동을 지원하여 장기적으로 지역단위의 청소년을 위한 문화공간을 확보하고 점차 확산시켜 지역 중심의 청소년문화를 신장하고 활성화하는 데 있다(이채식, 2015). 청소년어울림마당의 지역적 범주는 시·군·구의 행정 지역이나 대단위 지역이 아닌 특정한 시설, 공간을 거점으로 하는 주변 지역으로 설정하며, 일상생활과 연계된 지역을 중심으로 사업을 진행하고 있다(여성가족부, 2017a). 청소년어울림마당의 특징을 살펴보면, 다음과 같다. 첫째, 청소년어울림마당은 청소년이 생활하는 지역 내 주변에서 문화적 감수성을 높일 수 있는 다양한 문화·예술·놀이 체험의 장으로 운영되고 있다. 둘째, 청소년이 주체가 되어 기획하고 진행하며, 청소년을 위한 다양한 문화표현의 장으로 운영되도록 하고 있으며, 모니터링을 통해 청소년 눈높이에서 청소년의 욕구가 적극적으로 반영될 수 있도록 하고 있다(여성가족부, 2023). 청소년어울림마당은 청소년의 참여기회 증진과 자발적이며 적극적인 청소년의 도전적 의지 발현 등 청소년기에 필요한 다양한 기회를 확장하는 데 효과적이라는 의미를 담고 있다(권일남, 전명순, 2023).

4) 청소년어울림마당의 핵심 가치

청소년어울림마당의 핵심 가치는 청소년, 문화, 어울림마당이라 할 수 있다. 이채식(2015)은 청소년어울림마당을 중심으로 한 청소년활동 모니터링의 중요 성취 분석에서 청소년어울림마당의 핵심 가치를 다음과 같이 설명하였다.

첫째, 청소년어울림마당은 청소년을 중심으로 한다. 청소년은 어울림마당의 주인이며 고객이다. 주인으로서 청소년은 단순 참가자가 아니라 청소년어울림마당의 설계와 운영에 참가하는 주체를 의미하며, 동아리나 개인 단위로 자신의 문화 역량을 능동적으로 표출하는 생산자를 의미한다. 청소년이 프로그램 기획 단계부터 참여하고, 동아리나 개인 단위로 적극적 활동이 이루어져야 하며, 청소년어울림마당의 본래 목적에 부합하고, 다양한 콘텐츠가 지속적으로 제공되어야 고객으로서 청소년 참가자를 안정적으로 확보할 수 있다. 어울림마당 홍보를 위한 최상의 방법은 청소년의 입으로 알려지는 것이다. 무대나 부스에 참여하는 청소년은 또래 청소년 지지자들이 많고, 지지자들은 무대공연을 하는 친구를 보기 위해 어울림마당에 참여할 확률이 아주 높다. 그리고 청소년어울림마당은 고객이 청소년이므로 청소년에게 다양한 문화 체험의 기회를 제공해야 하며 안전하고 쾌적한 문화활동의 공간을 제공해야 한다.

둘째, 청소년어울림마당은 문화이다. 어울림마당의 문화는 청소년의 삶을 반영하며 창의성, 자율성, 그리고 구성적 특징을 갖는다. 문화는 콘텐츠로서 프로그램의 자원에 해당한다. 문화란 통상적인 문화예술에서의 문화를 의미하지 않는다. 문화는 문화예술, 스포츠 등을 소재로 한 공연, 전시, 놀이 체험 등 다양한 청소년문화와 프로그램 자원으로서의 콘텐츠이다. 어울림마당은 전문적 예술단체나 예술가 혹은 특정 동아리나 개인 중심의 발표무대가 아니다. 지역 청소년이 일상적 문화활동을 표현하고 향유하며 공유하는 생활로서의 문화가 청소년어울림마당의 일차적 관심사이다. 어울림마당의 무대에 올려지거나 부스에서 펼쳐지는 다양한 공연이나 프로그램 자체가 중요한 것이 아니라 이러한 결과물을 낳게 하는 청소년문화활동 자체가 중요하다.

셋째, 청소년어울림마당은 말 그대로 어울림마당이다. 어울림마당은 순우리말로 청소년이 활동을 통하여 소통하는 장이라는 뜻이 담겨 있다. 어울림마당은 지역 기반의 공간적 개념이며 지역 내 다양한 자원 간에 결합이 이루어진다. 어울림마당은 지역 이미지와 범주 개발이 중요하다. 어울림마당은 언제나 청소년문화와 활동이 지속적(시간적)·상설적(공간적)으로 펼쳐지는 문화 공간이다. 공간으로서 어울림마당은 청소년이 만들어 가며 청소년을 위한 프로그램이 있는 지역적 공간이다. 지역사회 청소년의 참여로 다양한 지역 청소년활동이 펼쳐질 수 있도록 공간과 자원을 제공해 주는 것이 어울림마당이다.

제9장

청소년어울림마당

02 청소년어울림마당의 운영

여성가족부와 한국청소년활동진흥원(2021)의 '청소년어울림마당 운영 매뉴얼'을 토대로 청소년어울림마당의 운영에 대해 살펴보면 다음과 같다.

1) 청소년어울림마당 지원 현황

청소년어울림마당은 2011년부터 2022년까지 16개 대표 어울림마당과 110개 시·군·구 어울림마당이 운영되고 있다.

표 9-1 전국 시·도별 청소년어울림마당 지원 현황(2011~2022년)

구분	어울림마당 지원 수		구분	어울림마당 지원 수	
	대표 어울림마당	시·군·구 어울림마당		대표 어울림마당	시·군·구 어울림마당
서울	1	11	강원	1	6
부산	1	6	충북	1	6
대구	1	7	충남	1	6
인천	1	4	전북	1	7
광주	1	4	전남	1	6
대전	1	4	경북	1	8
울산	1	2	경남	1	11
세종	–	1	제주	1	1
경기	1	20	합계	16	110

출처: 여성가족부(2023).

234

2) 청소년어울림마당 운영기관

2023년 시·도 대표 청소년어울림마당 운영기관과 운영 기간 현황은 다음과 같다.

표 9-2 전국 시·도별 청소년어울림마당 운영기관과 운영 기간 현황

지역	기관명	운영기간
서울	보라매청소년센터	2023. 4.~12.(8회)
부산	동래구청소년수련관	
대구	대구청소년활동진흥센터	
인천	YWCA, 성산청소년효재단	
광주	광주광역시용봉청소년문화의집 광주광역시화정청소년문화의집	
대전	대전광역시평송청소년문화센터	
울산	울산흥사단	
세종	조치원청소년센터	2023. 4.~12.(5회)
경기	분당판교청소년수련관	2023. 4.~12.(8회)
강원	원주시청소년수련관, 원주시청소년문화의집 중앙청소년문화의집, 문막청소년문화의집	
충북	청원청소년문화의집	
충남	천안시청소년수련관	
전북	전라북도청소년단체협의회	
전남	전라남도청소년활동진흥센터	
경북	(사)문화연대 하늘호	
경남	진해청소년문화의집	
제주	한국청소년연맹	

출처: 청소년활동정보서비스 e청소년.[2]

[2] https://www.youth.go.kr/m/contents/togetherYardIntroForm.mo?curMenuSn=1418(2024. 2. 11. 검색)

3) 청소년어울림마당의 운영체계와 관련 기관의 역할

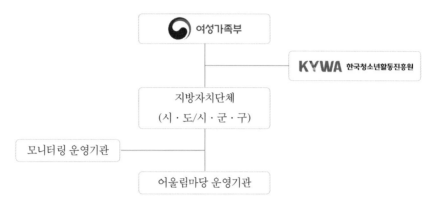

[그림 9-1] 청소년어울림마당 운영체계

표 9-3 　청소년어울림마당 관련 기관의 역할

구분	역할
여성가족부	• 사업 총괄 · 조정 및 운영지침 수립 • 국고보조금 교부 및 관리 • 현장지도 점검, 컨설팅 등을 통한 사업 운영 방향 개선 • 우수사례 발굴 및 시상(여성가족부 장관상 등)
지방자치단체	• 사업 세부 추진계획 수립, 자체 예산 확보 및 배정 • 어울림마당 운영주체 선정 및 사업 지침 시달 • 어울림마당 운영 실적 및 사업비 정산 결과 보고 • 지자체별 평가, 점검, 모니터링 운영 결과 등을 통한 사업 운영 개선
한국청소년활동 진흥원	• 어울림마당 담당자 교육, 컨설팅 등 지원 • 지역 청소년 자원 연계 및 청소년어울림마당 홍보 지원 • 어울림마당 사업효과성 조사 지원 • 어울림마당 우수 사례 발굴 및 지원 • 운영 현황 및 실적 파악 • 유관기관 간 네트워크 구축
어울림마당 운영기관	• 연간 사업 · 운영 계획 수립 및 어울림마당 행사 운영 • 상시 및 연간 실적 작성 · 제출 및 피드백 　※ 계획 대비 추진 실적, 모니터링 활동 결과 반영 여부 등

| | • 예산 집행 및 정산 결과 보고
• 이행보증보험, 행사 진행 중 사고 등 손해를 배상하기 위한 보험(행사
보험 등) 의무 가입(예산범위 내 가입) |
| 모니터링 운영기관 | • 시·도 대표 및 시·군·구 어울림마당에 대한 모니터링, 피드백 실시 |

출처: 여성가족부, 한국청소년활동진흥원(2021).

4) 청소년어울림마당의 운영내용

(1) 사업 기간과 운영기준

사업 기간은 3월부터 12월까지이며, 분기별 배분 운영하되, 특정 기간에 집중 운영을 금지하고 있다. 주말 중심의 정기 운영이 원칙이며, 시험 기간, 무더위, 한파 등 계절 및 시기적 요인 등을 감안하여 운영 시기를 조정할 수 있도록 하고 있다. 또한 지방자치단체와 협의를 통해 비대면활동(온라인)을 병행하여 운영할 수 있다.

표 9-4 **청소년어울림마당 운영기준**

구분	시·도 대표 어울림마당	시·군·구 어울림마당
횟수	연 8회 이상 (단, 세종특별자치시는 연 5회 이상)	연 5회 이상
방법	대면·비대면	
기간	3~12월	

* 코로나19를 포함한 법정 감염병 발생 시 변경 가능
* 출처: 여성가족부, 한국청소년활동진흥원(2021).

(2) 운영 시 유념 사항

청소년어울림마당은 다음의 내용을 유념하여 운영하여야 한다.

• 지역 특성에 맞는 상설 청소년문화·예술·놀이 체험의 장으로 운영
• 청소년이 스스로 기획부터 운영, 평가에 참여하는 청소년 주도의 행사로 운영
• 지역사회 관계기관과 네트워크 구축을 통해 지역사회와 함께하는 청소년활동 활성화

237

- 세대별 참여와 소통이 가능한 프로그램 운영 및 지역축제나 청소년문화행사 등과 연계하여 운영
- 청소년문화활동의 장이 될 수 있도록 청소년동아리의 공연 외에도 다양한 체험활동 (부스, 활동키트 등)을 운영

  ※ 청소년동아리 공연에 치중하지 않고 다양한 주체의 체험활동 운영을 권장
- 활동 분야별 동아리, 관련 학과, 관련 기관 등 연합 어울림마당 실시로 유사 분야 동아리 네트워크 강화
- 모니터링 운영과 관리 개선 등을 통해 안전한 행사 운영을 도모
- 청소년문화축제로의 인식 확산을 위한 '청소년어울림마당 운영 주간' 운영

  ※ 운영 대상은 시·도 대표 어울림마당이고, 운영기간은 10월 넷째 주임
- 시간과 장소에 구애받지 않는 '비대면 어울림마당' 형태로 운영할 수 있음

  ※ 예시: 공연·전시, 체험활동 관련 영상 콘텐츠 제작, 체험활동 준비물(키트) 제작·배포, 온라인 플랫폼을 활용한 실시간 송출 등

5) 청소년어울림마당의 운영절차

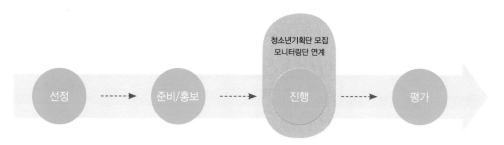

[그림 9-2] 청소년어울림마당 운영절차

03 청소년어울림마당 기획단

여성가족부와 한국청소년활동진흥원(2021)의 '청소년어울림마당 운영 매뉴얼'을 토대로 청소년어울림마당 기획단의 전반적인 내용에 대해 살펴보면 다음과 같다.

1) 청소년어울림마당 기획단의 개념과 목적

청소년어울림마당 기획단은 청소년의 주도적 참여활동을 기반으로 청소년어울림마당의 전 과정(기획, 운영, 평가)에 참여하여 활동하는 자치조직이다. 목적은 청소년이 주체가 되어 어울림마당 기획과 운영에 참여하는 과정을 통해 청소년 주도의 참여활동을 강화하는 데 있다.

2) 청소년어울림마당 기획단의 운영내용

(1) 운영개요

청소년어울림마당 기획단의 사업 기간, 역할, 구성, 운영 방법과 운영 내용에 대해 살펴보면 다음과 같다.

표 9-5 **청소년어울림마당 기획단 운영개요**

구분	내용
사업 기간	• 3월부터 11월까지 운영
역할	• 어울림마당 행사 기획 및 운영 단계에서 다양하고 참신한 아이디어 제공과 주도적 행사 참여 • 어울림마당 기획, 진행, 홍보, 평가 등 전 과정의 주도적인 운영
구성	• 청소년활동에 관심 있는 청소년으로 해당 지역 학교와 기관에 소속된 10~20명 내외로 구성(일반 청소년 및 관련 학과 등)

	운영 방법	• 청소년어울림마당에 대한 이해, 기획, 운영, 홍보, 평가 등에 대한 기본 교육 실시 • 정기 또는 수시 회의를 개최하고, 행사 기획, 운영, 홍보, 평가 실시 • 청소년지도자 1인을 배치하여 기획 단계에서부터 기획단의 의견이 반영되도록 청소년의 참여 유도와 청소년지도자와 기관의 적극적인 지원 필요 • 청소년기획단의 활동을 지원하도록 청소년어울림마당 운영기관, 지역 행정기관 및 유관기관 등과 협력 운영 • 청소년전문가의 상시 피드백을 통한 역량강화 증진 ※ 상황 및 필요에 따라 대면·비대면 활동을 병행할 수 있음. 대면 활동이 불가하거나 또는 필요에 의해 비대면(온라인 등) 활동을 해야 할 경우 등

운영 내용

모집·선발	• 청소년활동에 관심 있는 청소년 10~20명 내외로 공개 모집 • 홈페이지 또는 SNS 등을 통한 모집 공고 • 해당 지역 청소년 우선 선발 • 서류 및 면접 심사를 통한 선발[면접 시 담당지도자, 전(前)기획단 청소년, 청소년 전문가 등으로 심사위원 구성] • 기획단의 주도적인 참여를 위해 역할을 분담하여 운영

〈기획단 구성 예시〉

구분	역할
단장	– 청소년어울림마당 기획단 대표로서 활동 – 청소년어울림마당 기획단으로 행사 기획 및 운영 총괄 등
기획팀	– 행사 기획 및 프로그램(안) 제안 등
운영지원팀	– 청소년어울림마당 행사 기획 제안 및 운영 지원 – 청소년어울림마당 기획단 활동 평가 등
홍보팀	– 청소년어울림마당 행사 일정 공유 및 대외 홍보 지원 – SNS 등을 활용한 지역 내 네트워크 활성화 등

※ 어울림마당에서 청소년동아리들이 기획부터 운영까지 마음껏 참여할 수 있도록 청소년동아리, 지역동아리연합회 대표 참여 권장

기본 교육	• 청소년어울림마당에 대한 이해, 기획, 운영, 홍보, 평가, 안전, 구성원 간 교류활동 등 1~2회 실시
정기 회의 및 수시 회의	• 1회 어울림마당 운영 시 최소 1~2회 정기 회의 진행(기획 회의, 평가 회의) • 이 외 행사 장소 답사와 확인, 운영 준비, 홍보 등 수시 회의 진행

어울림 마당 운영	• 시 · 도 대표 어울림마당: 연 8회 이상(단, 세종특별자치시는 연 5회 이상) • 시 · 군 · 구 어울림마당: 연 5회 이상 • 행사 당일 진행: MC, 안전관리, 안내, 촬영 등
평가	• 참가 동아리와 참여청소년 대상 설문 조사, 만족도 조사 실시 • 매 회기별 성과 평가 실시 • 연간 운영 종료 후 종합평가 실시(결과 및 정산 보고, 모니터링 등)

출처: 여성가족부, 한국청소년활동진흥원(2021).

(2) 운영절차

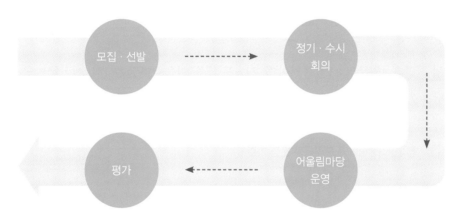

[그림 9–3] 청소년어울림마당 기획단 운영절차

04 청소년어울림마당 모니터링

여성가족부와 한국청소년활동진흥원(2021)의 '청소년어울림마당 운영 매뉴얼'을 토대로 청소년어울림마당 모니터링의 전반적인 내용에 대해 살펴보면 다음과 같다.

1) 청소년어울림마당 모니터링의 목적과 추진 방향

청소년어울림마당 모니터링의 목적은 어울림마당 이용자의 만족도와 의견을 상시적

으로 수렴하여 현장을 기반으로 한 어울림마당 정책사업의 실효성 제고와 현장에서 우수한 부분과 개선이 필요한 사항 등을 객관적인 시각으로 파악·분석하여 제안하는 데 있다.

추진 방향은 다음과 같다. 첫째, 광역지자체가 시·도와 시·군·구 어울림마당 전체를 모니터링함에 있어, 모니터링 운영기관을 별도 선정하여 컨설팅과 모니터링을 실시한다. 둘째, 어울림마당 각 수요자층을 포괄할 수 있도록 모니터링단을 구성한다. 셋째, 모니터링 계획을 어울림마당 운영기관에 사전 안내하여 마찰을 최소화한다. 넷째, 어울림마당 사업 운영 개선을 위한 컨설팅을 제공한다.

2) 사업 기간과 운영기준

사업 기간은 4월부터 11월까지이며, 시·도 대표 어울림마당은 4회, 시·군·구 어울림마당은 2회 운영한다.

표 9-6   **청소년어울림마당 모니터링 운영 기준**

구분	시·도 대표 어울림마당	시·군·구 어울림마당
운영 횟수	4회	2회
운영 방법	현장 및 서면 모니터링(가능한 상·하반기 운영)	
운영 기간	4~11월	

출처: 여성가족부, 한국청소년활동진흥원(2021).

3) 청소년어울림마당 모니터링 운영내용

(1) 운영개요

청소년어울림마당 모니터링의 운영기관 선정, 모니터링단 구성, 모니터링단 선발 및 심사기준과 운영내용에 대해 살펴보면 다음과 같다.

표 9-7 청소년어울림마당 모니터링 운영개요

구분		내용
운영기관 선정		• 광역지자체에서 모니터링 운영기관 별도 선정(객관성 확보) • 청소년 시설·단체, 대학 청소년 관련학과(산학협력단 포함), 조사연구기관 등 지역적 특성에 맞도록 역량 있는 기관 선정 ※ 시·도 대표 청소년어울림마당, 시·군·구 어울림마당 운영주체는 모니터링단에 참여 및 선정할 수 없음 ※ 어울림마당 사업과 모니터링단 사업을 동일 기관 및 단체가 지원할 수 없음
구성	대상 및 인원	• 주된 운영기관 지도자 1인과 청소년, 학부모, 동아리연합회원, 자원봉사자, 청소년 전문가 등 각 수요자층의 의견이 반영될 수 있도록 10명 내외로 구성 〈구성 예시〉 <table><tr><td>구분</td><td>역할</td></tr><tr><td>운영기관 담당자</td><td>- 청소년어울림마당 모니터링단 운영 총괄 - 청소년어울림마당 운영기관 모니터링 결과 송보 및 조치사항 반영 여부 확인 등</td></tr><tr><td>단장/부단장</td><td>- 청소년어울림마당 모니터링단 대표로서 활동 - 청소년어울림마당 모니터링단 정기 회의 진행 등</td></tr><tr><td>서기</td><td>- 청소년어울림마당 모니터링단 정기 회의 기록 - 청소년어울림마당 모니터링단 일정 관리 등</td></tr></table>
선발		• 모니터링단 선발은 다음 절차를 참고하되, 선정된 운영기관의 모니터링단 구성 계획에 따라 진행(다음 내용은 예시임) • 선발 절차: 구성 계획 수립 → 모집공고 및 추천의뢰 → 서류 및 면접심사 → 선발 • 모집 시기: 2월 말~3월 초 • 모집 기간: 2~3주 내외 • 모집 방식: 공개 모집, 기관 추천 등
운영 내용	발대식	• 모니터링 단원으로 위촉하고 사전 교육으로 역할 이해 도모 • 발대식 운영(예시) - 발대식 일정 안내, 운영기관 소개, 위촉식 등 - 사전교육(어울림마당 사업 안내, 모니터링단 활동 등) - 관계형성 프로그램 운영 - 임원진 선출, 역할 분담, 활동계획 논의 등

정기 회의	• 단장 주도하에 매월 정기 회의 운영 • 정기 회의 운영(예시) 　−모니터링 활동 계획 논의 　−진행한 모니터링 활동 공유 및 피드백 　−모니터링 개선 사안과 발전 방안 모색 등		
모니 터링 활동	• 시 · 도 대표 청소년어울림마당과 시 · 군 · 구 어울림마당 전체 일정 요청 및 확인 • 지자체 및 어울림마당 운영기관과 사전에 협의하여 현장 및 서면 모니터링 수행 　여부 확정		

구분	현장 모니터링	서면 모니터링
공통	−어울림마당 일정에 따른 모니터링 계획 수립 −어울림마당 모니터링 활동조사표를 활용하여 모니터링 실시 −모니터링 운영기관은 어울림마당 운영기관에 결과 송부 및 확인 −모니터링 운영기관은 모니터링 진행 전(최소 1주 전) 어울림마당 운영 　기관에 계획 안내 −모니터링 후 1주일 이내에 모니터링 활동조사표를 작성 · 완료하여 담 　당자에게 제출 −어울림마당 운영기관은 모니터링 진행 전(최소 1주 전)에 모니터링 운 　영기관에 계획 안내 −어울림마당 운영기관의 모니터링 활동조사표를 활용하여 자체 모니터 　링 실시 후, 1주일 이내에 모니터링 운영기관에게 제출	

	※ 어울림마당 운영방식(대면, 비대면, 혼합형)에 따라 모니터링 운영 방법 선택

평가	• 연간 모니터링 활동 평가 • 모니터링 결과에 따른 개선내용 제안 • 활동증명서 발급 등

출처: 여성가족부, 한국청소년활동진흥원(2021).

(2) 운영절차

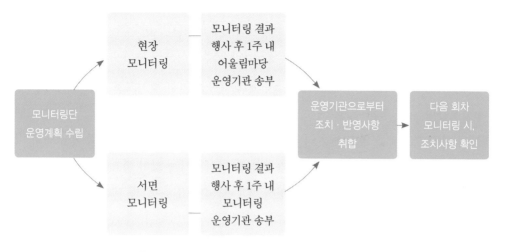

[그림 9-4] 청소년어울림마당 모니터링 운영절차

05 청소년어울림마당의 효과

청소년어울림마당의 효과에 대한 연구는 많이 이루어지지 않았으나, 청소년어울림마당 이전에 운영한 청소년문화존의 효과에 대한 연구는 있다. 청소년문화존이 청소년에게 주는 긍정적인 효과는 크게 세 가지로 살펴볼 수 있다(여성가족부, 2017b).

첫째, 청소년의 심리·정서 발달에 영향을 준다. 청소년문화존에서 경험은 청소년에게 다양한 유형의 자기주도적 또래 활동과 문화예술 경험을 통해 청소년 스스로 다양성과 자율성을 신장할 수 있도록 하고 나아가 성취감과 창의력 증진에 도움을 준다.

둘째, 청소년의 자아 발달에 영향을 준다. 청소년은 문화예술활동을 통해 자신감을 얻게 된다. 또한 자신의 행동을 책임질 수 있는 능력을 기르고, 건강한 문화 감성 증진과 다양한 사회적 상황에서 외부 자극에 대한 자신의 사고와 행동 그리고 감정을 유연하게 다루는 자기조절능력을 향상할 수 있다.

셋째, 청소년의 대인관계 발달에 영향을 준다. 청소년은 청소년어울림마당에서 사회체험과 교류를 통해 즐거움을 나누고, 자신을 적절히 통제하며 사회적으로 적절한 행동

을 습득할 수 있다. 나아가 상호 간 소통과 배려를 통해 사회성을 발달시킬 수 있으며 공동체의식도 가질 수 있다.

선행연구에서 청소년어울림마당의 긍정적인 효과가 어느 정도 드러나기는 했지만 아직은 청소년어울림마당의 효과가 부분적으로만 연구되었다고 생각된다. 청소년어울림마당은 이외에도 더 많은 부분에서 청소년에게 영향을 미칠 것이므로 이를 파악하는 것이 중요하며, 이를 통하여 청소년어울림마당의 확산을 도모할 필요가 있다. 또한 청소년어울림마당의 효과를 청소년의 역량과 연결함으로써 청소년어울림마당은 청소년이 미래사회에 적응하는 데 필요한 사업이라는 점을 인식시키는 것이 필요하다. 청소년어울림마당을 통해 청소년이 얻게 되는 긍정적인 효과들은 〈표 9-8〉과 같다.

표 9-8 청소년어울림마당의 효과

구분	효과	출처
심리 · 정서 발달	즐거움, 창의성, 유대감, 공감과 사회성 향상	강영배(2015) 강영배(2018) 류명구(2013a)
자아 발달	자기조절능력과 자아존중감 향상	류명구(2013b) 강영배(2018)

06 청소년어울림마당 우수 사례

여성가족부 · 한국청소년활동진흥원(2023)의 『2023년 청소년어울림마당 동아리 우수 사례집』의 청소년어울림마당 우수 사례를 청소년어울림마당과 청소년어울림마당 기획단 두 가지로 구분하여 최우수 사례를 중심으로 제시하였다.[3]

3) 여성가족부 · 한국청소년활동진흥원(2023)의 『2023년 청소년어울림마당 동아리 우수 사례집』의 내용 중 일부를 발췌하였다.

표 9-9 청소년어울림마당 우수 사례

구분	사례명	운영시설
청소년어울림마당	충청남도 대표 청소년어울림마당 '내어드림'	천안시청소년수련관
청소년어울림마당 기획단	청소년기획단 S. N. S	동작청소년문화의집

출처: 여성가족부, 한국청소년활동진흥원(2023).

1) 충청남도 대표 청소년어울림마당 '내어드림'

(1) 어울림마당 연간 운영 방향과 추진 성과

- 운영 기간: 2023. 3.~10.
- 청소년의 '꿈' 탐색을 위한 주도적 진로 역량 개발의 장
  - 8회기 중 진로 관련 콘텐츠(체험, 부스 등) 30개소 이상 운영
- 지역사회 연계를 통한 어울림마당 규모 확장 및 컨소시엄 운영
  - 유관기관 · 학교 연계 5회, 지역축제 연계 3회 등 협업사례 발굴
- 도내 청소년의 어울림마당 유입을 위한 새로운 콘텐츠 개발
  - 청소년환경예술제 등 수요자 중심의 문화 · 예술 콘텐츠 4회 이상 진행
- 다양한 홍보방안 개척으로 어울림마당에 대한 긍정적 인식 제고
  - 기존 홍보전략(SNS, 보도자료) 외 지역사회 업무협약 3회, 전광판 홍보 5회, 홍보
    영상물 3편 제작 진행

(2) 어울림마당 회기별 주요 콘텐츠와 세부 성과

어울림마당의 회기별 주요 콘텐츠와 그에 따른 내용 그리고 세부 성과를 살펴보면
〈표 9-10〉과 같다.

표 9-10	어울림마당 회기별 주요 콘텐츠와 세부 성과	
회기	주요 콘텐츠	세부 성과
1회기	[개막식] 지역사회 기반형 어울림마당 '문득: 꿈을 내어드림'	• 신부문화거리 상인회와 연계하여 거리 상점가를 청소년을 위한 진로 체험처로 활용 • 서천 공동체비전학교 외 5개 도내 중·고등학교 총 1,500명 참여 및 공연 관람 • 청소년정책제안대회 본선 운영과 29개 상점가를 청소년 직업 체험처로 탈바꿈함
2회기	천안시 청소년의 달 기념행사 '청다움 페스티벌'	• 관내 청소년 유관기관 5개소와 천안시청이 함께 청소년의 달 기념행사 진행 • 모범 청소년 시상식 및 동아리 10팀 공연, AI 버스 등 디지털 분야 부스 운영
3회기	찾아가는 예술무대와 함께하는 '청소년환경예술제'	• 충남문화재단과 함께 하는 '찾아가는 예술무대' 협업 연계(동아리 공연 8팀) • 사전·현장 접수를 활용한 어린이 환경그림대회 운영(500명 참여)
4회기	충청남도 청소년 동아리 자치기구 '연합 워크숍'	• 도내 15개 시도과 연계한 동아리·자치기구 연합 워크숍 운영(17개 동아리) • 아산스파비스와의 협업을 통해 단체 물놀이 및 청소년 공연 진행(300명 참여)
5회기	오감만족 진로체험 청소년 드림 레퍼런스 '오감의 하루'	• 신불당아트센터와 MOU를 통해 청소년어울림마당 진로체험 거점 마련(4층 규모) • 청소년 레고 모빌리티 대회 운영을 통한 디지털 진로 분야 확대(15팀 참여) • 문화 소외 청소년을 위한 오케스트라 공연장 및 오감 직업체험장 마련
6회기	입장거봉포도축제와 함께하는 '찾아가는 어울림마당'	• 천안 입장거봉포도축제위원회 연계 '찾아가는 어울림마당' 운영(4,200명 참여) • 입장거봉포도축제 참여 관광객을 통한 어울림마당 홍보 효과 증진
7회기	도심 속 캠핑 피크닉 '한강 말고 수련관'	• 아무나 노래방, 포스트게임 등 현장 청소년참여형 이벤트 10개소 운영 • 가족 단위 참여를 위한 인디언 텐트 및 피크닉 세트 대여소 운영(600명 참여)

| 8회기 | [폐막식]
꿈꾸는 청소년
'드리밍(Dreaming)
어울림마당' | • 연간 어울림마당 결과보고회 및 우수 참여 동아리와 공로자 시상식 진행
• 천안 독립기념관과 함께하는 댄싱Y 운영(전국 초·중·고등부 댄스팀 24팀 본선) |

출처: 여성가족부, 한국청소년활동진흥원(2023).

(3) 어울림마당 '내어드림'만의 차별성과 독창성

어울림마당 '내어드림'만의 차별성과 독창성을 살펴보면 다음과 같다.

표 9-11 어울림마당 '내어드림'만의 차별성과 독창성

구분	내용
청소년이 꿈꾸고 지역사회가 내어 주는 진로특화형 어울림마당	청소년의 진로탐색을 중점으로 지역사회와의 협업(MOU 등)을 통해 실효성 있는 진로·직업체험형 콘텐츠를 회기마다 제공했으며, 특히 개막식(1회기) 및 5회기는 '진로체험 거리 및 거점'을 마련, 실제 직업인과 소통하며 2천여 명의 참여청소년에게 진로에 대한 이해 증진과 체험에 대한 높은 만족도를 가져오는 성과를 냄
수요자 맞춤형 청소년 문화·예술 콘텐츠 개발	청소년 주도 참여형 콘텐츠를 청소년어울림마당 기획단 주도하에 함께 개발하고 실제 운용 사례를 만들어 내며 '환경예술제' '모빌리티대회' '도심 속 피크닉' '충남동아리연합워크숍'을 마련하는 등 타 시·군에서도 활용 가능한 문화 콘텐츠를 개발함
어울림마당 홍보전략 다양화를 통한 화제성 극대화	협업기관 확보와 홍보를 위한 분기별 업무협약 및 청소년 밀집지역 내 대형 전광판(빌딩) 홍보, SNS 숏폼(릴스 등) 활용 등을 통해 청소년과 지역사회에 청소년어울림마당에 대한 긍정적 인지 제고와 화제성을 극대화함

출처: 여성가족부, 한국청소년활동진흥원(2023).

(4) 어울림마당 지역사회 연계 운영기관 및 협업 사례

어울림마당 지역사회 운영기관 및 협업 사례를 살펴보면 다음과 같다.

표 9-12 어울림마당 지역사회 운영기관 및 협업 사례

구분	내용
충청남도청소년여성가족서비스원 (MOU 체결)	• 충남 청소년의 날 기념식 및 1회기 개막식 연계 • 청소년 진로체험 거리 협업 개발 사례 발굴
천안시청	• 2회기 청소년의 달 기념식 운영 및 홍보 연계 • 우수 청소년 시상 관련 피드백 제공
천안문화재단 (MOU 체결)	• 찾아가는 예술무대 연계 및 3회기 무대 시스템 제공 • 문화 소외지역 청소년에게 문화 · 예술 공연 제공
아산스파비스	• 4회기 장소 제공 및 청소년 하계 워크숍 활동 지원
신불당아트센터 (MOU 체결)	• 5회기 어울림마당 진로체험 거점 마련(4층 규모) • 센터 홍보자원을 활용한 협업(대형 전광판)
입장거봉포도 축제위원회	• 6회기 지역 축제와 청소년어울림마당 협업 사례 발굴 (체험부스 및 청소년 이벤트 콘텐츠)
충남새활용협동조합	• 3회기 업사이클링 관련 부스 10개소 이상 제공 • '환경교육사' 진로 관련 체험 제공(3회)
천안독립기념관	• 8회기 청소년 댄스경연대회 장소 제공 및 무대 지원 • 관내 어울림마당 폐막식 운영 관련 홍보 연계
신부문화거리상점가 상인회 (MOU 체결)	• 1회기 진로직업 체험을 위한 현직 직업인 연계 • 문화거리 무대 시스템 세팅 및 홍보 연계
대전시티저널	• 매 회기 어울림마당 전담 홍보 보도자료 작성과 게시

출처: 여성가족부, 한국청소년활동진흥원(2023).

(5) 청소년참여 유도를 위한 콘텐츠 개발 및 타 지역 활용 방안

청소년참여 유도를 위한 콘텐츠 개발 및 타 지역 활용 방안을 살펴보면 다음과 같다.

표 9-13 청소년참여 유도를 위한 콘텐츠 개발 및 타 지역 활용 방안

구분	내용
청소년 스스로 참여할 수 있는 놀거리, 배울 거리에 대한 끝없는 고민	• 부스 체험, 동아리 공연이 주된 콘텐츠였던 어울림마당에서 벗어 나 새로운 청소년참여 콘텐츠를 고민

청소년어울림마당의 지속 가능성 및 타 시·군·구 활용을 위한 의미 있는 사례 제시	• 문득 꿈을 내어드림: 번화가 거리 상점가 활용, 진로체험거리로 운영, 홍보 효과 및 참여도에 가시적 성과 • 청소년환경예술제: 공원 잔디광장 활용, 가족 단위 캠퍼 참여 유도, 문화공연과 그림대회 운영, 참여자 확보 유리 • 오감만족 진로체험: 오감과 관련된 직업군 섭외, 생소한 수업에 청소년과 학부모 흥미 유발, 높은 체험 만족도 확보 • 청소년모빌리티대회: 청소년이 좋아하는 레고에 코딩 로봇을 활용한 대회 운영, 대회 후 청소년 성취도 파악 가능

출처: 여성가족부, 한국청소년활동진흥원(2023).

2) 청소년기획단

(1) 기획단 명: 청소년기획단 SNS

• 운영기관: 동작청소년문화의집

• 청소년기획단 SNS(Save Nature Step)는 기후환경 위기에 대한 경각심을 느낀 중학생 11명이 주도적으로 구성하고, 청소년어울림마당에 대한 기획, 준비, 운영, 평가까지 총괄하는 역할을 다하며, 동작구 청소년이 참여할 수 있는 활동의 장을 마련함

(2) 기획단 활동성과 및 주도적 참여 노력

기획단 활동 성과와 주도적 참여 노력을 살펴보면 다음과 같다.

표 9-14 **기획단 활동 성과 및 주도적 참여 노력**

구분	내용
기획단의 자발성	• 기후환경에 대한 심각성을 인지한 중학생 11명이 자발적으로 기획단을 구성하고 사업 목적에 대한 아젠다를 제시하여 이를 바탕으로 사업 방향성을 설정하고 함께 청소년어울림마당을 기획하고 운영함
기획단 SNS 운영 및 학교 직접 홍보	• 동작청소년문화의집 SNS뿐만 아니라 기획단 자체 SNS 개설과 운영을 통해 사업을 홍보하고, 챌린지 등 참여 활동을 운영함 • 기획단 주도하에 학교 내 방송 및 각 반(26개 학급)을 돌며, 활동을 홍보하고 참여를 도모함

	• 작년에 이어 추가 기획단을 모집하였고, 사업 기획, 준비, 운영, 평가의 전 과정에 함께 참여하여 청소년 주도적 활동으로 운영됨
운영 전반에 주도적으로 참여	• 활동 전반에 대한 기획, 준비, 운영, 평가의 과정에 모두 참여하였으며, 활동에 필요한 물품협찬[icoop생협 물 500개, 농심 음료(파워오투) 500개]의 과정 또한 직접 제안서를 작성하여 협찬을 받았음. 이러한 노력이 야외 체육활동 및 공연 시 발생할 수 있는 탈수와 열사병 예방 등 안전관리에 도움이 되었음
역량강화 기회 제공	• 기획단 내 2명의 MC를 선발하고, 서울시청소년어울림마당을 13회 진행한 전문 강사를 초빙하여 청소년어울림마당의 이해 교육, MC 스피치 교육을 진행하여 청소년들이 직접 시나리오를 작성하고 MC 역할을 담당함

출처: 여성가족부, 한국청소년활동진흥원(2023).

(3) 기획단의 어울림마당 홍보 및 활용 가능성

기획단의 어울림마당 홍보 및 활용 가능성을 살펴보면 다음과 같다.

표 9-15 어울림마당 홍보

구분	내용
사전	• 기관 내 포스터 부착과 이용자 대상 문자 발송을 통한 홍보 • 기관 SNS(페이스북, 인스타그램, 카카오톡 채널, 홈페이지, 밴드)를 통한 사전 · 사후 홍보 및 안내 • 청소년기획단 인스타그램을 통한 챌린지, 사업 홍보와 안내(게시물 14건, 조회수 1,314건) • 관내 · 외 학교로 공문을 발송하여 참가자 모집 및 홍보(44개교) • 기관 연계 학교 교사와 청소년에게 직접 홍보 및 홍보 요청 • e청소년활동정보서비스를 통한 사업 홍보(2건) • 지역아동센터, 키움센터가 포함된 동작구공부방협의회 협조를 통한 사업 홍보 및 참여 확산(20개 센터) • 지역 신문사(동작뉴스), 방송사(현대HCN) 사전 보도
진행	• 사업 현수막, 배너, 포스터, 리플릿 제작 및 배포(게시) • 프로그램 운영 시 활동 포스터 배포 및 홍보

구분	내용
사후	• 지자체 10월 소식지 메인페이지 장식 및 유튜브, 페이스북, 홈페이지에 사업 내용 게시를 통한 사업 인지도 향상 및 홍보 • 지역 신문사(동작뉴스), 방송사(현대HCN) 사후 보도

출처: 여성가족부, 한국청소년활동진흥원(2023).

표 9-16 **어울림마당 활용 가능성**

구분	내용
청소년어울림마당을 자치구에서 우수 사례로 신규 사업 벤치마킹	• 자치구에서는 청소년들이 주도적으로 환경을 주제로 기획한 마라톤과 청소년 공연, 체험부스, 그리고 한강에 나무를 기부하여 심는 활동인 '오투콘서트'의 기획 취지와 운영방식에 대한 긍정적 평가로 이 사업을 벤치마킹함. 또한 사업에 활용한 안내 패널, 굿즈 등 친환경 또는 재활용 가능한 소재를 활용하여 제작함 • 전 연령대의 청소년이 참여하는 체육대회에 대한 평가가 좋아 작년에 이어 올해 확대 운영된 '동작구, 놀아볼가을 Season2'는 차년도부터 자치구에서 별도 예산을 편성하여 관내 지역아동센터, 키움센터를 포함하여 연합 체육대회로 확대 운영할 예정임
온 · 오프라인 병행 운영을 통해 공간 제약 없는 활동참여	• 활동 공간에 제약을 받지 않는 온라인 버츄얼런의 경우, 동작구 외 용산구, 도봉구 청소년들도 함께 참여함

출처: 여성가족부, 한국청소년활동진흥원(2023).

(4) 기획단의 어울림마당 운영 독창성

기획단의 어울림마당 운영 독창성의 내용을 살펴보면 다음과 같다.

표 9-17 **어울림마당 운영 독창성**

구분	내용
기후환경에 대한 사회적 메시지 전달	• 환경을 주제로 한 댄스 · 밴드 공연, 온 · 오프라인 버추얼런, 환경 체험 부스 기획 및 운영, 무대 이벤트를 진행하여 기후변화 대응을 위한 환경 보호의 가치와 공감대를 형성할 수 있는 새로운 패러다임의 활동을 진행함 • 당일 활동으로 그치는 것이 아닌 온 · 오프라인 환경마라톤 참여 km수 만큼 한강에 나무를 기부하고 심어 기후환경을 개선하는 활동으로 연계 운영함 • 활동 물품, 기념품 등을 재활용 가능한 소재, 친환경 소재를 활용하여 제작함

청소년기획단 자기주도성 향상	• 자발적으로 청소년기획단에 지원하였고 전원 중학생으로 구성함(11명) • 활동 전반에 대한 기획, 준비, 운영, 평가의 과정에 모두 참여하였으며 활동에 필요한 물품협찬[icoop생협 물 500개, 농심 음료(파워오투) 500개]의 과정 또한 직접 제안서를 작성하여 협찬 받았음. 이러한 노력이 야외 체육활동 및 공연 시 발생할 수 있는 탈수와 열사병 예방 등 안전관리에 도움이 되었음
다양한 유형의 활동 기회 제공	• '오투콘서트' '동작구, 놀아볼가을 Season2'를 통해 댄스·밴드 공연, 온·오프라인 버추얼런, 환경 체험 부스 기획 및 운영, 무대 이벤트, 연합체육대회 등 다양한 유형의 활동기회를 통해 청소년들의 활동의 장을 마련함
다양한 기관과의 지역 연계	• 관내 지역아동센터, 키움센터(20개소)와 함께 연합체육대회를 기획하여 전 연령대의 청소년 300여 명을 대상으로 운영함 • 지자체의 협조로 활동 장소 섭외 및 응급처치사, 앰블런스를 배치하여 안전하고 쾌적한 환경에서 활동을 진행함 • 미래한강본부가 한강에 나무를 식재하고 기부하는 과정을 협조함
기획 목적에 맞는 활동 운영 및 참여	• 기획단과 참여청소년들이 활동에 단순 참여하는 데 의의를 두기보다는 활동의 목적을 인지하여 참여하고 의미를 함께할 수 있도록 준비과정 및 활동 진행 시 관련 사항을 안내하고 참여할 수 있도록 함

출처: 여성가족부, 한국청소년활동진흥원(2023).

 요약

1. 청소년어울림마당은 문화예술, 스포츠 등을 소재로 한 공연, 경연, 전시, 놀이 체험 등 다양한 활동이 펼쳐지는 장으로 청소년의 접근이 쉽고 다양한 지역사회 자원이 결합된 일정한 공간을 의미한다.

2. 청소년어울림마당은 청소년의 주도적인 참여를 기반으로 청소년과 지역사회가 함께 다양한 형태의 문화예술활동을 중심으로 어우러지는 지역의 대표적인 청소년축제라는 의미도 갖고 있다.

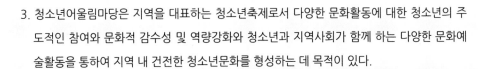

3. 청소년어울림마당은 지역을 대표하는 청소년축제로서 다양한 문화활동에 대한 청소년의 주도적인 참여와 문화적 감수성 및 역량강화와 청소년과 지역사회가 함께 하는 다양한 문화예술활동을 통하여 지역 내 건전한 청소년문화를 형성하는 데 목적이 있다.

4. 청소년어울림마당의 특징은 다음과 같다. ① 청소년이 생활하는 지역 내 주변에서 문화적 감수성을 높일 수 있는 다양한 문화 · 예술 · 놀이 체험의 장으로 운영하고, ② 청소년이 주체가 되어 기획하고 진행하며, 청소년을 위한 다양한 문화표현의 장으로 운영하며, ③ 모니터링을 통해 청소년 눈높이에서 청소년의 욕구가 적극적으로 반영될 수 있도록 하고 있다.

5. 청소년어울림마당의 핵심 가치는 다음과 같다. ① 청소년을 중심으로 한다. 청소년은 어울림마당의 주인이며 고객이다, ② 문화이다. 어울림마당의 문화는 청소년의 삶을 반영하며 창의성, 자율성, 구성적 특징을 갖는다. ③ 말 그대로 어울림마당이다. 어울림마당은 순우리말로 청소년이 활동을 통하여 소통하는 장이라는 뜻이 담겨 있다. 어울림마당은 지역 기반의 공간적 개념이며 지역 내 다양한 자원 간에 결합이 이루어진다.

6. 청소년어울림마당 모니터링의 목적은 어울림마당 이용자의 만족도와 의견을 상시적으로 수렴하여 현장을 기반으로 한 어울림마당 정책사업의 실효성 제고와 현장에서 우수한 부분과 개선이 필요한 사항 등을 객관적인 시각으로 파악 · 분석하여 제안하는 데 있다.

7. 청소년어울림마당의 효과로는 청소년의 심리 · 정서 발달과 청소년의 자아 발달에 긍정적인 영향을 준다.

📓 참고문헌

강영배(2015). 청소년문화예술활동의 사회적 효과 연구: 청소년 어울림마당 참여 경험을 중심으로. 한국청소년시설환경학회 학술대회, 109-124.

강영배(2018). 청소년 어울림마당의 사회적 효과에 관한 고찰. 청소년행동연구, 23, 71-89.

권일남, 전명순(2023). 청소년의 어울림마당 참여에 대한 효과성 분석. 한국청소년활동연구, 9(3), 43-65.

류명구(2013a). 청소년문화존 참여만족도가 청소년의 사회성 발달에 미치는 영향에 대한 자기조절능력의 매개효과. 대구한의대학교 대학원 석사학위논문.

류명구(2013b). 청소년문화존 참여만족도가 청소년의 사회성 발달에 미치는 영향에 대한 자기조
　　절능력의 매개효과. 청소년행동연구, 18, 113-135.

여성가족부(2017a). 2017 청소년백서. 여성가족부.

여성가족부(2017b). 청소년활동사업 효과성 분석을 통한 발전 방안 마련 결과 보고서. 여성가족부.

여성가족부(2023). 2022 청소년백서. 여성가족부.

여성가족부, 한국청소년활동진흥원(2021). 청소년어울림마당 운영 매뉴얼.

여성가족부, 한국청소년활동진흥원(2023). 2023년 청소년어울림마당 동아리 우수사례집.

이채식(2015). 청소년의 청소년활동 모니터링 중요-성취분석: 청소년어울림마당을 중심으로.
　　청소년행동연구, 20(20), 95-109.

청소년활동정보서비스 e청소년. http://www.youth.go.kr/youth

제**10**장

청소년방과후아카데미
(방과후활동)

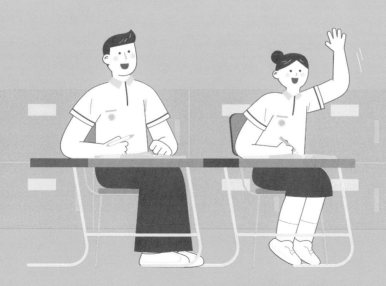

청소년방과후활동은 청소년들이 학교수업을 마친 후에 하게 되는 활동을 말한다. 대표적으로 방과후아카데미(여성가족부), 방과후학교(교육부), 지역아동센터 프로그램(보건복지부)이 있다. 이들 방과후활동은 대상, 주요 프로그램, 운영방법, 운영인력 등에 차이가 있다.

방과후아카데미는 주로 초 · 중학생(초4~중3)을 대상으로 청소년수련시설에서 학습지원과 전문체험활동, 자기개발활동 등의 과정을 운영하고 있으며 팀장, 담임이 담당하고 있다.

방과후학교는 초 · 중 · 고교생을 대상으로 특기 · 적성 프로그램이나 교과 프로그램을 운영하며, 초등학교의 경우 초등돌봄교실과 늘봄학교로 운영된다. 방과후학교는 학교(담당교사)가 직접 프로그램을 편성한 뒤, 외부강사를 섭외하여 활용할 수도 있고, 업체에 위탁할 수도 있다.

지역아동센터의 프로그램은 미취학아동~고교생(18세 미만)을 대상으로 주로 오후에 생활, 안전, 학습, 특기 · 적성, 성장과 권리, 체험활동, 참여활동, 상담, 가족지원, 지역사회 홍보 및 연계와 관련된 프로그램을 수행하고 있다. 이 중에서 청소년활동 프로그램은 주로 특기 · 적성(예체능활동, 적성교육 등), 체험활동(캠프, 여행 등)과 참여활동(공연, 전시회, 체육대회 등)이다. 아동 수용 규모에 따라 생활복지사 1~2인을 두고 있으며 외부강사를 활용한다.

이와 같이 이 장에서는 방과후활동 중 우리나라 청소년활동 정책의 하나인 방과후아카데미(여성가족부)와 방과후학교(교육부), 지역아동센터 프로그램(보건복지부)을 중심으로 살펴보고자 한다. 각 방과후활동의 대상, 주요 프로그램, 운영방법, 운영인력 등 운영현황 전반에 대해 어떻게 이루어지고 있는지 파악하고자 한다.

01　청소년방과후아카데미

1) 청소년방과후아카데미의 개념

청소년방과후아카데미 사업은 2005년 청소년보호위원회에서 '방과후 청소년 생활지원 종합 대책'의 일환으로 전국의 46개소를 대상으로 시범운영을 하면서 시작되었다.

(1) 개념

청소년방과후아카데미는 여성가족부와 지방자치단체에서 공적 서비스를 담당하는 청소년 수련시설(청소년수련관, 청소년문화의집 등)을 기반으로 청소년의 건강한 방과후 생활과 삶의 질 향상을 위해 가정이나 학교에서 체험하지 못했던 다양한 청소년활동 프로그램 및 청소년 생활관리 등 청소년을 위한 종합 돌봄 서비스를 지원하는 국가정책 지원사업을 의미한다.

(2) 목적

① 저소득층, 한부모, 장애 등 방과후 돌봄이 필요한 취약계층 청소년에게 체험활동, 학습지원, 상담 등 종합서비스를 제공한다.
② 취약계층 청소년에게 활동, 복지, 보호, 지도 등 다양한 지원을 통해 건강한 성장과 스스로 자립할 수 있는 역량을 배양한다.
③ 취약계층 청소년의 사교육비 절감 및 방과후 비행으로의 노출을 예방한다.

(3) 추진방향

① 지역사회에서의 청소년활동 · 복지 · 보호체계 역할 수행
- 방과후 돌봄 사각지대에 있는 청소년을 지원하기 위한 다양한 지원 및 프로그램을 운영한다.
- 청소년의 성장 · 발달에 부합하고, 청소년과 학부모의 눈높이에 맞는 과정을 운영

한다.

② 학교와 지역사회의 상호 신뢰 및 연계 강화

   • 방과후에 안전하게 보호하고 학습 및 생활지도를 통해 건강하고 전인적인 성장을 도와주는 사업으로의 인식을 확산시킨다.

③ 지역사회의 다양한 인적 · 물적 자원 연계

   • 지역사회 공공기관, 사회단체, 기업, 개인 등의 물품 지원 및 후원, 자원봉사, 재능기부 등 다양한 자원을 연계하여 활용한다.

   • 방과후 돌봄 사각지대 해소를 위한 방과후아카데미지원협의회를 구성하여 지역사회의 참여를 확대하고 연계체계를 구축한다.

2) 대상 및 지원기준

방과후아카데미의 대상은 방과후 돌봄이 필요한 청소년으로 초등학교 4학년부터 중학교 3학년까지 해당된다. 구체적인 지원기준은 〈표 10-1〉과 같다.

표 10-1 청소년방과후아카데미의 지원기준

구분		지원기준(대상)
일반형	우선순위 지원대상	기초생활수급자, 차상위계층, 한부모 · 조손 · 다문화 · 장애가정 · 2자녀 이상 가정 · 맞벌이 가정 등 방과후 돌봄이 필요한 청소년
	기타 지원대상	학교(교장, 교사), 지역사회(주민센터 동장, 사회복지사 등)의 추천을 받아 청소년방과후아카데미 지원협의회에서 승인받은 청소년
주말형	지원대상	주말 돌봄 및 체험활동이 필요한 청소년(지원대상 구분 없음)

※ 지역 수요에 따라 (초등) 예비 초4(초3) / (중등) 예비 중1(초6) 참여 가능(10월부터)
출처: 여성가족부(2024). p. 202.

표 10-2 운영 유형 및 인원

운영 유형		1개반	2개반	3개반
일반형	기본형	30명	40명	60명
	농산어촌형	30명	40명	60명
	장애형	–	15~20명	25~30명

다문화형	–	30명	45명
탄력운영형	15명	–	–
주말형	30명	–	–

※ 기본형과 농산어촌형의 1개반(30명)은 지역적 수요 부족 등을 고려하여 지자체 사전 승인(여가부 보고)에 따라 최소 20명 이상으로 예외적 운영 가능
※ 주말형은 정원 30명 이내에서 프로그램별로 그룹화하여 운영 가능
출처: 여성가족부(2024). p. 210.

3) 운영

청소년방과후아카데미는 일반형과 주말형으로 구분하여 운영하고 있다.

(1) 일반형

'기본 운영'은 일 4시수, 주 5~6일 운영을 기본으로 하며, 총 230일을 운영하도록 하고 있다.

'운영 시수'는 주중활동을 1주 20시수 이상으로 하며, 1주 20시수를 기준으로 급식 5시수를 의무적으로 포함하도록 하고 있다. 1시수는 휴식을 포함하여 60분으로 하며, 급식시수는 30분~1시간 내 탄력운영이 가능하도록 하고 있다. 장애청소년지원형의 경우, 참여청소년 특성을 고려하여 수업하도록 하며 휴식시수를 조정할 수 있다.

주말활동은 반기별 2회를 실시하되, 급식을 포함하여 5시수 이상을 실시하도록 하고 있다.

모집정원의 30% 범위 이내에서 운영기관장의 승인을 받아 주 15시수 이상 참여하도록 할 수 있다. 단, 기관 운영시간은 동일하며, 청소년의 단축참여를 허용하는 것이다.

 * 허용사유: 학원 등 교습 참석, 질병치료, 별도 돌봄서비스 참여 등

(2) 주말형

'기본 운영'은 일 5시수, 주 1~2일(토~일요일) 운영을 기본으로 하며, 총 70일을 운영하도록 하고 있다.

'운영 시수'는 급식을 포함하여 일 5시수 이상의 주말활동을 운영하도록 하고 있다. 1시

수는 휴식시간을 포함하여 60분이며, 급식시수는 30분~1시간 내 탄력운영이 가능하다.

(3) 프로그램 편성 기준

과정 편성은 1일 최소 4시수 이상 운영하도록 하며, 운영과정은 기관 상황에 따라 자율적으로 선택한다.

- 공통운영과정(5시수): 급식, 귀가지도, 상담 등 기본적인 생활지원과정
- 선택운영과정(15시수): 지역 특성 및 참여청소년 수요에 따라 〈표 10-4〉의 운영과정 선택
- 캠프 운영: 연 1회 캠프(집단) 운영 권장(자율 운영)
- 코딩, 컴퓨터 활용, 드론, 로봇, 영상·미디어 제작 등 '디지털 체험활동' 강화

표 10-3 **청소년방과후아카데미 프로그램 내용**

구분		세부 내용
체험·역량 강화활동	디지털 체험활동	-강습형태가 아닌 디지털분야 체험활동으로 운영 * 디지털분야: 코딩, AI, App 제작, VR·AR 체험, 드론, 로봇, 영상제작, 미디어, 컴퓨터 활용 등
	진로개발 역량 프로그램 (진로체험)	-강습형태가 아닌 전문적인 체험활동으로 운영 -청소년 주도의 프로젝트(PBL: Program-Based Learning) 방식의 프로그램 운영 권장
	창의·융합 프로그램	
	일반체험활동	-강습형태가 아닌 체험활동 위주로 청소년들의 창 의·인성 함양을 위한 다양한 체험활동 프로그램 운영(예술체험활동, 봉사활동, 리더십개발활동 등)
	지역사회 참여활동	-방과후아카데미 자체 기획으로 청소년들이 지역사 회에서 봉사활동을 하거나, 지역에서 개최하는 각 종 지역행사에 의미 있는 역할을 담당하여 참여하 는 활동으로 주말체험활동과 연계하여 편성
	주말체험활동 (반기별 2회 급식 포함 5시수)	-주말체험활동과정 운영 시 외부활동 권장 * 외부는 단순히 운영시설의 건물 밖 공간을 의미 하는 것만이 아니라, 다양한 테마활동이 가능한 외부현장(시설, 공간)을 의미함

	주중자기개발활동과정	−청소년들이 중심이 되어 진행하는 활동
	주말자기개발활동과정 (필요시 1회당 2시수 이상)	(자치활동, 동아리활동 등) −각 운영기관에서 자유롭게 편성하여 운영하는 과정 −실무자가 중심이 되어 운영하는 프로그램
	특별지원	−청소년캠프(방학), 부모교육, 초청인사 특별강의, 발표회 등
학습지원	보충학습지원과정	−청소년들의 자율적인 숙제, 보충학습지도, 독서지 도 등의 프로그램 위주로 운영
	교과학습과정	−전문 강사진의 교과학습 중심의 학습지원
생활지원	−급식, 상담, 건강관리, 생활일정 관리(메일링서비스) 등의 생활지원	

출처: 청소년방과후아카데미 홈페이지.[1]

청소년방과후아카데미는 참여부터 귀가 시까지 철저한 종합적 방과후서비스지원(생활·교육·체험·안전)을 원칙으로 하며, 지역사회 내에서의 자원봉사인력을 개발하고 연계하며, 지역 자원과의 네트워크를 구축하도록 하고 있다. 또한 전문체험활동과정, 자기개발활동과정 활동을 개인별로 기록·관리하여 포트폴리오로 작성할 것을 권장한다.

표 10-4 청소년방과후아카데미 프로그램 편성 예시

선택운영과정	운영방식	운영시수 편성(예시)
체험·역량강화 활동	• (공통) 급식, 귀가지도, 상담 등 • (특화) 역량개발, 진로체험, 동아리활동, 자원봉사, 디지털 체험활동, 지역사회 프로그램 참여 등 • (일반) 보충학습, 교과학습 등	• 공통운영과정(5시수) • 선택운영과정(15시수) −체험·역량강화활동(10시수) −학습지원(5시수)
학습지원활동	• (공통) 급식, 귀가지도, 상담 등 • (특화) 보충학습, 교과학습 등 • (일반) 역량개발, 진로체험, 동아리활동, 자원봉사, 지역사회 프로그램 참여 등	• 공통운영과정(5시수) • 선택운영과정(15시수) −학습지원(10시수) −체험·역량 강화활동(5시수)

출처: 여성가족부(2023). p. 197.

1) https://www.youth.go.kr/yaca/index.do (2024. 2. 26. 검색)

(4) 운영인력

청소년방과후아카데미를 운영하기 위한 인력은 팀장과 담임으로 구분된다. 팀장은 방과후아카데미 전반을 총괄하며, 일정관리 및 운영 지원을 맡고 있으며 담임은 보충학습지원 및 자기개발활동, 상담 및 생활기록·관리, 문자메시지·급식 지원, 문서작성 등의 역할을 수행한다. 이들 인력 외에 교과학습 및 체험활동을 전문적으로 지원하기 위한 강사들이 있다.

(5) 추진체계

'여성가족부'에서는 사업의 운영지침을 마련하여 사업의 운영을 지도하고 점검 및 평가하는 등 운영과정을 총괄하는 역할을 하고, 이와 더불어 지역사회 내에서 부처별 방과후 돌봄서비스 간 연계협력체계를 구축하고 상호 서비스의 연계 및 조정하는 역할을 함께하고 있다. 이러한 여성가족부의 사업은 시·군·구 지자체에서 실행하게 되는데, '시·도 및 시·군·구'에서는 운영기관을 선정하고 지도 및 감독하는 역할을 수행하고 보조금 교부 및 관리감독, 지자체별 사업총괄 및 현장지도점검을 하며, 관내 방과후 돌봄서비스 추진기관 간의 서비스를 연계하고 조정하는 역할을 수행한다. 사업 '운영기관'은 지자체로부터 보조금을 교부받은 후 세부추진계획을 수립하고 대상청소년을 발굴하여 지원하게 되는데, 주로 공공시설에서 위탁을 받거나 또는 지자체에서 직영을 하기도 한다. 운영기관은 청소년들을 대상으로 직접적으로 프로그램을 운영하고 지역사회 내에서 활동자원을 분석 및 연계하는 등 실제 사업을 담당하게 된다. 이 과정에서 '한국청소

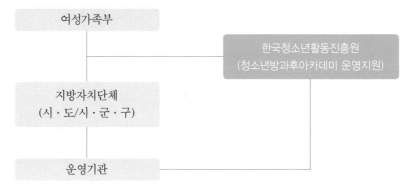

[그림 10-1] 청소년방과후아카데미 추진체계도

표 10-5 청소년방과후아카데미 추진 주체별 역할

여성가족부	지자체(시·도 및 시·군·구)
-기본운영계획 및 운영지침 수립 -현장지도·점검, 컨설팅 총괄 -국고보조금 평가계획 수립 -운영모델 개발·시범운영 -방과후 돌봄서비스 중앙부처 협력체계 구축 등	-시·도 사업총괄 -사업계획 수립·검토·조정 -운영기관 선정 및 지도 감독 등 수행 -보조금 집행 및 지도점검 -관내 돌봄서비스 기관 간의 연계·조정 등(교육청 및 교육지원청 협조) -국고보조금 교부 및 관리
운영기관	한국청소년활동진흥원
-연간 사업·운영계획 수립(운영계획, 운영 지도안 등) -대상 청소년 발굴·지원 -예산집행 및 정산결과 보고 -지역 내 돌봄서비스 기관 간의 연계·협력	-연간 운영계획 수립 -운영전담인력 교육(신규실무자 교육 및 직무연수 등) -현장점검 및 컨설팅 지원 -운영매뉴얼 제작 및 교육 -평가 및 우수 사례 발굴 -홍보, 민간자원 개발·연계 지원 등 유관기관 네트워크 구축 -범부처 공동 온종일 돌봄체계 구축 운영 지원 등

출처: 여성가족부, 한국청소년활동진흥원(2018).

표 10-6 청소년방과후아카데미 사업개요

구분	내용
사업목적	돌봄취약계층 가정의 청소년들에게 방과후 보충학습·체험활동·급식·건강관리·상담 등 종합적인 서비스를 제공하여 청소년의 전인적인 성장 지원, 가정의 사교육비 및 양육 부담 완화
사업대상	저소득·맞벌이·한부모·부모의 실직·파산·신용불량 등 경제적 어려움 등으로 방과후 홀로 지내는 청소년(초4~중3)
시행주체	여성가족부와 지방자치단체 공동운영
설치시설	청소년수련관, 청소년문화의집, 공공시설 등
사업기간	매년 1~12월 연중 상시 실시(토요일, 방학 중에도 운영)
사업규모	342개소(2022년 기준)
사업예산	개소당 174백만 원(유형별 상이. 국비지원율: 서울 30%, 지방 50%) *2022년 기준

출처: 여성가족부(2023). p. 224.

년활동진흥원'은 중앙부처의 방과후 돌봄서비스 추진업무를 지원하고 사업운영기관의 운영을 지원한다(양계민, 2016).

(6) 연도별 지원현황

2006년에 100개소, 4,200명이었던 청소년방과후아카데미는 2023년 12월 기준으로 350개소, 14,588명으로 확대·운영되고 있다.

표 10-7 **연도별 참여인원 및 지원현황**

	2012년	2013년	2014년	2015년	2016년	2017년	2018년	2019년	2020년	2021년	2022년	2023년
지원개소	200	200	200	244	250	250	260	280	304	332	342	350
참여인원(명)	8,060	8,200	8,091	9,490	9,745	9,773	10,742	11,584	12,341	13,145	14,059	14,588
예산(억 원)	155	161	144	184	185	185	197	224	226	282	290	313

출처: 여성가족부(2024). p. 204.

02 방과후학교

1) 방과후학교의 개념

방과후학교는 학생과 학부모의 요구와 선택을 반영하여 수익자 부담 또는 재정 지원으로 이루어지는 정규수업 이외의 교육 및 돌봄 활동으로, 학교 계획에 따라 일정한 기간 동안 지속적으로 운영하는 학교교육활동을 말한다.

2) 목표

① 예체능 등을 통한 소질·적성·진로 계발, 교과의 심화·보충 등 다양한 사교육 수요를 흡수·대체하여 사교육비를 경감한다.
② 도시 저소득층과 농어촌 소재 학교 학생에 대한 방과후학교 수강 지원을 확대하여 교육격차를 완화한다.

③ 돌봄이 필요한 학생들에게 돌봄서비스를 제공한다.

④ 지자체, 대학 등 지역의 인적·물적 자원을 활용하여 지역사회 학교를 실현한다.

3) 편성 및 운영 원칙[2]

① 방과후학교는 학교의 장이 학교 여건과 학생과 학부모의 요구를 고려하여, 학교운
영위원회의 심의(자문)를 거쳐 자율적으로 운영한다.

② 방과후학교 프로그램은 학생과 학부모의 선택에 의한 자율적인 참여를 기반으로
운영한다. (학생 강제 참여 금지)

③ 단위학교는 방과후학교 연간 운영 계획을 수립하여 학교교육계획에 반영하며, 학
년 초 정규수업 시작과 동시에 방과후학교를 운영할 수 있도록 한다.

④ 단위학교는 학교교육과정의 정상적인 운영을 저해하지 않는 범위 내에서 방과후학
교를 운영한다.

⑤ 단위학교는 학생의 건강권, 휴식권, 안전 등을 위해 정규수업 이전 또는 늦은 시간
(22:00 이후)에 방과후학교를 운영하지 않도록 한다.

⑥ 자연재난 및 사회재난 대비 계획을 수립·운영한다.

⑦ 방과후학교 프로그램은 학교교육과정을 앞서는 프로그램을 운영해서는 안 된다.
(단, 고교에서 휴업일(방학) 중 편성·운영하는 경우, 중·고교 중 농어촌 지역 학교
및 도시 저소득층 밀집 학교 등에서 학기 중 및 휴업일에 편성·운영하는 경우는
제외되며, 초 1, 2학년 영어 방과후학교 과정은 운영 가능함)

4) 프로그램 운영[3]

① 단위학교는 학생과 학부모의 요구를 반영하여, 특기·적성, 교과, 돌봄 등 다양한
프로그램을 개설·운영할 수 있다.

[2] 출처: 경기도교육청(2024).
[3] 출처: 부산광역시교육청(2024).

② 운영 방침

- 단위학교는 지역과 학교의 여건을 고려하여, 특색 있고 경쟁력 있는 다양한 프로그램을 개설한다.

- 방과후학교 운영 계획서는 운영기간을 단위로 하여, 강사·프로그램·수준별로 작성한다.

- 단위학교는 방과후학교 프로그램을 담당할 역량이 있다고 인정되는 현직교원, 외부 강사, 자원봉사자 등 지역사회의 우수한 인적 자원을 방과후학교 강사로 활용한다.

- 단위학교는 정규수업 운영과 개인의 건강권·휴식권을 고려하여 부득이한 경우 (외부강사 모집이 어려운 경우 등)에만 소속 교사를 방과후학교 프로그램 강사로 참여하도록 한다.

- 학습 취약계층을 위한 맞춤형 프로그램을 개설하고, 학습된 무기력 극복을 위한 심리·학습·진로·진학 상담 등을 병행하여 효과성을 제고한다.

- 패키지 프로그램 운영은 학생과 학부모의 요구를 철저히 반영하고, 학생의 선택 기회를 제한하지 않는 범위에서 운영한다.

- 방과후학교 프로그램은 학생들의 자발적인 참여를 원칙으로 하며, 강제 참여를 금지한다.

- 강제 참여의 유형은 다음과 같으며, 교육청은 단위학교에서 방과후학교에 학생들이 강제로 참여하지 않도록 관리·감독을 철저히 한다.
  - 방과후학교 프로그램을 신청하지 않은 학생에게 불이익을 주어 강제참여를 유도하는 경우
  - 방과후학교 운영시간에 정규교육과정에서 계획된 수업을 진행하는 경우
  - 방과후학교 프로그램 교재의 지문, 문제 등을 교내 시험 등에 직접 인용하여 학생평가에 영향을 주는 경우 등

- 방과후학교 프로그램 운영은 정치적 중립성을 유지한다.

- 단위학교는 방과후학교를 각종 재원지원 사업과 연계하여 효율적으로 운영한다.

- 학급 편성 규모는 프로그램의 특성, 프로그램 내용과 방법, 수강생 수 등을 고려하여 학교에서 자율적으로 편성한다.

- 저소득층 자녀에게는 자유수강권 제도를 통해 참여기회를 부여하며, 인근 학교 학생에게도 프로그램을 수강할 수 있도록 개방한다.
- 학교의 장은 성범죄, 아동학대 관련 범죄 등으로 계약을 해지하거나 강사를 교체한 경우(개인위탁 및 업체위탁 강사 포함), 교육(지원)청에 서면으로 보고한다.
- 자연재난 및 사회재난 시 방과후학교를 중지·연기하거나, 다양한 방법(실시간 쌍방향, 온·오프라인 연계 등)으로 운영할 수 있다.

③ 프로그램 편성 시 유의사항
- 교과 프로그램 운영 시 학년교육과정의 진도에 따라 같은 학년에서 수준별 심화·보충학습으로 운영하며, 교과 진도 나가기 등 교육과정 정상화를 저해하는 프로그램은 운영을 금지한다.
- 전체 학생들이 의무적으로 수강하도록 하는 강제적인 보충수업은 금지한다.
- 학습지, 문제풀이 위주의 프로그램 운영은 지양한다.
- 지나친 고액의 수강료를 납부해야 하는 유명 강사 초청 및 특강 편성은 지양한다. 특히 입시 관련 논술·예체능 등의 고액 수강료 프로그램 편성은 지양한다.
- 담임교사 본연의 업무인 입학상담 및 진로지도를 위한 유상 프로그램 편성은 금지한다.

④ 운영 대상: 방과후학교는 해당학교 학생과 타교 학생도 포함할 수 있다.
⑤ 운영시간
- 방과후학교는 학생·학부모의 요구와 단위학교의 여건을 고려하여 정규수업 이외의 시간에 단위학교가 자율적으로 결정하여 운영한다.
- 방과후학교는 토요일, 휴업일, 방학 중에도 운영할 수 있다.
- 단위학교는 학생의 건강이나 학교교육과정의 정상적인 운영을 저해하지 않도록 방과후학교 프로그램을 정규수업 이전과 오후 10시 이후에는 운영하지 않도록 한다.

5) 프로그램 예시

방과후학교 프로그램은 교과, 특기·적성, 돌봄 등의 다양한 프로그램으로 개설·운

표 10-8 교급별 방과후학교 프로그램 예시

초등학교 방과후학교 프로그램 (송린초등학교, 경기도)

월요일	화요일	수요일	목요일	금요일
클레이 &토탈공예	요리	클레이 &토탈공예	한국사	로봇과학
드론항공	로봇과학	생명과학	생명과학	바이올린
바둑&체스	독서논술	코딩	창의미술	창의보드게임
1~2학년 영어	컴퓨터	치어리딩 & 방송댄스	음악줄넘기	요리
−	축구	뮤지컬 & 연극	−	음악줄넘기
육상 (모닝 스포츠)	피구 (모닝 스포츠)	피구 (모닝 스포츠)	−	핸드볼 (모닝 스포츠)

중학교 방과후학교 프로그램 (강북중학교, 대구광역시)

구분	1학년 교과프로그램	2학년 교과프로그램	3학년 교과프로그램	특기 · 적성 프로그램
1	국어내신(화)	국어내신(월)	국어내신(월)	일본어
2	국어내신(수)	국어내신(금)	국어내신(화)	중국어 기본
3	국어내신(토)	국어내신(토)	국어내신(금)	중국어 내신
4	영어내신	영어내신A	영어내신	중학 한문
5	수학내신	영어내신B	수학내신A	통기타A
6	과학내신(월)	수학내신	수학내신B	통기타B
7	과학내신(금)	과학내신(수)	과학내신(월)	통기타C
8	과학내신(토)	과학내신(금)	과학내신(수)	컴퓨터(수)
9	−	과학내신(토)	과학내신(토A)	컴퓨터(금)
10	−	역사내신(화)	과학내신(토B)	드론
11	−	역사내신(수)	역사+사회내신(월)	웹툰&일러스트
12	−	역사내신(토)	역사+사회내신(목)	바리스타
13	−	−	역사+사회내신(금)	홈베이킹A
14	한국사			홈베이킹B
15	세계사			배드민턴
16	한국문학고급			농구

고등학교 방과후학교 프로그램 (화원고등학교, 대구광역시)

			(1학년 1학기 운영 기준)			
구분	1기 개설 강좌명	2기 개설 강좌명	3기 개설 강좌명
1	영어근육키우기반(기초)A	문학개념 따라잡기	국어실력 향상반A
2	영어근육키우기반(기초)B	수학 개념 완성반	국어실력 향상반B
3	영어근육키우기반(기본)	수학 심화 완성반	수학 기본 맛보기반
4	수학 개념 완성반A	어휘기반 생생 영어	수학 심화 맛보기반
5	수학 개념 탐구반B	쉽게 문법 독해 도전반	영어 기초반
6	문학개념 따라잡기A	과학 따라잡기	영어 기초반
7	문학개념 따라잡기B	통합과학 물리-수요반	영어 최고반
8	과학원리 따라잡기A	생명과학 I	통합과학반
9	과학(물리) 원리B	Again 영어최고반	생명과학 I
10	과학원리 따라잡기C	미대 실기 준비반	미대 실기 준비반
11	영어최고반	보컬 마스터 클래스	보컬 마스터 클래스

• 이 외 학습집중채움 프로그램
 – 한국어능력시험준비반, 쉬운 영어 쉽게 배워 보기, 국어기초실력 향상반, 상황표현 실기반, 만
 화, 애니메이션 실기반, 수학1 기초 다지기반, 탁구기능 다지기반, 배드민턴 기능 다지기반, 실
 생활 코딩반 등

출처: 교육부, 한국교육개발원(2022).

영할 수 있으며, 학교가 직접 프로그램을 편성하여 외부 강사를 섭외(개인 위탁)하여 활
용할 수도 있고, 업체에 위탁할 수도 있다. 대략적인 프로그램의 예시는 다음과 같다.

6) 운영체계

교육부는 방과후학교의 소관부처로 예산을 지원하고, 법·제도 개선 등 정책의 방향
을 제시하며, 방과후학교중앙지원센터는 한국교육개발원에서 운영하고 있는데 주된 역
할은 방과후학교의 운영을 지원하고 컨설팅하는 것이다. 시·도교육청은 해당 시·도의
운영계획을 수립하고, 자체 예산 편성을 집행하며 시·도 학교를 지도감독하고 컨설팅
을 실시한다. 단위학교들은 방과후학교 프로그램 운영을 위해 수요조사를 실시하고, 강
사를 모집하는 등 운영 전반을 담당한다. 각 학교의 학교운영위원회는 심의를 담당한다.

[그림 10-2] 방과후학교의 운영체계

출처: 부산광역시교육청(2024). p. 7.

7) 운영현황

방과후학교의 최근 5년간(2018~2022년) 운영현황을 살펴보면, 2020년까지 감소하다
가 2021년부터 다시 증가하는 추세를 보인다. 특히 코로나19가 시작된 2020년에는 큰

감소폭을 보였으며, 그 다음해부터 다시 조금 증가하는 추세를 보인다.

(1) 방과후학교 운영학교 및 참여학생 현황

방과후학교는 전국적으로 11,622개교가 운영되었으며, 초등학생 1,209천 명, 중학교 279천 명, 고등학교 322천 명이 참여하였다(2022년 기준).

표 10-9 방과후학교 운영학교 및 참여학생 현황

구분	2022년				2021년	2020년	2019년	2018년
	초	중	고	계	초 · 중 · 고 전체			
운영학교 수 (교)	6,292	3,134	2,196	11,622	10,739	8,038	11,688	11,746
비율(%)	99.8	95.6	93.2	97.3	89.9	67.7	98.6	99.2
참여학생 수 (천 명)	1,209	279	322	1,810	1,534	1,051	2,648	2,934
비율(%)	45.5	20.8	26	34.6	28.9	19.8	48.6	52.6

출처: 공공데이터포털.[4]

(2) 프로그램유형별 운영현황

방과후학교 프로그램을 유형별(특기 · 적성, 교과)로 비교해 보면 다음과 같다. 초 · 중 · 고교 전체를 대상으로 하면(2017~2019년), 특기 · 적성 프로그램이 해마다 소폭 증가하는 추세를 보인다(50% → 54% → 56%). 교급별로 보면(2019년 기준) 초등학교는 특기 · 적성 프로그램이 77%, 교과 프로그램이 23%로 특기 · 적성 프로그램이 매우 높은 분포를 나타냈다. 중학교는 특기 · 적성 프로그램 54%, 교과 프로그램 46%로, 고등학교는 특기 · 적성 프로그램 16%, 교과 프로그램 84%로 나타났다. 방과후학교의 프로그램은 교급이 올라갈수록 특기 · 적성 프로그램의 비중이 감소하고, 교과 프로그램의 비중이 증가하는 것을 볼 수 있다.

4) https://www.data.go.kr/data/3038855/fileData.do (2024. 2. 26. 검색)

제10장
청소년방과후아카데미

표 10-10 방과후학교 프로그램 운영현황 추이

구분	특기·적성 프로그램	교과 프로그램	합계
2017년	50%	50%	100%
2018년	54%	46%	100%
2019년	56%	44%	100%

출처: 방과후학교 포털시스템.[5]

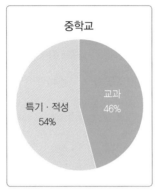

[그림 10-3] 교급별 방과후학교 프로그램 유형비율 비교(2019년)

출처: 방과후학교 포털시스템.[6]

8) 초등돌봄교실, 늘봄학교

초등학교에서 실시하고 있는 방과후사업은 방과후학교 외에도 초등돌봄교실, 늘봄학교가 있다. 초등돌봄교실은 학교 내 별도 시설(전용 또는 겸용교실 등)이 갖추어진 공간에서 돌봄이 필요한 학생들을 대상으로 정규수업 이외에 이루어지는 돌봄활동을 의미한다. 돌봄교실은 참여대상과 시간을 기준으로 '오후돌봄' '저녁돌봄'으로 구분된다. 오후돌봄은 방과후부터 17시까지 주로 1~2학년을 대상으로 하고 있으며, 맞벌이·저소득층·한부모 가정 등 돌봄이 꼭 필요한 학생들에게 돌봄을 제공하며, 저녁돌봄은 17시부터 19시까지 오후돌봄 참여 학생 중 추가 돌봄이 필요한 학생에게 제공하는 것이다. 늘

5) 6) https://www.afterschool.go.kr/intro/state/state1.do (2024. 2. 26. 검색)

봄학교는 정규수업 외에 학교와 지역사회의 다양한 교육자원을 연계하여 학생의 성장·발달을 위해 제공하는 종합 교육프로그램이다.

초등돌봄교실은 주로 숙제, 독서, 휴식 등을 지원하는 것으로 프로그램을 제공하기보다 주로 돌봄이 주기능이라고 할 수 있다. 반면, 늘봄학교는 양질의 교육과 돌봄을 종합적으로 제공하며 20시까지 단계적으로 확대 운영할 예정이다. 2024년부터 초등학교 1학년을 대상으로 시행하며, 2026년에는 초등학교 전학년을 대상으로 운영하게 된다. 단계적으로 초등학교 방과후학교와 돌봄교실은 없어지고 늘봄학교 체제로 운영할 예정이다.

03 지역아동센터 프로그램

1) 지역아동센터의 개념

지역아동센터는 1980년에 빈곤운동에 뿌리를 두고 자생적으로 시작된 공부방으로 출발하였으며, 2004년 정부에서 방임될 우려가 있는 아이들을 위해서 「아동복지법」을 개정하여 2005년 1월 1일부터 공부방을 '지역아동센터'로 명칭을 변경하게 되었고 이에 아동복지시설로 규정하면서 전면 지원하기 시작하였다. 지역아동센터는 「아동복지법」제52조 제1항 제8호에 따른 아동복지이용시설로서, 18세 미만의 방과후 돌봄이 필요한 지역사회 아동에게 보호·교육, 건전한 놀이와 오락의 제공, 보호자와 지역사회의 연계 등 종합적인 복지 서비스를 제공함으로써 건전한 성장을 지원하는 시설이다.

2) 지역아동센터 이용대상

지역아동센터 이용대상은 우선 「아동복지법」에 근거하여 아동의 연령인 18세 미만의 아동을 대상으로 하는데 우선보호아동과 일반아동으로 구분된다. 우선보호아동은 기준중위소득 100% 이하로, 지역사회 방과후 돌봄을 필요로 하는 18세 미만의 아동으로 이들이 우선적으로 지역아동센터를 이용할 수 있다. 일반아동은 지역사회 방과후 돌봄이 필요한 아동으로 우선보호아동의 소득기준은 초과하나, 방과후 돌봄이 필요한 아동으로서 시·군·구청장의 승인으로 이용여부를 결정하게 된다.

3) 지역아동센터의 프로그램

지역아동센터는 아동의 심리·정서적 안정과 신체·인지·사회성 발달을 목적으로 보호, 교육, 문화, 정서지원, 지역사회 연계 서비스 영역에 대한 프로그램을 운영하고 있다. 프로그램은 기본 프로그램과 특화 프로그램으로 구성되어 있다. 기본 프로그램은 보호·교육·문화·정서지원·지역사회 영역으로 구분되며, 특화 프로그램은 지역사회 특수성 및 주요 대상의 특성을 고려한 맞춤형 운영 프로그램을 의미한다.

우선, 기본 프로그램을 살펴보면, 다섯 가지 영역 중 '보호 프로그램'을 통해 아동이 안전한 곳에서 건강한 생활을 할 수 있도록 급식, 일상생활지원, 정서지원, 안전지도 프로그램을 제공하며, '교육 프로그램'은 아동에게 기초학습지도, 학교생활관리, 다양한 교육활동을 지원하고 있다. '문화 프로그램'에는 공연관람, 견학, 캠프 등이 포함된다. '정서지원 프로그램'으로는 아동과 부모상담 등을 통해 아동 정서를 지원하고 있으며, '지역사회 연계' 프로그램은 지역네트워크를 통해 아동을 지역 전문기관과 연계하고 있는데, 지역사회 내 아동문제에 대한 사전 예방적 기능 및 사후 연계 기능을 수행한다.

표 10-11 **지역아동센터의 기본 프로그램**

영역 (대분류)	세부 영역 (중분류)	세부 프로그램 (소분류)	프로그램 예시 (시설별 선택 운영)
보호	생활	일상생활관리	센터생활적응지도, 일상생활지도, 일상예절교육, 부적응아동지도 등
		위생건강관리	위생지도, 건강지도 등
		급식지도	급식지도, 식사예절교육 등
	안전	생활안전지도	저녁돌봄 등
		안전귀가지도	안전귀가지도, 생활안전지도 등
		5대안전의무교육	교통안전, 실종유괴예방, 약물오남용예방, 재난대비, 성폭력예방 등

교육	학습	숙제지도	숙제지도, 학교생활관리 등
		교과학습지도	수준별 학습지도, 온라인교육(IPTV 학습 등), 학습부진아 특별지도 등
	특기 · 적성	예체능활동	미술, 음악, 체육지도 등
		적성교육	진로지도, 적성교육(독서, 요리, 과학 등) 등
	성장과 권리	인성 · 사회성 교육	인성교육, 사회성교육 등
		자치회의 및 동아리활동	자치회의, 동아리활동 등
문화	체험활동	관람 · 견학	공연 및 연극 관람, 박물관 견학 등
		캠프 · 여행	체험활동, 캠프 및 여행 등
	참여활동	공연	공연 등
		행사(문화, 체육 등)	전시회, 체육대회 등
정서지원	상담	연고자 상담	부모 및 가족상담, 연고자 상담 등
		아동상담	아동상담 등
		정서지원 프로그램	정서지원 프로그램 등
	가족지원	보호자교육	보호자교육 등
		행사 · 모임	부모 소모임, 가정방문 등
지역사회 연계	홍보	기관홍보	기관홍보 등
	연계	인적 연계	자원봉사활동, 인적 결연후원, 후원자 관리 등
		기관연계	지역조사와 탐방, 전문기관 연계, 복지단체 연계 등

출처: 보건복지부(2024).

특화 프로그램은 주말 · 공휴일 프로그램, 가족기능 강화 프로그램, 야간보호 프로그램, 청소년을 위한 프로그램이 있다. 구체적인 내용은 〈표 10-12〉와 같다.

표 10-12   **지역아동센터의 특화 프로그램**

영역	프로그램 내용
주말 · 공휴일 프로그램	평일에 시간적 여유가 없어 진행할 수 없었던 프로그램과 주말에만 참여 가능한 체험학습 등

가족기능 강화 프로그램	아동양육기술 및 의사소통 증진, 부모집단 프로그램 및 자조모임, 가족성장교실, 좋은 부모교실, 지역주민 결연 및 멘토링 활동 등
야간보호 프로그램	저녁 늦은 시간까지 부모가 귀가하지 않아 방임되고 있는 아동들을 보호자의 귀가시간까지 지역아동센터에서 보호
청소년을 위한 프로그램	1:1 학습멘토, 동아리활동, 진로탐색 프로그램

출처: 아동권리보장원 홈페이지(2024).[7]

4) 지역아동센터 운영현황[8]

지역아동센터는 해마다 늘어나고 있는 추세이며, 2022년 기준 전국적으로 4,253개소가 운영 중이다. 지역별로 살펴보면, 경기지역이 799개소로 가장 많고, 다음으로 서울 462개소, 전남 387개소 순으로 운영되고 있다.

표 10-13 **연도별 지역아동센터 현황** (단위: 개소)

구분	2004	2005	2006	2007	2008	2009	2010	2011	2012	2013	2014	2015	2016	2017
센터 수	895	1,709	2,029	2,618	3,013	3,474	3,690	3,985	4,036	4,061	4,059	4,102	4,107	4,189
신규 신고센터	–	1,051	523	729	483	570	323	373	193	148	158	256	207	102

구분	2018	2019	2020	2021	2022
센터 수	4,211	4,217	4,264	4,295	4,253
신규 신고센터	98	95	263	476	265

* 신규 신고센터는 운영비 지원 특례로 신규 개소한 센터를 포함함.

표 10-14 **시·도별 지역아동센터 현황** (단위: 개소, %)

구분	지역아동센터 신고 현황		2022년 신규신고 현황	
	센터 수	비율	센터 수	비율
전체	4,253	100.0	265	100.0
서울	462	10.9	26	9.8
부산	206	4.8	5	1.9

7) https://www.icareinfo.go.kr/info/research/researchDetail.do (2024. 3. 1. 검색)

8) 출처: 보건복지부(2023).

대구	202	4.7	16	6.0
인천	183	4.3	7	2.6
광주	307	7.2	22	8.3
대전	140	3.3	8	3.0
울산	55	1.3	2	0.8
세종	13	0.3	0	0.0
경기	799	18.8	51	19.2
강원	174	4.1	6	2.3
충북	180	4.2	7	2.6
충남	240	5.7	10	3.8
전북	302	7.1	35	13.2
전남	387	9.1	37	14.0
경북	267	6.3	11	4.2
경남	271	6.4	17	6.4
제주	65	1.5	5	1.9

지역아동센터의 전체 이용자 수는 해마다 증가하고 있으며, 2022년 기준으로 105,210명이 이용하였다.

표 10-15 지역아동센터 이용자 현황   (단위: 명)

구분	2004	2005	2006	2007	2008	2009	2010	2011	2012	2013	2014	2015	2016	2017
전체	23,347	43,749	58,851	76,229	87,291	97,926	100,233	104,982	108,357	109,066	108,936	109,661	106,668	108,578

구분	2018	2019	2020	2021	2022
전체	109,610	108,971	106,510	106,746	105,210

5) 운영시간

지역아동센터는 월요일부터 금요일까지 주 5일, 1일 8시간 이상을 상시 운영하는 것을 원칙으로 하고 있다. 학기 중에는 14시부터 19시까지 필수로 운영하여야 하며, 이를 포함하여 8시간 이상을 운영하여야 한다. 토요일, 공휴일, 근로자의 날의 경우, 지역 여건과 센터 실정에 따라 아동이 방임되지 않는 범위에서 자율적으로 결정하되, 운영 시에는 반드시 시설장이나 생활복지사 1인이 근무하여야 한다.

6) 운영인력

지역아동센터는 시설규모에 따라 법정종사자를 확보하도록 하고 있는데, 아동이 10명 미만의 경우에는 시설장 1명만 있어도 운영할 수 있으며, 아동이 10명 이상 30명 미만의 경우는 시설장 외에도 생활복지사 1명을 채용하도록 하고 있다. 아동이 30명 이상인 비교적 큰 규모의 시설인 경우 시설장 1명, 생활복지사 2명을 두도록 의무화하고 있다. 이 경우 아동이 50명을 초과할 경우 생활복지사 1명과 영양사 1명이 추가된다. 이 외의 인력으로는 아동복지교사가 있으며 이들이 아동지도, 기초영어, 독서지도, 예체능활동, 지역사회복지 등의 방과후활동(프로그램)을 지도한다.

🏫 요약

1. 청소년방과후활동은 청소년들이 학교수업을 마친 후에 하게 되는 활동을 말한다. 대표적으로 방과후아카데미(여성가족부), 방과후학교(교육부), 지역아동센터 프로그램(보건복지부)이 있다.

2. 방과후아카데미는 주로 초·중학생(초4~중3)을 대상으로 청소년수련시설에서 학습지원과 전문체험활동, 자기개발활동 등의 과정을 운영하고 있으며 팀장, 담임이 담당하고 있다. 2023년 기준, 전국 350개소에 14,588명이 참여하였다.

3. 방과후학교는 초·중·고교생을 대상으로 특기·적성 프로그램이나 교과 프로그램을 운영하며, 초등학교의 경우 방과후학교 외에도 초등돌봄교실과 늘봄학교를 운영한다. 초등돌봄교실은 학교 내 별도 시설(전용 또는 겸용교실 등)이 갖추어진 공간에서 정규수업 이외에 이루어지는 돌봄활동이며, 늘봄학교는 교육과 돌봄이 모두 제공되는 종합 교육프로그램이다.

4. 방과후학교는 학교(담당교사)가 직접 프로그램을 편성한 뒤, 외부 강사를 섭외하여 활용할 수도 있고, 업체에 위탁할 수도 있다. 2022년 기준, 전국 초·중·고 11,622개교에 1,810천 명이 참여하였으며, 그 내용에 있어서는 교급이 올라갈수록 특기·적성 프로그램보다는 교과 프로그램의 비중이 증가하였다.

5. 지역아동센터의 프로그램은 미취학아동~고교생(18세 미만)을 대상으로 하고 있으며, 우선 이용대상자는 기준중위소득 100% 이하로 지역사회 방과후 돌봄을 필요로 하는 18세 미만의 아동이다. 지역아동센터는 주로 오후부터 운영하며, 생활, 안전, 학습, 특기·적성, 성장과 권리, 체험활동, 참여활동, 상담, 가족지원, 지역사회 홍보 및 연계와 관련된 프로그램을 실시하고 있다. 이 중에서 청소년활동 프로그램은 주로 특기·적성(예체능활동, 적성교육 등), 체험활동(캠프, 여행 등)과 참여활동(공연, 전시회, 체육대회 등)이다. 아동 수용 규모에 따라 생활복지사 1~2인을 두고 있으며 외부 강사를 활용한다. 2022년 기준, 전국 4,253개소에 105,210명이 참여하였다.

참고문헌

경기도교육청(2024). 2024학년도 초등 방과후학교 운영 길라잡이. 경기도교육청.

교육부, 17개 시, 도교육청, 한국교육개발원(2017). 2017년 초등돌봄교실 운영 길라잡이.

교육부, 한국교육개발원(2022). 2022년 방과후학교 우수사례집.

경상북도교육청(2018). 2018 방과후학교 운영 길라잡이. 경상북도교육청.

보건복지부(2023). 2022년 12월말 기준 전국 지역아동센터 통계조사보고서. 보건복지부.

보건복지부(2024). 2024년 지역아동센터 지원 사업안내. 보건복지부.

부산광역시교육청(2023). 2023학년도 중등 방과후학교 운영 길라잡이. 부산광역시교육청.

부산광역시교육청(2024). 2024학년도 초등 방과후학교 운영 길라잡이. 부산광역시교육청.

양계민(2016). 2016 청소년방과후아카데미 효과도 및 만족도 조사연구. 여성가족부, 한국청소년 활동진흥원.

여성가족부(2017). 2017 청소년백서. 여성가족부.

여성가족부(2023). 2022년 청소년백서. 여성가족부.

여성가족부(2023). 2023년 청소년사업안내. 여성가족부.

여성가족부(2024). 2024년 청소년사업안내. 여성가족부.

여성가족부, 한국청소년활동진흥원(2014). 2014년 청소년방과후아카데미 운영실무자 업무매뉴
얼. 여성가족부, 한국청소년활동진흥원.

여성가족부, 한국청소년활동진흥원(2018). 2018년 청소년방과후아카데미 운영실무자 업무매뉴
얼. 여성가족부, 한국청소년활동진흥원.

이재희(2018). 초등 자녀 방과 후 돌봄 지원방안. 이슈페이퍼 2018, 02. 육아정책연구소.

한국교육개발원(2017). 2018 방과후학교 운영 길라잡이. 한국교육개발원.

제**11**장

학교교육과 청소년활동

학교교육에서의 청소년활동은 주로 교육부의 정책으로 실시되는 활동으로 '창의적 체험활동' '자유학기제' '진로교육 집중학년 · 학기제' 등이 있다. 전체 학교가 참여하게 되므로 거의 대부분의 학생인 청소년들이 참여하고 있다고 볼 수 있다. 학교에서 학업 이외에 청소년들의 재능 발견 및 진로탐구 등을 위해 다양한 활동을 실시하는 것으로, 수업시간을 배정하여 활동을 전개하는 것이다.

자유학기제는 2016년 모든 중학교에서 시행되었는데, 중학교 과정 중 한 학기 동안 학생들이 시험 부담에서 벗어나 꿈과 끼를 찾을 수 있도록 토론, 실습 등 학생 참여형으로 수업을 개선하고, 진로탐색 활동이 가능하도록 교육과정을 유연하게 운영하는 제도이다.

창의적 체험활동은 기존 2007년 개정 교육과정에서의 재량활동과 특별활동 교육과정 편성 및 운영의 문제를 개선하기 위해 2009년 개정 교육과정에서 이 두 활동을 통합 · 신설하여 2011년부터 교육 현장에 도입되었다. 창의적 체험활동은 교과와 상호보완적 관계 속에서 앎을 적극적으로 실천하고 심신을 조화롭게 발달시키기 위하여 실시하는 교과 이외의 활동으로 자율활동, 동아리활동, 봉사활동, 진로활동의 영역별로 체험활동을 하는 것이다.

진로교육 집중학년 · 학기제는 초등학교 6학년부터 고등학교 1학년 시기에 특정 학년 또는 학기 동안 진로체험 교육과정을 집중적으로 운영하는 제도로, 2016년부터 운영하고 있다. 기존 학기에 비해 진로활동의 비중을 확대하고 일반교과와 연계한 진로 관련 수업 및 '진로와 직업' 등 진로 관련 교과를 집중 편성하여 학생들의 진로설계 역량을 개발하고 강화하는 학기라고 할 수 있다.

이 장에서는 앞에서 제시한 세 가지 학교교육에서의 청소년활동을 중심으로 활동의 정의, 목적, 운영 전반을 살펴보고 마지막에는 학교에서의 청소년활동 활성을 위한 과제를 제안하고자 한다.

학교교육에서의 청소년활동은 주로 교육부의 정책으로 실시되는 활동으로 '창의적 체험활동' '자유학기제' '진로교육 집중학년·학기제' 등이 있다. 이 활동들은 한 학기 또는 한 학년 동안 지속적으로 운영되며, 시행 초기 또는 시범사업기간이 지나면 전체 학교가 시행하게 되므로 대부분의 학교에 다니는 청소년들이 참여하고 있다고 할 수 있다. 또한 주당 수업시수가 배정되어 있어 수업시간에 활동에 참여하게 된다.

한편, 이 활동들 외에도 청소년활동이 실시되고 있는데 대표적으로는 교내 조직을 기반으로 활동하고 있는 스카우트, 해양소년단과 같은 '청소년단체활동', 그룹사운드, 댄스 등의 '교내 동아리활동' 등이 있으며 청소년들은 학교에서 이와 같은 조직을 통해 청소년활동에 참여하게 된다. 이 활동은 학교 안에서만 존재하는 것이 아니므로, 학교 밖에서 청소년수련시설 등을 연고로 하는 별도의 동아리로서 존재하기도 하며, 청소년단체 역시 학교 안이 아닌 밖에서 청소년단체 그 자체를 기반으로 청소년활동을 하기도 한다.

여기에서는 학교교육의 일환으로 중요하게 추진되고 있는 창의적 체험활동, 자유학기제, 진로교육 집중학년·학기제를 중점적으로 살펴보고자 한다.

01 자유학기제

자유학기제가 2016년부터 전국 모든 중학교에서 시행되었다. 이로써 중학교 1학년 1학기부터 2학년 1학기 가운데 한 학기 동안은 중간·기말고사를 치르지 않고 참여·활동 중심의 오전 교과 수업과 오후의 다양한 자유학기 활동을 경험하며 자신의 정체성을 찾고 꿈을 키워 나갈 수 있는 기회를 갖게 되었다(최상덕 외, 2015). 2013년 시범학교 운영이 시작되었던 정책 도입 초기에는 그 효과와 지속성에 대한 우려가 컸지만, 자유학기제를 경험한 교사, 학생, 학부모의 학교교육에 대한 만족도가 향상되고 학생의 행복감이 증가하는 등 긍정적인 성과가 드러나면서 우리나라 교육개혁을 주도하는 핵심 정책으로 주목받고 있다(최상덕 외, 2015). 정부의 적극적인 정책 추진 의지에 기반하여 전면 확대를 앞둔 2015년에는 「초·중등교육법 시행령」 및 2015 개정 교육과정 총론에 자유학기제 운영이 명시되었고, 진로체험을 지원하는 「진로교육법」이 제정됨에 따라 자유학기제 운영의 법적 근거가 명확하게 갖추어졌다.

1) 정의

자유학기제는 중학교 과정 중 한 학기 동안 학생들이 시험 부담에서 벗어나 꿈과 끼를 찾을 수 있도록 토론·실습 등 학생 참여형으로 수업을 개선하고, 진로탐색 활동이 가능하도록 교육과정을 유연하게 운영하는 제도이다.

2) 목적

자유학기제의 목적은 다음과 같다.

첫째, 자유학기제는 학생들이 스스로 꿈과 끼를 찾고, 자신의 적성과 미래에 대해 탐색·고민·설계하는 경험을 통해 지속적인 자기성찰 및 발전을 할 기회를 제공한다.

둘째, 지식과 경쟁 중심 교육을 자기주도 창의학습 및 미래지향적 역량(창의성, 인성, 사회성 등) 함양이 가능한 교육으로 전환한다.

셋째, 공교육 변화 및 신뢰 회복을 통해 학생이 행복한 학교생활을 제공한다.

3) 운영

자유학기제는 중학교 1학년 1학기, 1학년 2학기, 2학년 1학기의 세 학기 중에서 학교 장이 해당 학교 교원 및 학부모의 의견을 수렴하여 한 학기를 자유학기로 선택하여 운영한다. 자유학기의 교육과정 편성·운영은 '교과' 교육과정은 교육과정 재구성과 학생 참여형 수업으로 운영하고, '자유학기 활동'은 170시간 이상 편성하여 진로탐색 활동, 주제선택 활동, 예술·체육 활동, 동아리활동을 운영하도록 한다. 평가는 기존의 중간고사 및 기말고사 등 지필평가를 시행하지 않고, 학생의 성장과 발달에 중점을 둔 과정중심 평가로 대체하도록 한다(교육부, 한국직업능력개발원, 2017).

4) 등장배경

자유학기제가 등장하게 된 배경에 대해서 다섯 가지로 구분하여 제시할 수 있다(신철균, 2014).

첫째, 자유학기제는 종래의 과도한 입시위주 학교교육 현장을 개선해야 한다는 강력한 사회적 요구에 부응하여 도입되었다. 그동안의 과도한 입시교육으로 인해 학생의 내적 동기 결여는 교육계에서도 심각한 문제로 받아들이고 있다. 최근에는 모든 학교단계에서 학생들의 학습 동기가 낮고, 교과에 대한 흥미와 미래 진로에 대한 관심이 낮다는 점이 사회적으로 이슈화되면서 대안적 교육에 대한 필요성이 증가하기 시작하였다. 자유학기제 정책은 한국의 교육현실을 개선해야 한다는 강력한 사회적 요구가 반영되었다.

둘째, 오랫동안 초등교육과 중등교육의 전환기 과정 정도로만 인식되어 온 중학교 과정에 대해 학생지도의 어려움이 제기되면서 중학생의 행복을 고민하는 전략의 일환으로 자유학기제 정책이 제기되었다. 중학교에서 장래희망 '없음'의 비율이 초등학교에 비해 급증하여 고등학교까지 지속된다는 한국고용정보원(2008) 조사에 따르면, 장래희망 '없음'의 응답률이 초등 11.2%, 중학교 34.4%, 고등학교 32.3%로 나타났다. 장래희망을 결정하지 못한 주된 이유는 자기 자신에 대해 탐색하고 고민할 수 있는 시간과 계기가 부족하기 때문이었다. 특히 이명박 정부 이후 자율형사립고등학교와 특수목적고등학교 등의 확산과 고교평준화의 일부 붕괴는 중학생들이 입시위주의 경쟁체제에 내몰려 암기식과 주입식 교육에 시달리게 하는 주요 원인 중 하나가 되었다. 따라서 중학생의 현 진단에 기반하여 우리나라 중학생들이 긍정적인 정서를 키우고 교사와 원활한 관계를 유지하면서 배움의 즐거움과 성취감을 경험할 수 있는 학교생활을 영위하는 방향으로 학교정책 방향이 전환되어야 할 필요성이 제기되었다. 즉, 학생이 행복한 학교생활을 하기 위해서는 학생 행복에 대한 전략적 접근이 필요하게 된 것이다.

셋째, 현재 학교 시스템에서는 교육의 내용이 진로와 직접적으로 연계하지 못하고 있다고 기업체뿐만 아니라 사회적으로도 지속적으로 주장하였다. 정부는 이러한 요구에 부응하여 진로 연계 교육과정에 대한 접근을 조금씩 시도해 왔는데, 이러한 노력들이 결집된 전략으로 자유학기제가 등장하였다. 특히 진로 연계 교육과정에 대한 필요성은 외국 학교 사례 등이 소개되면서 더욱 관심을 모으게 되었다. 아일랜드의 전환학년제, 덴

마크의 애프터 스쿨 등과 같은 직업 연계 교육과정에 대한 외국 사례는 국내에서 진로 · 직업연계 교육과정이 확산되어야 한다는 주장에 힘을 실어 주게 되었고, 이는 자유학기제 등장의 동력으로 작용한 것으로 보인다.

넷째, 자유학기제 등장에는 정치적 흐름(Kingdon, 2003)도 상당 부분 작용하였다. 박근혜 정부는 2012년 대선 당시 '꿈과 끼를 키우는 행복 교육 실현을 위한 공약'을 발표하는데, 이 중 자유학기제 정책이 핵심적인 내용이었다. 따라서 집권 이후 자유학기제 정책은 정책추진에 더욱 탄력을 받을 수 있었다. 이후 집권여당은 학교교육 정상화 추진, 교육 복지 확충, 능력중심사회 기반 구축의 3대 교육정책을 발표하게 되고, 이 중 '학교교육 정상화추진'의 일환으로서 자유학기제 정책을 채택하였다.

다섯째, 대외적으로 자유학기제 등장은 세계적인 교육개혁의 흐름에 영향을 받은 것으로 보인다. 특히 21세기 이후 OECD 국가를 중심으로 미래사회에 능동적으로 대처하

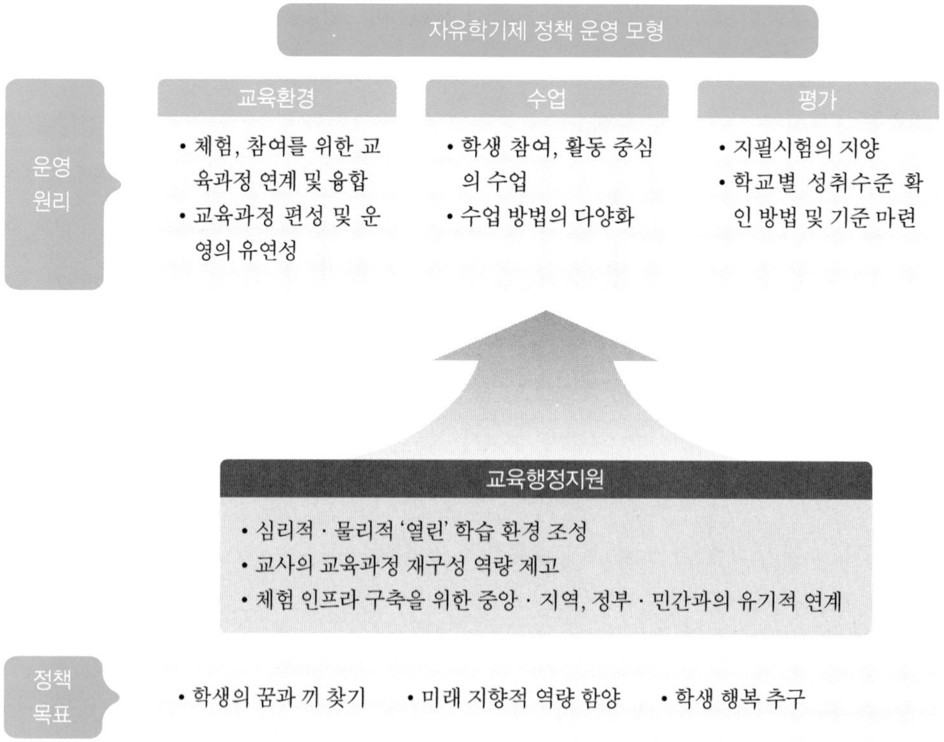

자유학기제 정책 운영 모형

운영 원리

교육환경	수업	평가
• 체험, 참여를 위한 교육과정 연계 및 융합 • 교육과정 편성 및 운영의 유연성	• 학생 참여, 활동 중심의 수업 • 수업 방법의 다양화	• 지필시험의 지양 • 학교별 성취수준 확인 방법 및 기준 마련

교육행정지원

• 심리적 · 물리적 '열린' 학습 환경 조성
• 교사의 교육과정 재구성 역량 제고
• 체험 인프라 구축을 위한 중앙 · 지역, 정부 · 민간과의 유기적 연계

정책목표 • 학생의 꿈과 끼 찾기 • 미래 지향적 역량 함양 • 학생 행복 추구

[그림 11-1] 자유학기제 정책 운영 모형

출처: 신철균(2014).

기 위해서는 지식에 대한 수용과 암기보다 핵심 역량 중심 교육을 강조한다. 이에 따라 국가들은 청소년에게 새로운 국제환경에 필요한 역량중심의 교육과정을 마련하는 노력이 이루어졌다. 21세기가 시작되면서 사회변화와 그 변화에 대응할 수 있도록 학생에게는 창의성, 문제해결력, 고등사고능력 등이 요구되기 때문에 변화에 대응할 수 있는 역량을 학교교육에 반영해야 한다는 목소리가 높아지고 있는 것이다. 최근에는 수업에서 핵심 역량들을 반영하기 위해 교과체험 중심의 활동 수업으로의 변화와 탐구학습의 강화 등 학교교육과정에 있어 다양한 스펙트럼이 일어나고 있기도 하다. 우리나라와 같이 모방형 경제에서 창조형 경제로 전환하고자 하는 상황에서 학생들에게 미래사회에서 요구되는 역량을 키워 주는 것이 무엇보다 중요하며 이것이 자유학기제의 필요성이라고 할 수 있다.

5) 성과

신철균, 김은영, 황은희, 송경오와 박민정(2015)은 자유학기제 운영 개선 방안 연구를 통해 자유학기제의 성과에 대해 '학생의 학교생활만족도 향상' '교사의 자기효능감 증진' '학교의 지역사회 연계 확대' 등을 제시하였다. 구체적으로 살펴보면 다음과 같다.

첫째, 자유학기제가 학생의 학교생활 만족도를 증진시키는 결과를 가져왔다는 것이다. 여러 차례의 자유학기제 운영 만족도 조사 결과(최상덕, 이상은, 2014, 2015)에서 나타난 바와 같이 학생들은 자유학기제를 통해 수업이 재밌고 학교생활에 즐거움과 보람을 느끼고 있다고 응답하였다. 학생들은 학생 주도형 프로젝트수업과 협력적 활동을 통해 자신감을 회복하고 친구 관계가 좋아진다고 하였다(신철균 외, 2014; 최상덕 외, 2014). 학생들은 시험부담 없이 학습 과정에 몰입하고 삶과 관련된 수업에 능동적으로 임하면서 자연스럽게 학교생활 만족도와 행복도가 증진되었는데 이는 자유학기제의 가장 중요한 성과라고 할 수 있다.

둘째, 자유학기제는 교사에게 폭넓은 자율성을 부여함으로써 교사가 교직의 보람과 의미를 회복하며 자기효능감을 증진하는 데 도움이 되었다. 이제까지 교사는 시험의 객관성 확보와 교과서 진도 나가기에 급급하여 교실 속에서 교사로서의 역량을 발휘하는 데 한계가 있었다. 그러나 자유학기제에서는 교사별 평가 체제 도입과 유연한 교육 과정

도입으로 교사의 수업 재량권이 확대되면서 교사의 숨겨진 역량이 교실에서 실현되고 있다. 수업을 할 때 시험에 나오는지 여부가 아니라, 학생들에게 필요한 지식인지 아닌지를 생각하게 되었다는 자유학기는 수업에서 '시험'이 아닌 '학생'을 중심에 두며 교사로서의 본질적 가르침을 실현하는 것이다. 자유학기제를 통해 변화된 교사의 모습은 수업에 학생이 능동적으로 참여하며 즐거워하는 결과로 이어지고, 이는 교사에게 다시 피드백이 되어 교사의 자존감이 높아지는 선순환적 결과를 낳는다. 따라서 자유학기제는 교사에게도 자아효능감을 증진시키며, '진정한 교사'로서 다시 태어나는 전환점이 되고 있다.

셋째, 자유학기제는 학교와 지역사회의 연계를 통해 학교의 교육적 외연을 확대하고 있다. 자유학기제에서의 수업, 특히 진로체험과 주제선택활동 등의 '자유학기 활동'은 외부의 인력이 학교로 유입되고, 학생들과 교사가 지역사회로 나아가는 시간이 되고 있다. 범정부 차원의 체험 인프라 구축 노력과 「진로교육법」 제정 등으로 사회의 체험처와 인력풀이 보다 적극적으로 학교에 지원되고 있으며, 학교는 유연한 교육과정의 운영으로 이러한 외부의 지원을 적극 활용하고 있다. 학생들은 가까운 지역사회의 아파트와 노인정, 시민단체, 관공서 등과의 접촉 기회가 많아져 자연스럽게 관심이 높아지고, 이는 수업 시간의 내용과 연결되어 학습의 범위가 넓어지고 있다. 학교는 지역사회와 파트너십을 형성하며 지역성을 구축해 나가고 있다. 자유학기제에서의 교육은 더 이상 교실 속 책상만이 아니라 지역사회의 곳곳으로 교육적 공간의 지평이 확대되고 있다.

02 창의적 체험활동

창의적 체험활동은 기존 2007년 개정 교육과정에서의 재량활동과 특별활동 교육과정 편성 및 운영의 문제를 개선하기 위해 2009년 개정 교육과정에서 이 두 활동을 통합·신설하여 2011년부터 교육 현장에 도입되었다. 기존의 재량활동과 특별활동은 영역이나 내용 구분이 모호하고, 중복하여 운영되는 문제점이 있었고, 형식적으로 운영되는 부분을 감안하여 재량활동과 특별활동을 통합하여 강화하고 이를 '창의적 체험활동'으로 부르게 되었다(김윤나, 정건희, 진은설, 오세비, 2015).

1) 정의

창의적 체험활동은 교과와 상호보완적 관계 속에서 앎을 적극적으로 실천하고 심신을 조화롭게 발달시키기 위하여 실시하는 교과 이외의 활동을 말한다.

2) 목표

건전하고 다양한 집단활동에 자발적으로 참여하여 나눔과 배려를 실천함으로써 공동체의식을 함양하고 개인의 소질과 잠재력을 계발·신장하여 창의적인 삶의 태도를 기른다.

첫째, 특색 있는 활동에 자율적으로 참여하여 일상의 문제를 합리적이고 창의적으로 해결할 수 있는 능력을 기른다.

둘째, 동아리에 자발적으로 참여하여 소질과 적성을 계발하고 일상의 삶을 풍요롭게 가꾸어 나갈 수 있는 심미적 감성을 기른다.

셋째, 나눔과 배려를 실천하고 환경을 보존하는 생활 습관을 형성하여 더불어 사는 삶의 가치를 체득한다.

넷째, 흥미, 소질, 적성을 파악하여 자아 정체성을 확립하고, 자신의 진로를 개발하여 지속적으로 발전시킨다.

3) 영역별 구성 및 활동

창의적 체험활동은 자율활동, 동아리활동, 봉사활동, 진로활동의 네 영역으로 구성한다. 우선, '자율활동'은 자치·적응활동, 창의주제활동 등으로, '동아리활동'은 예술·체육활동, 학술문화활동, 실습노작활동, 청소년단체활동 등으로, '봉사활동'은 이웃돕기활동, 환경보호활동, 캠페인활동 등으로, 마지막으로 '진로활동'은 자기이해활동, 진로탐색활동, 진로설계활동 등으로 구성한다. 영역별 활동은 교급별로 교육의 중점을 두는데 학생들의 발달 단계를 고려하여 창의적 체험활동의 내실화가 이루어지도록 하기 위한 것이다. 학교에서는 학생들의 발달 단계와 교육적 요구 등을 고려하여 융통성 있게 활용할 수 있다. 이를 〈표 11-1〉〈표 11-2〉로 제시한다.

표 11-1 **영역별 활동체계표**

영역	활동		학교급별 교육의 중점
자율 활동	• 자치 · 적응활동 • 창의주제활동 등	초	• 입학 초기 적응활동, 사춘기 적응활동 • 민주적 의사결정의 기본 원리 이해 및 실천 • 즐거운 학교생활 및 다양한 주제 활동
		중	• 원만한 교우 관계 형성 • 자주적이고 합리적인 문제해결능력 함양 • 폭넓은 분야의 주제 탐구 과정 경험
		고	• 공동체 구성원으로서 주체적 역할 수행 • 협력적 사고를 통한 공동의 문제해결 • 진로 · 진학과 관련된 전문 분야의 주제 탐구 수행
동아리 활동	• 예술 · 체육활동 • 학술문화활동 • 실습노작활동 • 청소년단체활동 등	초	• 다양한 경험과 문화 체험을 통한 재능 발굴, 신체감각 익히기와 직접 조작의 경험, 소속감과 연대감 배양
		중 · 고	• 예술적 안목의 형성, 건전한 심신 발달, 탐구력과 문 제해결력 신장, 다양한 문화 이해 및 탐구, 사회 지도 자로서의 소양 함양
봉사 활동	• 이웃돕기활동 • 환경보호활동 • 캠페인활동 등	초	• 봉사활동의 의의와 가치에 대한 이해 및 실천
		중 · 고	• 학생의 취미, 특기를 활용한 봉사 실천
진로 활동	• 자기이해활동 • 진로탐색활동 • 진로설계활동 등	초	• 긍정적 자아 개념 형성, 일의 중요성 이해, 직업세계 의 탐색, 진로 기초 소양 함양
		중	• 긍정적 자아개념 강화, 진로탐색
		고	• 자신의 꿈과 비전을 진로 · 진학과 연결, 건강한 직업 의식 확립, 진로 계획 및 준비

출처: 교육부(2015).

표 11-2 영역별 체험활동의 내용 및 예시

구분	창체 영역	체험활동 내용	체험활동 예시	창체에서의 강조점
생활 및 사회체험	자율 활동	적응활동	입학, 진급, 축하, 친목, 사제동행, 상담활동	실천중심교육 인성교육
		자치활동	학급회, 모의의회, 토론회	
		행사활동	입학식, 졸업식, 전시회, 발표회, 학예회, 체육대회, 생태체험	
학교 특성화 체험	자율 활동	창의적 특색활동	학교지역 특생활동, 학교전통 수립·계승 활동	창의성교육 실천중심교육
동아리 체험	동아리 활동	학술활동	외국어회화, 과학탐구, 사회조사, 컴퓨터, 발명	창의성교육 실천중심교육 인성교육
		문화예술활동	문예, 창작, 회화, 서예, 기악, 영화, 문화체험, 역사체험	
		스포츠활동	구기, 육상, 수영, 스케이트, 하이킹	
		실습활동	요리, 수예, 목공, 설계	
		청소년단체 활동	스카우트연맹, 청소년연맹, 적십자활동	
봉사활동 체험	봉사 활동	교내봉사	학습부진 친구·장애인·다문화 학생 돕기	인성교육 실천중심교육
		지역사회봉사	복지시설·공공시설·병원·농어촌 일손 돕기	
		자연환경보호	자연보호, 식목활동, 문화재보호	
		캠페인	공공질서, 교통안전, 학교 주변 정화	
직업 진로 체험	진로 활동	자기이해활동	심성계발, 정체성 탐구, 진로검사	실천중심교육 인성교육 창의성교육
		진로정보탐색 활동	학업정보, 입시정보, 학교방문, 직업정보 탐색	
		진로계획활동	진로지도 및 상담활동	
		진로체험활동	학업 및 직업세계의 이해, 직업 체험활동	

출처: 양승실(2012).

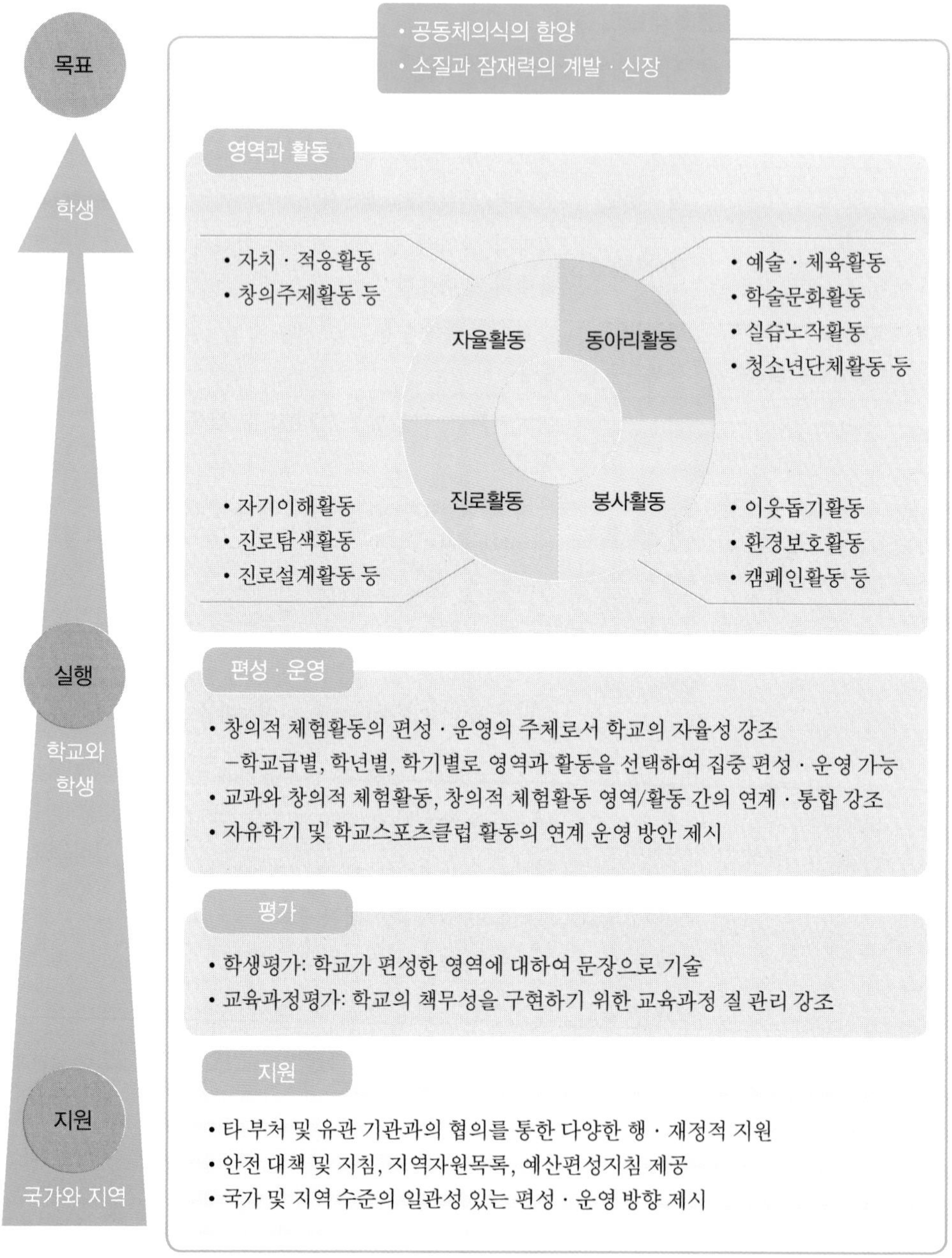

목표

- 공동체의식의 함양
- 소질과 잠재력의 계발 · 신장

학생

영역과 활동

- 자치 · 적응활동
- 창의주제활동 등

- 예술 · 체육활동
- 학술문화활동
- 실습노작활동
- 청소년단체활동 등

자율활동　동아리활동

진로활동　봉사활동

- 자기이해활동
- 진로탐색활동
- 진로설계활동 등

- 이웃돕기활동
- 환경보호활동
- 캠페인활동 등

실행

학교와 학생

편성 · 운영

- 창의적 체험활동의 편성 · 운영의 주체로서 학교의 자율성 강조
  −학교급별, 학년별, 학기별로 영역과 활동을 선택하여 집중 편성 · 운영 가능
- 교과와 창의적 체험활동, 창의적 체험활동 영역/활동 간의 연계 · 통합 강조
- 자유학기 및 학교스포츠클럽 활동의 연계 운영 방안 제시

평가

- 학생평가: 학교가 편성한 영역에 대하여 문장으로 기술
- 교육과정평가: 학교의 책무성을 구현하기 위한 교육과정 질 관리 강조

지원

국가와 지역

지원

- 타 부처 및 유관 기관과의 협의를 통한 다양한 행 · 재정적 지원
- 안전 대책 및 지침, 지역자원목록, 예산편성지침 제공
- 국가 및 지역 수준의 일관성 있는 편성 · 운영 방향 제시

[그림 11-2] 창의적 체험활동 교육과정의 기본방향

출처: 교육부(2015).

4) 성과 및 문제점

창의적 체험활동이 학교교육과정에 도입된 이후의 성과 및 문제점은 다음과 같다(양 승실, 2012). 우선, 세 가지 성과가 있다. 첫째, 지역사회의 여건이나 학교의 실태, 학습자 의 능력이나 요구 등이 반영된 특색 있는 학교교육과정의 편성과 운영에 기여하였다. 둘째, 창의적 체험활동 교육과정의 편성과 운영을 위한 모든 과정에 교사들이 능동적으로 참여함으로써 학교교육과정에 대한 교사의 역할을 새롭게 정립하게 되었다. 셋째, 학생들의 자발적인 참여와 다양한 체험활동이 중시되고 창의적 체험활동을 통해 체험중심 활동이 강화되었다.

그럼에도 불구하고 그동안 학교교육현장에서 창의적 체험활동은 교사들의 인식 부족 과 교과중심의 학교교육 운영 관행, 학부모의 입시중심 교육의 요구 등에 의해 소극적 · 파행적 운영을 하는 등 다음과 같은 여러 가지 문제점을 낳기도 하였다. 첫째, 학교교육 과정 편성 · 운영의 융통성 및 자율성이 부족하였고, 둘째, 창의적 체험활동의 운영에 있어서 영역 간 통합운영이 효율적임에도 불구하고 관련 교과와의 관계나 교육시간의 통합문제 등으로 실질적인 연계교육에 한계가 있다. 셋째, 창의적 체험활동의 평가에 대한 공정성 문제가 제기되고 있으나 현장에서의 실천적 연구와 대응이 미흡하고, 넷째, 창의적 체험활동을 지원하기 위한 예산지원의 문제가 있다. 다섯째, 창의적 체험활동의 운영을 위한 교원의 인식과 열정 부족으로 인해 재미있고 의미 있는 다양한 활동이 이루어지지 못한 부분이 있다.

03 진로교육 집중학년 · 학기제

1) 정의

'진로교육 집중학년 · 학기제'는 초등학교 6학년부터 고등학교 1학년 시기에 특정 학년 또는 학기 동안 진로체험 교육과정을 집중적으로 운영하는 제도로, 2016년부터 운영하고 있다. 그 배경을 살펴보면 2015년 「진로교육법」의 제정과 2016년 제2차 진로교육

5개년 기본계획과 관련이 있다. 「진로교육법」의 제정과 제2차 진로교육 5개년 기본계획을 바탕으로 진로교육 집중학년ㆍ학기제가 시작되었기 때문이다. 진로교육 집중학년ㆍ학기제는 「진로교육법」 제13조 및 「동법 시행령」 제6조를 근거로 하여 초ㆍ중ㆍ고 학생들의 진로설계 역량강화를 위해 진로교육 교육과정을 특정 학년 또는 학기에 집중적으로 운영하는 학기이다. 즉, 진로교육 집중학년ㆍ학기제는 기존 학기에 비해 진로활동의 비중을 확대하고 일반교과와 연계한 진로 관련 수업 및 '진로와 직업' 등 진로 관련 교과를 집중 편성하여 학생들의 진로설계 역량을 개발하고 강화하는 학기라고 할 수 있다(김은영 외, 2016).

2) 목적

학생에게 다양한 진로교육을 학교급별로 집중적으로 제공함으로써 학생이 변화하는 직업세계에 능동적으로 대처하고 자신의 소질과 적성을 실현하여 개인의 행복한 삶과 국가 경제 및 사회의 발전에 기여하는 것을 목적으로 한다.

3) 운영의 기본방향

① 학교급별 진로교육 목표에 맞는 진로교육 제공
② 학생의 진로성숙도를 고려한 개인 맞춤형 진로교육 제공
③ 체험 및 탐색 중심 진로교육과정 운영
④ 국가 및 지역 인프라 확충을 통한 진로교육 내실화

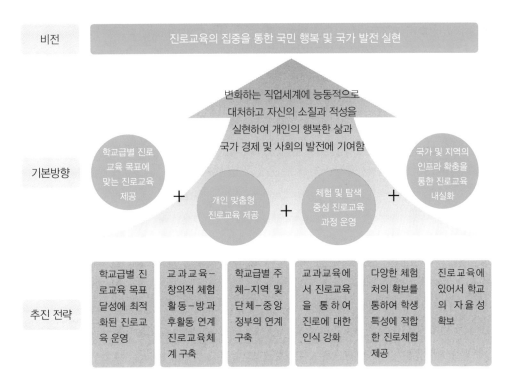

비전
진로교육의 집중을 통한 국민 행복 및 국가 발전 실현

변화하는 직업세계에 능동적으로 대처하고 자신의 소질과 적성을 실현하여 개인의 행복한 삶과 국가 경제 및 사회의 발전에 기여함

기본방향
학교급별 진로교육 목표에 맞는 진로교육 제공
+
개인 맞춤형 진로교육 제공
+
체험 및 탐색 중심 진로교육 과정 운영
+
국가 및 지역의 인프라 확충을 통한 진로교육 내실화

추진 전략
학교급별 진로교육 목표 달성에 최적화된 진로교육 운영
교과교육–창의적 체험활동–방과후활동 연계 진로교육체계 구축
학교급별 주체–지역 및 단체–중앙 정부의 연계 구축
교과교육에서 진로교육을 통하여 진로에 대한 인식 강화
다양한 체험처의 확보를 통하여 학생 특성에 적합한 진로체험 제공
진로교육에 있어서 학교의 자율성 확보

[그림 11-3] 진로교육 집중학년 · 학기제의 개요

출처: 교육부, 한국직업능력개발원(2017).

4) 운영유형

진로교육 집중학년 · 학기제의 운영유형은 각 학교급에 따라 다양하게 구분되며, 초등학교–중학교–고등학교 간 진로교육을 연계하여 제공함으로써 학교급 특성에 따른 맞춤형 진로교육을 체계적으로 제공하는 데 중점을 두고 있다. 초 · 중 · 고에 따라 유형이 구분되며, 그 내용은 다음과 같다.

① 초등학교: 분산형, 집중형, 혼합형
② 중학교: 자유학기선행형, 자유학기통합형, 자유학기후행형
③ 고등학교: 집중학년형, 집중학기형

초등학교 입학

(예비기) 초등학교 1, 2, 3, 4, (5)학년

진로 인식 중심 교과통합 진로교육 실시

초등학교

분산형	집중형	혼합형
(5)6학년	(5)6학년	(5)6학년
연중 일정하게 분산하여 진로교육 운영	학년말이나 진로체험 주간 등의 특정한 시기에 진로교육 집중 운영	분산형과 집중형이 혼합된 상태

중학교 진학

중학교

자유학기제 선행형	자유학기제 통합형	자유학기제 후행형
자유학기제 운영 이전 학기	자유학기제 운영 학기	자유학기제 운영 이후 학기/학년 중 택1
자유학기제 선행 진로교육 집중학기 운영	자유학기제와 통합한 진로교육 집중학기 교육과정 운영	자유학기제와 연계한 진로교육 집중학기/학년 교육과정 운영

중학교 2, 3학년

진로 탐색 중심 교과통합 진로교육 실시

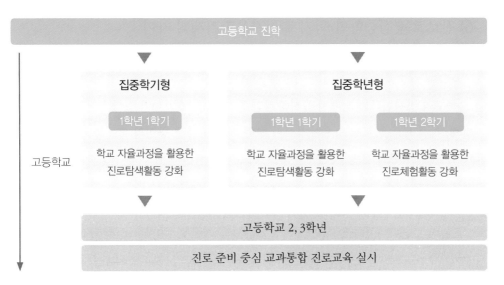

[그림 11-4] 진로교육 집중학년 · 학기제의 운영유형

출처: 진로정보망 커리어넷 홈페이지.[1]

5) 운영현황

2022년에 실시한 초 · 중등 진로교육 현황조사(김민경 외, 2022)에 따르면, 진로교육 집중학년 · 학기제는 고등학교(12.0%), 초등학교(19.7%), 중학교(54.9%) 순으로 운영하는 것으로 나타나 중학교에서 진로교육 집중학년 · 학기제를 가장 많이 실시하고 있다. 진로교육 집중학년 · 학기제를 운영하는 주된 학년은 초등학교 5~6학년, 중 · 고등학교는 1학년으로 나타났다.

진로교육 집중학년 · 학기제의 운영시기를 학년과 학기로 구분하여 조사한 결과, 초등학교는 6학년 2학기(78.3%), 6학년 1학기(47.6%), 5학년 1학기(44.8%) 순으로, 중학교는 1학년 2학기(80.0%), 1학년 1학기(75.2%) 순으로, 고등학교는 1학년 1학기(94.9%), 1학년 2학기(37.8%)에 주로 운영하는 것으로 나타나, 중 · 고등학교 모두 주로 1학년을 대상으로 운영하는 것으로 조사되었다.

---

1) http://www.career.go.kr/cnet/front/web/fgrade/fgradeInfo.do (2018. 11. 6. 검색)

6) 진로교육 집중학년·학기제와 자유학기제의 차이[2]

진로교육 집중학년·학기제는 기존에 시행되어 온 자유학기제와 같이 진로교육을 위한 교육부의 정책이라는 점에서 유사하지만 두 제도 간에 차이가 있다.

첫째, 정책 목표를 보면 자유학기제가 수업 혁신과 학생 중심의 활동을 통해 학생들의 꿈과 끼를 길러 주고 지원하는 데 중점을 두고 있는 반면, 진로교육 집중학년·학기제는

표 11-3 진로교육 집중학년 · 학기제와 자유학기제의 비교

구분		진로교육 집중학년 · 학기제(안)		자유학기제
근거		「진로교육법」제31조, 「동법 시행령」제6조		「초 · 중등교육법 시행령」제44조 제3항
목적		초 · 중 · 고 진로체험 교육과정 연계 운영을 통한 학생의 진로설계 역량강화		교과수업 혁신 및 학생중심 활동 운영을 통한 학생의 꿈 · 끼 교육 강화
시기		초 · 중 · 고 모든 학기 중 특정 학기		중 1-1, 1-2, 2-1 중 택1
시수		시수 제한 없음		자유학기프로그램 170시간 이상 운영
운영 방법	교과	필수교과 연계수업 및 진로와 직업 등 선택교과 활용 수업 실시	교과	교과(군)별 배당시수 20% 범위 내 자유학기활동 허용
	창체	진로활동 40% 이상 확보 · 운영 *진로체험, 개인 맞춤형 진로상담	창체	51시간 이내 자유학기활동 허용
수업 내용	교과	교과 관련 내용 재구성을 통한 교과 연계수업 운영	교과	교과별 핵심 성취기준 중심 학생 참여형 수업 운영
	진로체험 교육과정	현장견학 및 직업체험, 진로캠프, 특강 등 진로체험 중심 활동 운영	자유 학기 활동	진로탐색, 주제선택, 예술체육, 동아리활동 중 중점모델 선택 운영
진로와 직업		(채택 여부) 필수 선택		(채택 여부) 자율 선택
평가		지필평가+과정중심평가		과정중심평가
시행		교육감 자율 시행(교육부 협의)		중학교장 의무 시행

출처: 교육부 공식 블로그.[3]

2) 출처: 김은영 외(2016).

3) http://if-blog.tistory.com/7006 (2018. 11. 6. 검색)

진로체험 교육 강화를 통해 학생들의 진로설계 역량을 개발하는 데 중점을 두고 있다고 볼 수 있다.

둘째, 적용 대상 및 운영 시기를 보면 자유학기제가 중학교의 특정 한 학기 동안 운영되는 것과는 달리, 진로교육 집중학년·학기제는 초·중·고의 모든 학년, 특정 학년, 특정 학기 동안 운영이 가능하다.

셋째, 수업 내용과 방법을 보면 자유학기제는 공통과정(기본교과)과 자율과정(주제선택활동, 예술·체육활동, 동아리활동, 진로탐색활동)으로 구분하여 학생 참여 중심의 수업을 강조하는 반면, 진로교육 집중학년·학기제는 진로 관련 내용을 재구성하여 교과 연계 중심의 수업 운영을 강조한다.

넷째, 평가 방법의 측면에서, 자유학기제는 지필시험을 보지 않고 과정 및 수행 중심의 평가를 하는 반면, 진로교육 집중학년·학기제는 지필시험이 가능하다. 이렇게 볼 때, 진로교육 집중학년·학기제는 자유학기제의 주요 활동 중 진로탐색활동의 심화 단계라고 볼 수도 있다.

04 학교에서의 청소년활동 활성화를 위한 과제

기존에 학교를 중심으로 실시되어 온 청소년활동은 주로 청소년단체활동이라고 할 수 있다. 1990년대 이전부터 특별활동의 형태로 청소년활동이 학교에서 이루어졌으며 그 이후 「청소년 기본법」의 제정을 통해 청소년활동이 제도적으로 지원을 받게 되었다. 2000년대 이후에는 학교에서도 청소년단체활동만이 아닌 창의적 체험활동, 자유학기제 등 교육과정으로서의 청소년활동이 운영되기 시작하였다. 또한 최근에는 청소년들의 진로교육에 대한 관심 증대로 진로교육 집중학년·학기제가 시범적으로 운영되고 있다. 이와 같이 학교에서의 청소년활동이 2000년대 이전에 비해 보다 많은 청소년들을 대상으로 다양하고 지속적인 활동프로그램을 운영하게 되면서 청소년과 학교, 학부모들에게까지 많은 관심을 받고 있다. 이에 앞으로도 학교에서의 청소년활동이 지속적으로 활성화되기 위하여 몇 가지 제안을 하면 다음과 같다.

첫째, 청소년활동은 청소년의 자발성에 근거하여야 한다. 청소년활동에 따른 청소년의 자발성에 대해서는 대체로 당연하다고 생각하지만 실제로 활동의 현장에서 청소년들을 보면 청소년 스스로 원해서 참여하는 경우 못지않게 부모나 학교의 적극적인 권유 때문에 참여하거나 마지못해 참여하는 경우가 있다. 이는 학교 밖에서의 청소년활동보다 학교 안에서의 청소년활동에서 더욱 그렇다. 학교 안에서의 청소년활동은 주로 교육과정(수업)의 일환으로 실시되는 경우가 많아 의무적으로 참석할 수밖에 없는 경우가 많다. 또한 담당교사의 지도 아래 활동을 하다 보니 학생인 청소년들이 자발적으로 모여서 의논하고 실행하기보다 교사의 의지와 열정에 따라 활동이 달라질 수 있고, 학생들 역시 교사에게 의지하기도 한다. 그러다 보니 청소년활동에 대한 효과성뿐만 아니라 참여 만족도까지 낮아지고, 청소년활동에 대한 부정적인 인식이 생겨나게 된다. 청소년의 조화로운 성장과 발달을 위해 실시하는 활동이니만큼 청소년들의 자발성을 최대한 끌어낼 수 있어야 하며 이와 관련하여 청소년활동의 참여동기를 유발시킬 수 있어야 할 것이다.

둘째, 지도인력의 전문성 강화가 절실히 요구된다. 학교 내에서의 대표적인 청소년활동인 청소년단체활동은 지도교사에 의해 이루어지고 있으며, 그 밖의 학년 또는 학교 전체의 수련회, 캠프 등의 활동은 연간 1~2회 정도로 운영되므로 한시적으로 해당 업무를 맡은 교사에 의해 운영되고 있다. 최근에 실시되고 있는 자유학기제, 창의적 체험활동 등은 많은 교사들이 이를 담당하고 있다. 청소년단체활동은 최근 청소년단체 지도교원의 가산점이 점차 없어지는 추세로 학교 내에서도 청소년단체활동을 맡으려는 교사들이 줄어들고 있으며 그에 따라 활동 역시 움츠러들고 있는 실정이다. 이런 상황에서 학교 교사들에게 청소년활동의 전문성을 요구하기에는 다소 한계가 있으나, 그럼에도 불구하고 점차 다양해져 가고 있는 청소년들의 특성과 욕구를 반영하여 활동을 지도하기 위해서는 대상인 청소년에 대한 깊이 있는 이해가 필요하고 아울러 청소년활동 지도 영역에 대한 전문성 역시 확보되어야 한다. 또한 방과후학교 활동프로그램 역시 해당 분야의 외부 강사에 의해서 운영되는 부분이 적지 않은데, 이 역시도 해당 분야의 전문성뿐만 아니라 담당하고 있는 해당 연령대 청소년의 특성을 알고 있어야 하며, 지도 시에 이 부분이 충분히 반영되어야 할 것이다. 이와 같은 역할을 감당하기 위해서는 학교에서의 청소년활동 관련 담당교사들이 활동을 위한 행정처리 차원이 아닌 활동프로그램을 기획하고 실행하는 능력을 갖춰 학교 내에서 실시하고 있는 청소년활동 전반에 대해 조정할 수 있어야 한다. 이는 학생인 청소년들이 학업과 인성을 고루 갖춘 인재로 성장하는 것과 무관하지 않기 때문이며 이에 현실적으로는 다소 어려울 수 있으나 학교 내 청소년활동 담당교사의 전문성을 위한 노력과 대책이 필요하다고 하겠다.

셋째, 정부부처 간 청소년활동의 개념과 범위에 대한 합의 및 청소년활동 업무 전반에 대한 협의가 필요하다. 청소년활동에 대한 개념은 여성가족부와 교육부 두 부처 간에 여전히 차이가 존재한다. 이로 인해 학교 안에서의 청소년활동과 학교 밖에서의 청소년활동이 사뭇 이질적으로 느껴지기도 한다. 여성가족부와 교육부의 청소년활동 관련 정책들은 동일한 정책 대상인 청소년들을 대상으로 하고 있지만 서로 분리 · 운영되고 있어 청소년과 학부모 모두 혼란스러울 수밖에 없다. 또한 교사들 역시 학교에서의 청소년활동은 이들로만 감당하기 어렵기 때문에 학교 인근 청소년 단체 · 기관 · 수련시설의 청소년지도사와 같이 자유롭게 협의하고 공동운영할 수 있는 시스템이 필요하다. 필요하다면 외부 전문 강사도 서로 공유하고, 수련시설의 여러 공간들도 학교에서 사용할 수 있도록 개방하는 것이 요구된다. 이렇게 된다면 청소년들이 학교 안팎을 넘나들면서 자유롭게 자신의 끼와 재능을 마음껏 발휘할 수 있게 될 것이다.

넷째, 지속적인 청소년활동의 실행을 위한 교육부의 의지가 필요하다. 최근 교육부는 청소년들의 조화로운 성장을 위해 학업만이 아니라 청소년들의 잠재력을 개발하기 위한 다양한 활동을 제도화하여 운영하는 데 노력을 기울이고 있다. 이는 우리나라의 학업과 입시위주의 교육시스템을 전환하기 위한 시도임과 동시에 21세기에 맞는 인재를 양성하기 위한 나름의 전략이라고도 할 수 있다. 이러한 시도는 환영할 만하지만, 한편으로는 새로운 제도의 도입은 기존 제도와의 중첩 및 차이로 인한 혼선이 불가피하고, 장기적인 관점에서의 시도가 아닌 단기적인 관점의 잦은 시도는 계속적으로 변화만 요구하게 되어 피로감을 줄 수밖에 없다. 따라서 교육부에서는 청소년들이 학교수업뿐만 아니라 학교 내에서 다양한 활동에도 지속적으로 참여할 수 있도록 장기적인 관점에서 제도를 추진해야 할 것이다.

요약

1. 학교교육에서의 청소년활동은 주로 교육부의 정책으로 실시되는 활동으로 '창의적 체험활동' '자유학기제' '진로교육 집중학년 · 학기제' 등이 있다.

2. 자유학기제는 2016년 모든 중학교에서 시행되었는데, 중학교 과정 중 한 학기 동안 학생들이 시험 부담에서 벗어나 꿈과 끼를 찾을 수 있도록 토론, 실습 등 학생 참여형으로 수업을 개선하고, 진로탐색활동이 가능하도록 교육과정을 유연하게 운영하는 제도이다.

3. 자유학기제는 중1의 1, 2학기, 중2의 1학기 총 3개의 학기 중에서 학교장이 해당 학교의 교원 및 학부모의 의견을 수렴하여 한 학기를 선택하여 운영한다. 2013년 연구학교부터 시작하여 2016년까지 전국의 모든 중학교(3,213개교)에서 시행하였고 지금도 진행 중이다.

4. 창의적 체험활동은 기존 2007년 개정 교육과정에서의 재량활동과 특별활동 교육과정 편성 및 운영의 문제를 개선하기 위해 2009년 개정 교육과정에서 이 두 활동을 통합 · 신설하여 2011년부터 교육 현장에 도입되었다.

5. 창의적 체험활동은 교과와 상호보완적 관계 속에서 앎을 적극적으로 실천하고 심신을 조화롭게 발달시키기 위하여 실시하는 교과 이외의 활동으로 자율활동, 동아리활동, 봉사활동, 진로활동의 영역별로 체험활동을 하는 것이다.

6. 진로교육 집중학년 · 학기제는 초등학교 6학년부터 고등학교 1학년 시기에 특정 학년 또는 학기 동안 진로체험 교육과정을 집중적으로 운영하는 제도로, 2016년부터 운영하고 있다. 기존 학기에 비해 진로활동의 비중을 확대하고 일반교과와 연계한 진로 관련 수업 및 '진로와 직업' 등 진로 관련 교과를 집중 편성하여 학생들의 진로설계 역량을 개발하고 강화하는 학기라고 할 수 있다.

7. 학교에서의 청소년활동 활성을 위해서는 ① 청소년들의 자발성에 근거한 활동이어야 하며, ② 지도인력의 전문성 강화가 절실히 요구된다. 그리고 ③ 정부부처 간 청소년활동의 개념과 범위에 대한 합의 및 청소년활동 업무 전반에 대한 협의가 필요하며, ④ 지속적인 청소년활동의 실행을 위한 교육부의 의지가 요구된다.

교육부(2015). 창의적 체험활동 교육과정(안전한 생활 포함). 교육부.

교육부, 한국직업능력개발원(2017). 중학교 진로교육 집중학년 · 학기제운영 매뉴얼. 교육부, 한국직업능력개발원.

김민경, 권효원, 문찬주, 박나실, 방혜진, 황승록(2022). 2022년 국가진로교육센터 운영지원 1. 초 · 중등 진로교육 현황조사. 교육부, 한국직업능력연구원.

김윤나, 정건희, 진은설, 오세비(2015). **청소년활동론**. 신정.

김은영, 김경애, 김보경, 양희준, 이상은, 최상덕, 김아미, 성열관, 차성현(2016). 자유학기제의 중장기추진 전략과 방안: 초 · 중 · 고 운영확대를 중심으로. 한국교육개발원.

신철균(2014). 중학교 자유학기제정착 방안 연구. 한국교육개발원.

신철균, 김은영, 황은희, 송경오, 박민정(2015). 자유학기제 운영 개선 방안 연구: 일반학기와의 연계를 중심으로. 한국교육개발원.

양승실(2012). 창의적 체험활동을 통한 인성교육 활성화방안. KEDI Position Paper, 9(5), 1-44.

최상덕, 이상은, 김은영, 신철균, 황은희, 김기헌, 김병찬, 김재철, 성열관, 오세희, 윤미선, 이원석(2015). 자유학기제 전면 확대 방안 연구. 한국교육개발원.

청소년활동 안전

청소년활동은 학교교육의 형태를 벗어나 청소년의 자발적 참여를 전제로 균형 있는 성장 · 발달과 민주 시민으로서의 역량을 개발하기 위한 다양한 참여의 의미를 내포하고 있다. 청소년활동 안전은 청소년활동에 참여한 청소년들이 자연 및 사회적인 다양한 환경으로부터 자신의 건강과 생명을 지키며 안정된 활동참여를 보장받는 것 또는 보장받을 수 있는 상태로 정의할 수 있다.

재난과 재해에 취약한 사회 구조는 학교뿐만 아니라 학교 밖에 있는 청소년활동 현장에서도 해마다 크고 작은 안전사고를 발생시키고 있다. 안전한 청소년활동을 위해서는 무엇보다도 체계적이고 전문적인 방법을 통해 청소년활동 안전교육, 안전점검, 안전관리 등을 실시해야 한다. 또한 청소년 안전사고를 예방하고 건강한 청소년활동을 위한 안전 대책 마련과 각종 재난 및 안전사고를 최소화할 수 있는 안전관리 실행이 중요하다.

이 장에서는 청소년이 안전한 사회에서 건강하게 성장할 수 있도록 청소년활동 안전에 대한 현황을 살펴보고, 안전한 환경에서 청소년들이 활동할 수 있는 방법을 학습하고자 한다.

01 청소년활동 안전의 개념 및 필요성

1) 청소년활동 안전의 개념

안전이란 "위험이 생기거나 사고가 날 염려가 없음. 또는 그런 상태"이다(표준국어대사전, 2024). 최인범과 전순호(1998)는 '안전'을 위험이 없고, 위험의 가능성 혹은 사고를 제거하는 것이라고 하였다. 또한 안전은 인간 행동에서 발생하는 상태 또는 위험의 발생을 없애고 사고를 제거하는 물리적인 환경이라고 하였다. 즉, 안전은 인간의 행동 수정을 위해 만들어진 조건이나 상태 또는 위험 가능성을 줄일 수 있도록 물리적 환경을 고안함으로써 사고를 감소시키는 것이고, 더 나아가 사고의 예방과 개인적 피해 또는 사고로부터 오는 재산적 손실이 없도록 하는 것이다(경기도교육청, 2013).

안전과 관련하여 함께 사용되는 용어로 '사고'와 '재난'이 있는데, 권봉안과 정순광(2000)은 사고를 "인간을 사망 또는 손상케 한다거나 재산의 손실을 주는 등의 예측하지 못한 사건"이라고 하였다. 또한 사고와 유사한 개념인 재난에 대해 「재난 및 안전관리 기본법」에서 재난의 하위 분류는 자연재난, 사회재난으로 분류하고 있는데 대체로 재난은 실질적인 위험이 크더라도 그것을 체감하지 못하거나 방심할 수 있는 특징이 있고, 본인과 가족과의 직접적인 재난 피해 외에는 무관심할 수 있다. 사고와 재난의 공통점은 크게 두 가지로 설명할 수 있는데, 첫째는 예측하기 어렵다는 점이고, 둘째는 예방을 위한 노력이나 철저한 관리에 의해 상당 부분 근절시킬 수 있다는 점이다. 즉, 사고와 재난으로부터 안전한 환경을 만들기 위해서는 꾸준한 예방이 필요함을 시사하고 있다.

청소년활동은 「청소년 기본법」 제3조 제3호에서 "청소년의 균형 있는 성장을 위해서 필요한 활동과 이러한 활동을 소재로 하는 수련활동·교류활동·문화활동 등 다양한 형태의 활동"이라고 정의하고 있다. 이렇게 정의된 청소년활동과 관련하여 청소년활동 안전을 정의하면 청소년활동이 주로 이루어지는 청소년수련시설과 청소년활동시설에서 청소년들이 스스로 건강과 생명을 보호하는 것이다. 또한 청소년과 함께하는 지도자가 청소년이 안전하게 청소년활동에 참여할 수 있도록 청소년들을 보호하고 존중하는 것이

다. 이와 더불어 국가와 지방자치단체는 청소년들이 청소년활동 중 발생한 사고로 신체적 피해를 주는 사고 및 재산상의 손실을 가져오는 예측하지 못한 인적 · 물적 · 환경적 요인에 의한 모든 사고로부터 보호하고, 예방하고, 대책을 마련해야 한다.

청소년활동 안전은 다양한 청소년활동에서 발생할 수 있는 안전사고에 대한 대책과 예방뿐만 아니라 안전하게 청소년활동을 지속하게 하는 것을 목적으로 하고 있다. 즉, 청소년활동 안전은 청소년활동의 전 과정에서 사고 발생의 위험 없이 편안하고 온전한 상태 유지, 사고 예방, 대응 체제 구축을 의미한다(조아미, 이진숙, 강영배, 2016). 특히 '청소년들이 마음 놓고 청소년활동을 할 수 있는 안전지대 확보 및 보장'을 전제로 「청소년활동 진흥법」에 따라 청소년활동 안전을 다음과 같이 정의할 수 있다. 청소년활동 안전은 '9세 이상 24세 이하의 청소년들이 청소년활동에 참여하면서 자연 및 사회적인 다양한 환경으로부터 자신의 건강과 생명을 지키며 안정된 활동참여를 보장받는 것 또는 보장받을 수 있는 상태'로 정의할 수 있다.

한편, 청소년 안전은 청소년수련시설에서 안전사고를 사전에 예방하고, 만약 사고가 발생하게 되면 초기 응급조치를 하는 것이다. 청소년 안전의 기본방향은 대체로 청소년활동에서의 안전사고 예방 및 대책과 관련이 있는데 다음과 같다.

첫째, 청소년활동의 안전을 위하여 「청소년활동 진흥법」 제25조 및 「동법 시행령」 제13조에 준하는 보험을 가입하여야 하고, 활동 전체에 대한 보험의 내용이 충분히 보장되어야 한다. 청소년수련시설의 개별 시설 및 활동의 특성에 따라 영업배상책임보험, 화재보험, 가스보험, 음식물배상책임보험, 자동차종합보험 등 각 안전관리 법률에 보험 가입을 준비하며, 법률에 의하지 않더라도 관리자의 책임에 따라 보험보장 등으로 안전을 최대한 확보하는 것이 중요하다.

둘째, 청소년활동의 정기적인 안전점검 및 안전교육 여부로는 정기적인 안전점검(건축 · 토목, 기계, 소방, 전기, 가스, 위생 등 개별 법령) 결과 및 조치사항을 확인하여야 한다. 그리고 자체 안전점검 결과를 지방자치단체장에게 매월 문서로 보고하여야 한다. 개별 법령에 따라 시설관리자 및 활동지도자에 대한 법정 의무교육을 이수하여야 한다. 아울러 「아동 · 청소년의 성보호에 관한 법률」 제56조(아동 · 청소년 관련기관 등에의 취업제한 등)에 근거하여 직원의 성범죄경력 확인을 실시하여야 한다.

셋째, 위험성이 높은 장소에 안전시설(장비)이 충분히 마련되어 있는지 사전에 확인할 필요가 있다. 청소년수련시설 설치 · 운영자는 시설 내 위험성이 있는 실내 · 외 장소를 확인하고 정기적인 점검 · 조치를 하여야 한다. 또한 안전에 위험 요소가 있는 것을 사전에 제거하고 지도자 및 시설 이용자 등에 관련된 안전교육을 실시하여 예방하도록 하여야 한다.

넷째, 청소년수련시설의 개별 특성 및 상황에 맞는 구체적이고 체계적인 자체 안전 매뉴얼을 마련하고, 전체 직원이 사전에 숙지한다. 그리고 정기적인 반복연습을 통해 안전사고의 최소화 및 적절한 대응으로 안전 환경을 확보하여야 한다.

2) 청소년활동 안전의 필요성

청소년에게 안전한 환경이 필요한 이유는, 첫째, 성인과 달리 청소년들은 성장 · 발달 과정에 있기 때문에 안전이 지속적으로 유지되어야 건강한 성인으로 성장할 수 있기 때문이다. 둘째, 청소년이 안전하지 않는 상황에 처하게 되어 안전사고가 발생할 경우, 피해 청소년에게 신체적 · 심리적 상처를 남길 뿐만 아니라 가족 등 주변인들에게도 심리적 · 경제적으로 큰 고통이 되기 때문이다. 이에 청소년들을 위한 안전환경 조성과 지원은 최우선시되어야 한다. 특히 청소년활동이 자발적인 청소년참여와 주로 체험활동으로 이루어지기 때문에 청소년활동 안전은 매우 중요하다. 또한 청소년 안전은 청소년들이 청소년활동 시에 스스로 건강과 생명을 보호하는 것뿐만 아니라 청소년과 함께하는 지도자가 청소년이 안전하게 청소년활동에 참여할 수 있도록 이들을 보호하고 존중할 수 있어야 한다. 따라서 청소년활동의 현장에서는 청소년들이 마음 놓고 청소년활동을 할 수 있는 안전지대 확보 및 보장이 청소년 안전의 목적이며, 청소년 안전에 관한 지식과 상황별 대처방법 등을 체계적으로 교육하여 사고 발생을 예방하는 것이다(여성가족부, 한국청소년활동진흥원, 2023b).

청소년활동 중 안전사고는 청소년의 개인적 특성과 청소년활동 시 주위 환경으로 구분할 수 있다. 청소년의 개인적 특성은 청소년기의 신체 · 정서 · 인지 발달 과정과 관련이 있어 발달 특성에 따른 주의가 필요하며, 청소년활동 시 주위 환경은 청소년활동 환경 및 시설 등의 문제로 안전사고가 발생할 수 있어 상시적으로 청소년수련시설 및 청소년지도사의 사전교육 및 안전점검이 필요하다.

청소년활동 안전사고의 원인으로 청소년활동 시 주위 환경 문제를 활동 환경의 문제, 활동 시설의 문제, 활동 자체의 문제, 활동 장비의 문제, 지도자의 문제 그리고 활동 참가 청소년의 문제로 분류할 수 있는데, 이를 〈표 12-1〉과 같이 제시할 수 있다.

표 12-1 청소년활동 시 주위 환경 문제

구분	내용
활동 환경의 문제	환경이 활동에 부적합함에도 무리한 추진 시 발생 (위험 요인 제거 또는 환경개선 등의 조치 필요)
활동 시설의 문제	예산 등의 문제로 위험 발생 기능요인 방치 (시설 개보수 또는 위험표지 부착과 사용중지 등의 조치)
활동 자체의 문제	고위험 활동 또는 고난도의 활동 (지도자의 충분한 단계별 시연 및 철저한 사전교육 실시)
활동 장비의 문제	낡은 장비, 고장 난 장비 등의 보수 미비, 비용절감을 위한 부실한 장비 사용 등
지도자의 문제	활동과 무관한 지도력, 활동 전·중·후 청소년에 대한 시선 분산, 안전귀가교육 미실시, 과도한 실적 집착 등
활동 참가 청소년의 문제	들뜬 기분, 산만한 시선, 영웅심리, 무모한 도전 등

출처: 여성가족부, 한국청소년활동진흥원(2023b).

또한 청소년수련활동 사고 발생의 중요한 요인으로 활동장의 지리적 조건(지형, 자연환경, 시설, 넓이 등), 프로그램의 제조건(일정, 내용, 용구, 종류, 기술 등), 참가자의 정신적·신체적 조건(건강상태, 연령, 성별, 체질, 경험 등), 기상조건(기상, 계절적 변동, 급변하는 기온차 등), 지도력의 제조건(기능, 성격, 자질, 리더십 등), 청소년의 발달 특성(신체적 변화, 낮은 정체감, 독립성 선호 등)을 들 수 있는데 이러한 요인을 감소시키는 것이 결국 청소년활동 안전의 목표이다.

02 청소년활동 안전교육

안전교육이란 「국민 안전교육 진흥 기본법」 제2조 제1항에 "국민이 안전에 대한 중요성을 인식하고 각종 재난 및 안전사고 발생 시 이에 효과적으로 대처할 수 있도록 안전에 대한 지식이나 기능을 습득하는 교육"으로 정의하고 있다. 안전교육은 사고를 사전에 예측할 수 있는 수단을 제공함으로써 유용하다. 다시 말해, 안전교육은 사고를 사전에 예측하여 안전 행동을 하도록 하는 기능을 갖는 것이다(Randles, Jones, Welcher, Szabo, Elliott, & MacAdams, 2010).

청소년활동 안전교육은 대상자별로 나눌 수 있는데 청소년시설 종사자 안전교육과 청소년시설을 이용하는 청소년 대상 안전교육이다.

첫째, 청소년시설 종사자 안전교육은 「청소년활동 진흥법」 제18조의4, 제19조를 근거로 하여 심폐소생술 등 응급상황 대응능력 교육이 포함된 교육을 실시하여야 한다. 주요 내용은 청소년수련활동 및 수련시설의 안전 관련 법령, 안전사고 예방 및 관리, 안전점검 및 위생관리, 기타 안전에 관한 사항 등을 교육하고 있다. 또한 모든 청소년수련시설은 종사자와 이용자가 참여하는 대피훈련(교육) 또는 종사자에 대한 대피 유도(교육)훈련을 실시하여야 한다. 훈련시기는 민방위훈련 및 재난대응 안전한국훈련을 할 때이다. 청소년수련시설 내에서 필요한 소방훈련 및 소방교육, 아동학대신고자의무교육 등 주요 개별법에 따른 여러 안전교육은 연간 1~2회, 2년 또는 3년 등으로 규정하고 있는데 〈표 12-2〉와 같다.

표 12-2 주요 개별법에 의한 법정 안전교육

교육명	교육대상		관계법령	교육주기
소방훈련 및 소방교육	전직원	(공공기관)	공공기관의 소방안전관리에 관한 규정 제14조	연 2회 (상시근로자 11인 이상의 경우)
		(수련시설)	「화재의 예방 및 안전관리에 관한 법률」 제24조	연 1회 (상시근로자 11인 이상의 경우)

313

교육	대상	근거 법령	주기
집단급식소 위생교육	영양사, 조리사	「식품위생법」 제56조	2년
의료인 보수교육	간호사	「의료법」 제30조	매년
소방안전 관리교육	소방안전관리자 (공공기관)	「화재의 예방 및 안전관리에 관한 법률」 제39조	최초 선임 시
전기안전 관리교육	전기 안전관리자	「전기안전관리법」 제25조	기술교육−3년 특별교육−최초선임 시 6개월 이내
위험물안전 관리교육	위험물 안전관리자	「위험물안전관리법」 제28조	2년
고압가스 안전관리교육	고압가스 선임자	「고압가스 안전관리법」 제23조	3년
성희롱 예방교육	전직원	「남녀고용평등과 일·가정 양립 지원에 관한 법률」 제13조	연 1회 이상
아동학대 신고의무자교육	전직원	「아동복지법」 제26조	매년
어린이통학버스 안전교육	운영자/운전자/ 동승보호자	「도로교통법」 제53조의3	신규/정기(2년)
개인정보 보호교육	개인정보취급자	「개인정보 보호법」 제28조	정기
근로자안전 보호교육	전직원	「산업안전보건법」 제29조	시행규칙 별표4 참조
장애인 인식개선 교육	전직원	「장애인고용촉진 및 직업재활법」 제5조의2	매년 1회(1시간) 이상
장애인학대 신고의무자교육	전직원	「장애인복지법」 제59조의4	매년 1회(1시간) 이상
긴급복지지원 신고의무자 교육	전직원	「긴급복지지원법」 제7조	매년 1회(1시간) 이상

출처: 여성가족부, 한국청소년활동진흥원(2023b).

둘째, 청소년시설을 이용하는 이용자 안전교육이다. 「청소년활동 진흥법」제18조의2 및「동법 시행규칙」제8조의3을 기반으로 해당 시설이용 및 수련활동에 관한 안전교육 프로그램을 마련하여 이용자(인솔자 포함)에 대하여 사전 안전교육을 실시하여야 함을 규정하고 있다. 안전교육에 포함하여야 할 내용은 수련시설 이용 시 유의사항 및 비상 시 행동요령에 관한 사항, 청소년수련활동 유형별 안전사고 예방에 관한 사항, 성폭력 · 성희롱 예방 및 대처요령에 관한 사항, 그 밖의 수련시설의 이용 및 청소년활동에 필요한 안전에 관한 사항이다. 구체적인 안전교육 내용은 교육 시 비상 대피로, 소화기 위치, 제세동기 구비 여부 및 위치, 비상 시 안내 요원 위치 등 안전에 대한 상황을 충분히 알고 활동에 참여할 수 있도록 안전교육을 실시한다. 그리고 안전교육 시 청소년들의 안전의식 및 응급상황 대응능력 제고를 위하여 청소년에게 심폐소생술 프로그램 운영(전문기관 및 전문가)을 실시한다.

※ 청소년수련시설 종사자는 2023년부터 매해 심폐소생술 등 응급상황 대응능력 교육이 포함된 안전교육을 받아야 한다.

03 청소년활동 안전관리

1) 프로그램 단계별 안전관리

청소년이 안전하고 유익한 청소년활동에 참여할 수 있도록 국가에서 인증하고 일정기 준에 따라 프로그램을 심사하여 인증하는 국가인증제도에는 청소년활동 안전을 중요시 하고 있다. 즉, 프로그램 단계별로 안전에 대한 관리가 명시되어 있어야 한다. 따라서 프로그램 단계별로 안전관리를 분류하면 활동 계획 시 안전관리, 활동 준비 시 안전관리, 활동 운영 시 안전관리, 활동 종료 시 안전관리로 구분할 수 있다.

(1) 활동 계획 시 안전관리 단계

계획단계는 프로그램을 어떻게 운영할 것인지에 대해 구체적으로 검토하고 확인하는 단계이기 때문에 참여청소년의 특성에 따른 청소년활동에 대한 계획을 수립하고, 사전 안전점검은 물론 본 단계에서부터 안전 전반에 대한 사항을 고려하여 계획을 세울 수 있어야 한다.

프로그램 계획단계에서 안전에 관한 사항 고려, 참여청소년의 연령(신체적·심리적)에 맞는 청소년활동 계획 수립, 청소년활동의 동선을 중심으로 사전 안전점검, 활동하고자 하는 프로그램의 장소 및 시설, 장비, 기자재 안전점검 이후 계획 수립 등을 포함한다.

(2) 활동 준비 시 안전관리 단계

준비단계는 원활한 프로그램의 운영을 위해 참여청소년의 특성(환자 파악 등)을 파악

표 12-3 위험도가 높은 활동에 대한 안전점검

위험도 높은 활동	점검사항	활동장비 점검항목
수상활동	하천이나 그 밖의 공유수면 점용 또는 사용 등에 관한 허가서	수상활동 기구, 구명조끼, 헬멧, 구명줄, 구명환, 자동제세동기, 비상구조선 등 * 수중활동의 경우 수경, 오리발, 잠수복, 장갑, 산소통 장비일체, 자동제세동기 등
항공활동	활동장 안전점검표(활동장 주변에 장애물 여부 등)	기체, 하네스, 헬멧, 보조 낙하산, 비행계기, 마운트, 고글, 장갑 등
장거리 걷기활동	숙영지(세면, 화장실 이용 가능), 전기 혹은 불빛 사용 가능)	우비, 물통, 야광복과 랜턴(야간 이동 시) 등
산악활동	낙석 위험여부, 안전로프와 나무 계단 등의 상태, 이정표나 안내판 여부, 입산 통제구역, 장애물 여부 (산악스키)	산악스키: 헬멧, 장갑, 스키부츠, 산악용 스키, 스틱, 썰, 고글 등 클라이밍: 헬멧, 장갑, 확보기, 하네스, 자일, 암벽화 등 야간등산: 장갑, 후레쉬, 스패츠, 아이젠(겨울) 등
ATV	주변 및 이동장소에 위험요소, 절벽이나 낙석 등의 위험요소	헬멧, 보호대
하강레포츠	와이어 로프, 기둥, 와이어 설치 적절성, 와이어 교체주기, 플랫폼 점검, 가이케이블, 브레이크 시스템	트롤리, 안전벨트, 카라비너, 랜야드, 안전모, 응급구조장비 등

하고 활동장소, 시설, 설비, 기자재 등에 대한 사전 안전점검을 실시하며, 지도자 및 이용자를 대상으로 활동의 개요 및 안전교육을 실시하는 단계이다. 안전에 관한 유의사항 전달 및 숙지 여부 확인, 수립한 계획과의 변경사항 여부 확인 및 대책 수립이다. 〈표 12-3〉은 위험도가 높은 활동에 대한 안전점검사항이다.

(3) 활동 운영 시 안전관리 단계

운영단계는 청소년활동을 하는 과정에서 참여청소년들이 안전하게 잘 참여할 수 있도록 안전 관련 유의사항을 재전달하고 숙지할 수 있도록 하며, 안전사고 발생 시 대처방안과 그에 따른 능력을 배양하고 연락체계를 숙지할 수 있도록 한다.

활동에 집중하지 못하는 청소년들에게 집중을 잘할 수 있도록 지도하고, 참여청소년들의 연령 및 피로도를 관찰하여 쉬는 시간을 적절하게 배정하며, 활동장을 이탈하는 청소년이 없도록 관찰한다. 또한 청소년지도자는 반드시 활동장소에서 청소년들과 동행해야 한다.

(4) 활동 종료 시 안전관리 단계

종료단계는 청소년활동을 마무리하는 단계로, 정리운동을 실시하고 최종 활동 내용을 정리하여 차기 활동을 안내하도록 한다. 정리운동을 실시할 때 심장의 먼 곳에서 심장으로 다가오는 운동 실시, 쉬운 운동에서 어려운 운동으로 실시, 많이 활동한 신체부위 중심으로 준비운동 실시, 정리운동과정에서 환자 파악, 환자 파악 시 상담 실시와 적절한 조치와 같은 활동을 실시한다.

(5) 청소년시설 안전사고 대응

청소년시설 내 어느 장소에서 안전사고가 발생해도 신속하게 대응할 수 있도록 체계가 구축되어야 하는데, 특히 신속하게 후송할지 청소년시설 내에서 치료할지를 판단할 수 있어야 한다. 후송할 경우 병원(24시간 운영 응급실 지정 또는 시간대별로 지정)을 선정하고 사고 시 보고 체계 등이 마련되어야 한다. 사고 발생 시 단계별 조치내용은 다음과 같다.

① 제1차 구급조치: 사고발견자 또는 제일 가까운 곳에 있는 지도자가 응급조치를 하

고 사고자를 안전한 장소로 옮긴다.

② 수련시설 의료담당이나 인근 병원 의사, 119 등에 연락하여 구급조치를 취한다.

③ 사고의 정도에 따라 비상차량으로 인근 병원으로 이동하거나, 응급기관의 지시에
따라 사고자의 안전을 확보하고 사고자의 불안을 최소한으로 줄여 준다.

④ 다른 참가자에게 필요 이상의 근심이나 동요를 주지 않도록 하고 관련 사항에 대해
안내하여 혼란을 방지한다.

⑤ 사고 상황(언제, 어디서, 왜, 어떻게 등)을 조사하고 원인을 분석하여 사실대로 기록
하여 보존한다.

⑥ 목격자의 말은 2명 이상으로부터 청취하거나 현장사진을 찍어 두어 객관성을 확보
한다.

⑦ 병원에 동행한 지도자는 의사에 의한 진단, 치료, 경과, 결과 등을 책임자에게 알린다.

⑧ 책임자는 가족에게 사고의 상세한 내용을 알리고 특별한 처치가 필요할 때에는 가
족과 상의한다.

⑨ 가족에게 기록 열람, 사고현장 안내, 목격자 소개 등을 실시한다.

⑩ 치료 이후 환자를 방문할 때에는 성의를 가지고 방문하며 그 후의 상황 내용을 파
악하여 처리한다.

2) 다중밀집행사 진행 단계별 안전관리[1]

다중밀집환경의 위험에 대비한 안전교육이 강화되면서 청소년활동 중 다중밀집행사
진행 시 안전관리는 크게 다중밀집행사 계획 단계, 다중밀집행사 시작 전 단계, 다중밀
집행사 진행 단계 그리고 다중밀집행자 종료 단계로 분류할 수 있다.

(1) 다중밀집행사 계획 단계

다중밀집행사 계획 단계는 행사 전 과정의 운영방식을 구체적으로 검토하고 확인하는
단계이다. 행사의 계획 단계에서는 행사의 세부 내용에 대한 계획뿐 아니라 행사 장소,

---

[1] 여성가족부, 한국청소년활동진흥원(2023a)의 청소년종합안전매뉴얼을 참고하여 작성하였다.

행사 개최 시기, 행사 규모 등을 고려한 안전관리 계획을 구체화하고 필요한 조치사항을 검토해야 한다.

일반 고려사항은 다음과 같다. 첫째, 행사장소 선정 시 고려사항이다. 다중밀집행사는 청소년시설 내부뿐 아니라 야외 별도의 장소를 지정하여 운영하는 것이 일반적이다. 지정된 장소 주변에 위험요인이 없는지, 긴급상황 발생 시 안전한 곳으로 대피할 수 있는지 등을 종합적으로 검토하여 행사 장소를 선정한다. 둘째, 집중 호우, 폭우, 하천범람, 화재 등과 같은 돌발성 재해 발생 위험 지역인지, 그리고 산간, 계곡, 경사지, 하천변, 교통 혼잡 등 위치적 위험성이 높은 지역인지 검토한다. 셋째, 행사에 필요한 공간 규모와 개최하려는 행사의 최대 참여인원을 고려하여 장소를 선정하고, 동시 최대 수용인원을 넘는 경우를 대비하여 적절한 계획을 수립한다. 넷째, 소음, 불빛 등 행사와 관련하여 주변시설(아파트 및 주택단지, 축사, 병원, 어린이 보육시설 등)에 피해가 없는지 검토한다. 다섯째, 불꽃놀이 등 폭죽을 사용하는 경우 잔여물의 낙하를 고려하여 위치를 조정한다. 여섯째, 화재 발생 등 긴급상황 발생에 대비하여 긴급구호차량(구급차, 소방차 등)의 접근성을 검토한다. 일곱째, 실내에서 행사를 진행하는 경우에는 긴급상황 발생에 대비가 가능한 공간인지 검토하고 안전에 미흡한 부분에 대한 보완계획을 세운다.

개최 시기(시간) 결정 시 고려사항은 다음과 같다. 첫째, 다중밀집행사 개최 시기를 결정할 때 기상예보, 과거 기상 사례 등을 참고하여 태풍, 집중호우(장마), 폭염, 대설, 한파 등을 피해 결정하고, 행사 중 발생할 수 있는 기상이변에 대한 대처 계획도 수립한다. 둘째, 행사 운영 시간은 행사의 특성에 따라 밤, 낮, 새벽에도 진행할 수 있으나, 특별한 이유가 없는 경우 가능하면 일출 후 시작하여 일몰 전에 끝나는 것으로 계획한다. 셋째, 야간이나 새벽에 진행되는 다중밀집행사의 경우 조명, 안전장비 확보 등 종합적인 안전사고예방대책을 수립하여 추진한다.

안전관리계획 수립 시 고려사항은 먼저 행사 전체 진행 단계별 시나리오를 작성하여 운영상 문제점을 검토하고 안전관리대책을 마련한다. 그리고 여러 기관이 공동으로 주관하는 다중밀집행사의 경우 안전과 관련한 각 기관의 구체적 임무, 담당자 및 안전 관련 인원과 각 인원의 행동 요령 등을 안전관리계획에 포함하고 이들에 대한 사전 교육계획을 수립한다. 특히 안전사고 발생에 대비하여 가급적 긴급차량 전용 출입 통로를 별도로 확보하고 사고 유형에 따른 단계별 조치계획을 마련한다. 또한 안전관리요원 및 자

원봉사자의 업무지침을 마련하고 통신두절에 대비한 비상연락체계(비상연락망 배부, 안전관리요원 무전기 지급 및 확성기 비치 등)를 구축한다. 만약 안전사고 발생 시 수련시설 배상책임보험 등 기존 가입된 보험으로 충분한 보상이 가능한지 검토하고, 행사 규모 및 특성에 맞는 별도의 보험가입 계획을 수립한다.

(2) 다중밀집행사 시작 전 단계

다중밀집행사 시작 전 단계는 원활한 행사 진행을 위해 행사 진행 및 준비사항을 확인하는 단계이다. 행사장소, 시설, 설비, 기자재 등에 대한 점검과 더불어 안전관리계획에 근거하여 안전 관련 사항을 최종 점검해야 한다.

일반 고려사항은 다음과 같다. 첫째, 비상대피시설, 출입구, 비상유도등 등 안전표시 시설 및 설비가 안전관계획에 따라 적절하게 설치되고 정상적으로 작동하는지 점검한다. 둘째, 갑작스러운 환경변화(돌풍, 집중호우, 기상악화 등)에 신속하게 대응할 수 있도록 안전사고예방대책을 점검한다. 셋째, 임시가설물(무대, 음향시설 부스, 조명탑 등) 설치 전 설치 업무 종사자에 대한 안전교육을 실시하고 설치 이후 일반인의 출입을 통제한다. 넷째, 행사 시작 전 안전관리 요원 선발 및 사전 교육을 실시한다. 교육내용에는 비상구 위치 및 피난 안내방법, 예상되는 긴급상황 발생 시 안전조치 요령, 화재 발생 시 조치요령과 대피안내요령, 부상자 발생 시 응급조치 방법 등이 포함되어야 한다.

(3) 다중밀집행사 진행 단계

다중밀집행사 진행 단계는 준비된 행사의 목적 달성을 위해 행사 과정이 순차적으로 운영되는 단계로 원활한 운영을 위한 관리와 모니터링이 요구되는 단계이다. 행사 진행 중에는 행사 참여자들이 안전하게 참여할 수 있도록 수시로 유의사항을 전달하고, 안전사고가 예상되는 진행 과정이 있다면 안전사항을 특별히 고려하여 진행해야 한다.

일반 고려사항은 다음과 같다. 첫째, 행사 진행 중 문제가 예상되는 사항을 사전 검토하고 사고 예방을 위해 안전요원을 우선 배치하는 등 만약의 사태에 대비한다. 둘째, 행사가 진행 중 진행 관계자 및 안전요원이 정위치에 근무하고 있는지 이들 간 상호 연락 및 협조는 원활하게 이루어지고 있는지 실시간 확인한다. 셋째, 다수가 동시에 입장하는 장소(실내 공연장, 체육관, 야외무대 등)의 경우 관람객의 안전한 입장 대책을 수립하고 시행한다. 넷째, 필요시 종합안내소를 운영하는데 종합안내소에는 행사 전반에 대해 통제할 수 있는 방송설비를 갖추고 안내요원을 배치하여 안전한 행사 진행을 지원한다.

(4) 다중밀집행사 종료 단계

다중밀집행사 종료 단계는 행사를 마무리하는 단계로 관람객의 귀가 및 행사장의 정리가 진행되는 단계이다. 행사 참여자의 안전한 귀가를 위한 지원 및 행사를 위해 설치된 임시설비의 안전한 철거와 정리가 이루어질 수 있도록 관리해야 한다.

일반 고려사항은 다음과 같다. 첫째, 행사가 종료되면 행사장에 집중되었던 안전관리요원을 재배치하여 행사 참여자의 안전한 귀가를 지원한다. 둘째, 주차장 진·출입구 인근 원활한 차량 소통을 위해 교통통제요원 등을 배치한다. 셋째, 해당 행사 운영과정에서 드러난 안전관리상 문제점을 분석하고 추후 유사한 행사의 안전관리계획에 반영될 수 있도록 안전관리 전 과정에 대해 평가한다.

(5) 다중밀집행사 중 사고 발생 시 대응

다중밀집행사 진행 과정에 사고가 발생하면 행사 안전담당자는 전체 상황을 신속하게 파악하고, 사고의 규모, 유형 등 사고의 성격에 따라 적절하게 대처해야 한다. 인명사고 발생 시 우선 인명에 대한 긴급구조 및 응급조치를 취하고 안전관리요원의 재배치를 통한 2차 사고 방지와 함께 행사 참여자의 동요를 최소화해야 한다. 또한 관계기관에 즉시 연락하고 이들의 처리에 협조하는 등 사고 수습을 위해 노력해야 한다.

1. 다중밀집행사 중 사고 발생 시 대응방법

• 사고현장 상황관리
  - 안전사고가 발생한 경우 사고 발생 즉시 군중이 동요하지 않도록 안내방송을 실시하고, 필요시 안전한 곳으로 피난을 유도한다.
  - 행사 책임자는 모든 안전요원에게 상황을 신속하게 전파하고 사전 수립한 계획에 의해 안전요원을 재배치하여 사고현장에 군중이 집중되지 않도록 안전관리를 강화한다.

- 인명사고 발생 시 신속하게 인명을 구조하고 안전조치를 우선적으로 실시하며, 관계기관에 즉시 협조를 요청하여 신속한 구조 활동이 가능하도록 한다.
- 인명사고 발생 시 모든 행사의 진행을 중지하고 현장에 대한 통제선 설치, 일반인 출입통제 등 현장질서 유지를 위해 필요한 조치를 한다.
- 행사 책임자는 안전사고 발생에 대해 관계기관에 즉시 보고하고(지자체, 소방, 경찰 등) 관계기관의 현장지휘가 있는 경우 적극 협력한다.

• 사고 발생 수습 · 복구 관리

- 사고가 발생하면 사고현장에 대한 신속한 조사 및 현장복구를 위해 노력해야 한다. 사고의 규모에 따라 재난 관련 기관과 협력하여 합동조사반을 편성하고 사고원인, 피해내용에 대한 조사 실시 및 복구대책을 추진한다.
- 사상자가 발생한 경우 의료기관에 분산 수용하고 사상자 수용 병원별 담당자를 지정하여 사상자의 신원파악 및 유족과 부상자를 관리한다.
- 재난 발생, 진행, 수습, 상황관리 및 사고 처리를 위한 지휘통제에 적극 협력하는 등 재난상황을 지속적으로 관리하고 모니터링한다.
- 사고원인, 인명피해 규모 등을 파악하고 보험사와 연락하여 배상 처리에 필요한 관련 자료를 확보한다.

2. 사고 유형별 행동요령

• 실내 화재 발생 시 행동요령

- 불을 발견하면 '불이야' 하고 큰 소리로 외치거나, 화재 경보 비상벨을 눌러 다른 사람에게 화재 사실을 고지하고 119에 신고한다.
- 발화 초기 소화기, 소화전 등을 이용하여 소화하고, 전기 분전반과 차단기 및 가스밸브를 확인하여 전기와 가스를 차단한다.
- 즉시 소방서에 신고하고, 화재 발생장소, 주소, 화재 종류 등 화재사항을 간단 · 명료하게 설명한다.
- 소방대 도착 시 행사 주최기관 안전관리자는 소방대 지휘관에게 행사 참여인원, 피해내용, 조치사항 등을 보고한다.
- 안내방송실에 연락하여 대피 유도 방송을 실시하고, 가급적 불안감을 느끼지 않도록 차분하고 침착하게 건물 밖까지 이동한다.

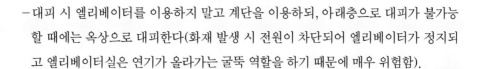

– 대피 시 엘리베이터를 이용하지 말고 계단을 이용하되, 아래층으로 대피가 불가능할 때에는 옥상으로 대피한다(화재 발생 시 전원이 차단되어 엘리베이터가 정지되고 엘리베이터실은 연기가 올라가는 굴뚝 역할을 하기 때문에 매우 위험함).

• 산불 발생 시 행동요령

– 산불 발견 시 "불이야!" 하고 큰 소리로 외쳐 다른 사람에게 화재 사실 공지 및 119 또는 시 · 군 · 구청에 신고하고, 초기의 작은 산불은 나뭇가지를 사용하여 두드리거나 덮어서 진화한다.

– 대피 방송을 실시하고, 가급적 불안감을 느끼지 않도록 차분하고 침착하게 긴급 대피처 또는 산 아래로 안내한다.

– 산불은 바람이 불어 가는 방향으로 확산하기 때문에 풍향을 고려하여 산불의 진행 경로에서 벗어나고, 산불구역보다 높은 곳이나 수목이 강하게 타는 곳에서 멀리 대피한다.

– 불길에 휩싸이면 당황하지 말고 침착하게 주위를 확인하며 타 버린 지역, 저지대, 수풀이 적은 지역, 도로, 바위 뒤 등으로 대피하고, 대피할 시간적인 여유가 없을 때에는 낙엽, 나뭇가지 등 탈 것이 적은 곳을 골라 낙엽과 마른풀을 긁어 낸 후 얼굴을 가리고 불길이 지나갈 때까지 대기한다.

– 주택가로 산불이 확산되어 대피명령이 발령되면, 시 · 군 · 구청과 긴밀하게 협력하여 주민들을 산림에서 떨어진 논, 밭, 학교 등 공터로 대피시키고, 소방기관의 요청이 있는 경우 간이 진화도구(삽, 톱, 갈고리 등) 및 안전장구(긴 팔 면직 옷, 안전모, 안전화)를 갖추고 진화활동에 참여한다.

• 건물 붕괴 발생 시 행동요령

건물 내부에 있는 경우

– 건물 일부 붕괴 시 엘리베이터 홀, 계단실 등 내력 벽체가 있는 곳으로 임시 대피하고, 주변을 살펴 탈출할 수 있는 대피로를 탐색한다.

– 부상자는 가능한 빨리 안전 장소로 함께 탈출한 후 응급처치를 하고, 노약자, 어린이 등 재난 약자가 있는 경우 우선 탈출하도록 돕는다.

– 이동 중에는 추가 붕괴위험에 대비해 장애물 등을 움직이지 말고, 낙하물에 대비해 방석, 코트, 담요, 박스 등으로 머리를 보호하면서 대피한다.

- 붕괴로 인해 고립된 경우, 음식, 물을 확보하고, 공기 공급이 잘 되는 창문 또는 낙하물로부터 보호받을 수 있는 테이블 밑에서 대기한다.
- 매몰된 경우 혈액순환과 체온유지를 위해 노력하고, 규칙적으로 벽 또는 파이프를 두드리는 등 외부로 신호를 보낸다.
- 휴대전화는 일정 주기로 전원을 껐다가 켜서 배터리를 보존하고, 성냥이나 난로는 가스 폭발 등의 위험이 있으므로 사용을 자제한다.

건물 외부에 있는 경우

- 추가붕괴, 가스폭발, 화재 등의 위험이 없는 안전지역으로 대피하고, 사고현장에 접근하지 않는다.
- 붕괴지역 주변 위험지역 또는 불안정한 물체에서 멀리 떨어져 이동하며, 이동 시 유리파편 등에 다치지 않도록 가방이나 방석, 책 등으로 머리를 보호한다.

• 폭발 발생 시 행동요령
- 폭발사고 시에는 2차 폭발에 대비하여 현장에서 멀리 떨어진 장소, 가림벽이 있는 장소 등 안전한 곳으로 신속하게 대피한다.
- 대피 시 굉음으로 인한 청각 손상이 발생할 수 있으므로 귀를 막고 대피하며, 연기 및 가스로 인한 질식 등에 대비하여 물수건으로 입과 코를 막고 바람이 불어오는 방향으로 파편이나 낙하물에 주의하면서 대피한다.
- 부상자는 즉시 안전한 장소로 옮긴 후에 응급조치하고, 가스에 의해 눈이 따가운 경우 깨끗한 물로 세척한다.
- 추가 폭발에 대비하여 전기스위치 및 화기 사용 등을 금하고, 가스 중간밸브를 잠근 후 창문을 열어 환기한다.

• 정전 발생 시 행동요령
- 자연재해, 전력설비 고장, 예비전력 부족 등에 따른 정전 발생 시 공중파방송 및 핸드폰을 통한 안내에 따라 행동한다.
- 실내·외 행사장 내 정전이 발생한 경우에는 비상조명이 점등될 때까지 제자리에서 대기하면서 시설관리자 및 행사주최자의 안내를 경청한다.
- 장시간 정전이 예상되어 대피하게 될 경우, 안내에 따라 비상구에서 가까운 사람부터 천천히 대피한다.

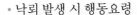

- 낙뢰 발생 시 행동요령

  - 야외에서 낙뢰가 발생하면 산 정상부나 암벽 위에 있는 경우 신속하게 저지대로 이 동하고, 낙뢰가 떨어지기 쉬운 키 큰 나무 밑으로 대피하지 않는다.

  - 이동 시에는 등산 스틱, 골프채, 낚시대, 우산, 농기구 등 금속성 물건을 몸에서 떨 어뜨린 후 몸을 낮추고 건물, 계곡, 동굴 등으로 대피한다.

  - 야영 중일 때는 침낭이나 이불을 깔고 앉아 몸을 웅크리며 대기하고, 자동차에 타 고 있는 경우 차 안에 그대로 있는 것이 안전하다.

  - 물가 또는 소형보트 주위, 펜스 · 금속파이프 · 레일 · 철제난간 등 전기 전도체가 되는 시설이나 물건에 접근하지 않는다.

- 지진 발생 시 행동요령

  - 지진 발생 시 크게 흔들리는 시간은 길어야 1~2분임을 기억하고 이 시간 동안 테 이블 밑 등으로 들어가 몸을 피하고 방석 등으로 머리를 보호한다.

  - 지진으로 화재 발생 시 ① 작은 흔들림을 느낀 순간, ② 큰 흔들림이 멈췄을 때, ③ 발 화된 직후 등 세 차례의 기회를 활용하여 소화를 시도한다.

  - 지진이 멈춘 직후 여진에 대비하면서 부상자 구호, 건물 안전 진단, 피해상황 파악, 가스 및 전기 차단 등 추가 위험 방지 조치를 실시한다.

  - 거리로 나가야 할 경우, 떨어진 전선이나 붕괴 위험이 우려되는 건물, 축대, 교량, 도로 등 지진에 따른 피해에 주의하여 이동한다.

출처: 여성가족부, 한국청소년활동진흥원(2023a).

04 청소년활동시설의 안전점검

1) 안전점검의 개요

현재 「청소년 기본법」에서는 청소년수련시설에 대한 설치 기준 및 운영 기준, 안전 기 준에 대하여 규정하고 있다. 청소년수련시설 내 건축, 토목, 기계, 소방, 전기, 가스, 위생 등 총 7개 분야별로 안전(위생) 점검 및 진단을 하는 '청소년수련시설 종합안전 · 위생점

표 12-4 종합안전 · 위생점검

종합 안전 · 위생점검의 분야 및 내용(제11조 제3항 관련)

점검 대상 분야		점검 내용
1. 안전 · 위생 분야 공통		가. 안전 관련 보험가입 여부 나. 설계도서 및 각종 서류 구비 여부 다. 법정 안전 · 위생관리자 선임 여부 라. 법정 안전 · 위생점검 실시 및 교육 이수 여부
2. 안전	건축	가. 지반상태, 구조체의 변형 · 균열상태 · 노후화 등 구조 안전성 나. 지붕 마감, 내 · 외부 마감, 창문 등 건축 마감 상태 및 누수여부 다. 재난관리, 안전관리 등 건축물 관리 상태
	토목	가. 옹벽, 석축 및 담장의 구조부 침하, 균열, 전도 여부 나. 비탈면 유실 여부 등 관리 상태 다. 배수로, 집수정, 맨홀 등 청소 및 관리 상태
	기계	가. 급수 · 급탕설비, 오수설비, 빗물설비, 위생기구 등 개별 설비의 누수, 부식, 균열, 파손 여부 나. 열원기기, 공조기기 등 공기조화 · 환기설비의 누수, 부식, 파손 여부 및 정상 작동 여부
	소방	가. 소화설비(소화기구, 소화전 등), 경보설비(자동화재탐지설비, 비상방송설비 등), 피난설비(유도등, 피난기구 등) 정상 작동 여부 나. 소화활동설비(연결송수관, 제연설비 등), 소화용수설비 및 피난 · 방화시설(피난계단, 방화문 등) 관리 상태 다. 위험물(인화성 또는 발화성 등) 관리 상태
	전기	가. 절연저항 측정 시 기준치 부합 여부 나. 누전차단기 및 배선용차단기의 설치 및 작동 여부 다. 전선의 규격품 사용, 피복 손상 여부, 콘센트의 적정 관리 상태
	가스	가. 가스 용기, 압력조정기, 가스계량기, 밸브, 호스 등 가스 설비 작동 상태 나. 배관 설치기준 준수 및 가스누출 여부 다. 연소기, 과압안전장치, 가스누출 차단장치 등 작동 상태
3. 위생		가. 급식시설 위생관리, 식재료 보관 및 위생관리 상태 나. 조리장, 급수시설, 보관시설, 화장실 등 시설기준 준수 여부 다. 원료의 사용, 공정관리 및 보관기준 준수 여부 라. 수질검사 실시 여부

비고: 종합안전 · 위생점검은 관련 법령에 따른 각각의 해당 안전 · 위생기준을 준수하였는지를 확인하는 방법으로 이뤄져야 함.

출처: 「청소년활동 진흥법 시행령」[별표 1의2].

검'은 안전한 수련활동 여건을 확보하기 위해 시행되고 있다. 2009년부터 청소년수련관, 청소년문화의집, 청소년수련원, 유스호스텔, 야영장을 대상으로 시행되었으며, 2014년 7월 22일부터는 「청소년활동 진흥법 시행령」 제11조에 의하여 2년 주기로 점검이 시행된다.

청소년활동시설의 종합안전·위생점검은 「청소년활동 진흥법」 제18조의 3(감독기관의 종합 안전·위생점검)에 의거하여 전국 청소년수련시설 안전 전반에 대한 위험요인을 점검하여 청소년수련시설의 안전성을 확보하는 것이 목적이다. 또한 청소년, 학부모, 교사 등이 청소년수련시설 종합안전·위생점검 등급을 쉽게 확인할 수 있도록 청소년활동정보서비스 e청소년에 공개한다. 안전점검은 시설물 안전 관련 제반 사항 및 안전관리 방안을 제시하고, 안전·위생점검 결과는 수련시설 종합 평가에 활용한다. 안전점검 결과는 안전·위생점검 등급을 교육부, 지자체 통보 및 인터넷 홈페이지에 공개하고, 안전·위생점검 결함 등 지적 사항은 개·보수 요구 및 조치 이행 여부 확인뿐만 아니라 결함사항 및 보수·보강 방안 등이 포함된 기관별 안전·위생점검 결과를 안내한다. 청소년수련시설 안전점검의 전문성 강화와 공정성 확보를 위하여 분야별 안전점검은 해당 분야 전문 공공기관과 연계 협력하여 운영하고 있다. 〈표 12-4〉는 종합안전·위생점검에 대한 내용이다.

05 청소년활동 안전을 위한 제도

청소년을 대상으로 활동프로그램을 진행하는 담당자에 대한 법률적 책임은 「민법」 제755조에 의거하여 친권자 등 법정 감독 의무자를 대신하는 대리 감독자의 책임으로서 안전사고에 대한 지도자의 책임을 법률적으로 명시하고 있다. 특히 청소년활동과 관련하여 청소년활동 안전에 대한 제도적인 변천 과정은 크게 4단계로 나누어 살펴볼 수 있다.

1) 제1단계(1999~2001년): 안전 제도 마련

청소년활동 안전의 제도적 변천 과정 제1단계는 청소년활동 안전 기준 마련 및 보험

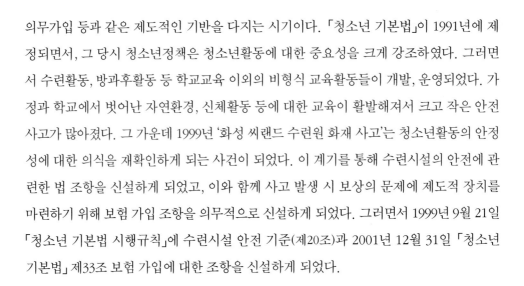

의무가입 등과 같은 제도적인 기반을 다지는 시기이다. 「청소년 기본법」이 1991년에 제정되면서, 그 당시 청소년정책은 청소년활동에 대한 중요성을 크게 강조하였다. 그러면서 수련활동, 방과후활동 등 학교교육 이외의 비형식 교육활동들이 개발, 운영되었다. 가정과 학교에서 벗어난 자연환경, 신체활동 등에 대한 교육이 활발해져서 크고 작은 안전사고가 많아졌다. 그 가운데 1999년 '화성 씨랜드 수련원 화재 사고'는 청소년활동의 안정성에 대한 의식을 재확인하게 되는 사건이 되었다. 이 계기를 통해 수련시설의 안전에 관련한 법 조항을 신설하게 되었고, 이와 함께 사고 발생 시 보상의 문제에 제도적 장치를 마련하기 위해 보험 가입 조항을 의무적으로 신설하게 되었다. 그러면서 1999년 9월 21일 「청소년 기본법 시행규칙」에 수련시설 안전 기준(제20조)과 2001년 12월 31일 「청소년 기본법」 제33조 보험 가입에 대한 조항을 신설하게 되었다.

2) 제2단계(2004~2012년): 안전의 구체화 확보

(1) 「청소년활동 진흥법」 제정
제2단계는 청소년수련활동의 수준 향상과 안정성 확보를 위하여 「청소년 기본법」을 근거로 「청소년활동 진흥법」 제정을 통해 안전에 대하여 더욱 구체화하였다. '화성 씨랜드 수련원 화재 사고'와 같은 사건 이후, 청소년활동에서의 안전관리에 대한 의식이 생기기 시작하였지만 미비한 수준이었다. 이에 정부에서는 급격한 사회변화에 대한 적극적인 대응 차원에서 2004년 청소년 관련 법령 체계를 개편하고 「청소년활동 진흥법」을 제정하기에 이르렀다.

(2) 청소년수련활동 인증제 도입
청소년들에게 안전한 청소년활동 프로그램을 제공하고 국가적 차원에서 그 활동프로그램을 인증하여 프로그램의 품질을 담보하는 제도로 '청소년수련활동 인증제'를 도입하게 되었다.

청소년수련활동 인증제도는 「청소년활동 진흥법」 제35조에 의거하여 시행되는 제도로, 다양한 청소년활동에 '수련활동이 갖는 일정 기준 이상의 형식적 요건과 질적 특성을 갖춘 청소년활동이 정당한 절차로 성립되었음을 공적 기관에 의해 증명하는 제도'이다.

청소년이 안전하고 유익한 활동을 선택하여 참여할 수 있도록 양질의 프로그램을 제공하고, 청소년에게 안전하고 질적 수준이 담보된 다양한 청소년활동 정보를 제공한다. 참여한 활동 내용을 국가가 기록·유지·관리하여 자기계발과 진로 모색에 활용하도록 자료를 제공한다. 그리고 건전한 청소년활동 선택의 장을 조성하고 청소년활동 전반에 대한 국민적 신뢰감을 확보한다. 결국 청소년수련활동 인증제도는 청소년과 학부모가 믿고 신뢰할 수 있는 안전한 청소년활동에 참여하도록 국가 주도하에 실천하는 제도이다. 위험도가 높은 활동(수상, 항공, 장기 도보, 유해 물질 사용, 집라인 등 모험활동 등)이나 150명 이상이 참여하는 활동은 의무적으로 인증을 받아야 한다.

3) 제3단계(2013~2018년): 안전 예방 강조

(1) 청소년수련활동 신고제 도입

청소년수련활동 신고의무제, 사전인증제 등과 같이 안전을 더욱 강화하는 시기라고 할 수 있다. 이전의 '청소년수련활동 인증제'를 통해 안전의 기준과 프로그램의 질적인 향상을 가져왔음에도 불구하고, '국토대장정활동 중 사망 사고'와 '세월호 사고' '해병대 캠프 사고' 등의 활동 중 안전사고는 끊임없이 존재하고 있었다. 이로 인해 「청소년활동 진흥법」을 일부 보완하여 이동·숙박형 청소년수련활동 사전신고제를 신설(2013년 5월 28일 제정, 2013년 11월 29일 시행)하였고, 더 나아가 수련활동의 사전 안정성을 확보하기 위해서 기존의 신고제를 개선하고 동시에 수련활동의 인증제를 의무화하여 안전사고를 미리 방지하고자 그 환경 조성에 대한 법률을 개정하게 되었다.

청소년수련활동 신고제는 청소년수련활동의 실시 계획을 사전에 신고하고, 신고 수리된 내용을 청소년 및 학부모가 확인할 수 있도록 인터넷 등에 공개하는 제도이다. 청소년수련시설이나 영리법인, 기업이 운영하는 숙박활동이거나 참가 인원이 150명 이상 혹은 위험도가 높은 활동이라면 의무적으로 신고를 해야 한다. 청소년수련활동 신고제도는 19세 미만의 청소년을 대상으로 하는 청소년수련활동의 실시 계획을 신고하도록 하고, 신고 수리된 내용을 공개하여 국민이 정보를 활용할 수 있도록 하는 제도이다. 청소년들이 대규모로 숙식하거나 장거리로 이동하는 청소년체험활동의 경우, 여러 안전사고가 발생할 가능성이 높으므로 참가자들에 대한 사전 안전교육과 안전관리 계획 등 최소

한의 안전 기준 확보가 필요하다. 청소년활동 업무 지원 서비스(http://www.youth.go.kr)를 통한 온라인 신고 또는 구비 서류 준비 후 해당 시·군·구 청소년정책 담당 공무원에게 직접 가서 신고한다. 참여청소년의 건강 상태를 확인(「건강검진기본법」 제14조에 따른 검진기관에서 발행한 건강진단서 또는 「청소년활동 진흥법 시행규칙」 [별지 제6호서식] 건강상태 확인서(개인 또는 단체))하고, 신고 수리 후 활동 주최자 홈페이지 등에 신고 프로그램 정보 공개(안전점검, 보험 가입, 인증에 관한 사항)를 한다. 구비 서류는 숙박형 등 청소년수련활동 계획 신고서(「동법 시행규칙」 [별지 제1호서식]), 청소년수련활동 운영 계획서(「청소년활동 진흥법」 36조에 따라 인증을 받은 청소년수련활동의 경우는 제외), 주최자·운영자·보조자 명단(「동법 시행규칙」 별지 제2호서식), 청소년수련활동 세부 내역서(「동법 시행규칙」 [별지 제3호서식]), 보험 가입 사실 증명 서류 등이다. 처리기관(시·군·구 등 지방자치단체)은 온라인/오프라인 신고 프로그램 접수 후 내용 점검 사항(지도자 결격 사유 조회, 보험 가입 등)을 확인하고, 신고 수리 및 신고 증명서를 발급(접수 후 14일 이내 처리)하여 신고 관리 대장 기록 및 활동 정보를 등록(신고 수리 후 3일 이내)한다.

(2) 청소년수련시설 안전컨설팅 지원

청소년수련시설 안전컨설팅은 「청소년활동 진흥법」 제6조에 따라 청소년수련시설에서 청소년활동 중 일어날 수 있는 소방, 전기, 기계, 건축, 토목, 활동 안전 등의 문제점을 해결하고, 점검을 통해 발견·포착하여 종사자, 책임자 및 수련시설 경영자들을 지원하는 전문적인 자문활동을 의미한다.

청소년수련시설 안전컨설팅의 목적은 청소년들이 안전한 청소년수련시설에서 활동할 수 있도록 국가적 책무를 이행하고 안전컨설팅 품질성과 제고를 위한 '현장 종사자 안전관리 역량 지표제' 도입 및 활용과 안전컨설팅 이후에도 지속적인 활동이 가능하도록 지원을 강화하는 데 있다.

안전컨설팅의 내용은 건축, 토목, 기계, 가스, 전기, 소방, 위생, 하강레포츠, 챌린지, 인공암벽 등 시설물 이상 여부에 관한 체계적 점검 및 관리 방법에 대한 지원이다. 세부적으로 살펴보면 과년도 부적합 사항 개선 방안, 사전 요구 사항에 대한 해결 방안 제시, 시설 관리 행사가 있을 경우 점검 사항 및 담당자의 역할 제시, 과년도 안전점검 부적합 사례, 우수 사례 매뉴얼 제공, 각종 계획서(소방 계획서, 안전관리 계획서, 재난 안전관리 계획서) 작성 방법 공유 그리고 주기적 · 일상적 관리 사항, 점검 요령 등이다. 안전컨설팅 서비스의 내용과 절차 등은 다음과 같다.

〈청소년활동 안전컨설팅 서비스〉

 - 사업내용: 청소년활동시설의 안전관리 역량 함양 및 안전한 청소년활동 환경 조성을 위해 분야별 전문 컨설턴트가 직접 안전사항을 확인하여 컨설팅 서비스를 무상 지원한다.
 - 신청기간: 분기별(3, 6, 8, 10월)(※ 연간 예산범위 내 서비스 운영 및 수요가 많을 시 조기 종료)
 - 실시일정: 4, 7, 9, 11월(※ 사업운영에 따라 변경 가능)
 - 신청대상: 청소년수련시설, 신고 · 인증수련활동 운영시설, 청소년 보호시설 등
 - 컨설팅 분야: 건축, 토목, 기계, 가스, 전기, 소방, 위생, 하강레포츠, 챌린지, 인공암벽
 - 운영 절차 및 방식: 온라인 신청(온 · 오프라인 운영방식 선택) → 컨설턴트 배정 → 신청기관 관련자료 제출 → 결과서 송부 → 만족도 조사

출처: 한국청소년활동진흥원 홈페이지.

4) 제4단계(2019~현재): 청소년활동의 안전 생활화 강화

(1) 청소년활동 안전법률상담 서비스 운영

청소년활동 중 발생할 수 있는 안전사고 및 시설운영 등과 관련한 분쟁사항 발생 시 전문가의 법률상담을 통해 합리적인 해결 방안 및 법률조력 기회를 제공하는 서비스이다. 신청기간은 상시적이지만 연간 예산범위 내 서비스 운영 및 수요가 많을 시 조기 종료될 수 있다. 청소년활동 운영기관 및 종사자, 청소년, 학부모, 교사 등 청소년활동과 관련된 사람은 누구나 신청할 수 있고, 청소년활동 안전사고 및 운영 관련 분쟁사항 법률자문 등을 지원받을 수 있다.

(2) 방역수칙과 함께하는 청소년활동 안전 확대

코로나19 이후 청소년활동 시 안전을 위해 감염병 예방에 대한 자체점검표 및 방역수칙을 마련하여 안전한 환경에서 청소년활동이 이뤄질 수 있도록 강조하여 왔다. 특히 대면 중심으로 운영하여 왔던 청소년활동이 비대면으로 운영될 수 있도록 프로그램을 개

발하고 운영하게 되었다. 비대면 청소년활동의 질적 효율성을 높이기 위해서는 청소년 시설의 디지털 환경 구축과 지역사회 내 디지털 기기 및 공간 마련 그리고 청소년들의 디지털 역량을 강화하기 위한 정책적 지원이 필요하다.

(3) 다중밀집행사 안전사고 예방 마련

군중이 모여 있는 다중밀집 공간에서 일어날 수 있는 다양한 안전사고 예방을 위해 추가로 청소년활동 종합 안전 매뉴얼(여성가족부, 한국청소년활동진흥원, 2023a; 2023b)을 개선하여 배포하였다(2023. 12.). 또한 '초·중등학교 및 특수교육 교육과정' 개정안(2022 개정 교육과정)에 따르면, 학교가 학생들의 발달 수준에 맞게 관련 교과, 창의적 체험활동과 연계해 안전교육을 강화하도록 했다. 교과에서는 초등통합·체육·음악·미술 교과에 다중밀집환경 안전 수칙을 교육하고, 보건 과목에는 심폐소생술을 포함한 구체적인 위기 대처 능력을 강화할 수 있는 교육내용으로 강화하였다. 초등학교의 경우, 1~2학년 안전교육은 바른 생활, 슬기로운 생활, 즐거운 생활 교과의 64시간에 포함하도록 하고, 자율·자치활동, 동아리 및 진로활동 시 위기 상황에 대응할 수 있게 다중밀집도를 고려한 안전 확보 지침을 마련하도록 개선하고 있다. 이러한 안전사고 예방과 대응을 위해 청소년지도자의 안전관리 역량을 개발하고, 청소년활동 영역에서도 청소년들이 체험중심의 안전감수성을 향상시킬 수 있는 다양한 접근과 방안이 마련되어야 한다.

 요약

1. 청소년활동 안전은 다양한 청소년활동에서 발생할 수 있는 다양한 안전사고에 대한 대책과 예방뿐만 아니라 안전하게 청소년활동을 지속하는 것을 의미한다. 특히 청소년활동 중 위험도가 높은 청소년수련활동을 제시하면 수상활동, 항공활동, 장거리 걷기활동, 산악활동, ATV, 하강레포츠 등이다. 일반적인 청소년활동보다 고위험활동들은 더 전문적이고 체계적인 대응 체계와 예방이 필요한 전문적 안전 대응이 필요하다.

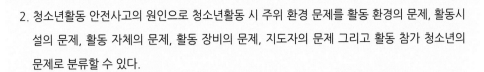

2. 청소년활동 안전사고의 원인으로 청소년활동 시 주위 환경 문제를 활동 환경의 문제, 활동시설의 문제, 활동 자체의 문제, 활동 장비의 문제, 지도자의 문제 그리고 활동 참가 청소년의 문제로 분류할 수 있다.

3. 다중밀집환경의 위험에 대비한 안전교육이 강화되면서 청소년활동 중 다중밀집행사 진행 시 안전관리는 크게 다중밀집행사 계획 단계, 다중밀집행사 시작 전 단계, 다중밀집행사 진행 단계 그리고 다중밀집행사 종료 단계로 분류할 수 있다.

4. 현재 「청소년 기본법」에서는 청소년수련시설에 대한 설치 기준 및 운영 기준, 안전 기준에 대하여 규정하고 있다. 청소년수련시설 내 건축, 토목, 기계, 소방, 전기, 가스, 위생 등 총 7개 분야별로 안전(위생) 점검 및 진단을 하는 '청소년수련시설 종합안전 · 위생점검'은 안전한 수련활동 여건을 확보하기 위해 「청소년활동 진흥법」 제18조의 3을 근거로 시행되고 있다.

5. 청소년수련시설 안전컨설팅의 목적은 청소년들이 안전한 청소년수련시설에서 활동할 수 있도록 국가적 책무를 이행하고 안전컨설팅 품질성과 제고를 위한 '현장 종사자 안전관리 역량 지표제' 도입 및 활용과 안전컨설팅 이후에도 지속적인 활동이 가능하도록 지원을 강화하는 데 있다.

📝 참고문헌

경기도교육청(2013). 행복을 지키는 안전교육 길라잡이. 경기도교육청.

권봉안, 정순광(2000). 학교안전교육의 필요성과 놀이기구 사고 실태에 관한 연구. 한국안전교육학회지, 3(1), 209-220.

김정대(2004). 청소년수련활동의 정책 과제: 청소년수련시설 컨설팅 결과 분석과 대안 모색. 청소년행동연구, 9, 1-12.

김창현(2001). 학생 야영수련 중 안전사고에 관한 연구. 한국체육대학교 대학원 석사학위논문.

문성호, 윤동엽, 박승곤, 정지윤(2016). 청소년활동 영역의 재정립에 관한 연구. 미래청소년학회지, 13(2), 1-23.

여성가족부, 한국청소년활동진흥원(2023a). 청소년수련활동 종합 안전 매뉴얼-생활안전관리편.

여성가족부, 한국청소년활동진흥원(2023b). 청소년수련활동 종합 안전 매뉴얼-활동안전관리편.

유진이(2008). 청소년수련시설의 안전성 확보 제도 개선 방안. 한국청소년시설환경학회 국제심포지엄, 1, 229-234.4.

유진이(2015). 청소년수련시설 안전 기준 마련 및 강화 방안 연구. 한국청소년활동진흥원.

유진이(2016). 청소년 모험활동시설 안전 연구. 한국청소년시설환경학회 학술발표대회 논문집, 69-84.

이교봉(2016). 청소년활동 안전 관리 발전 방안 모색. 한국청소년시설환경학회 학술대회논문집, 41-54.

조아미, 이진숙, 강영배(2016). 청소년지도자의 청소년활동 안전 의식 평가 척도 개발 및 타당화. 청소년복지연구, 18(3), 151-170.

최인범, 전순호(1998). 학교안전·보건교육의 필요성과 실태에 관한 연구. 한국안전교육학회지, 2(1), 25-39.

표준국어대사전(2024). https://sidict.korean.go.kr/search/searchResult.do

Randles, B., Jones, B., Welcher, J., Szabo, T., Elliott, D., & MacAdams, C. (2010). The accuracy of photogrammetry vs. hands-on measurement techniques used in accident reconstruction. *SAE Technical Paper, 2010-01-0065*.

한국청소년활동진흥원 홈페이지. kywa.or.kr/business/business18.jsp

찾아보기

내용

찾아보기

338

저자 소개

진은설(Eunseol Jin)

사단법인 청소년과 미래 대표(사회복지학박사, 청소년전공)

청소년지도사 1급

전 제주시청소년수련관 프로그램 운영 및 청소년운영위원회 담당

김도영(Do Young Kim)

제주국제대학교 복지상담학부 상담복지학 전공 교수(학부장)(사회복지학박사, 청소년전공)

청소년지도사 2급

전 제주특별자치도청소년활동진흥센터 팀장

조영미(Young Mi Cho)

세종사이버대학교 가족복지상담학과 겸임교수(문학박사, 청소년전공)

피스모모 평화/교육연구소 부소장

청소년지도사 1급

전 중앙대학교 연구교수

이혜경(Hye Kyoung Lee)

경민대학교 패밀리케어과 교수(학과장)(사회복지학박사, 청소년전공)

청소년지도사 1급

전 김포시청소년육성재단(사우청소년문화의집) 파트장

청소년학총서 ①

청소년활동론(2판)

Youth Work & Practice (2nd ed.)

2019년 6월 25일 1판 1쇄 발행
2022년 8월 10일 1판 3쇄 발행
2024년 8월 10일 2판 1쇄 발행

지은이 • (사)청소년과 미래
            진은설 · 김도영 · 조영미 · 이혜경
펴낸이 • 김진환
펴낸곳 • ㈜ 학지사
            04031 서울특별시 마포구 양화로 15길 20 마인드월드빌딩
대표전화 • 02-330-5114   팩스 • 02-324-2345
등록번호 • 제313-2006-000265호

홈페이지 • http://www.hakjisa.co.kr
인스타그램 • https://www.instagram.com/hakjisabook

ISBN 978-89-997-3164-8 93370

정가 21,000원

출판미디어기업 학지사

간호보건의학출판 학지사메디컬 www.hakjisamd.co.kr
심리검사연구소 인싸이트 www.inpsyt.co.kr
학술논문서비스 뉴논문 www.newnonmun.com
교육연수원 카운피아 www.counpia.com
대학교재전자책플랫폼 캠퍼스북 www.campusbook.co.kr